文史哲丛刊（第二辑）
主编　王学典

史海钩沉：中国古史新考

李扬眉　编

图书在版编目（CIP）数据

史海钩沉：中国古史新考 / 李扬眉编. —北京：商务印书馆，2024
（文史哲丛刊. 第二辑）
ISBN 978-7-100-16382-8

Ⅰ. ①史… Ⅱ. ①李… Ⅲ. ①中国历史－古代史－文集 Ⅳ. ①K220.7-53

中国版本图书馆CIP数据核字(2018)第160101号

权利保留，侵权必究。

文史哲丛刊（第二辑）
史海钩沉：中国古史新考
李扬眉 编

商 务 印 书 馆 出 版
（北京王府井大街36号 邮政编码 100710）
商 务 印 书 馆 发 行
三河市尚艺印装有限公司印刷
ISBN 978－7－100－16382－8

2024年1月第1版　　开本 880×1230　1/32
2024年1月第1次印刷　印张 16　7/8

定价：88.00元

出版说明

《文史哲》杂志创办于1951年5月,起初是同人杂志,自办发行,山东大学文史两系的陆侃如、冯沅君、高亨、萧涤非、杨向奎、童书业、王仲荦、张维华、黄云眉、郑鹤声、赵俪生等先生构成了最初的编辑班底,1953年成为山东大学文科学报之一,迄今已走过六十年的历史行程。

由于一直走专家办刊、学术立刊之路,《文史哲》杂志甫一创刊便名重士林,驰誉中外,在数代读书人心目中享有不可忽略的地位。她所刊布的一篇又一篇集功力与见识于一体的精湛力作,不断推动着当代学术的演化。新中国学术范型的几次更替,文化界若干波澜与事件的发生,一系列重大学术理论问题的提出与讨论,都与这份杂志密切相关。《文史哲》杂志向有与著名出版机构合作,将文章按专题结集成册的历史与传统:早在1957年,就曾与中华书局合作,以"文史哲丛刊"为名,推出过《中国古代文学论丛》、《语言论丛》、《中国古史分期问题论丛》、《司马迁与史记》等;后又与齐鲁书社合作,推出过《治学之道》等。今者编辑部再度与商务印书馆携手,推出新一系列的《文史哲丛刊》,所收诸文,多为学术史上不可遗忘之作,望学界垂爱。

文史哲编辑部
商务印书馆
2009年10月

《文史哲丛刊》第二辑
编辑工作委员会

顾　问　孔　繁　刘光裕　丁冠之
　　　　韩凌轩　蔡德贵　陈　炎
主　编　王学典
副主编　周广璜　刘京希　李扬眉
编委会（按姓氏笔画为序）
　　　　王大建　王学典　王绍樱　刘　培
　　　　刘丽丽　刘京希　孙　齐　李　梅
　　　　李扬眉　邹晓东　陈绍燕　范学辉
　　　　周广璜　孟巍隆　贺立华　曹　峰

目 录

赤壁古战场考辩 ………………………………… 冯金平 / 1
碣石考辨 …………………………………………… 黄盛璋 / 5
明初户口升降考实 ………………………………… 孙达人 / 10
牛金星降清说质疑 ………………………………… 王兴亚 / 28
日本遣唐使者小考 ……………………… 宋锡民　宋百川 / 35
方腊出身问题考辨 ………………………………… 吴　泰 / 46
也论明初户口的升降
　　——兼与孙达人同志商榷 ………… 缪振鹏　王守稼 / 62
有关均田制的一些辩析 …………………………… 赵俪生 / 77
稷下学宫史钩沉 …………………………………… 胡家聪 / 89
郑和使日问题初探 ………………………………… 潘　群 / 108
安丘汉画像石墓主人考 …………………………… 李　光 / 123
湘军源起辩 ………………………………………… 王天奖 / 128
"玄武门之变"起因新探 …………………………… 郑宝琦 / 134
戚继光籍贯考 ……………………………………… 阎崇年 / 145

李贤注《后汉书》起讫时间考..周晓瑜 / 147
"夷俗仁"发微..李衡眉 / 153
东魏北齐胡汉之争新说..许福谦 / 165
明代钱法变迁考..王裕巽 / 176
《史记》西周世系辨误..王恩田 / 189
西汉出宫人制度考实..卫广来 / 208
商代继统法新探..詹鄞鑫 / 222
诸葛亮忠于蜀汉说再认识..朱子彦 / 235
宋朝厢军职能新探..淮建利 / 257
宋神宗与王安石共定"国是"考辨................................李华瑞 / 278
殷墟王陵年代探论..范毓周 / 293
北魏末年镇民暴动新探
　　——以六镇豪强酋帅为中心..................................薛海波 / 308
东海的"琅邪"和南海的"琅邪"..................................王子今 / 336
匈奴"发殉"新探..马利清 / 352
北魏后期散爵制度考..张鹤泉 / 373
先清时期国号新考....................................卢正恒　黄一农 / 395
金代度僧制度初探..王德朋 / 414
宋代御药院探秘..程民生 / 432
秦汉人身高考察..彭　卫 / 472
《史记》"闾左"发覆..孟彦弘 / 521

后　记..528

赤壁古战场考辩

冯金平

1978年12月15日,《光明日报·史学》专栏发表了复旦大学历史地理研究室吴应寿同志的来稿摘编《也谈赤壁在何处》。吴应寿同志认为:赤壁之战的战线长,赤壁与乌林之间的距离应该是很远;孙刘联军兵力弱,只能远离曹军在夏口、大小军山一带设防,不可能隔江相峙。吴应寿同志根据《水经注》记载,认为赤壁古战场在武昌西南的赤矶山。我想根据这些提出的问题答复如次:

关于战线问题。就此战争的战线而论,确实是很长的,曹军挥戈南下,攻新野,破樊城,克襄阳;歼灭刘备弱军于长坂;逼刘综投降于江陵;又沿江东下,直达乌林。孙刘联军出柴桑,进樊口,会夏口,抵赤壁,其战线足有两千余里。整个战争的始末是从曹操南下开始,曹操引残兵逃回许昌而结束。因此,战线的长短是不能单方面从赤壁与乌林之间的距离来看的。

关于是否两军隔江相峙问题。吴应寿同志说:"周瑜、黄盖大军自赤壁溯江而上,破曹操于乌林",因此,赤壁在下游,乌林在上游。它们之间的距离有二百余里。

《三国志》的编撰者陈寿，西晋人，生于三国时代的蜀汉，他对赤壁之战应该说是了如指掌，他说："权遂遣瑜及程普等，与备并力，逆曹公遇于赤壁，时曹公军众已有疾病，初一交战，公军败退，引次江北，瑜等在南岸。"（《三国志·吴志·周瑜传》）这里清楚地说明了周瑜、程普大军在夏口与刘备会合后，逆水而上，与曹操相遇于赤壁，初交一战，曹操败退，引次江北的乌林，周瑜等在南岸与曹操隔江相峙。

《资治通鉴》说："进，与曹操遇于赤壁"，"瑜等在南岸"。《三国志》还说："黄盖曰：'今寇众我寡，难与持久，然观操军船舰，首尾相接，可烧而走也。'"（《周瑜传》）这说明两军在赤壁、乌林相峙后，并没有移动，黄盖献策，焚曹操舟船就在此。这里尤其不可忽视的还有"然观"二字，这正好说明一江之隔才能观，要是两百里之遥就是现代用望远镜也是难观清的。

《三国志》还说：黄盖诈降时，"东南风急"，今蒲圻赤壁与乌林地形恰好相适应，吴军从赤壁出发，恰好顺着东南风，烧到赤壁对岸偏西北的乌林。如果赤壁在远离乌林两百里的下游，那么东南风起后，吴军再会舟楫，两百里也得四十个小时，曹军的探马就会发现吴军诈降虚实，况且根据江水东北流向是顺不着东南风的。

关于兵力强弱问题。吴应寿同志说："刘备和孙权由于兵力弱，对强大的曹军只能采取守势。"从数量上说：曹军多于孙刘军数倍，但曹军存在着传染疾病，不会舟楫和采用连环船战术的致命弱点，它的强大只能是像一支飞到了尽头的箭，连一层很薄的绸子也穿不透了。孙刘方面正因为军力单薄，才结成联盟，寻机速战，怎么能远离曹操而游弋待歼呢？

关于《水经注》及其他资料记载问题。《水经注》说："江水左经百人山南、右经赤壁山北。"《水经注》中的江左,都是指江北而言,因此,百人山非江南的武昌县。关于赤壁山与百人山的确切位置,我不免将《水经注》中从湘水至夏口的流经地点简介一下。《水经注》说:"江水右会湘水"之后,流经"江之右岸有城陵山,山有故城"(今岳阳县城陵矶),"江水左经白螺山南"(今监利白螺山),"又江水左经乌林南","吴黄盖败魏武于乌林,即是处也"(今洪湖乌林)。接着《水经注》介绍了起源于豫章艾县流经金城(今崇阳县金城)蒲圻由陆口入江的陆水。再就是介绍百人山、赤壁山,这里清楚地说明两山是隔江相望的,并且江之下游又接着介绍了军山、沌口等处(在今汉阳县),又江南有涂水,"水出金山"(今武昌县金水河)。根据《水经注》的这些记载,它与今天的地理位置是一致的。这样看来,百人山就是今洪湖县乌林东的黄蓬山,这里百里平原,唯有此山,由九十九个小山头组成,加江右赤壁山。民间传说:秦始皇赶山塞海,赶九十九山于江北,鞭子断了,剩一山留江右。当然,这只是传说。但根据《水经注》提供的线索,黄蓬山就是百人山,与赤壁山遥遥相望。就是吴应寿同志所说的赤矶山,此山也不在武昌县西南,《一统志》说:"江夏县东南七十里,亦有赤壁山,一名赤矶,一名赤圻,非周瑜破曹操处也。"

关于确定"赤壁之战"古战场在今蒲圻的赤壁,自唐朝以来,已作定论,唐李吉甫著有《元和郡县图志》,其记载说:"赤壁山,在今蒲圻县西八十里,一名石头关,北临大江,其北岸即乌林,与赤壁相对,即周瑜用黄盖策焚曹操舟船败走处。"这个记载是符合今天的事实的,今蒲圻县城离赤壁山刚好八十华里。

唐章怀太子李贤在为《后汉书》作的注说:"赤壁,山名也,在今鄂州蒲圻县。"

《明史·地理志》说:"赤壁……北岸对乌林,西北滨大江,有陆水流入焉,曰陆口,曰蒲圻口。"

《图经》说:"赤壁,在嘉鱼西,盖嘉鱼当日原属蒲圻,赤壁一战,实为蒲圻有兵之始。"

《湖北通志》载宋人谢垒山云:"予自江夏沂洞庭,舟过蒲圻,见石崖有'赤壁'二字,其北岸曰乌林……至今土人耕地得箭簇,长尺余,或得断枪折戟。其为周瑜破曹兵处无疑。"另外,《天下郡国利病书》《读史方舆纪要》《湖广通志》《蒲圻县志》《嘉鱼县志》等地理著作和方志都明确记载了古战场赤壁就在今天的蒲圻县西北江滨,与乌林隔江相峙。

更能说明古战场赤壁的是它有大量的出土文物,这些出土文物中,属赤壁之战的铁制兵器:戈、矛、刀、剑、戟、镞达一千多件。赤壁对岸的乌林出土有三国时代的铜马蹬一个,印有"建安八年"的大砚台一个;今赤壁还出土三国时代东吴的钱币:大泉当千、大泉五百,东汉晚期的剪轮五铢。

现存当年的战争遗迹还有蒲圻城和大平城。皆为当年吴军屯粮草之处,土筑城墙尚存。两城粮草则通过陆水、大潘水出黄盖湖、柳湖和长江。从当时地理环境来看,长江无堤防,南岸的黄盖湖、柳湖、陆水与长江连成一片,唯有赤壁山延伸到江心,横断江流,有封锁长江之势,实为古今战略要地。

(原载《文史哲》1978年第5期)

碣石考辨

黄盛璋

碣石是历史上有名的地方,特别是毛主席的诗作《北戴河》中又有"往事越千年,魏武挥鞭,东临碣石有遗篇"的名句,碣石问题就更被现代人所注意。碣石究竟在哪里?很早就说法不一,而且久经争论未获解决。

最早《山海经》和《禹贡》都讲了碣石。《山海经》说:"碣石之山,绳水出焉,而东流注于河",这是指黄河支流上源的一座山。《禹贡》中有两个碣石,一是在常山:"太行恒山,至于碣石",恒山又名常山,为太行山的一支,碣石与太行恒山相接,属于太行山的支脉,应即《战国策》中燕南"有碣石","在常山(郡)九门县"者,《禹贡》另一个碣石在冀州,"夹右碣石入于河",这是讲岛夷入冀州的水路贡道,《禹贡》的黄河经今河北入海,碣石夹黄河入海口之右。今天津市以南,除了无棣县马谷山外,古黄河口都没有山,因此后代也有以马谷山为《禹贡》冀州之碣石。《山海经》和《禹贡》中的碣石都不在渤海湾北岸,可是后代注释地理的认为就是秦始皇、汉武帝所到之地,郭璞的《山海经注》、郦道元的《水经注》等地理名著,就是如此。

碣石所以著名，是因为历史上有几个封建帝王曾经到过，史书屡有记述。秦始皇、汉武帝都把碣石作为巡行的一个目标。秦始皇来碣石是在公元前215年，始皇死后，二世即位元年，东巡郡县，也到过碣石。

汉武帝巡行碣石，是在元封元年（前110）封禅泰山之后，自泰山启行，东巡海上，至碣石，归路是自辽西，历北边至九原，回到甘泉宫。汉辽西郡之地正在渤海湾北岸，这个碣石在渤海湾北是非常明确的。秦始皇既巡行碣石，所以汉武帝也来到这里，两者自为一处。

汉武帝之后，来到碣石留有记载的就是曹操。过去都以为曹操是在征乌桓的去路中登临碣石的，现在考明他是回路所经。第一，曹操于五月到无终（今河北蓟县），九月自柳城引军还。《碣石篇》第一首《观沧海》说："秋风萧瑟"，明明是九月天气，第二首《冬十月》开头就是"孟冬十月，北风徘徊"，第三首《河朔寒》应是十一月气候，而曹操正于十一月回至易水，可见三首皆为回军途中纪事。第二，去路原打算从傍海道，后因大水，海滨低湿，车马难通，改出卢龙道，从遵化北出喜峰口，没有傍海行走。卢龙道仅有"微径可从"，胜利还军时没有必要再走这条险路，傍海道乃是大道，由此往来柳城，史不乏例，如此他所登临的碣石，必在这条路旁滨海之处。

渤海湾北岸有一个碣石，秦始皇、汉武帝、魏武帝（曹操）都曾登临，这已无疑问，问题是究竟在什么地方？从汉以来，主要有如下几说：

（一）絫县碣石说。汉武帝所到的碣石，据文颖注："在辽西絫县，絫县今罢，属临渝。此石著海旁。"文颖是东汉末年人，比曹操还要早一点。絫县西汉属辽西，东汉省入临渝，文颖这条注应来自西汉，"此石著海旁"似是他亲身见阅。临渝在山海关西、昌黎之东，也只有这一带现在海边还存在这类的碣石。

（二）临渝水中说。《水经》最末有《禹贡山水泽地所在》，似是出于魏晋间人所附益，所记"碣石山在辽西临渝县南水中也"。

（三）沦于海说。魏晋之际，碣石开始失明，先出现在海中说，接着又发展而为"碣石沦于海说"。前说有张折（当是曹魏时张揖）、韦昭（吴时），到了郦道元作《水经注》，则集后说的大成。《水经注》不仅将张氏所说"碣石在海中"断为"盖沦于海水"，还根据汉人王横所说东部海岸大风雨湮没九河的现象，进一步论证由于汉代海水西浸，把碣石"苞沦于洪波之中"。《水经注》说："濡水又东南至絫县碣石山"，接着把上述文颖注，《汉书·地理志》骊成县大碣石山，以及汉武帝所登碣石，都注为此地。另又把沦于海的碣石加以描述："今枕海有石如甬道数十里，当山顶有大石如柱形，往往而见（现），立于巨海之中"，"世名之天桥柱也……韦昭亦指此以为碣石也"。濡水就是滦河，滦河入海口最北不能超越七里海，沿海一带根本没有山，因此《水经注》所说现象都不存在。

魏晋以后，由于古碣石已失所在，于是又产生以相近的山当作碣石说。

（四）石城碣石说。《新唐书·地理志》：平州石城县"有碣石山"，唐石城县在滦县南三十里。此说流行多代，《舆地广记》平州石城县："有《禹贡》碣石山，秦皇、汉武皆登之，以望巨海，其石碣然而立在海旁，故名之。"但在滦县以南，根本没有山，此说与事实不合。

（五）昌黎碣石说。这是明代才提出的，前后又有两说，方位不同。一是《大明一统志》说："碣石山在昌黎县西北二十里"，"离海三十里"；二是郭造卿说："今昌黎县北十里有仙人台，即碣石顶也"，他还把山顶"有一巨石形如瓮鼓",疑即天桥柱,从而认为碣石未沦于海。前说不详明指何山,后说就是昌黎县城北之娘娘顶。明清《永平府志》《昌黎县志》都依郭说,肯定仙人台就是碣石山,所以尽管此说晚出,但在近代却最占优势,现在一般地图上都标为碣石山。

关于渤海湾北岸碣石的位置,历史上众说纷纭,究竟哪一说较近乎事实,首先必须弄清两个问题:碣石是山还是石?是紧临海水还是距海有一段距离?第一,秦皇、汉武所巡行的碣石记载简略,但曹操诗中描写得比较清楚,从"水何澹澹,山岛疏峙",说明碣石紧临海水,甚至于是伸进海里的一块地方,上有岩石,直立对峙,所以称为山岛,但不是山,更不可能是大山。《尔雅·释名》:"碣石者,碣然而立在海旁也",《说文》:"碣,特立之石也,东海有碣石山",碣石是碣立之石而不是山,应该可信。第二,汉武帝巡行的碣石,文颖说在海旁,曹操所临碣石更是与海水综错,文颖之注与曹操之诗相一致。第三,这里的碣石还必须与通道有密切联系,曹操征乌桓回军所登临的碣石,当必在通往山海关古今通道不远。因此,如是高山,或距海较远,或不在通道之旁,都可以排除。据现在实地情况考察,自昌黎附近的海岸往西,沿海内外根本没有山,历史时期也没有成山条件,通道也去海较远,可以不考虑。从北戴河附近往东出秦皇岛、山海关,通道才开始靠着海走,山势也逐渐伸向海滨,余脉有的一直到海。曹操回来既是走这条路线,他所登临的碣石应该在这段道路之旁不远,这一带正是汉临渝县之地,文颖所说著海旁的碣然特立之石,只能在北戴河附近直到秦皇岛一带寻找。

北戴河南海角现在还有这类孤崖耸立的海石,例如鹰角亭的鹰角石和金山嘴的南天门,金山嘴西、中海滩路南突出海中的老虎石,其中金山嘴半入海中,三面临海,近海一面就是高达数丈的海蚀崖,矗立海中。南天门就是在崖脚下，中为海水蚀穿，穹窿似门，可容数人穿行其中，登临崖顶，则海景全收眼底，一览无遗，所以一直是观海胜地，早就有人认为这就是碣石。金山嘴是一个比秦皇岛大得多的半岛，早在1924年前后就不断有人在金山嘴发现周、汉古文化遗址、遗物，包括千秋万岁瓦当、汉砖、铁镞、烽燧遗址。特别值得指出的金山嘴西北，紧倚戴河东岸，并距戴河口不远，有村名古城，此处当为一古城所在，古城之东不远就是西联峰，此处也有古烽燧遗址，山下有古墩台，当为明代海防墩台遗址。以上遗址、遗物，《北戴河海滨志略》已有较详细报道，并附砖瓦拓片，虽系20年代私人调查，后亦未经考古正式勘查，但遗物"千秋万岁"瓦当与砖瓦纹饰时代为汉时文物无可疑，至于古城也很可能和久已失考的汉骊城或絫县有关，有烽燧，又有古城，必当古代交通要道之冲，至今形势未改，这样，秦汉碣石应在金山嘴附近，既有证据也很合理。

至于公元458年北魏文成帝所登的碣石乃在今河北肥如县境内，公元553年北齐文宣帝所登的碣石更在营州，当即《新唐书·地理志》营州柳城下的碣石山。他们不过为模仿秦皇、汉武的故事，找个目标当作碣石，和秦汉时代的碣石并不是一回事可毋庸置论。

碣石是历史地理长期争论不下的问题之一，具体的位置究竟在哪里，还需要有更多更确切的证据，特别是考古的勘查、发掘，才能最后落实和解决。本文一是就近年在这一带考察所见，二是综合历史记载，加以总结，写出一个初步意见，供今后进一步工作参考，如有不当，请批评指正。

（原载《文史哲》1979年第6期）

明初户口升降考实

孙达人

长期以来,史学家们每每以明初的户口上升来证明当时生产的发展。但只要认真地研究一下有关资料就可以发现,其实明初的户口虽曾迅速地上升,不久却转化为长期的停滞。若以不同的地区而论,当时既有大幅度的上升,又有大幅度的下降。笼统地谈论明初的户口上升而不及其余,显然是片面的,不符合历史实际的。其结果致使人们对于像明初的户口为什么会发生上升,这种上升的现象在历史上究竟包含什么意义,应该怎样估价等问题,迄今时有不实之论。至于明初的户口上升为什么不久就转入长期停滞的状态,在当时的不同地区为什么户口会此升彼降等问题,似乎还尚未引起人们应有的注意。此外,由于史籍记录上的歧异,加之有些史家援引和计数上的疏忽,数据或有参差。这些都需要根据史实加以考订和辨正,以期恢复历史真相。

明初户口升降的基本事实

据《元史·地理志》记载:元朝至元二十七年,全国有 13,196,206 户,58,834,711 口。到了明朝"洪武初,天下户一百六十一万九千五百六十五"①。可见,明朝建国之时,它的户口仅只元朝的 12.27% 左右。然而,为时不过十年左右,到洪武十四年,明朝的户口就上升为 10,654,412 户,59,473,305 口②。和元朝相比,户占元朝 80.7%,口占元朝的 101.08%;和洪武初相比,这十年左右的时间,净增 9,034,847 户,上升为洪武初的 661.6%。十分明显,洪武十四年以前的户口增长速度应该说是十分迅速的。现代的史学家们已经注意到了这一点。但值得注意的是,自洪武十四年以后,明朝的户口基本上没有什么上升,有时或户或口反而出现下降。这一点却迄今没有引起史学家的注意。现以洪武十四年的户口数作基数,再用洪武二十四年和洪武二十六年的户口数试作比较:

类别 时间	户		口	
	户数	增减数、率	口数	增减数、率
洪武十四年	① 10,654,412* ② 10,654,362*	100%	① 59,473,305* ② 59,873,305*	100%

① 《农田余话》卷下,《宝颜堂秘籍》本。
② 《明太祖洪武实录》卷一四〇。按据《实录》所载十四年户口总数是户 10,654,362,口 59,873,305。但直隶和各布政司户口细数相加,户 10,654,412,口 59,473,305。这就是说,论户,细数相加比《实录》的总数多 150 户;论口,细数相加比《实录》的总数少 400,000 口。两者必有一误,可惜,目前找不到可以校刊的资料订误。我以为,户数相差无几,可以略而不计,口数相差 40 万是一个较大的整数,看来不大可能是直隶和各布政司细数抄写中发生的错误。所以,本文洪武十四年的全国户口数取直隶和各布政司相加的总数。下面作分区比较时,则并列这两个数据,以细数相加的总数为①,《实录》所载总数为②。

续表

时间\类别	户		口	
	户数	增减数、率	口数	增减数、率
洪武二十四年	10,684,435	+30023	56,774,561	2,698,744
		+0.28%		-4.54%
洪武二十六年	10,652,870	-3542	60,545,812	+1,072,257
		-0.033%		+1.8%

* 参看上页脚注②

注：表中洪武二十四年的户口数据《明太祖洪武实录》卷二一四，二十六年户口数据《大明会典》（万历刻本）卷一九。

关于洪武二十四年的口数，吴晗同志认为《明太祖洪武实录》所载 56,774,561 口"是不可信的，可能传写有错误"（《朱元璋传》，第 226 页）。但查该年《实录》开列直隶和各布政司细数相加所得总数，与《实录》所载总数完全相符。因此，所谓"传写有错"的说法似难成立。

关于洪武二十六年的户口数，除这里所列《大明会典》的 10,652,870 户，60,545,812 口这个数据之外，《诸司职掌》（《玄览堂丛书》本）作 10,662,870 户、60,545,821 口，《明史·食货志》作 10,652,860 户、60,545,812 口。究竟哪一个数据正确呢？我以为，《大明会典》的数据是正确的，其余各书系传抄错误。因为，《会典》《职掌》和《明史》（按在《地理志》）所开列的直隶以及各布政司的细数，只有江西布政司的口数小有不同：《会典》和《职掌》均作 8,982,481，《明史》作 8,982,482，差一口，其余细数均同。把这些细数相加，总数为 10,652,870 户、60,545,812 口，与《会典》完全符合，与《职掌》和《明史》均不相符。可见《会典》是正确的，《职掌》和《明史》所载的总数系传抄有误，兹不取。

但值得注意的是，韦庆远同志在《明代黄册制度》中，把《后湖志》所记洪武年间 10,652,789 户、60,545,812 口的总数，断为洪武二十四年的户口数字。我以为，韦庆远同志的这个看法是不正确的。《明太祖洪武实录》载有洪武二十四年全国户口总数（已见正文表中）及各细数与《后湖志》中洪武年间的户口总数及各细数均十分不同。相反，它与《会典》所载洪武二十六年的户口总数及各细数基本相同。可见，《后湖志》中的这个户口总数应是洪武二十六年的数据。不过《后湖志》所载的户口总数和各细数，与《职掌》《明史》一样都有传写上的错误。故亦不取。

这就是说，从洪武十四年到二十六年的十二年内，洪武二十四年户增口减，洪武二十六年户减口增。即以增加而论，洪武二十四年户增不过三万余，洪武二十六年口增 107 万，所占比例微乎其微。因此，从洪武十四年到二十六年间全国的户口可以说基本上维持原状，说不上有什么上升，是一种长期停滞状态。

要之，从洪武初到十四年的十余年间，明王朝的户口以较快的速度上升，而从洪武十四年到二十六年的十二年间，明王朝的户口基本上保持不变，有时或户或口还有所下降。在考察明初户口的升降时，我以为这是首先必须注意的基本历史事实。

其次，如果再从地域的角度来作考察，那么明初的户口升降在当时的南方和北方又是十分不同的。

这里，我们所说的南方和北方，大体以长江为界。北方包括元朝的中书省和辽阳、河南、陕西、甘肃行中书省，与此相应，北方在明初包括北平、山东、山西、河南、陕西五个布政司，加上地处长江以北本属元朝的河南行省，明属直隶的庐州、安庆、淮安、凤阳、扬州、徐州、和州、滁州，南方则包括元朝的江浙、江西、湖广和四川行省；与此相应，在明代包括直隶的应天、苏州、镇江、松江、常州、徽州、宁国、池州、太平、广德等府州，以及浙江、江西、福建、广东、湖广、广西、四川、云南布政司。下面试将元明之际南北方的户口列表如下，以供比较：

时间\类别	全国			
	户		口	
	户数	比例	口数	比例
元代	14,011,274		59,565,577	
洪武二十六年	10,652,870		60,545,812	
元明之际比较	-3,358,404		+980,235	

续表

时间 \ 类别	北方			
	户		口	
	户数	占元全国的比例	口数	占元全国的比例
元代	2,483,051	17.72%	9,116,691	15.31%
洪武二十六年	2,717,617	25.51%	8,342,001	30.29%
元明之际比较	+234,566	+7.79%	+9,225,319	+14.98%

时间 \ 类别	南方			
	户		口	
	户数	占元全国的比例	口数	占元全国的比例
元代	11,528,223	82.28%	50,448,886	84.86%
洪武二十六年	7,935,253	74.49%	42,203,811	69.71%
元明之际比较	-3,592,970	-2.79%	-8,245,075	-15.15%

注：本表据《元史·地理志》、《大明会典》（万历刻本）卷一九制成。按，《元史·地理志》载至元二十七年全国"户一千三百一十九万六千二百有六，口五千八百八十三万四千七百十有一"，但没有留下当时各行省的户口细数。本表是据该志所列各行省的细数统计的，而这些细数有些属至元七年的，有些是至元二十七年的，有些是皇庆元年的，有些是至顺年间的。因此表中的户口总数是以各省细数相加所得，大于至元二十七年的全国户口总数。

这就是说，要是从地域方面来看，元明之际，北方比之元朝户增234,566，口增9,225,319，而南方则比元代户减3,592,970，口减8,245,075。因此，元明之际南北方在全国户口中所占的比重也就发生了相反的变动，北方由元朝的户占17.72%上升为25.51%，口占15.31%上升为30.29%。相反，南方则由元代的户占82.28%下降为74.49%，口占84.86%下降为15.15%。

为了说明明初户口升降中的南减北增的趋势，不妨再拿洪武十四年和二十四年间南北各布政司的户口作一比较①：

项目 地区	户			口		
	洪武十四年	洪武二十四年	增减数及比例	洪武十四年	洪武二十四年	增减数及比例
浙江	2,150,412	2,282,404	+131,992 +6.14%	10,550,238	8,661,640	−1,888,598 −18.79%
江西	1,553,924	1,566,613	+12,689 +0.8%	8,982,481	8,105,610	−876,871 −9.76%
福建	811,369	816,803	+5,434 +0.67%	3,840,250	3,293,444	−546,860 −14.24%
湖广	785,549	739,478	−46,071 −5.86%	4,593,070	4,091,905	−501,165 −10.91%
广东	705,623	607,241	−98,382 −13.94%	3,171,950	2,581,719	−590,231 −18.61%
广西	210,267	208,047	−2,220 −1.6%	1,463,139	1,392,248	−70,891 −4.84%
四川	214,900	232,854	+17,954 +8.35%	1,464,515	1,567,654	+103,139 +7.04%
以上南方各布政司相加	6,432,044	6,453,440	+21,396 +0.333%	34,065,643	29,694,220	−4,371,423 −12.83%
北平	338,517	340,523	+2,006 +0.59%	1,893,403	1,980,895	+87,492 +4.62%
山东	752,365	720,282	−32,083 −4.26%	5,196,715	5,672,543	+475,828 +9.16%

① 因为直隶的各府州分属长江南北，而这些府州又没有洪武十四年的户口数据。此外，云南当洪武十四年时尚未设立布政司，还没有户口统计，故本表将直隶和云南除外。

续表

项目 地区	户			口		
	洪武十四年	洪武二十四年	增减数及比例	洪武十四年	洪武二十四年	增减数及比例
山西	596,240	593,065	−3,175 −0.53%	4,030,454	4,413,437	+382,983 +9.5%
河南	314,785	330,294	+15,509 +4.93%	1,891,087	2,106,991	+215,904 +11.42%
陕西	285,355	294,503	+9,148 +3.21%	2,155,001	2,489,805	+374,804 +15.54%
以上北方各布政司相加	2,287,262	2,278,667	−8,595 −0.37%	15,166,660	16,663,671	+1,497,011 +9.87%

注：本表据《明太祖洪武实录》卷一四〇、卷二一四制成。

这就是说，在洪武十四年至二十四年间，以户而论，除直隶和云南之外的南北两方增减均在 0.3% 左右，微乎其微，可以略而不计。以口而论，南方除四川布政司一地有较大的上升之外，其余浙江、江西、福建、湖广、广东、广西各布政司下降率都在 4.83%—18.79% 之间。以上南方各布政司在这十年间总计减少 4,371,423 口，下降率达 12.83%。北方的北平、山东、山西、河南、陕西各布政司都有所上升，总计增加 1,497,011 口，上升率为 9.87%。

要之，南北两方的户口无论从元明之际还是洪武期间去考察，北方均有大幅度的上升，南方则大幅度地下降。这是考察明初户口升降时必须注意的另一个基本事实，但迄今似乎也未曾引起人们应有的重视。

弄清明初户口升降方面的上述基本历史事实，对于研究我国的历史，特别是明代的历史具有相当重要的意义。因为，这些基本历史事实从一个侧面反映出我国历史发展到元明之际的若干特点。

自秦汉以来，我国历史上每当一场农民战争后兴起的新王朝，它的户口初期总是远远不及前朝的最高数字。西汉王朝开国后的十二年，户口控制数大约只有秦时的十分之二、三①。东汉王朝到光武中元二年（57）已经建国三十三年，才控制了 4,271,634 户，21,007,820 口②，户、口两项均只及西汉最高控制数的三分之一左右。西汉最高的户口数在元始二年（2），户 1223 万，口 5959 万③。东汉王朝是过了八十年，在元兴元年（105）才接近西汉王朝的户口数目：户 923 万，口 5325 万④。从此东汉王朝的户口控制数才基本上转入了停滞状态。换言之，东汉王朝在它的初期，户口上升速度比较缓慢，因而在户口的上升方面出现的停滞状态也出现得比较迟些。隋大业五年（609）户 890 万，口 4601 万⑤。但到唐贞观二十三年（649）是唐王朝建成的第三十二年，当时得户 380 万⑥，也不到隋朝最高控制数的 43%。直到天宝十四载，唐朝得户 891 万，口 5291 万⑦，才超过隋朝，成为唐户口最高控制数，并且从此转入减少。这时离开唐的建国已经一百三十八年。换言之，唐初的户口上升速度更比明朝来得缓慢，从而它的下降的时间也就出现得更加迟些。然而，正如前面我们已经指出的，明朝的户口升降过程则与汉唐迥然相反，它在短短的十四年内就基本恢复了元朝的最高额，同时也就使它的户口从此进入了基本上停滞不变的状态。一句话，明初全国户口升降表

---

① 《汉书·高惠高后文功表》。
② 《后汉书·郡国志》引《帝王世纪》。
③ 《汉书·地理志》。
④ 《后汉书·郡国志》引《汉宫仪》。
⑤ 《隋书·地理志》。
⑥ 《通典》卷七。
⑦ 《通典》卷七。

明,与汉唐相比,明初的户口上升的速度特别快,因而达到顶点的时间也特别早。

自汉以来,北方的户口无论就绝对数还是就它在全国所占的比例而言,一直在逐渐减少,反之,南方的户口则一直在逐渐上升。在这里我想不必来开列和计算具体的数据,只拟引明人章潢的一段分析和估计作为证明。他在《论西北古今盛衰》中说:"当西汉元始五年(按,当作二年)中原县、户过天下十之七。后一百三十九年,当东汉建康元年,中原县、户过天下十之六。又后一百三十有六年,当晋太康元年,中原县、户乃当天下十之五。又后四百六十有一年,当李唐开元二十八年,中原县、户乃当天下十之四。又后三百四十年,当宋朝元丰末、元祐年,中原县、户乃当天下十三。夫以宋朝元丰间去西汉之季才千一百年耳,而昔之民户、县邑当天下之七,今乃仅能当十之三,何古今之殊绝也。"① 章潢的论述虽然比较粗糙,也不够确切,同时没有指出元代北方户口不到全国20%的事实,然而大体上反映了自汉以来南北户口消长的历史实际。自汉以来北方户口逐渐减少,南方户口逐渐增加的历史过程,到明初却开始被扭转,我国的户口从此又开始了相反的过程:南方户口在全国户口中所占的比重有所下降,北方反而有所上升。

总之,明初的户口既有迅速的上升,也曾有长期的停滞。如果从南方和北方分别加以考察,既有南方的大幅度下降,又有北方的大幅度上升。笼统地用明初户口迅速上升的提法,既不能概括当时户口升降中复杂的现象,又忽视了当时户口升降中所出现的历史性的变化。其实,正是明初的户口为什么会比汉唐王朝更快地上升和更早地转化为长期停滞

---

① 《图书编》(万历刻本)卷三四。

状态，南北户口为什么恰恰与自汉以来的趋势相反，变成北方大幅度地上升，南方大幅度地下降，以及升降方面的这些变化究竟有什么历史意义，才是研究明初户口时值得加以认真探索的问题。

明初户口升降的原因及其意义

从表面上看去，明初的户口升降是很离奇的，一系列的现象似乎都难以理解。例如，明初的户口只及元朝的 12%，为什么这样少？莫非其余的户口都在元末战乱中死亡了？如果果真如此，那么，为什么不过十年左右，到洪武十四年又能净增 903 万户，上升率为 661% 呢？这样的上升速度难道是人口自然增殖所可能的速率么？

过去，不少史学家总是不顾如此明显的矛盾，不仅仍然把明初的户口上升直接视为人口的增长，而且还从明朝统治中为这种上升找出了种种理由。他们认为：明初户口的上升是明朝有几十年比较安定的生活，推行休养生息，积极鼓励生产、解放劳动力的结果。

我以为，这种观点是难以成立的。因为人口的自然繁殖绝不可能在十年内达到 661% 的速率；同时，无论就"安定的生活"还是"休养生息"之类的措施而论，洪武十四年以后至少不比十四年以前更少更差，南方不比北方更少更差。那么，用"安定的生活""休养生息"等既无法解释洪武十四年前后的户口升降中不同的趋势，也显然根本不能说明在同一时间、同一个王朝的统治之下，南北两方户口增减的绝然相反的方向。

其实，户口在我国封建社会里只是人口的官方记录。"有人此有土，有土此有财，有财此有用。"① 封建国家的户口是直接与赋役剥削相关联的。因此，封建统治者总是力图控制更多的户口，以便榨取更多的财富，而农民则总是竭力反抗或抵制这种控制，以多少减轻自己的赋役负担。户口的多少、升降不过是封建国家的控制与农民的反控制斗争消长的产物。当封建国家的控制被农民的反抗，特别是一场大规模的农民战争所打破或削弱时，户口控制就少，比之前一王朝就下降；反之，当封建国家的控制得到加强时，户口控制就多，就上升。换言之，当封建国家控制被打破或削弱时，户口和当时的实际人口差距较大，甚至极大；当封建国家的控制被加强时，户口就会上升到和当时的实际人口比较接近。对于明初户口的上述升降现象，我以为，恐怕也只有从封建国家的控制和农民的反控制斗争的消长中才能获得合理的说明。

洪武初明王朝的户口之所以只有元朝的 12%，当然不是由于其余的人在战争中死亡了的缘故，而是因为"州郡人民因兵乱逃避他方"②。所以朱元璋早在洪武元年就指令地方官："所谓田野辟，户口增，此正中原之急务。"③ 他的臣下也直言不讳地指出："今之守令，以户口、钱粮、狱讼为急务。"④ 这也就是说，明王朝当时将那些脱籍的农民重新控制起来以增加户口，是它的内政的头等任务。有些原先已因农民逃亡一空而撤销的县，像开封府的柘城和考城，到洪武四年就因"人民捕（逋）逃者皆归复业"⑤ 而重新设置；有些本来控制户口很少的地方，像怀庆府从洪武四年至六年间，也因"流逋四归，田野垦辟，户与税增

---

① 《礼记·大学》。
② 《明太祖洪武实录》卷三四。
③ 《明太祖洪武实录》卷三四。
④ 《明史·叶伯巨传》。
⑤ 《明太祖洪武实录》卷六七。

十余倍"①。正因为洪武十四年之前户口上升的主要原因是所谓"逋逃复业"或"流逋四归",所以,在元末农民战争后的明初十余年间,明王朝户口才能以绝非自然繁殖所能有的速度,由原来的161万户一跃而为1065万户,净增903万户,上升率为661%。这九百〇三万户的户口主要属于重新被控制的农民,应该说是毫无疑问的。

值得注意的倒是,明王朝究竟用什么措施将如此众多摆脱了控制的"逋逃""流通",在不过十年左右的时间就控制起来呢?

是用休养生息,积极鼓励生产和解放劳动力的措施吗?不错,从史书中确实可以找见许多诸如此类的言论作为这种观点的论据。这类言论大家所见已多、已熟,不必备引。

然而,我以为那些言论往往都经过封建史臣的"修饰"(实际是歪曲),不如明开国皇帝朱元璋自己的、未经封建史臣"修饰"过的洪武三年十一月二十六日的圣旨原始、真实、可信:

> 户部洪武三年十一月廿六日钦奉圣旨:说与户部官知道:如今天下太平了也,止是户口不明白俚,教中书省置天下户口的勘合文簿、户帖,你每户部家出榜去教那有司官,将他所管的应有百姓,都教入官附名字,写着他家人口多少,写得真,着与那百姓一箇户帖,上用半印勘合,都取勘来了。我这大军如今不出征了,都教去各州县里下着,逐地里去点户比勘合。比着的便是好百姓,比不着的便拿来做军。比到其间有司官吏隐瞒了的,将那有司官吏处斩。百姓每自趆(躲)避了的,依律要了罪过,拿来做军。钦此。除钦

---

① 《逊志斋集》卷二二《郑处士墓碣铭》,《四部丛刊》本。

遵处，今给半印勘合户帖，付本户收执者。"①

十分明显，这是一份有关明初户口问题的极其宝贵的原始文件。它包含着被各种官方史书所有意或无意掩盖了的重要内容。例如《明太祖洪武实录》在洪武三年十一月辛亥（即二十六日）记载着同一道圣旨，然而经过封建史家的"修饰"，圣旨竟变成为这样的文句："民，国之本。古者司民，岁终献民数于王。王拜受而藏之天府。是民数，有国之重事也。今天下已定，而民数未核实。其命户部籍天下户口，每户给以户帖。"② 请看：朱元璋发布的圣旨中被打了着重点的文字，全被删削一空。只要比较一下原文，谁都可以肯定，前者把明王朝对所谓"趫（躲）避了的"百姓，即在元末农民战争中摆脱了控制的农民的政策和手段说得十分实在、质白：第一，命令它所豢养的"大军""都教去各州县里下着，遴地里去点户"，亦即直接用大军去全国各地追捕"躲避了的"百姓。第二，对那些不愿接受控制、不领户帖的农民，采取严酷的法律制裁，用圣旨的原话说，叫作"（比勘合）比着的便是好百姓，比不着的便拿来做军"；或者叫作"百姓每自趫（躲）避了的，依律要了罪过，拿来做军"。第三，为防地方官吏隐瞒作弊，朱元璋对他们也规定了严刑："比到其间有司官吏隐瞒了的，将那有司官吏处斩。"总之，采用大军追捕和严刑峻法以迫使摆脱了控制的农民和其他劳动者重新接受控制，这就是明王朝建国后所采取的增加户口的真实政策。

采用暴力捕捉摆脱控制的农民和其他劳动者，并且以严刑对付那

---

① 李诩：《戒庵老人漫笔》卷一，中华书局1982年版。
② 《明太祖洪武实录》卷五九。

些抵制者，在中国历史上本来是一项传统政策。例如，在西汉初就叫作"捕亡人"①。不过封建史家往往给予一个漂亮的名词，曰"招抚流亡"。明王朝建国后所干的仍是这种勾当，所不同的只是更严厉、更残暴。当洪武三年基本结束了创建明王朝的战争，在所谓"如今天下太平了"的时候，它竟派遣自己所豢养的"大军"去追捕摆脱了控制的农民和其他劳动者。简言之，就是"大军点户"。试问，当时明王朝的"大军"到底有多少呢？据洪武二十五年的统计，这支"大军"共有 1,214,931 人②。若按洪武十四年全国有 5,947 万口计算，平均每 49 人中就有一名士兵。这样，明王朝新创的"大军点户"就势必能使它的户口以史无前例的速度上升。例如洪武三年十一月二十六日朱元璋才下达了"大军点户"的圣旨，第二年十二月，"户部奏，浙江省民一百四十八万七千一百四十六户"③。前面大家已经看到，洪武初，明王朝全国才有 161 万户。试看，不过一年时间，浙江一省的户口即达不久前明王朝的全国户口。朱元璋亲自制定的史无前例的"大军点户"政策就是这样迅速地使明朝的户口上升着。

也许明王朝的这种追捕政策只是一时的、偶然的行为吧？

不妨让我们再引证几则材料：

洪武十三年五月乙未诏："自洪武初至十二年终，军民逋逃追捕未获者，勿复追。"④ 这道诏令是否付诸实施可以置而不论。不过根据诏文本身，可以断言，至少十二年以前追捕"逋逃"是始终没有终止的。

---

① 《史记·吴王刘濞列传》。
② 《明太祖洪武实录》卷二二三。
③ 《明太祖洪武实录》卷七〇。
④ 《明太祖洪武实录》卷一三一。

洪武二十四年四月癸亥，"太原府繁畤县奏，逃民三百余户，累岁招抚不还，乞令卫所追捕之"①。

由此可见，直至洪武二十四年，"累岁招抚不还"即坚持抵制明朝控制的农民仍有，而追捕逃户的事实当时也还没有绝迹。

自然，随着明初的户口逐渐接近元朝的原有户口，也就是说，在元末农民战争中摆脱了控制的农民基本被控制之时，尽管明朝仍在追捕"逋逃"，就全国来说，除了一些边远落后的地区之外，可以被控制的农民越来越少了。这样，明朝的全国户口就不能不由洪武十四年前的迅速上升转为长期的停滞状态。

或者有人要问：既然控制"逋逃"农民是明初户口升降的主要原因，那么，为什么同一个元末农民战争后的明初时期，洪武二十四年的户口，北方比之元朝大幅度地上升，而南方则大幅度地下降？为什么洪武二十四年除直隶、云南之外的户口，北方比之洪武十四年净增149万口，上升近10%，而南方则净减437万口，下降近13%以上呢？

我以为，明初南北户口升降中的这个绝然相反的现象同样必须从封建国家的控制和农民的反控制斗争中才能求得真正的原因。

揭开明初的历史，谁都可以看到在洪武时期农民反抗斗争的次数之多，超过了以往历代封建王朝。假如把南方和北方分开来加以考察，当时的南方农民的反抗斗争尤为普遍、激烈，次数之多，简直无法一一计数，大约总在一百次上下。特别是在浙东、福建、广东和湖广相连的那一大片土地上，从洪武初以来，以叶丁香、曹真等为代表的农民，几乎没有一天停止过自己的斗争。关于明初的农民反抗斗争是需要专门加以研究

---

① 《明太祖洪武实录》卷二〇八。

的。在这里我只想指出三点：第一，当时参加反抗斗争的主要社会成分是"逋逃"或者说"流民"，用封建官吏的语言，叫作"捕（逋）逃为盗"①，或"逋逃所聚"②。第二，明王朝为了控制这些"逋逃"，到处采用着令人发指的残暴手段：屠杀、劓刑、强迫迁徙和强迫作军。如洪武四年就"籍温、台、庆元方氏遗兵及兰秀山流民凡十一万一千七百五十人分成各卫"③，像洪武十五年仅广东的番禺、东莞、增城，就有二万四千余人被强迫迁往四川屯田④；像镇压所谓广东铲平王一支起义军就屠杀八千八百余人⑤，等等。以上这些被迁被杀的主要都是参加反抗斗争的南方农民。这样，第三，大批南方的农民就不得不"遁入海中"⑥，或者"窜入旁近郡县"⑦。既然明初南方的"逋逃"如此广泛而顽强地抵制控制，那么，南方的户口自然就不能不比元代为少，自然就不能保持洪武十四年所已经控制的户口⑧。

反之，北方是元朝统治的中枢，也是元末农民战争的主要战场。这场革命战争推翻了元朝，对于北方的地主的打击也就比南方更为沉重。除了一批元朝的贵族、官员、地主被赶回蒙古高原之外，"朔方将

---

① 《明太祖洪武实录》卷七三。
② 《明太祖洪武实录》卷七五。
③ 《国榷》卷四。
④ 《明太祖洪武实录》卷一四八。
⑤ 《明史·赵庸传》。
⑥ 《明太祖洪武实录》卷八八。
⑦ 《明太祖洪武实录》卷二〇〇。
⑧ 例如，《明太祖实录》卷一六八洪武十七年十一月，"韶州府翁沅县奏，自洪武十四年十五年山寇作乱，民多离散，田皆荒芜，租税无征"。又卷一九七洪武二十二年八月，"江西赣州府瑞金县丞古亨言……近为邻山贼作乱惊骇……初民户在籍六千一百九十三，今亡绝过半"。

校，殁身于兵戈者，不知其几"①，其余北方的地主"大姓之家，噍无遗类"②。元末农民战争所造成的这种形势和条件，不仅使明朝建国之初北方摆脱了控制的农民和其他劳动者比之南方更多，即所谓"民多逃亡，城野空虚"③，同时，由于大批蒙汉地主的被消灭，农民和其他劳动者比较容易得到土地。例如直到洪武十五年，"中原……号膏腴之地，因人力不至，久致荒芜"④。这样，尽管明王朝对北方的农民同样竭力加以控制，以便增加赋税和徭役，然而，这里的农民由于地主阶级力量严重削弱而造成的比较容易取得土地的条件，使他们的处境就比南方好些。这样，在整个洪武时期，北方农民的反抗斗争只有青州孙古朴、汉中高福兴等不到二十次⑤。北方农民在明初抵制明朝控制斗争的数量和规模显然比南方为少、为小，这里的户口也就自然会与南方相反，在当时呈现为不断地上升。

综上所述可见：

（1）明初户口的升降是封建国家的控制与农民反控制斗争的直接产物。明初的户口由洪武初年只及元朝的12%，到洪武十四年上升为户数接近、口数超过元朝的事实，绝不可以看成当时实际人口增长的表现，只能作为元末农民战争中大批摆脱了控制的农民和其他劳动者重新被控制的证明。

（2）与汉、唐相比，明初的户口上升特别快，转化为长期停滞也特

---

① 《明太祖洪武实录》卷五六。
② 《一山文集》卷六《房氏家传》，《湖北先正遗书》本。
③ 《明太祖洪武实录》卷三三。
④ 《明经世文编》卷七《上太平治要十二条》。
⑤ 参见《明太祖洪武实录》卷五六、卷二四九等。

别早，这是明王朝对农民和其他劳动者控制方面的一个显著历史特点。这个历史特点充分暴露出明代封建专制主义强化的反动性，绝不能视为明王朝推动生产发展的证明。

（3）与汉、唐相比，以往户口不断上升的南方开始下降，户口不断下降的北方则开始回升，这是明初户口升降中的又一个显著历史特点。这个历史特点表明，原来封建经济还多少有所发展的南方，现在陷入了先前北方曾经经历过的衰落过程。换言之，封建的生产和生产关系在广度方面更加接近了自己的尽头。

（原载《文史哲》1980 年第 2 期）

牛金星降清说质疑

王兴亚

牛金星是明朝末年李自成起义军的重要领导成员。自20世纪60年代以来，我国史学界从学术专著到大学教材，从报刊文章到普及读物，几乎都说牛金星投降了清朝。查其所据，则是《清史稿·季开生传》中所节录的给事中常若柱的奏疏。为着弄清是非，兹将《清史稿》这段记述引录于后：

给事中常若柱疏言：贼相牛金星，弑君残民，抗拒王师，力尽始降，宜婴显戮，乃复玷列卿寺，靦颜朝右。其子牛佺，同父作贼，冒滥伪官，任湖广粮储道，赃私巨万。请将金星父子立正国法，以申公义，快人心。

除此而外，所有论者，均无提出其他任何的佐证。

尽管，目前流行的牛金星降清说，所引以为据的材料，只是上述《清史稿》中这么一条材料；同时，论者对于牛金星降清经过的叙述，颇不一致,有说他在李自成退至西安后,逃回宝丰,未久,投降清朝①。有说是在李自成农民军撤退到湖北时,牛金星同他的儿子牛佺一起投降了清朝②。但是,由于《清史稿》说常若柱奏称牛金星"力尽始降",所以近人据此断言牛金星投降了清朝,把他定为农民革命的叛徒,似乎已成定论,无须再行探究。

现在的问题是:牛金星"力尽始降"之事,是否确有证据。如果他确实降清,这在清初档案材料和史籍中是不能不作具体的记载的。可是,现有的各种资料证明,所谓牛金星降清说,是经不起查核的。

首先,就《清史稿·季开生传》节录常若柱奏疏所述牛金星降清情况看,是含混不清的。所谓"抗拒王师,力尽始降",没有说明牛金星是在何时何地投降清朝的,也没有说明清朝方面是谁接受牛金星投降的,而且从清朝的档案材料中也找不出关于牛金星降清经过的材料。所谓牛金星在清朝,"乃复玷列卿寺,靦颜朝右",更是含糊其辞,根本没有说明清政府对降清的牛金星究竟作了如何的处置,是给予牛金星官职,还是没有给予他官职?如果给予他官职,是何官何职,史籍中不可能不予以记载。可是,在现有的史籍中,也找不出这方面的任何记载。这里说他"复玷列卿寺,靦颜朝右",实在令人费解。再者,常若柱奏劾的目的,是请求清廷"将金星父子立正国法"的。但是,奏疏中说到牛金星,只是说他为"贼相","弑君残民,力尽始降",对他降清后之所作所为以及他对清政府态度如何,只字不提;特别是疏中说到牛佺降清后,"赃私巨万",也未提及此事和牛金星有何关系。而常若柱奏疏的

---

① 曹贵林:《李岩论述》,《历史研究》1964 年第 4 期,第 171 页。
② 顾诚:《李岩质疑》,《历史研究》1978 年第 5 期,第 75 页。

结果，不是将金星父子立正国法，反而自食其果，受到了清廷的严厉惩处。凡此种种，似应发人深省，探本求源。遗憾的是，近人不仅未查其因，弄个水落石出，反而引以为据，又予附会，越走越远，遂使这一说法深入人心。

其次，就清初载有牛金星事迹的史籍看，对其降清之事，均无道及。众所周知，牛金星并非李自成农民军中的一般成员，而是官居丞相，列文官之首。正如顾恩君所说："一应事权，俱牛相为政。"① 像他这样一个颇有影响的人物，一旦降清，清政府是不会不拿他作为例证而大做文章的，社会上也不可能不传播这件事，生活在这个时代的封建文人，也不可能不听到这种传闻或看到有关的材料，在他们写的回忆录和记述牛金星事迹的史书中，自然也没有必要回避或否认这样的事情。

今查成书于清朝初年记述牛金星事迹的史籍，如谷应泰《明史纪事本末》，计六奇《明季北略》，张怡《謏闻续笔》，戴笠、吴殳《怀陵流寇始终录》，彭孙贻《平寇志》，谈迁《国榷》，张岱《石匮书后集》等书，对于牛金星降清之事，均无一字提及，都未载牛金星的最后结局。

另外，有些史书，记述牛金星，不是降清，而是"遁亡"。

娄东梅村野史《鹿樵纪闻》卷下载：李自成死后，"获其从父二人及刘宗敏、左光先，皆斩之。执宋献策、金星、企郊等，皆潜逃"。

王鸿绪《明史稿·李自成传》载：李自成死后，"牛金星、宋企郊，皆遁亡"。

毛奇龄《后鉴录·李自成传》亦载："金星、献策遁亡。"

这里，值得注意的是郑濂《豫变纪略》中关于牛金星的记述。牛

---

① 陈济生：《再生纪略》，吴江沈氏世楷堂刻本。

金星是河南宝丰县人。郑濂是河南商丘人。据郑濂自述，崇祯十五年（1642）三月，李自成农民军破归德时，"予年十五，在曹营（罗汝才部农民军的营中）"，后"间关得脱"①。他所写的《豫变纪略》一书，是根据亲身见闻，参考了顺治、康熙年间的河南地方志和其他文献材料，对于牛金星，从籍贯、出身、参加李自成农民军的活动，都作了较详的记述。关于牛金星的结局，书中有两处记述：

卷五一段注文说："牛金星宝丰人，孔尚达太康人。皆在贼中。孔未几即去。牛至贼败归时，始遁。"

又卷七载，李自成撤出西安，由淅川、邓州入楚，"牛金星逃归宝丰，未几复遁，不知所往"。

凡此等等，不一一举出。以上所列举的材料，足以说明清初包括河南的封建文人在内的各地封建文人，对于牛金星的结局是不大了解的。如果《清史稿》中所述牛金星"力尽始降"，"复玷列卿寺"实有其事，那么，在社会上、在舆论界怎么一点传闻也没有？

再者，就清朝政府主持纂修的《明史》看。《明史》的纂修，始于康熙十八年，雍正十三年完稿，乾隆四年正式颁行。赵翼曾说："惟其修于康熙时，去前朝未远，见闻尚接。"②关于牛金星的事迹，不能不留在人们的记忆中。《清史稿》中所说的常若柱奏疏，明史馆的史臣们，不会看不到，也不会不予以重视。如果牛金星确实降清，"复玷列卿寺"，清初朝中的官僚和史臣们就应当有具体的了解，也没有回避这些事情的必要。可是，《明史》中没有一处说到牛金星降清这件事。不

---

① 郑濂：《豫变纪略》卷四，三怡堂丛书本。
② 赵翼：《廿二史札记》卷三一《明史》。

仅如此,《明史·李自成传》还明确说:"牛金星、宋企郊等,皆遁亡。"这绝不会是个别人、某一部分人的观点和看法。这就说明清初当局并未获悉牛金星降清之事,也并没有给予降清的牛金星以什么官职。

此外,就清朝纂修的有关地方志看。牛金星是河南宝丰县人,清朝宝丰县属汝州管辖。如果牛金星实属降清,并受任官职,这在清朝的《宝丰县志》《汝州志》中,是不会不作记载的。今查清朝道光以前《宝丰县志》和《汝州志》,并不回避对牛金星及其子牛佺的记述,也不回避牛金星参加李自成农民军这一事实。可是,在这些方志中,一字也未提及牛金星降清之事。只载牛佺在清朝所受任之官职,而不言牛金星在清朝所任之官职。康熙《汝州全志·科贡》宝丰县举人条下载:"牛金星,天启丁卯。"乾隆《宝丰县志·选举志》举人条下载:"牛金星,字聚明,天启丁卯科。"在荐辟条下载;"牛佺,明崇祯年间以生员随军保荐,历官至湖广督粮副使。"这就说明作为牛金星故乡的清地方官府所了解的牛金星是没有降清、没有在清朝任官的。

总上所述,不难看出:清初从官修《明史》到地方志,从各地封建文人到河南封建文人的史籍里,对于牛金星的下落是不甚了了的。

这个问题,在清道光年间,曾为耿兴宗所注意。他在纂修《宝丰县志》时,查阅了许多材料,鉴于"史未详金星之死",他作了认真的考察,并写了《牛金星事略》一文,收在他的《遵汝山房文稿》里。在这篇文章里,他说:

> 大兵入关,贼奔窜。金星之子佺,先是已受贼伪官,至黄州知府。及是,乃匿于佺署,以免。金星先茔在宝丰北部,去㶚水之阳不百步,墓各有碑,记官阶事迹。史未详金星之死。据佺墓碑,金

星固死于佺之官署，垂危嘱佺曰："赖弥缝之巧得，不膺荆棘可幸耍，不可恃也。吾死，必葬吾于香山之阳，闭门教子，勿再出。"佺一如其所戒。佺三子六孙，为诸生者四人，不三传，无噍类矣。贼乱河南最久，金星亦数同贼留宝丰，一不省先墓，故世卒不知金星为宝丰人也，先茔亦获全。

这里说牛佺为农民军黄州知府，《绥寇纪略》卷九等载为襄阳府尹。何说为是，待考。牛家墓碑，在道光年间尚存，耿兴宗是看到了牛家特别是牛佺墓碑的。这些墓碑，今已失存。但从耿兴宗的考察中，可以看出：清兵入关，李自成农民军败退到湖北后，牛金星"乃匿于佺署，以免"。这就说明牛金星随李自成撤退到湖北后，不是"抗拒王师，力尽始降"，即投降了清朝，而是藏于他的儿子牛佺的官署中，保全了下来。此其一。其二，牛金星"固死于佺之官署"，并且临终时还嘱咐其子牛佺要"赖弥缝之巧得"，就说明牛金星最后死于牛佺的官署之中。牛佺在清兵入湖北时，投降清朝并官至湖广督粮副使。但是，牛金星一直没有露其真名实姓及其身份。正是由于这个缘故，所以，清朝政府不知其下落如何，当时的人们也不知其所向。其三，牛金星临终时还嘱咐牛佺说："吾死，必葬吾于香山之阳，闭门教子，勿再出。"香山在宝丰境内，为牛家先茔所在地。葬于香山之阳，即将他的遗体运回宝丰，葬入先茔之中。他告诫牛佺，"闭门教子，勿再出"，可以说是总结了自己一生的经验教训而得出的结论，这是一种消极思想和态度，不过，在当时却反映出他对现实不满的思想情绪。

耿兴宗的《牛金星事略》，为人们了解牛金星的最后结局，提供了值得重视的情况和可信的资料，据此，很难说牛金星是"力尽始降"的。

  我过去对于《清史稿》中牛金星"力尽始降"的说法，也是信以为真的。经过思考和研究，近来深感"力尽始降"说之不足据。因成是篇，以期引起进一步之探讨。

（原载《文史哲》1980年第2期）

日本遣唐使者小考

宋锡民　宋百川

郭沫若同志曾用"唐史续编千万代，友情突破九重天"的美好诗句盛赞中日两国人民友好往来和文化交流的光辉历史，表达了两国人民世世代代友好相处的共同愿望。

中日两国人民有两千多年友好往来和文化交流的历史。到了唐代，随着中日两国社会的发展和睦邻友好政策的执行，中日之间的友好往来更加频繁，文化交流也发展到一个新的阶段。经日本历史学家木宫泰彦先生研究，有唐一代日本曾先后派了十九次遣唐使[1]。其中有三次虽已任命，但皆因故中止没有成行[2]；另一次因送唐使而遣，仅至百济即还。因此，实际至唐者共十五次。在这十五次中，有两次是作为送唐使来中国

---

[1] 木宫泰彦著《中日交通史》（陈捷译，商务印书馆1935年发行）记载：日本在唐代共派遣唐使（包括送唐使、迎入唐使）十九次，其中第六次为公元667年（唐乾封二年、日天智六年）系因送唐使而遣者，仅至百济而还，在森克己著《遣唐使》（东京至文堂1955年发行）中则没有统计公元667年这一次，故为十八次。

[2] 即公元791年（唐上元二年、日天平宝字五年）、762年（唐宝应元年、日天平宝字六年）和894年（唐乾宁元年、日宽平六年）的三次。

的①，还有一次是作为迎入唐使派遣至唐的②。所以，确切地说，日本正式派出的遣唐使共有十二次。但是，上述两次送唐使和一次迎入唐使都已到达唐朝，他们往返的时间都在两年左右，在唐停留时间较长。因此我们认为，根据日本史书记载，日本委派遣唐使节的统计，应以十五次为宜（详见附表）。

这十五次遣唐使、送唐使和迎入唐使，见于中国文献记载的有下列十二次：

唐贞观四年、日舒明二年（630）八月，日遣唐使犬上三田耜、药师惠日等来唐。《旧唐书》卷一九九上《倭国传》记载："贞观五年，遣使献方物。"唐朝派遣新州刺史高表仁前往回访。《新唐书》卷二二〇《日本传》亦有类似记述。又据《册府元龟》卷九七〇《朝贡三》记载，日本使团到达长安的时间是贞观五年十二月。

唐永徽五年、日白雉五年（654）二月，日遣押使高向玄理、大使河边麻吕来唐。《旧唐书》卷四《高宗纪》记载，这年十二月日本使团抵达长安，送给唐朝的"琥珀大如斗，玛瑙大如五斗器"。《新唐书·日本传》和《册府元龟·朝贡三》的记叙大致相同，不过皆记玛瑙若五升器，非如五斗器。

唐显庆四年、日齐明五年（659）七月，日大使坂合部石布、副使津守吉祥遣唐。《册府元龟·朝贡三》记，是年十月使团入朝。

唐总章二年、日天智八年（669）日使河内鲸遣唐。《册府元龟·朝贡三》记载，这年的十一月日本"遣使献方物"。

---

① 即公元685年（唐麟德二年、日天智四年）和779年（唐大历十四年、日宝龟十年）的两次。
② 即公元759年（唐乾元二年、日天平宝字三年）的一次。

唐长安二年、日大宝二年（702）六月，日遣执节使粟田真人、大使坂合部大分等来唐。《旧唐书》卷六《则天皇后本纪》记载，这年的十月使团到达长安。《旧唐书·日本传》对粟田有这样详细的记述："朝臣真人者，犹中国户部尚书，冠进德冠，其顶为花，分而四散，身服紫袍，以帛为腰带。真人好读经史，解属文，容止温雅。则天宴之于麟德殿。"《新唐书·日本传》的记载大致相同。

唐开元五年、日养老元年（717）三月，日押使多治比县守、大使大伴山守及日著名留学生阿倍仲麻吕、吉备真备等同船来唐。据《册府元龟·朝贡四》记载，当年十月使团到达长安，并"命通事舍人就鸿胪宣慰"。《旧唐书·日本传》有较详的记述："开元初，又遣使来朝，因请儒士授经。诏四门助教赵玄默就鸿胪寺教之，乃遗玄默阔幅布以为束修之礼，题云'白龟元年调布'。"《新唐书·日本传》误将日本使者记为粟田，其他与《旧唐书》基本相同。

唐开元二十一年、日天平五年（733）四月，日大使多治比广成、副使中臣名代等使唐。《册府元龟·朝贡四》记载，开元二十一年"八月，日本国朝贺使真人广成与傔从五百九十，舟行遇风，飘至苏州。刺史钱惟正以闻。诏通书舍人韦景先往苏州宣慰焉"。同卷又记：开元二十二年使团抵长安，并"献美浓絁二百匹、水织絁二百匹"；二十三年三月日本国又"遣使献方物"。《册府元龟》卷九九九《请求》篇又载，开元二十三年"闰十一月，日本遣其臣名代来朝，献表恳求《老子经本》及天尊像，以归于国，发扬圣教。许之"。

唐天宝十一载、日天平胜宝四年（752）闰三月，日遣大使藤原清河，副使大伴古麻吕、吉备真备来唐。《册府元龟·朝贡四》记载，天宝十二载三月日本国"遣使贺正"；六月"遣使来朝"。《旧唐书·日传》记为:"天宝十二年,又遣使贡。"

唐大历十二年、日宝龟八年(777)六月,日派大使小野石根、副使大神末足等来唐。据《册府元龟·朝贡五》记载,日本使臣到长安的时间是大历十三年正月。

唐大历十四年、日宝龟十年(779)五月,日送唐客大使布势清直等送唐使孙兴进回国。据《册府元龟·朝贡五》和《旧唐书》卷一二《德宗纪上》皆记,建中元年(780)二月日本使者到达长安。《新唐书·日本传》有这样的记述:"建中元年,使者真人兴能献方物。真人,盖因官而氏者也。兴能善书,其纸似茧而泽,人莫识。"[①]

唐贞元二十年、日延历二十三年(804)七月,日遣唐大使藤原葛野麻吕、副使石川道益、判官高阶远成等来唐。据《册府元龟·朝贡五》及《旧唐书·德宗纪下》记载,这年的十二月日使团抵长安,《旧唐书·日本传》对日使这次的来访曾这样记载:"贞元二十年,遣使来朝,留学生橘逸势、学问僧空海。元和元年(806),日本国使判官高阶真人上言:'前件学生,艺业稍成,愿归本国,便请与臣同归。'从之。"《册府元龟·请求》中所记略同。《新唐书·日本传》中把橘逸势与空海在唐留学二年,误为"历二十余年"[②]。

唐开成三年、日承和五年(838)七月,日大使藤原常嗣来唐。据《册府元龟·朝贡五》和《旧唐书·文宗纪》记载,这年的十二月,日使团到达长安,并进珍珠绢。

---

① 木宫泰彦氏考证:"建中元年(日宝龟十一年)为送唐客大使布势清直至唐时期;盖按清直二字之日本音,书作兴能者。"
② 日本文献《大师御行状记》《橘逸势传》皆记载,橘逸势、空海二人于公元804年七月去唐,唐元和元年、日大同元年(806)八月归日。

不见于我国文献记载的日本遣唐使有唐永徽四年、日白雉四年（653），唐麟德二年、日天智四年（665）和唐乾元二年、日天平宝字三年（759）的三次。

除日本历史学家木宫泰彦和森克己两氏论述至唐的十五次遣唐使、送唐使和迎入唐使外，在中国的文献记载中，日本来唐的使者还有下列六次，兹摘录于后：

据《新唐书·日本传》载："天智立。明年，使者与虾蛦人偕朝。"日本天智天皇立于公元662年。明年，当为663年，即唐龙朔三年。

《新唐书·日本传》记："咸亨元年，遣使贺平高丽。"咸亨元年为公元670年，原疑即公元669年日本派出的遣唐使。但《册府元龟·朝贡三》中却记为两次："总章二年十一月，倭国遣使献方物"；"咸亨元年三月，倭国王遣使贺平高丽"。

据《册府元龟》卷九七四《褒异》篇记载，景云二年、日和铜四年（711）"十月丁卯，日本国遣使朝贡。戊辰敕：日本国远在海外，遣使来朝，既涉沧波，兼献邦物，其使者莫问等宜以今月十六日于中书省宴集。乙酉鸿胪寺奏：'日本国使请谒孔子庙堂，礼拜寺观。'从之。"

据《册府元龟·朝贡四》记载：天宝十四载、日天平胜宝七年（755）六月，日本国"遣使贡献"。

《旧唐书·宣宗纪》记载，唐大中二年、日嘉祥元年（848）三月，"日本国王子入朝贡方物。王子善棋，帝令待诏顾师言与之对手"。

《册府元龟·朝贡五》记载，唐大中七年、日仁寿三年（853）四月，"日本国遣王子来朝献宝器、音乐"。

根据以上记载，这六次来唐的人员虽不是日本国正式派出的遣唐使，但在唐代的文献中却都当作日本来唐的使者载入史册。848年日本国派王子来唐，王子善棋，宣宗令待诏顾师言与之对弈，这是中日两国棋手竞赛的宝贵记录。853年，日本国又遣王子来唐，并赠送了宝器和音乐，这是中日两国音乐交流的又一次可靠的记载。日本国两次派遣王子来唐，也说明日本国对两国间文化交流的重视。

事实上，日本来唐的人员中，还有许多留学生、学问僧或随遣唐使，或乘商船、新罗船，或经朝鲜频繁地往返于两国之间，在传播交流文化、艺术、科学、技术等方面做出了成绩。著名的日本留学生阿倍仲麻吕（即晁衡）、吉备真备、橘逸势和学问僧空海、圆仁等，对中日文化交流作出了杰出的贡献。特别是阿倍仲麻吕，在唐生活了五十多年，历任左补阙、卫尉卿、秘书监等职，与诗人李白、王维等结下了深厚的友谊，常写诗互相赠送，至今仍为人们所赞赏。

日本来唐的使臣、留学生、学问僧，皆有一定的文化修养，并熟悉中国的国情。使者们到达中国后，都受到唐政府的友好接待，并互相赠送了礼品。日本的琥珀、玛瑙、珍珠绢、美浓绝、水织绝、金银宝器、音乐等传到了唐代，唐政府也回赠给日本使者一些名贵的丝织品、瓷器、乐器和文化典籍等。日本奈良东大寺正仓院所藏的许多唐代珍贵文物，其中一部分是来唐的日本使者带回去的，这是唐代中日文化交流的历史见证。

唐朝为了增进中日两国的友谊，曾先后派出了十次遣日使和送日使。这些去日使者，也都受到日本政府的热情接待。如公元778年，送日副使孙兴进等到达日本后，日皇令大宰府"迎劳唐使"。第二年，日皇宴孙兴进于朝堂。同时，唐朝也有一些文人、使者、僧人去日，不少人留日不返，对传播中国文化贡献甚多。唐代高僧鉴真一行，对日本影响最大。他们东渡时备尝艰辛，历时十二载，于公元754年正月乘遣唐使归国船只抵达日本,对于日本的宗教、医药、建筑、雕塑、书法、美术等方面作出了卓越的贡献。鉴真和尚不屈不挠的献身精神,永远为中日两国人民所敬仰。我们要继承和发扬两国人民的文化交流和传统友谊,使中日两国人民世世代代友好下去。

(原载《文史哲》1980 年第 3 期)

附表:

日本遣唐使臣表

次数	来唐年代			使团领导人官职姓名	人数	船数	归日年代			备注
	公元	日本纪年	中国纪年				公元	日本纪年	中国纪年	
1	630	舒明天皇二年八月	太宗贞观四年	犬上三田粗、药师惠日			632	舒明天皇四年八月	太宗贞观六年	唐使高表仁同船去日
2	653	孝德天皇白雉四年五月	高宗永徽四年	大使吉士长丹、副使吉士驹	120	1	654	孝德天皇白雉五年七月	高宗永徽五年	
	653	孝德天皇白雉四年五月	高宗永徽四年	大使高田根麻吕、副使扫守小麻吕	120	1				入唐途中船破遇难
3	654	孝德天皇白雉五年二月	高宗永徽五年	押使高向玄理、大使河边麻吕、副使药师惠日		2	655	齐明天皇元年八月	高宗永徽六年	押使高向玄理卒于唐

续表

次数	来唐年代			使团领导人官职姓名	人数	船数	归日年代			备注
	公元	日本纪年	中国纪年				公元	日本纪年	中国纪年	
4	659	齐明天皇五年七月	高宗显庆四年	大使坂合部石布、副使津守吉祥		2	661	齐明天皇七年五月	高宗龙朔元年	入唐途中大使坂合部石布之船漂流至南海岛,多为岛人所杀。副使津守吉祥抵唐
5□	665	天智天皇四年十二月	高宗麟德二年	守大石、坂合部石积			667	天智天皇六年十一月	高宗乾封二年	因送唐使刘德高等回国而特遣者。唐百济镇将刘仁愿派司马法聪等送坂合部石积等归日
6△	667	天智天皇六年十一月	高宗乾封二年	尹吉博德、笠诸石			668	天智天皇七年正月	高宗总章元年	因送唐使司马法聪而遣者,仅至百济而还
7	669	天智天皇八年	高宗总章二年	河内鲸						
8	702	文武天皇大宝二年六月	武后长安二年	执节使粟田真人、大使坂合部大分、副使巨势邑治			704	文武天皇庆云元年七月	武后长安四年	武则天宴日使于麟德殿

续表

次数	来唐年代			使团领导人官职姓名	人数	船数	归日年代			备注
	公元	日本纪年	中国纪年				公元	日本纪年	中国纪年	
9	717	元正天皇养老元年三月	玄宗开元五年	押使多治比县守、大使大伴山守、副使藤原马养	557	4	718	元正天皇养老二年十月	玄宗开元六年	日本著名留学生阿倍仲麻吕（晁衡）、吉备真备等同船来唐
10	733	圣武天皇天平五年四月	玄宗开元二十一年	大使多治比广成、副使中臣名代	594	4	734～736	圣武天皇天平六年十一月、天平八年十一月	玄宗开元二十二年、开元二十四年	大使多治比广成及吉备真备于天平六年归日。副使中臣名代等天平八年归
11	752	孝谦天皇天平胜宝四年闰三月	玄宗天宝十一年	大使藤原清河、副使大伴古麻吕、副使吉备真备	220余	4	753～754	孝谦天皇天平胜宝五年十二月，天平胜宝六年正月、四月	玄宗天宝十二年、天宝十三年	大使藤原清河之船漂安南，后藤原仕于唐。副使大伴古麻吕等天平胜宝六年正月归国，唐僧鉴真及其弟子等同船抵日
12○	759	淳仁天皇天平宝字三年二月	肃宗乾元二年	迎入唐大使高元度	99	1	761	淳仁天皇天平宝字五年八月	肃宗上元二年	因迎前遣唐大使藤原清河而遣者。唐遣使沈惟岳等送高元度等归日

续表

次数	来唐年代			使团领导人官职姓名	人数	船数	归日年代			备注
	公元	日本纪年	中国纪年				公元	日本纪年	中国纪年	
13×	761	淳仁天皇天平宝字五年	肃宗上元二年	大使仲石伴、副使藤原田麻吕		4				启程时因船遭破坏而未成行
14×	762	淳仁天皇天平宝字六年	代宗宝应元年	送唐客大使中臣鹰主、副使高丽广山		2				为送唐使沈惟岳等而遣,将出发之际,因风不顺而中止
15	777	光仁天皇宝龟八年六月	代宗大历十二年	代大使小野石根、副使大神末足		4	778	光仁天皇宝龟九年十月、十一月	代宗大历十三年	归途中第一船遇难破毁。代大使小野石根及唐使赵宝英溺死。另三船于宝龟九年十月、十一月归日,唐使孙兴进抵日
16□	779	光仁天皇宝龟十年五月	代宗大历十四年	送唐客大使布势清直		2	781	桓武天皇天应元年六月	德宗建中二年	因送唐使孙兴进等而特遣者
17	804	桓武天皇延历二十三年七月	德宗贞元二十年	大使藤原葛野麻吕、副使石川道益、判官高阶远成		4	805~806	桓武天皇延历二十四年六月、大同元年八月	德宗贞元二十一年、宪宗元和元年	日本留学生橘逸势、浮屠空海等随船来唐。副使石川道益卒于唐。橘逸势、空海随判官高阶远成归国

续表

次数	来唐年代			使团领导人官职姓名	人数	船数	归日年代			备注
	公元	日本纪年	中国纪年				公元	日本纪年	中国纪年	
18	838	仁明天皇承和五年七月	文宗开成三年	大使藤原常嗣	500余	4	839~840	仁明天皇承和六年八月、十月,承和七年四月、六月	文宗开成四年、开成五年	日本著名学问僧圆仁等随船来唐
19×	894	宇多天皇宽平六年	昭宗乾宁元年	大使菅原道真、副使纪长谷雄						因唐朝国内局势混乱,而中止派遣

注:上表系据木宫泰彦著《中日交通史》、森克己著《遣唐史》及《世界历史事典》第二十二卷(日本平凡社出版)中的资料并参考中国文献资料汇集而成。有×号者,系任命后而中止来唐;有△号者,因送唐使而遣,仅至百济而还;有○号者,因迎遣唐使而遣;有□号者,因送唐使而特遣。

方腊出身问题考辨

吴 泰

方腊的出身问题，在20世纪60年代以前史学界并无争议。一般都根据《独醒杂志》、《青溪寇轨》附《容斋逸史》等记载，认为他是个"家有漆园之饶"的"中产"地主。一个出身中小地主的人成为农民起义的领袖，在历史上并不是罕见的现象，因此，人们对方腊的出身问题也没有多去探究。尽管《桂林方氏宗谱》所收元人徐直之撰写的《忠义彦通方公传》关于方腊为"佣人"的记述早已为人所知，但历代修纂的《淳安县志》皆不采是说。新中国成立以后，此说也一向不为人所重视。

到了70年代初期，随着历史条件的变化，《文物》杂志首先把《桂林方氏宗谱·忠义彦通方公传》介绍给读者①。翌年，安徽师大历史系"方腊调查组"发表了题为《关于方腊的出身和早期革命活动》的调查报告，全面论述了方腊出身雇农的问题②。这个问题作为一种学术观点在当时提了出来，本来是个好事。如果能展开正常讨论也是有益的。但

---

① 冠倬：《关于方腊的出身和历史——介绍淳安〈桂林方氏宗谱〉中的几条史料》，《文物》1974年第11期。
② 《安徽师范大学学报》1975年第3期。

是，不久《红旗》杂志即在"评论《水浒》，反修防修"的专栏下，刊登了署名"史文"的《略论方腊》一文，把研究方腊同"反修防修"联系了起来，把方腊出身问题提到了政治问题的高度①。当时《红旗》杂志的"权威性"是人所共知的。方腊出身雇农说也由此俨然成了不容置疑的"定论"。许多同志对此虽持异议，但皆无由发表。直到1979年，《学术月刊》才同时刊登拙作《关于方腊评价的若干问题》及陈振同志的《方腊起义研究中的几个问题》两篇文章，对方腊出身雇农说提出质疑②。1980年4月号《学术月刊》又发表张海鹏、杨国宜两位同志的《方腊研究中几个问题的商榷》一文，认为"方腊出身于雇工说"还"是可以成立的"。方腊出身问题终于打破了禁区，开始在"双百"方针指引下进行讨论了。这是一件值得高兴的事情。我感到这一问题也的确尚有进一步加以考证和讨论的必要。本文拟就几个问题再加探索，以就教于其他同志。

一、徐直之所撰《方庚传》有无史料价值同方腊出身雇工说能否成立无关

方腊出身于"佣"工的说法，最早来源于元代徐直之所撰的《忠义彦通方公传》（即目前许多同志通常所说的《方庚传》）。持方腊出身雇工说的同志，都竭力想通过论证《方庚传》言之有据，来证明该传中关于"有佣人方腊者，其初歙人，来隶公（方庚）家"的记述可信。例

---

① 《红旗》1975 年第 12 期。
② 《学术月刊》1979 年 7 月号。

如，有的同志说："尽管这篇传的作者是元代人，它大约写成于至顺年间（1330—1333），但所叙述的方腊活动事迹，与南宋有关史籍大体吻合"，并具体列举了一些吻合之处。结论是："既然《方庚传》在上述基本事实方面，与南宋史籍都能对得上号，硬说它是'元代冒出来'的'谎言'，'不可相信'，便是持有偏见了。"①

这样的论证我以为是欠妥的。

首先，《方庚传》的一些记述同南宋的史籍记载相吻合，并不能证明《方庚传》有什么重要的史料价值。徐直之的《方庚传》作于元代末年，其时距方腊起义已有二百年以上。在徐直之写《方庚传》时，《东都事略》这部史籍早已印行一百多年，《容斋逸史》的记述也早已流传于世。虽然徐直之不大可能看到《续资治通鉴长编》及《宋会要》，但是，《方庚传》中关于方腊起义的记述，凡同《续资治通鉴长编》或《宋会要》吻合之处，也皆同《容斋逸史》及《东都事略》的记述吻合。这就是说，徐直之只要抄录《东都事略》及《容斋逸史》的记述，就完全可以写出《方庚传》中的有关文字。徐直之的《方庚传》中关于方腊起义的若干记述，也显然是抄自《容斋逸史》和《东都事略》，并不是什么第一手材料。在今天，既然《容斋逸史》中的两则有关方腊起义的记载及《东都事略》这些更为原始的文献材料还保存着，人们都还能看得见，那么，《方庚传》还有多少史料价值可言呢？

其次，从《方庚传》关于北宋末年及南宋初年一些历史事件的记述可以看出，徐直之对南北宋之际的那段历史并不熟悉。因此，《方庚传》中有些记述就把一些基本史实都弄错了。例如，南宋初的张浚在隆

---

① 张海鹏、杨国宜：《方腊研究中几个问题的商榷》，《学术月刊》1980年4月号。

兴二年（1164）就死了，《方庚传》却说张浚在淳熙年间（1174—1189）还"开督府"，并说方庚之子方文燧"诣府下，屡立战功"。秦桧死于绍兴二十五年（1155），在秦桧当权时，张浚被贬居连州（今广东连县）二十年，后又徙居永州（今湖南零陵）①。方文燧原同方庚一起居于浙江淳安县，后又迁到今浙江金华地区定居，同张浚的居地既遥远不能相及，两者的地位也悬殊，无相互往来之理。而《方庚传》却说张浚开督府认识方文燧后，"中厄秦桧，常微服过其家"。这就编得更加荒诞和离奇了。可见，我们绝不能因为《方庚传》中有些记述同南宋的文献基本吻合，可以说明这些记述言之有据，就推断说该传所有记述都有根据，都可视为信史。如果因为《方庚传》所记述的一些有关方腊起义的事可以从南宋文献得到印证，就断言其中所记载的任何关于方腊的事都必有根据，那显然是不妥当的。

其三，这样的论证同方腊出身问题根本风马牛不相及。拙作《关于方腊评价的若干问题》清楚指出："方腊由歙县来佣于方庚家的说法，无论是宋代还是元代，都找不到任何旁证。""徐直之本人也只说他记述的方腊为方庚家'佣人'之事，只是来源于他祖母……的口述，并没有以任何宋代的文献作依据。……可见，《忠义彦通方公传》这条在元代冒出来的记载，并不是以可靠的文献为依据的。"我在这里所说的"《忠义彦通方公传》这条在元代冒出来的记载"这句话，只要从上下文联系起来看，意思是明白无误的。我说的只是指方腊在方庚家为"佣""这条"记载是"元代冒出来"的。有的同志虽然列举了《方庚传》中一些材料可以同宋代文献相印证，却举不出有哪一个南宋文献

---

① 《宋史》卷三六一《张浚传》。

有关于方腊是个"佣"工的记载可以同《方庚传》的说法相印证,当然也无法证明方腊为"佣"的说法不是在"元代冒出来"的谎言。有的同志还以"徐直之祖母是方庚第五代孙女",断言"徐氏所记的原始来源当出于方庚的口述或笔述"①。这种结论也没有任何史实可依据。现存于《桂林方氏宗谱》中的方庚本人的记述,没有一字涉及方腊为"佣人"的事。该谱连方庚的几封信都收在其中,如果另有什么"笔述"的话,断无不收进《桂林方氏宗谱》之理。到了南宋末年,方庚嫡传的五世孙方檖倡议纂修方氏族谱并亲自撰写的《序》中,亦无方腊为"佣人"的说法出现。徐直之本人也只说其祖母"知公(指方庚——引者)为详",在他要写该传呈送给县尹刘彭寿供撰写方庚《墓亭记》作参考时,"遂为述遗事",并不敢说其祖母的话有什么"方庚的口述或笔述"作依据,我们今天当然更不应凭推测就断言徐直之所述另有什么"原始来源"了。

由此可见,徐直之《方庚传》的某些记述虽然可以从南宋史籍得到印证,但是这些印证既不能证明《方庚传》是一篇言皆有据的信史,也不能证明该传所说的方腊自歙县来佣于方庚家的记述有什么根据,更不能证明这种说法不是"元代冒出来"的。因此,这样的论证对方腊出身雇农说不仅毫无帮助,反而使人看出此说立论之牵强。

二、徐直之《方庚传》有关方腊籍贯和出身的记述皆不可信

在近年来的一些关于方腊出身问题的论述中,有的同志为了论证

---

① 李裕民:《方腊起义新考》,《山西大学学报》1980年第2期。

徐直之记述之准确，引证歙县金川公社山郭生产队的《方氏族谱》《方氏源流行派族谱》及《歙淳方氏柳山真应庙会宗统谱》的记述，论证方腊的谱系不属于青溪县帮源的桂林方，而属于歙县的柘源方，以此证明徐直之所说的方腊自歙来为庚家为"佣"的说法之可信。其实，这几部方氏族谱的记述，恰恰只能否定论者的结论。为了说明问题起见，兹将《方氏族谱》序中的一段文字照录如下：

真应祖庙，旌表大功。分支启族，洞源祖宫。四十六世，至应细公。时衰命蹇，有始无终。因出方赖，无德无功。大逆犯上，遂失彝伦。无辜连累，避乱逃生。

据安徽师大历史系的同志考证，"洞源"即帮源。"洞源祖宫"是指方氏四十一世祖方桂长期居住帮源。"方赖"即方腊，方应细同方腊有亲属关系①。这则记载清楚说明，方应细是在方腊起义失败后受到"连累"，才"避乱逃生"到歙县山郭这个地方居住的。这则记述虽然没有说明方应细从何方逃到歙县山郭，但是，方应细的谱系不属于歙县柘源方是肯定无疑的。因为歙县柘源方在方腊起义失败后并没有受到"连累"。与方腊同时代的"柘源方"的方愚，在其所撰《宋迁柘源始祖桂公传》中曾明白无误地写道：

府君（指方桂——引者）迁居柘源，子孙奠安斯土，百有余

---

① 安徽师大历史系方腊调查组：《关于方腊的出身和早期革命活动》，《安徽师范大学学报》1975年第3期。

年。顾宗族之在睦者,罹永平乡之祸,不可胜纪。而吾家一脉,得以苟全。可见府君智谋之远,有异于人矣。①

方愚的记述,是歙县"柘源方"全族在方腊起义失败后没有受到"连累"的权威记载。很清楚,如果方应细像有的同志所说的那样属于歙县的"柘源方",是决不会受方腊起义的"连累"而"逃生"的。方腊既然是方应细的近亲,他的谱系当然也不可能属于歙县的"柘源方"。可见,《方氏族谱》的上述记载只能说明徐直之《方庚传》的记述不确切。

方氏族谱清楚说明,歙县"柘源方"同帮源"桂林方"的始祖都是方桂。方桂于宋仁宗天圣元年(1023)迁居青溪县帮源洞,把长子方日新、次子方日广留在那里,后又带第三子方英迁居歙县柘源。"柘源方"就是方英的后代,青溪县帮源洞的"桂林方"则是方日新、方日广的后代。上引山郭《方氏族谱》称方应细的祖先为"洞源祖宫",清楚说明方应细是方桂在帮源"启族"后传下来的后代,应属于青溪县的"桂林方"。方腊无疑也是桂林方的成员之一。从方桂迁居帮源到方腊起义,"桂林方"在帮源已定居近百年,方日新、方日广兄弟已在帮源传了数代。方有常及其子方世熊、方庚是方日新的后代。方日广一支的世系,《桂林方氏宗谱》只列到第四代方世震,方世震以下就以"失传"二字断了这一支派的世系。按"桂林方"的谱系,方世震同方庚、方世熊正好同辈。这就清楚说明,直到方腊起义时,"桂林方"在青溪县还是两个支派传下来,而不仅仅传下方有常一支,方氏宗谱中所说的方腊因方

---

① 见《歙淳方氏柳山真应庙会宗统谱》卷一九《家传》。据《桂林方氏宗谱·忠正公次子桂世系图》,方愚为方桂第三子方英的曾孙,与方庚应是同辈人。

庚告发其聚众起义,杀大朝奉方有常以下"四十二口"。这四十二口分明只是方日新的孙子方有常一家的人,并不包括方日广的孙子方钦、曾孙方世震这一支派的人在内。属于"桂林方"的方应细和方腊,既然不属于方有常一家,显然是方日广的后裔,是方世震的近亲。方日广支派之所以恰恰在方世震这一代"失传",从此在桂林方氏宗族中消失,显然同这一支派在这时出了方腊这个叛逆有关。断言"北宋末年,桂林方的宗主方庚之父方有常和四十几口儿孙在一起还没有析爨分居",以方腊造反不可能从杀"家里人"开刀,断定方腊不属于"桂林方",显然是不对的。有的同志以"桂林方"中的方庚因告发方腊"有功",没有遭受宋廷株连,就断定"桂林方"中任何一支派都"根本不存在受方腊起义'连累'的问题",并进而断言受"连累"的"方应细决非桂林派,与方应细亲属关系较近的方腊当然也非桂林派"①,企图以此证明徐直之关于方腊为"歙人"的记载有根据,显然也经不起推敲。

有的同志虽然也承认方应细属于青溪县的"桂林方",但又说《方氏族谱》有方应细为方文思之子,方文思为方世成之子的记载,而《桂林方氏宗谱》明载方文思为方庚之子,从而断言《方氏族谱》记述方文思为方世成之子有错误,方应细既然是方文思的儿子,就必是方庚的孙子。从而证明方应细不可能因方腊造反遭受"连累",并进而证明《方氏宗谱·序》"不过是它的作者在做文字游戏而已",不能根据这个《序》证明方腊同方应细的近亲关系,"来推论方腊是什么方"②。这种论证虽然貌似坚强有力,事实却并非如此。考《桂林方氏宗谱》,方世成

---

① 安徽师大历史系方腊调查组:《关于方腊的出身和早期革命活动》,《安徽师范大学学报》1975年第3期。
② 张海鹏、杨国宜:《方腊研究中几个问题的商榷》,《学术月刊》1980年4月号。

是方腊所杀的方有常家四十二口之一,他没有后代,《方氏族谱》把方应细说成方世成之孙,谬误自不待言。该谱把方应细说成方文思之子也同样不对。《桂林方氏宗谱》卷二明白记载方庚之子方文思有三子,名方大伦、方大受、方大荣。方庚的世系图里头,根本不存在一个叫方应细的人。方文思的子孙散居寮坞、茶碣、洞源等处,并没有一个什么后代去住在山郭。可见,《方氏族谱》所谓方应细为方文思之子、方世成之孙的记述本来就讹误百出,把方世成改成方庚,把方应细说成是方庚的孙子也只是误中传误,根本不能由此证明方应细不曾受过方腊"连累",更不能由此证明《方氏族谱·序》关于方应细"无辜连累,避乱逃生"的记述是什么毫无价值的"文字游戏"。《方氏族谱》在方应细父、祖问题上的造假,倒是反映了族谱的编纂者虽然明知祖宗渊源,却不能把方应细父、祖的真正名字写入谱中的苦衷,从而露出了一个破绽,使我们更加清楚看出方应细之所以会受"连累",以致必须"避乱逃生",是因为他的父、祖辈同方腊起义有直接关系,同方腊是一个家族的人,甚至可能就是官兵最后围攻帮源洞时所捕杀的方腊"兄弟"和亲属。这就为方腊属于"桂林方"中方日广支派的看法提供一个新的证据。

由上述对"桂林方"两个支派世系及方腊所属支派情况的剖析,我们还可以进一步看出《方氏源流行派族谱》中关于方腊缚杀方有常以下"四十二口",致使"桂祖被方腊杀尽"的说法并不确切。"桂林方"的两个不同的支派在方腊起义过程中的遭遇并不一样。方有常一支四十二口因敌视方腊起义,想把方腊置于死地,遭到方腊的报复,被方腊缚杀殆尽,这是事实。而方日广的后裔在方腊起义后"失传",则显然是受方腊起义的"连累",或被官府株连捕杀,或像方应细那样远逃他乡

"避乱逃生"。《方氏源流行派族谱》所谓"桂祖被方腊杀尽"的说法，把"桂林方"经过方腊起义只剩下方庚等四人的罪责都推到方腊头上，显然并不符合事实。《方氏族谱》说方腊挖了方庚的祖坟"十三穴"，可能也是事实。但是，我们却不能说方腊是"拿自己的'祖宗'来泄恨"。考《桂林方氏宗谱》，方日新有五个儿子。如果仅算方庚的祖父、曾祖父两辈，男女祖坟"十三穴"也差不多。可见，方腊挖了方庚的祖坟"十三穴"，并不是挖自己的祖坟。有的同志根据方氏宗谱所谓"桂祖被方腊杀尽"和方腊挖了方庚家祖坟"十三穴"的记载，得出"方腊不大像是桂林方这一族派的，因而也无'漆园之饶'"的结论①，显然也失于细察。

现存的《桂林方氏宗谱》最早修成于南宋咸淳甲戌年（1274），是在方庚的五世孙方櫘的主持下修成的②。该谱（《甲戌谱》）肯定没有提到方腊为方庚家"佣人"的事。否则的话，到了元代，徐直之编出方腊在方庚家为"佣人"的说法时，就不会仅说它来源于其祖母的口述了。方庚的后代在修族谱时以"失传"二字抹掉了方日广的世系，从而把方腊开除出桂林方，是可以理解的。徐直之的《方庚传》，不过是起了进一步抹掉方腊同"桂林方"的关系的作用而已。有的同志责难说："桂林方""把方腊从淳安'开'到歙县去，当时歙县的方氏族派，谁又愿意'接受'这么一个'草寇'祖宗"？况且，《歙淳方氏柳山真应庙会宗统谱》"里也有多处提到方腊是方有常家的'佣人'，这是各族派的共同意见。如果是桂林方要把方腊'开除'到歙县，当年参加修《统谱》

---

① 张海鹏、杨国宜：《方腊研究中几个问题的商榷》，《学术月刊》1980年4月号。
② 《桂林方氏宗谱》卷一明嘉靖年间方辕《序》。

的歙县方氏的'先贤'们,也决不会唯桂林方的'马首是瞻'"①。这种责难也缺乏说服力。《统谱》虽然接受徐直之关于方腊为"佣人"的说法,却并不承认方腊是什么"歙人",而是称方腊为"邑人",即青溪县人②。《统谱》同《桂林方氏宗谱》的这个小小的矛盾,充分说明歙县方氏并没有唯"桂林方"的"马首是瞻"。"桂林方"在参加修《统谱》时接受方腊为"邑人"(青溪县人)的说法,说明就连"桂林方"的人也并不相信徐直之的说法。至于歙县方氏接受方腊为"佣人"的提法一事,就没有什么可奇怪的啦。本来,同族的人有贫富之别,这是人所皆知的。方姓中有人当"佣人",那些修族谱的"先贤"决不会认为是方姓的耻辱。《统谱》既然不说方腊是"歙人",方腊是否"佣人"的事同歙县方氏就更没有关系了,歙县方氏为什么要加以反对呢?可见,以歙县参加修《统谱》的人没有反对方腊为"佣人"的提法为由,断定《方庚传》的说法可信,从而否认方腊属于青溪县的"桂林方",是没有道理的。

关于方腊籍贯的问题,宋人的记载都明确说他是青溪县堨村居人。宋代有的文献曾记载方腊起义军攻下歙州休宁县后,"执知县鞠嗣复,胁之使降。……嗣复骂曰:'自古妖贼无长久者,尔当舍逆以从顺,……奈何使我降贼?何不速杀我'。贼曰:'我休宁人也,公宰邑有善……我忍杀公乎'!委之而去"③。有的同志据此说方腊自己承认是歙州休宁人。这是不对的。从鞠嗣复所骂的话可以看出,他说的"妖

---

① 张海鹏、杨国宜:《方腊研究中几个问题的商榷》,《学术月刊》1980年4月号。
② 《歙淳方氏柳山真应庙会宗统谱》卷一二《方有常》条说:"有常,字奋发。邑人方腊者,向佣于家。"这里清楚说明方腊是方有常同"邑"的人,即青溪县人。
③ 陈均:《皇朝编年纲目备要》卷二八。并见杨仲良:《通鉴长编纪事本末》卷一四一《讨方贼》。

贼""逆""贼"都是指方腊。如果自称"休宁人"的"贼"是方腊，鞠嗣复绝不会反劝他"舍逆"（背叛方腊）和"奈何使我降贼"这样的话的。当时方腊起义军已经占据了青溪、睦州等偌大地盘，兵已不是一路，攻占休宁县的起义军显然是方腊起义军的一部，所以《宋史》卷四五三《鞠嗣复传》明确说是"方腊党破县"。既然攻破休宁县的只是"方腊党"，那么，自称"休宁人"的"贼"就不是方腊本人。我们显然不能据此说方腊是歙州人，并以此认定《方庚传》关于方腊是"歙人"的记述言之有据。

方腊的族系既然不属于歙县柘源方，也不是什么歙县人，而是世代居住青溪，属于青溪县的"桂林方"，徐直之《方庚传》关于"有佣人方腊者，其初歙人"的记述之荒诞，在方腊籍贯问题上就首先露出了马脚。有的同志根据《歙淳方氏柳山真应庙会宗统谱》及方回关于淳安（即青溪县）"本歙之东乡"的记述，认为《方庚传》中所说的"歙人"也可以说是青溪县人，而不是指"歙县人"[①]。这是不对的。《方庚传》先说方庚"世居睦州青溪县"，紧接着就说方腊"其初歙人，来隶公家"。青溪县和"歙"清楚说的是两个不同的地方。如果徐直之所记述的"歙"也是青溪县的话，那么，《方庚传》中居然出现自"歙"来青溪县的说法就太令人莫名其妙了。《方庚传》中所说的"歙"，无疑是指青溪县以外的地方，显然是指歙县。《方庚传》在方腊籍贯问题上的胡诌所露出的破绽，是清清楚楚的。

不仅如此，所谓方腊在方庚家为"佣人"的说法，就是《方庚传》

---

① 见安徽师大历史系方腊调查组：《关于方腊的出身和早期革命活动》，《安徽师范大学学报》1975年第3期；杨渭生：《关于方腊起义若干问题的再探索》，《文史》第八辑。

本身的记述也明显不能自圆其说,据《方庚传》说,方庚兄弟发现方腊准备造反,即由方庚之兄方"世熊走告县,县以为山神所凭,置不问,反系世熊于狱"。这在宋代是不可思议的。在宋代,法律明确规定:"佃客犯主,加凡人一等。主犯之,杖以下勿论。……徒以上减凡人一等。……因殴致死者,不刺面,配邻州。"①地主凭借这种法律,私设公堂,刑罚农民者比比皆是。更何况,"佣人"属于奴仆之列,身份地位比佃农尤为低下。即使是平时主仆互相诉讼,官府也决无袒护奴仆之理。方庚还是个"里正",是宋朝乡村基层政权的头目。岂有一个身为"里正"的地主告发自己的"佣人"造反,反被官府投入牢狱之理呢?从宋代的阶级关系考察,《方庚传》的记述之谬,也是很清楚的。

既然徐直之所撰《方庚传》无论是在方腊的籍贯问题上,还是在方腊的身份地位问题上,记述都显然荒诞不经,那么,根据徐直之的胡诌所提出的方腊出身雇农说之不能成立,也就显而易见了。

三、方腊出身于"有漆园之饶"的"中产"地主的记载不容置疑

方腊由歙州来青溪当"佣人"的记述既不可信,那么,宋人关于方腊"家有漆园"的记载的可靠性又如何呢?

在南宋时期所出现的记载方腊"有漆园"的文献,有《独醒杂志》、《青溪寇轨》附《容斋逸史》、《皇朝编年纲目备要》等。《独醒

---

① 《续资治通鉴长编》卷四四五"元祐五年七月乙亥"条。

杂志》卷七说"方腊家有漆园之饶",又说方腊"家本中产"。《容斋逸史》说"腊有漆园"。《皇朝编年纲目备要》卷二九说"方腊家有漆园"。这些记载说明,方腊"有漆园"的记载并不是孤证,在宋代的士大夫中对此并无异辞。

南宋士大夫的这种记载,并不是像有的同志所说的那样,是什么企图通过歪曲方腊的阶级出身,来"歪曲这次起义的阶级基础,掩盖农民阶级反对地主阶级的阶级斗争!"[①] 事实是,在这些记载中,不仅如实记载了当时宋朝赵佶、蔡京这个极端腐朽的统治集团对民户"科率无艺","州县征敛无度"[②]、"两浙皆苦花石纲之扰"[③],而且清楚指出方腊起义的基本群众是"贫乏游手之徒"[④],即那些在官府和地主阶级压榨下失去土地的贫苦农民。宋人有的记载还记述了起义爆发后,"不逞小民往往反为贼响导,劫富室,杀官吏、士人,以邀货利"[⑤]。由此可见,记述方腊起义的宋代士大夫们虽然并不具有像我们今天在"阶级斗争为纲"的理论熏陶下获得的那种强烈的阶级斗争观念,但是,他们为了总结经验,以防止像方腊那样的大起义爆发,在寻找激起这次起义的原因时,态度却是颇为严肃认真的。我们今天所以能比较清楚地了解这次起义的阶级斗争内容,还多亏有这些记载呢。怎么能把宋人关于方腊"家有漆园"的记载简单地说成是蓄意"歪曲"这场"阶级斗争"呢?

上述记载方腊"有漆园"的南宋文献,作者对宋代史实都比较熟悉,因而都比较可信。

---

① 史文:《略论方腊》,《安徽师范大学学报》1975年第4期。
② 《独醒杂志》卷七。
③ 《皇朝编年纲目备要》卷二九。
④ 《青溪寇轨》附《容斋逸史》。
⑤ 方勺:《泊宅编》卷下,《稗海》本。

《独醒杂志》的作者曾敏行自二十岁因生病"弃举子业"后,即在家闲居。他"博观群书,上自朝廷典章,下至稗官杂家,里谈巷议,无不记览"①。他一生"专意学问,积所闻见成此书。……书中多纪两宋轶闻,可补史传之阙"②。这是《四库全书总目》对该书的一个恰当的评价。虽然《四库全书总目》也指出该书有的地方"不辨而述","失之不考"或"尤如儿戏",但这都是有具体所指的。有人根据《四库全书总目》对该书的这些批评,无视它对该书的正面评价,把曾敏行的记载一概斥为"不足为据"③。这显然是武断的。曾敏行所记载的方腊事迹,不仅有许多"稗官杂家"的记载可以参考,还可能有其父曾光庭的亲身见闻作依据。因为曾光庭在方腊起义时,曾以幕僚的身份随陈亨伯,参加镇压方腊起义,对方腊起义有一定的了解。可见,《独醒杂志》中关于方腊事迹的记载,堪称"可补史传之阙",是我们研究方腊起义必须参考的珍贵史料,而不是什么"不足为据"的"歪曲"。曾敏行关于"方腊家有漆园之饶"的记载也是可信的④。

《青溪寇轨》附《容斋逸史》的两则记载,记述时间是在宋孝宗淳熙十五年以后,比《独醒杂志》的记述稍晚。如果它参考了《独醒杂志》的记述,就说明它言之有据。如果它另有所本,那么,它关于"腊有漆园"的记述同《独醒杂志》的记述相印证,就更加证明曾敏行的记述准确无误。

《皇朝编年纲目备要》成书于宋理宗绍定二年(1229)。成书时间

---

① 樊仁远:《浮云居士曾公行状》,见《独醒杂志·附录》。
② 《四库全书总目》卷一四一《独醒杂志》条。
③ 史文:《略论方腊》,《安徽师范大学学报》1975年第4期。
④ 这个问题,李祖德同志《曾敏行的〈独醒杂志〉与方腊起义》一文有很好的论述(载《中华文史论丛》1980年第1辑),可资参考。

比较晚。作者陈均在《自序》中说明他编此书时不仅参阅了"国朝信史与夫名公巨儒所纂诸书"。在真德秀于绍定二年为该书所写的序言中,也说陈均早年就"获观国朝史录诸书及眉山李氏续通鉴长编",晚年"又以出入当世名流之门,得尽见先儒所纂,次若司马文正公之《稽古录》、侍郎徐公度之《国纪》,以及《九朝通略》等书亡虑十数家,博考而互订之,于是辑成此编"。可见,陈均的记述是经过较周密考订的,也是比较准确的。该书所载"方腊家有漆园",也应该是比较可信的。

由上述对记载方腊"有漆园"的三个南宋文献的剖析,可以看出,南宋人关于方腊出身于"有漆园"的"中产"地主的记述是比较可信的。以元人徐直之在《方庚传》中所编造的"有佣人方腊者,其初歙人"这种荒诞不经的说法,企图否定宋人关于方腊是"有漆园"的"中产"地主的记载,是没有道理的。

(原载《文史哲》1980年第6期)

也论明初户口的升降
——兼与孙达人同志商榷

缪振鹏　王守稼

读《文史哲》1980年第2期孙达人同志《明初户口升降考实》一文（以下简称孙文）颇有启发。然而，对文中关于从洪武初至洪武十四年的十多年间户口增长661.6%，洪武十四年后明代户口基本上没有什么上升，及明初南北户口的升降已出现"绝然相反"的趋势等一系列论断，我们却不敢苟同，特提出来就教于孙达人同志。

一

洪武初年，全国有多少户口数，历来没有确切的说法。这是因为，明王朝草创伊始，北方和西南地区的统一战争尚在激烈进行，"元季丧乱，版籍多亡，田赋无准"[①]。其时，朱元璋还无法进行全国规模

[①]《明史》卷七七《食货一》。

的户口统计,故迟至洪武十四年,在《洪武实录》中才第一次出现全国有一千零六十五万余户的统计数①。《明史》编纂者对洪武初的户口数也持谨慎态度。《明史·太祖本纪》中采用的是洪武二十四年的户口统计数。《明史·地理志》和《食货志》只记洪武二十六年的户口数,并指出:"户口之数,增减不一,其可考者,洪武二十六年,天下户一千六十五万二千八百七十,口六千五十四万五千八百一十二。"②《明史·食货志》显然是以《大明会典》为根据的。至于洪武初年的户口数,则是一个有待探索的问题。

孙文根据长谷真逸辑《农田余话》所载,断定洪武初全国户口数为一百六十一万余。为便于商讨,现将《农田余话》中的原文整段抄摘如下:"宋熙宁中,总天下户一千六百万,而汉淮以南当千有余万户。前元至元初,国中大比,民数八十余万,及平江南得一千一百八十四万八百余户,总南北之民一千三百二十九万六千三百有六,而山泽溪洞之民不与焉。洪武初,天下户一百六十一万九千五百六十五户,可见兵燹之余,比熙宁十之一也。"③我们认为,《农田余话》一书有关洪武初户口数的论述史料价值并不高,而且只是一条孤证。仅从现存的一些统计数字看,洪武初明王朝控制的户数,已远远超过了一百六十一万户。如洪武四年"户部奏,浙江行省民一百四十八万七千一百四十六户"④。当时明王朝控制地区已"东至海,南至琼崖,西至临洮,北至北平"⑤。洪武三四年间,先后见于《洪武实录》的除直隶十四府四州外,已有浙江、

---

① 《明实录》卷一四〇,洪武十四年十二月。
② 《明史》卷七七《食货一》。
③ 长谷真逸辑:《农田余话》卷下,《宝颜堂秘笈》本。
④ 《明实录》卷七〇,洪武四年十二月。
⑤ 《明实录》卷五九,洪武三年十二月。

山东、福建、湖广、广西、江西、陕西、山西、河南、广东、四川等十余行省①。而浙江一个行省的户口数就已接近《农田余话》所载数，可见洪武四年全国的实际户口数不知要比一百六十一万高出多少倍。

那么，"洪武初，天下户一百六十一万"的数字，又是怎么得出来的呢？联系前后文看，《农田余话》作者所谓的洪武初天下户口数，很可能是指朱元璋政权建立初期被称为"江南"的以应天（南京）为中心的江淮一带，即应天、苏州、松江、常州、镇江、淮安、扬州、徐州及安徽的凤阳、太平、宁国、池州、安庆、徽州等十四府四州地区的户口数。朱元璋是以这一地区为根据地逐步扩大到全国的。应天一带，"明太祖丙申年（1356）七月置江南行中书省。洪武元年八月建南京，罢行中书省，以应天等府直隶中书省"②。据《江南通志》载："太祖洪武初，江南府、州户一百九十万九千九百，口一千七十五万五千九百三十。"③明初的"江南"，确切地说是指直隶十四府四州。永乐后称为南直隶，清初改为江南省。并非如孙文所设想的那样，泛指长江以南的广大地区。这直隶十四府四州洪武十四年计户一百九十三万五千四十六，口一千二百四万一千二④。洪武二十四年户一百八十七万六千六百三十八，口一千零六万一千八百七十三⑤。二十六年达一百九十三万五千五百十八户⑥。朱元璋政权建立初年户口数自然要低于此数，正好与《农田余话》中所列户口数相近。由此看来，洪武初仅应天等十四府四州和浙江省两

---

① 《明实录》卷七〇、七三、七七。
② 《明史》卷四〇《地理一》。
③ 乾隆《江南通志》卷七四《食货志·户口》。
④ 《明实录》卷一四〇，洪武十四年十二月。
⑤ 《明实录》卷二一四，洪武二十四年十二月。
⑥ 《大明会典》（万历刻本）卷一九，户口。

地户口数已超过三百二十万户,即比《农田余话》所载多一倍。

在直隶十四府四州中,又以苏州、松江、应天等府的户口数为多。以苏州府为例,"本朝洪武四年,抄籍本府所辖长州等六县计四十七万三千八百六十二户,一百九十四万七千八百七十一口"。洪武九年,加崇明户增至"五十万六千五百四十三,口增至二百一十六万四百六十三"①。倘若洪武初全国户口数只有一百六十一万户,那么,仅七县之多的苏州府就占了全国总户口数的近三分之一,岂非咄咄怪事!洪武四年,全国有府一百四十一,州一百九十二,县一千一十三②。因而洪武初实际户口数不可能只及元初的12%,或宋熙宁时的十分之一。

总之,《农田余话》中所说的 161 万户,不但不能代表洪武初全国户口数,也不能代表长江以南的户口数,大体上只相当于直隶十四府四州的户口数。孙文认为洪武初至洪武十四年"这十年左右的时间,净增 9,034,847 户,上升为洪武初的 661.6%",可以说根据不足。

二

孙文的另一个重要论断是,认为"自洪武十四年以后,明朝的户口基本上没有什么上升,有时或户或口反而出现下降。这一点却迄今没有引起史学家的注意"。我们认为,这也并不完全符合事实。诚然,单从

---

① 洪武十二年卢熊辑《苏州府志》卷一〇,户口。
② 《明实录》卷七〇,洪武四年十二月。

官方统计数字看,从洪武十四年到洪武二十六年,户口数增长不及十四年以前快,有户减口增或户增口减现象,但到永乐元年(1403)即过了二十二年后,比起洪武十四年净增户七十六万,口六百七十多万,不能说基本上没有什么上升。

当然,明初户口升降所呈现的曲线,从表面看,确有许多矛盾现象。《明史》称:"太祖当兵燹之后,户口顾极盛。其后承平日久,反不及焉。靖难兵起,淮以北鞠为茂草,其时民数反增于前。后乃递减,至天顺间为最衰。"① 对于这种扑朔迷离的现象,早在明中叶就已有人感到迷惑不解,如王世贞就不胜感慨地说:"国家户口登耗有绝不可信者。"②

为什么从洪武十四年至二十四、二十六年间,户口数增长不快,而靖难之役后的永乐元年,却又出现大幅度增长呢?要想揭示个中秘密,就必须对洪武年间户口统计的具体过程作一分析。

明初的户口调查大致可分为三个阶段:(1)洪武初年至十四年之前;(2)洪武十四年至二十六年;(3)洪武二十六年以后至永乐元年。洪武元年起,朱元璋已着手整顿户籍。如试行均工夫图册,每顷出丁夫一人,以平均徭役负担,但主要只在直隶和江西三个府地区推行。同年派周铸等164人去浙西核实田亩,特别强调"盖版籍多亡,戒勿增损"③。洪武三年推行陈灌的户帖制度,下令"今天下已定而民数未核实,其命户部籍天下户口,每户给以户帖,于是户部制户籍、户帖,各书其户之乡贯丁口名,岁合籍与帖,以字号编为勘合,识以部印,籍藏于部,帖给之民,仍令有司岁计其户口之登耗,类为籍册以

---

① 《明史》卷七七《食货一》。
② 王世贞:《弇山堂别集》卷一八《户口登耗之异》。
③ 谈迁:《国榷》卷三《太祖洪武元年正月甲申》。

进，著为令"①。奇怪的是，除次年浙江行省有户口统计数记载外，直到洪武十四年之前，《明实录》中并无全国性户口统计的记载。洪武十四年，经过十多年的酝酿，在洪武初试行户帖制度的基础上，朱元璋雷厉风行地推行黄册制度，从洪武十四年正月，"命天下郡县编赋役黄册"，至同年十二月统计完毕，整整用了一年时间②。并规定以后每十年修订一次，从而结束了元明之间户籍混乱、无从正确统计的局面。由于到洪武十四年时，已经过了十多年的休养生息，人口增长较快，同时中央集权的封建国家对户口的控制能力也得到了加强，因而这一年的全国户口统计数就较为准确。

洪武二十四、二十六年的户口数，是在第二次重造黄册的基础上统计出来的。洪武二十三年七月，"户部奏重造黄册，以册式一本并合行事宜条例颁行，所司不许聚集围局科扰，止将定式颁与各户，将丁产依式开写，付该管甲首造成文册"，"本县通计其数，比照十四年原造黄册，如丁口有增减者，即为收除，田地有买卖者，即令过割，务在不亏原额"③。可见，洪武二十四年的户口统计只是在洪武十四年统计的基础上修修补补。从明政府角度说，只求"不亏原额"，即不低于洪武十四年的户口总数就可以了。这就是洪武二十四年户增不过3万，洪武二十六年口增不过107万的根本原因。另一个重要原因是，洪武十四年后，朱元璋进一步推行移民实边、移狭乡就宽乡等措施，户口在地区之间流通变化较大，加上因税重役繁而逋逃，使洪武二十六年比洪武十四年的户口统计还少一千多户。正如《大明会典》所指出的："国初核实

---

① 《明实录》卷五八，洪武三年十一月。
② 《明实录》卷一三五，洪武十四年春正月；卷一四〇，洪武十四年十二月。
③ 《明实录》卷二〇三，洪武二十三年八月。

天下户口，具有定籍，令民各务所业。其后休养既久，生齿渐繁，户籍分合及流移附属并脱漏不报者多，其数乃减于旧。"①《大明会典》对于明初以后户口统计数为什么没有明显增长，甚至有所减少的原因分析是有一定道理的。我们认为洪武十四年的户口统计数可能比洪武二十六年的统计数更接近于实际。

那么，到永乐元年户口数为何又突然上升了呢？说穿了，也容易理解。自洪武二十四年到三十四年（建文三年），又逢十年一次的重订黄册。但当时靖难之役正在两京之间，主要在长淮以北进行。明初，朱元璋为恢复凤阳、临濠一带经济，曾迁移江南五府之地的贫民去垦荒，战争发生后，这些移民有的逃回原籍，有的流窜四方，沦为寄籍、附籍或无籍的流民，从而在国家的户口统计中消失，使洪武三十五年（建文四年）的统计数低于洪武十四年，只有户一千六十余万，口五千五百九十余万。但次年即永乐元年，户口数陡增至户一千一百多万，口六千六百多万，达到了明代户口统计数的最高点。这一年突增的户口数，主要就是在重订户籍黄册后，把战争进行地区的户口数加上去的结果。此后，明代官方户口统计数再也没有超过永乐元年。所以，即使从官方统计数字看，也不是在洪武十四年后，而是在永乐元年后，明朝的户口才基本上没有增长。

当然，永乐元年后官方户口统计呈徘徊下跌趋势，也并不表明户口的实际增长就停滞了。因为封建国家控制户口数的升降和实际人口的登耗，是两个不同范畴的问题，两者既有联系又有区别。官方户口统计数的升降，不但取决于封建国家控制和农民反控制的斗争，还受到封建中

---

① 《大明会典》（万历刻本）卷一九《户口》。

央政府和地主豪强之间争夺土地、劳动力斗争的影响。永乐后户口统计数的下降，不但表现为成千累万无籍流民的出现，还由于大量人户被权贵及豪强所荫蔽，因而使官方的户口统计数与人口实际增长的距离越来越远。明朝自洪武、永乐经仁宣到正统初年，基本上处于承平时代，按照人口增长的自然规律，实际人口只会有所增长，不会减少。特别是嘉靖、万历后，由于资本主义萌芽，大中小城市兴起，人口显然有所增加。据有些学者估计，嘉靖、万历时实际人口数可达一亿三千万到一亿五千万之间①，即比明初增长一倍，并不是没有可能的。

三

孙文还认为，北方户口大幅度上升和南方户口大幅度下降，"这是考察明初户口升降时必须注意的另一个基本事实，但迄今似乎也未曾引起人们应有的重视"，这个论断我们认为也值得研究。从官方户口统计看，在明中叶以后确有南降北增趋势，但这一趋势至少在明初还不十分明显。其实这并不是什么新发现，而是早已为国内外学者所注意了。很早以前王崇武通过《明实录》《大明会典》及《明史》等书所作的从洪武、弘治到万历的统计，已经指出过这种趋势。何炳棣根据《后湖志》所作的从洪武二十六年到嘉靖二十一年的统计表明，这一百五十年间，北方人口增长了一千一百余万，即增长了73%。南方除四川、云南等地

---

① 何炳棣：《1368—1953年中国人口研究》"结论"。另据帕肯估计，1600年中国人口在一亿二千万到二亿之间，见帕肯：《1368—1968年中国农业发展》附录 A.7，第216页。

外，却减少了一千二百多万①。因此，问题只在于如何正确认识和解释这种现象。

应该承认，明初至明中叶，北方户口确有明显增加。这是与朱元璋、朱棣有意识地加强恢复北方经济和改善南北户口布局极不合理的状况分不开的。中国社会南北经济发展不平衡，到明代已十分明显。南方，特别是长江下游以南地区，随着宋元以来经济重心的逐步南移，在明初已有地狭人稠之患。相比之下，江北则显得地多人少。朱元璋为加强北方边防，改变不合理的人口布局，曾不断组织长江以南人民往北迁移。早在洪武以前，朱元璋就曾将支持张士诚的富豪徙往濠州居住。洪武三年又谕中书省臣："苏松嘉湖杭五郡，地狭民众，无田以耕。临濠田多未辟，令就垦为业，给牛、种、车、粮，资遣之，三年不征税。"②从江南狭乡迁往临濠宽乡，官给牛种，三年不征税，这是用经济手段鼓励人民往北迁移。同时还继续使用政权强制手段迫使富豪往北迁移。如洪武四年徙江南豪民十四万田凤阳③，八年二月宥犯死罪以下及官犯私罪者谪凤阳输作屯种赎罪④。总之，力图改变南方因地狭民众，劳动力相对过剩，而长江以北因地广人稀造成土地大量抛荒的局面，增加恢复和发展北方经济所必需的劳动力。这是朱元璋在洪武时所采取的一项重要的经济政策。

与此同时，朱元璋还大规模地在北方实行屯田。洪武元年（1368）朱元璋命诸将分军屯种于滁州、和州、庐州、凤阳。洪武三年在太原、

---

① 何炳棣：《1368—1953年中国人口研究》"结论"。
② 《明会要》卷五〇《民政一》；《明实录》卷五三"洪武三年六月"。文字略有出入。
③ 《明史》卷一三三《俞通源传》。
④ 《明史》卷二《太祖本纪二》。

朔州也开始屯田，以后逐年推广。洪武十五年五月，朱元璋命群臣议屯田辽东之法，以图长久之利①。同年八月派唐胜宗、耿炳文屯田陕西②。洪武十八年宋纳献守边策，主张屯田备边，得到朱元璋的赞赏③，于是屯田遍布陕西、山西、河北、河南、山东、淮安及四川、云贵。北方土地的大量开垦和劳动力投资的增加，为户口增长创造了有利条件。人口的再生产，作为一种社会现象，是与政局的安定，社会经济的发展密切相关的。"要之，户口增减，由于政令张弛。故宣宗尝与群臣论历代户口，以为'其盛也，本于休养生息，其衰也，由土木兵戎'，殆笃论云。"④这个见解，于当时是有一定针对性的。孙文对"明初户口的上升是明朝有几十年比较安定的生活，推行休养生息、积极鼓励生产、解放劳动力的结果"的传统看法，颇不以为然，说："我以为，这种观点是难以成立的。"如果冷静地分析一下明初政治、社会、经济的实际情况，就不能不认为孙文的上述看法未免有些失之偏颇。

　　明代北方人口的连续增长，同政治中心北移也有一定关系。明成祖朱棣为迁都北京，积极加强北方边防，充实畿辅，疏通会通河，保证漕运畅通，继续推行洪武以来的招抚流亡及移民屯垦的政策。永乐元年八月"发流罪以下垦北京田"，永乐六年又徙直隶苏州等十郡，浙江等九省富民实北京。其中数量最大的又是地狭人稠的苏松地区："自国初仿汉徙闾右之制，谪发天下之人，又用以填实京师。至永乐间，复多从驾北迁。当是时，苏人以富庶被谪发者，盖数倍于他郡。"⑤赵翼曾盛赞朱

---

① 《明实录》卷一四五，洪武十五年五月。
② 《明史》卷三《太祖本纪三》。
③ 《明实录》卷一七一，洪武十八年二月。
④ 《明史》卷七七《食货一》。
⑤ 吴宽：《匏翁家藏集》卷四二《伊氏重修族谱序》。

棣对北京及北方边防地区的开发说:"成祖亦徙太原、平阳、泽潞、辽沁丁多田少及无田之家,以实北平。用闲民,耕旷土,固善政也。"① 毫无疑问,朱元璋、朱棣移民实边,移狭乡就宽乡的政策,对于促进北方社会经济的发展和人口增长是有积极意义的。

那么,是否就能得出"自汉以来北方户口逐渐减少,南方户口逐渐增加的历史过程,到明初却开始被扭转,我国的户口从此又开始了相反的过程"了呢?否。因为即使按孙文标准划分的南北两方洪武十四年、二十四年、二十六年的户口统计数字的比较,也不能证明孙文的上述结论是正确的。从洪武十四年到二十四年的十年间,北方户减八千多户,口增一百四十九万七千余;南方户增二万一千多户,口减四百三十七万余。北方户减口增,南方户增口减,并非简单划一的北增南减。从洪武二十四年到二十六年二年间,北方户增四十三万八千余,口增一百六十七万八千余;南方户增一百四十八万一千余,口增一千二百五十万九千余②。说明南方无论户、口都有大幅度增加,显然与孙文自己的结论相左。上述论断之不能成立,从《明实录》及地方志中也可以得到印证。如浙江省洪武十四年户一百四十八万余,十四年达户二百一十五万余,二十四年又上升到户二百二十八万余③。苏州府洪武四年户四十七万三千余,口一百九十四万七千余;九年户五十万六千余,口二百一十六万余;二十六年户四十九万一千余,口二百三十五万五千余④。即从洪武四年到九年的五年之间户增6%,口增9%强。从洪武九

---

① 赵翼:《廿二史札记》卷三二《明初徙民之令》。
② 详见孙文表②、表⑨。其中表②洪武二十六年北方口八百三十四万余,可能在"8"之前漏一"1"字。
③ 《明实录》卷七〇、卷一四〇、卷二一四。
④ 洪武十二年卢熊辑《苏州府志》卷一〇《户口》;《大明会典》卷一九《户口一》,二十六年户口数。

年到二十六年户数略有减少，口数又增 9%。苏州是明初移民的重点地区，户口并未因移民而出现减少趋势。其他如杭州府从洪武九年十九万户至二十四年二十一万户，增加了二万余户[1]。湖州府从明初原有的十七万余户至洪武二十四年的二十万户[2]，增加了近三万户。常州府从洪武十年十四万余户至洪武二十六年十五万余户，增加了近一万户[3]。松江府从洪武二十四年的二十二万余户至洪武二十六年的二十四万余户，增加了二万余户[4]。从上举这许多府的情况看，至少在洪武二十六年之前，户口数还在继续增长。简单地说在洪武十四年后已出现"南北两方户口增减的绝然相反的方向"，是不能令人信服的。

明中叶后，从官方户口统计中反映出的南减北增趋势，原因是很复杂的。除上文所述原因外，还有历史原因。朱元璋政权最先建立在江南。洪武初年朱元璋亲自制定并首先在浙江推行的"大军点户"，远比全国其他地区彻底，对南方户口的控制也比北方严密。一旦中央政府对江南户口的控制有所削弱，户口数自然便要往下跌。相反，北方原来的基数就不大，所以增长幅度容易看得清楚。更重要的是由于经济发展不平衡而引起的南北户口统计和税收政策的差异造成的。北方地广人稀，商品经济在明代相对地说不够发达，人口和土地的关系较密切，占有少量土地的小农，非遭受严重天灾或苦于徭役，不肯轻易离开土地。故黄册制度能有效地维持较长时间。南方地狭人稠，商品经济发达，土地兼并剧烈，越来越多的农村相对过剩人口弃农另谋他业，脱籍很多，国家

---

[1] 宣统重修《杭州府志》卷五七《户口》。
[2] 同治《湖州府志》卷三九《户口》。
[3] 康熙《常州府志》卷八《户口》；《大明会典》卷一九《户口一》，二十六年户口数。
[4] 康熙《松江府志》卷五《户口》，洪武二十四年户口数；《大明会典》卷一九《户口一》，二十六年户口数。

户籍不易控制，所以黄册制度很难长久维持原状。总之，北方农业人口多，国家易于控制，故北方的户口统计虽也多隐漏，仍较接近实际。南方在明中叶依靠黄册征收徭役已逐渐为一条鞭法取代，人口隐漏的更多。孙文认为造成明代户口北增南减这个绝然相反的现象，"必须从封建国家的控制和农民的反控制斗争中才能求得真正的原因"。这个说法是有一定道理的。但问题在于，为何在同一时期同一王朝下，南北两地的控制和反控制斗争会出现差异呢？这就必须进而分析明王朝建国后所采取的政策及从南北社会经济结构的特点上去找根源。明代对江南实行重赋，"江南赋役半天下"，剥削之重，骇人听闻。相反，北方的剥削量在明初相对地就要少一些。剥削的加重，阶级矛盾的激化，对南方户口的增长自然会有影响，但在明初这还不是主流。大量事实证明，朱元璋所奉行的休养生息政策，无论对江南和北方都有积极意义，因而洪武时代的江南户口还是有所增长的。退一步说，即使到明中叶南方户口统计数出现下降，也并不意味着实际人口已减少。如松江府，在明中叶是户口流失现象较为严重的地区之一。实际上户口并没有减少，而是"生齿日繁"，仅四郊十里许"男妇"就不下二十余万。不但苏松杭嘉湖如此，甚至江西、福建一些地区也有人满之患。只不过南方户口的实际增长数，没有在官方户口统计数中反映出来罢了。

四

对于孙文从所谓明初户口北增南减引申出来的："这个历史特点表明，原来封建经济还多少有所发展的南方，现在陷入了先前北方曾经经历过的衰落过程"的说法,我们以为也是值得商榷的。

就中国封建社会制度发展而言,在明代可以说已经走上了下坡路。但这并不意味着封建社会的经济发展也将伴随着封建制度的衰败,亦步亦趋地走向衰落。相反,明中叶后封建经济仍有很大发展,特别在江南地区,人们看到的却是资本主义萌芽不断破土而出,社会经济继续向前发展,把北方远远地抛在后面,使南北经济发展不平衡更加明显。如果说,朱元璋恢复发展北方经济的措施一度奏效,使凋敝的北方曾有起色。朱棣迁都北京后,在加强北方边防和疏通南北漕运方面进一步作出贡献,使沿运河一线如淮安、济宁、临清等地的经济有了发展,但他们都未能从根本上扭转北方经济衰退落后的局面。正统时的土木堡之变,广大西北、华北地区胡骑纵横,长城沿边屯田遭到破坏。嘉靖年间北方边境战事连绵不绝。张居正执政时稍有好转,但为时短暂。接着满清兴起,成为明王朝的大患,黄河下游在清兵五次入关中受到严重破坏。万历后灾害频仍,打破了历史上任何朝代的记录。活跃在西北、中原和华北地区的明末农民大起义,正是在明代阶级矛盾激化,社会经济衰退的背景下发生的。

然而在江南,虽然腐朽的封建专制统治同样给予了萌芽中的资本主义生产方式以极大压力,束缚和阻碍着它的发展,但它毕竟具有相当顽强的生命力,农业经济纳入商品生产的成分愈来愈多。经济作物比重的增加,促进了手工业、商业的繁荣。长江流域广大地区的稻米,农业经济作物如棉花、蚕丝以及江西、福建、两广、云贵的矿产,景德镇的陶瓷,佛山的冶铁,源源不绝地投入商品市场。长江下游太湖周围的织布业、丝织业衣被天下,远销国外。与此同时,工商业城市如雨后春笋,到处涌现,沿海、长江、运河及其他通航河流帆樯如栉,陆路交通也畅通全国。特别是隆庆以后，明朝开放海禁，允许私人在官府控制下从事海上贸易活动，东西洋航路的进一步开辟，中国商帆船远航南洋一带，出现了中国对外贸易大大出超、白银源源流入的极为有利形势，替明王朝积储了巨大财富。一言以蔽之，至少在明代中叶，经济发达的南方，并未陷入先前北方曾经历的那种衰落过程，更不要说在明初了。

总而言之，尽管洪武、永乐两代都注重恢复和发展北方经济，并采取过一些行之有效的措施，但不可能扭转经济重心仍在江南的局面。从明初至明中叶，江南经济并未走向衰落，而是继续有所发展。认为在明初南方经济已走上北方曾经历过的衰落过程，为时尚早。明代南方同北方一样，出现"江东今衰败，千里空萧条"[①]的局面，要迟到明朝末年，伴随着整个明封建王朝出现周期性的政治经济危机之日才发生。也只有在这种情况下，江南地区的人口才随之急剧下降。

（原载《文史哲》1980 年第 6 期）

---

① 吴梅村：《吴诗集览》卷一下《避乱其六》。

有关均田制的一些辩析

赵俪生

一

井田制和均田制，是我国历史上两个大的田制；对世界历史说，也是两宗重要的历史范例。而井田制跟均田制又有所不同，前者基本上是不以人们主观意志为转移的经济自然衍变的结果，而后者则是某些统治阶级的代表人物从井田崩溃以后的屯田和占田、课田这些人为措施中，吸取了正反两面的经验，又针对公元 4、5 世纪的现实情况，而精心炮制出来的一套制度。它有力地说明，统治阶级的人物是可以进行一些调整和调节，以使生产关系不至于严重地与生产力的发展相脱节。在"均田"的调整或调节下，矛盾重重的中古统治，又为之延缓了三百年。所以说，均田制不仅是一个大的田制，而且也是一个稳定的和起着一种稳定作用的制度。据此，说它是一种"昙花一现"[1]的制度的说法，是值得商榷的。

在说它是"昙花一现"的同时，还说它是"开倒车"的，这话也值

---

[1] 李亚农：《周族的氏族制与拓跋族的前封建制》第十一章，《李亚农史论集》，第 385 页。

得辨析。"开倒车",自然是意味对社会前进起着一种"促退"的作用。"促退"的对立语自然是"促进"。但历史上的制度,偏偏就有既不是单一的促进,也不是单一的促退,或者说,既有促进的一面,又有促退的一面。均田制正是这样。按照人们财产所有制从公有到私有、从浅化的私有到深化的私有这条线索来考虑,均田制是代表国家权力来对私有财产企图进行干预的制度,它起着使私有制这种"异化"力量延缓或者拖迟的作用,从而我们说,它至少对社会前进不是多么起着促进的作用的。但人们之所以说它"开倒车",则是从另外一方面立论,是从"中国北部经济生活倒退了两千年"[①]的论点出发的,这就不符合实际了。关于"倒退论"之不符合我国中古历史的实际,我个人已有所论述[②],此处不多赘言。在这里,需要重点申辩的倒是,之所以不止一位学者如此立论,是由于他们认为均田制是氏族制或者公社的恢复,或者至少是氏族制与封建制的混合物,认为均田制的二重性表现在公有制与私有制的矛盾[③],这就不能不引发人来着重地辨析一下了。

我经常困惑地面对着当今史学界中一个反背的现象,久久为之不解。这个反背现象是关于公社的。在井田制度方面,不讲公社,有很多事情是说不清楚的;但人们偏偏说不能讲公社,讲了公社就没有了奴隶社会,云云。意思是,一定要把奴隶社会从一开始就说得是阶级对立极其严峻的,讲公社就会冲淡这种严峻。在讲均田制度方面,完全可以不讲或者少讲公社的,因为最多不过在拓跋氏漠南"计口授田"中,有

---

① 《李亚农史论集》,第362页。
② 赵俪生:《金、元两朝对中原土地关系所作的变动》,王仲荦主编:《历史论丛》第二辑。
③ 《李亚农史论集》,第367页;唐长孺:《均田制的产生及其破坏》,《历史研究》1956年第2期。

着一定成分的公社因素残余而已。但不止一位学者,却在这里大谈其国家是均田农民之父,均田是亚细亚(东方型)的,不但拓跋氏漠南"计口授田"中有公社,即便汉人大族中也有公社,两宗公社结合在一起,所以均田制身上就带有"公社"的和"公有"的性质了。事情果真是如此吗?

从理论方面,也有所配合。苏联专家尼基甫洛夫也恰好在1956年的中国杂志上写道:

公社是会恢复起来的。①

在这条总的宗旨之下,他摆出来很多观点。他承认了商鞅变法对公社制的破坏,也承认了大土地私有制在西汉大大地发展起来,从而公社进一步地衰落了,但他认为在三国至唐期间(注意,这恰好是均田制施行的时候)"农村公社在一定程度下恢复起来了"。他又继续说,在中国,农村公社常常是采取氏族公社的形式,联合在公社里的不是农村中的全体居民,而只是同姓的人们。他们有自己的族长,有自己的家祠,有祭田。这种祭田实质上就是公社的土地。并且,这些一直保存到土地改革的时候。

这样,就给我们提出了思考题:公社是什么?除了它的形式之外,它的实质性的内容是什么,它在被破坏和衰落之后,是不是能够人为地恢复起来?

---

① 尼基甫洛夫:《论不同国家从奴隶占有制向封建过渡的几个共同的规律性》,《历史研究》1956年第10期。

二

我们认为，所谓"公社"有其实质的存在，有其躯壳的存在。所谓实质的存在，是指它在人们的财产关系上，在土地所有的关系上，有它明确不移的规定性。这规定性，就是在土地所有或者土地占有方面的某种程度的公有或者集体所有。从而，从物质利益的归属反映到人与人的关系方面，或多或少带有平等的和民主的气味。总之，在我们看来，一个团体内部，已经有着阶级划分，甚至已经表现出有阶级斗争的存在，那么，再说这个团体是公社，其说服力就很弱了。

我们这样来说，经过自我省察，并不带有"绝对化"的气息。只要带有平等和民主的气味的东西，哪怕是公社的残余，我们也不排除。举例来说，像均田制中所包括的一些因素，如对癃残老小的照顾，如在对犯罪人及绝户遗产的处理原则方面所规定的几点精神，什么"给其所亲""借其所亲"，又如在进丁受田时的原则"先贫后富"（不管这一原则在具体执行中会打多大的折扣），以及"人牛力相贸"这一办法，在它尚未转化为有牛和牛多的富人对牛少或无牛的穷人的一种剥削之前，在它还保留着劳动人民在互助中"变工"的时候，——所有这些，我们都承认，它带有某些公社的残余性质。我们所反对的，是指甚至在土地改革的前夜，那些祠堂的祭田也是公社土地的说法。试看1933年中华苏维埃区划分阶级的文件中有一个注释说，在农村中有许多公共土地，有些是政治性的，如区、乡政府的土地；有些是宗族性的，如祠堂的土地；有些是宗教性的，如佛教、道教、天主教、回教寺庙的土地；有些是救济性或公益性的，如义仓和为修桥补路而设置的土地；有教育性的，如学田。在列举之后，文件加一句说，"所有这些土地，大多数都掌握在地主富农手里"①。这一句话很重要，道出了事情的实质。再说这是公社土地，就很困难了。

不仅在近代史上遭遇这类情况时，我们需要谨慎，就是在典型的中古史上，同样也需要谨慎。我反复考虑，被不止一位当代学者所举的中古期汉人大族方面也有"公社"的例子，只有两个是比较完整的，带有某些典型性。其一是西晋庾衮在禹山的事迹，其二是北魏末赵郡李氏在太行山中所开拓的李鱼川的事迹。现在，就让我们就这两桩事例来进行一些分析吧。先引原材料。

《晋书》卷八八《孝友·庾衮传》说：

> 齐王冏之唱义也，张泓等肆掠于阴翟，衮乃率其同族及庶姓保于禹山。
>
> （衮）誓之曰："无恃险，无怙乱，无暴邻，无抽屋，无樵采人所植，无谋非德，无犯非义，戮力一心，同恤危难。"
>
> 于是峻险陋，杜蹊径，修壁坞，树藩障，考功庸，计丈尺，均劳逸，通有无。
>
> 衮曰："晋室卑矣，寇难方兴！"乃携其妻子适林虑山。……及石勒攻林虑，……衮乃相与父老登于大头山而田于其下。

再看李鱼川的有关材料。《北史》卷三三记载赵郡平棘李氏的世系说，李勰之子李灵，李灵之子有李恢、李综，李恢之子李悦祖，又有李显甫，李显甫之子李元忠。李鱼川的开拓，就是李显甫、李元忠父子二人

---

① 毛泽东：《怎样分析农村阶级》，《毛泽东选集》合订本，第113—115页。

干的。材料说：

> 显甫，豪侠知名，集诸李数千家于殷州西山，开李鱼川，方五、六十里居之，显甫为其宗主。
>
> （显甫）子元忠。……家素富，在乡多有出贷求利，元忠焚契免责。……及葛荣起，元忠率宗党作垒以自保，坐于大槲树下，前后斩违命者凡三百人。

现在进行分析。首先，所谓"公社"，不论是它的原生形态或是其次生形态，都有着它的传统性，即在悠长的年代中由于不以人们主观意志为转移的经济因素的影响而形成的那种传统性，像一些古老的话头所反映的，什么"幼而习焉，久而安焉，不见异物而迁焉"，什么"死徙无出乡"，都指的是这种传统性。可是，上述二例，却显然不带有这种传统性，它们是由于战乱形势所迫而临时组织起来的人们自卫性质的共同体。不错，像庾衮一例所显示的，他也摹拟了一些古老公社的组织原则，如"考工庸，计丈尺，均劳逸，通有无"等，但那仅仅是一种仿制品。其次，"公社"的概念，应该基本上排除剥削与被剥削、统治与被统治的关系，但像李元忠一例所显示的，他"在乡多出贷求利"（虽然也曾"焚契免责"，但那是豪侠市恩的一种临时性的姿态，是很明显的），这是剥削与被剥削的关系；观其在战争紧急状态下"斩违命者凡三百人"，足见他丝毫不是什么"公社"的头人，而是镇压者面目十分明显的豪强，他与群众的关系是镇压与被镇压、统治与被统治的关系。东汉初巨鹿耿纯率宗族宾客投靠光武"恐宗家怀异心，烧其庐舍"的事，与此类似。最近，一位同志在文章中说这种坞壁组织：

部分取代了原有的地方行政系统和地方基层组织。①

这句话触到了要害,比那些侈谈"公社"和"公有制"的先生们鞭辟入里了许多。但我们还不能停留在这里,"取代地方行政系统"一句,不需另加诠释;"取代地方基层组织"一句,则必须说清楚,它指的应该是保甲的作用,而不是公社的作用。因为这二者是很容易混淆的,60年代苏联十卷本《世界通史》曾指朱元璋的"里""甲"是"公社",即是一佳例。总之,从庾衮和李鱼川二例,由于它们不具备传统性,却又具备镇压与被镇压、剥削与被剥削的关系,因而,我们判断,不应该说它们是公社。

三

底下,感到有必要把中古期两种人们的集团的范围和性质,说说清楚。这是个大圈圈和小圈圈的关系问题。所谓"小圈圈",是指自东汉以来,封建领主们在自己的家族内又重新提倡"亲亲·尊祖·敬宗·收族"的血缘纽带关系,从而形成一种好像是尼基甫洛夫所说的"氏族公社"那样的东西。北朝最典型的例子,是弘农杨氏杨播、杨椿、杨津兄弟组成的"圈圈"。史书中说他们"昆季相事,有如父子","有一美味,不集不食","旦暮参问,子侄罗列阶下,不命坐,不敢坐","有

---

① 陈仲安:《十六国北朝时期北方大土地所有制的两种形式》,《武汉大学学报》1980年第4期。

曾孙，年十五六矣，欲为之早娶，望见玄孙"，"一家之内，男女百口，缌服同爨，庭无间言"，"不异居，不异财"，等等①，从"不异居，不异财"来看，确有某些家庭公社的气味。但必须指出，这个圈圈的范围是"百口"。"百口"二字，在北朝似乎形成领主家庭公社的代用词，观另一北魏大族博陵崔氏家的崔楷，他在葛荣起义军围攻下，死守殷州，"兵士莫不争奋，咸称'崔公尚不惜百口，吾等何爱一身？！'"②这个"百口"，我们拿它与《孟子》《荀子》《史记》中所说的"五口""八口"之家比较，发现战国、秦、汉时候的典型，是个体小农家庭，而到北朝时候，典型的东西，则是世族的家庭公社——"百口"了。所谓"又恢复起来了"的东西，不过如此。至于"大圈圈"，则是另外的一回事。《晋书》卷一二七《载记·慕容德》中记其尚书韩𧨳上疏有云：

> 而百姓因秦、晋之弊，迭相荫冒，或百室合户，或千丁共籍，依托城社，不惧熏烧，公避课役，擅为奸宄……

这是一种包括不同阶级和阶层在内的综合社会集团，说的是害怕国家繁重赋税徭役的农民，情愿接受世家大族所加给的人身隶属关系，投靠并荫蔽在世家的户籍之下，为了逃避课役而情愿接受"重于公赋"的领主剥削的事情。会不会发生像有的学者所说"土地通过家族乡党关系，而作出公社式的划分。公共财产开始不会有，后来逐渐积累起来了"呢③？至少，我们没有见过这方面的材料。就以前引庾衮的例子来

---

① 《魏书》卷五九《杨播传》。
② 《魏书》卷五六《崔辩传》。
③ 复旦大学油印陈守实教授1957年讲义《北魏隋唐土地问题》，第23—24页。

说,"八王之乱"一旦结束,禹山的乌托邦马上解散,并不见积累起任何的公共财产;而庾衮本人最后也只好从大头山上一头栽下来死掉了,并未当成什么"公社"的社长。在史料中我们所看到的,倒有像荥阳郑氏《郑羲传》中所反映的,"乡党之内,疾疾若雠",郑连山的"挝打僮仆,酷过人理,父子一时为奴所害,断首投马槽下"[1]的事例。难道像这样的"百室合户、千丁共籍"综合集团,也可以叫作公社吗？！

四

现在,应该归结到均田制的根本性质方面来了。

均田制带有二重性,这没有问题。但这二重性是什么性跟什么性相矛盾,则颇值得辩析。不止一位学者认为是公有制跟私有制的二重性,他们说:

> 从土地所有制的性质来看,北魏均田制带有公有和私有的两重性,很明显,这就具有农村公社土地所有制的性质。[2]
>
> ……另一方面,也反映了均田制的公社特征,因为恰恰表现了公社内部公有和私有的二重性。[3]

我不同意这种观点。我认为,公社和公有制在均田制已经不应该占有重

---

[1] 《魏书》卷五六《郑羲传》。
[2] 《李亚农史论集》,第367页。
[3] 唐长孺:《均田制的产生及其破坏》,《历史研究》1956年第2期。

要的位置和起重要的作用了,因为汉人世家大族的封建制很牢固,鲜卑贵族也在封建化的过程中,仅仅从漠南"计口授田"中遗留下来某些公社的残余,在均田制中不起主导的作用。在我们看来,均田制是国家对土地所有权又企图干预、又不得不妥协——这样的一种二重性的表现。现在,就对此来进行论证。

均田制有很多令文,最重要的北魏太和令(见《魏书·食货志》)。这令文虽是一篇整文,但实际上是十五个条款,每一"诸"字下起一新的条款,综计得十五条。现将每条主旨内容罗列如下:

第一条 关于露田。关于男妇以及奴婢牛的受田数额。关于倍田。

第二条 关于还、受。

第三条 关于桑田。以及"倍田"在露田、桑田间的调济作用。

第四条 关于桑榆地。

第五条 关于种桑榆枣果的规定。

第六条 关于桑田为世业的规定。关于土地买卖的限制及其小量的开放。

第七条 关于麻田。

第八条 关于老小、癃残、寡妇(凡丧失劳动力者)的照顾。

第九条 关于办理还受的固定月份。

第十条 关于"宽乡"的规定。

第十一条 关于"狭乡"的规定。

第十二条 关于宅田。

第十三条 关于受田远近、先后的规定。

第十四条　关于流配、无子孙、户绝田土的处理。

第十五条　关于"公田"（即"职田"与"公廨田"）。

我们试将均田令与三长令合在一起，就会发现北魏君臣们一股脑儿规定了六项内容。第一部分是显示国家权力，并从法令上企图对土地私有权有所干预、有所限制的部分。这从令文前边"均给田下民田"一句，可以体会出来。它虽不像王莽那么粗暴（搞突然袭击），但王莽的气味还是有的。试想，令文虽在第六条中承认桑田为世业，可以不还，但即便如此，桑田也是民田的组成部分之一，从法令上讲是国家权力均给的，这不能不说是一种干预。这第一部分的中心内容在第二条，即关于"还""受"的规定。固然，在很多场合，这种还受的执行是很马虎的，但像吐鲁番文书中连"永业田"也要还受的情况，足见还受的执行有马虎的记载，也还有过头的记载呢，所以说，说均田制是虚假的、骗人的这些话，是站不住脚的。

均田令的第二部分，是表现国家一方面企图干预，但又害怕酿成王莽王田令所引起的全国性的混乱和叛乱，所以另一方面又进行妥协让步。这种妥协让步，不是对劳动人民的，而是对国家的授权者，它的后台老板——世家大族的。这一部分的中心内容在第六条，即关于"不还"的规定。考虑到有关"奴·婢·牛"的规定，我们还可以看出北魏统治者在炮制中是煞费了苦心的，这中间不仅对汉人世家大族表示妥协让步，也反映了对鲜卑军事贵族的妥协让步。因为第一，鲜卑贵族从蠕蠕那里俘虏来的牛力和人力是大量的；第二，鲜卑贵族也有材料反映他们对土地封建经营也已经发生了兴趣。

均田令的第三个部分，是一些松紧带。这是北魏君臣精心炮制的又一表现。松紧带主要有三条，一是关于"倍田"的规定，二是关于"宽乡"和"狭乡"的规定，三是关于土地买卖开了一个窄窄的"后门"，这个"后门"到唐开元令中就开得很大很大的了。这种"松紧带"的作用，读者在仔细查阅文献中自会亲切地体会到，此处不拟多赘。

第五个部分，是关于公社原则之残余的继承。关于这一点，本文第二节一开始处已经提到，此处不拟重复。必须重点指出的是，所有这些（对丧失劳动力者的照顾，对土地使用权再分配时的"先贫后富"以及"给其所亲"等等的原则），无疑都是公社的遗风旧俗，这些遗风旧俗在很古老的年代中是跟所有制有着密切联系的。但事情发展到公元4、5世纪，封建制已经根深蒂固的时候，它就不再是什么所有制了。不能把土地的公社所有制跟封建社会中公社的遗风旧俗混为一谈。

第六个部分是三长令中规定的，正常劳动力一夫一妇，岁出粟二石，帛一匹，给国家。其余次等劳动力（15岁未娶者、奴婢任耕织者以及耕牛），按折扣（$\frac{1}{2}$、$\frac{1}{4}$、$\frac{1}{8}$）缴纳租调。我们之所以把三长令内容也拿来跟均田令内容掺和到一起进行分析的目的，其一，可以将北魏的田土租调情况，说得更全面些；其二是为了重点说明，北魏君臣之所以炮制均田制度，其最终目的也不过是"虎口夺食"，把接受"倍于公赋"剥削的荫户从世家大族户下夺出来一部分，使国家可以从一夫一妇和奴婢牛身上剥削到较多些的剩余劳动产品——租调而已。这是封建国家与封建领主间的"又争夺、又勾结"的二重性。这中间，公社和公社土地所有制，并不占什么重要的地位，也不起什么重要的作用。

（原载《文史哲》1981年第3期）

稷下学宫史钩沉

胡家聪

战国时期齐国都城临淄的稷下学宫，是田氏封建政权兴办的大学堂，它伴随着齐国统治者进行封建化改革而兴盛起来。稷下之学对当时各个学派兼容并包，通过"百家争鸣"，大大促进了学术思想的交流和发展。稷下之学承前启后，宏博精深，遗留下的古文献众多，对我国思想文化的发展影响极大。

人们对于稷下学宫的历史自然是很感兴趣的，但有关学宫的史料残缺零碎，颇难梳理，而作为稷下先生作品汇编的《管子》[①]，可稍补史料的缺遗。笔者广搜上述两方面的材料，进行综合研究，作此《钩沉》，供关心稷下学宫史的读者参考。

稷下之学兴办于桓公田午之时，随着威王时的政治经济改革而发展起来，至宣王、湣王时最为兴盛，到襄王、王建时逐渐衰落下来，及秦并六国，齐国灭亡，学宫结束。稷下之学由始至终大约有一百五十年的

---

① 据顾颉刚先生的意见，《管子》是稷下先生遗留的作品的汇集，可称之为《稷下丛书》，见《"周公制礼"的传说和〈周官〉一书的出现》，《文史》第六辑，中华书局1979年版。

历史,现将年代列下:

　　桓公、威王时期:公元前 374—320 年;

　　宣王、湣王时期:公元前 319—284 年;

　　襄王、王建时期:公元前 283—221 年①。

顺应历史潮流而诞生

　　稷下学宫是顺应历史潮流诞生的。战国时期的封建化改革,是从魏国开其端。魏文侯师事子夏(孔丘的弟子卜商)、田子方、段干木,先后任用魏成子(文侯之弟,名成)、翟璜(名触)、李悝(子夏的弟子)为相国,进行政治、经济改革,这已开封建国君礼贤下士、重视学术研究和培养人才的风气。后来,李悝的同学吴起由魏入楚,李悝的学生商鞅由魏入秦,先后均被楚、秦两国国君重用,进行了与魏国同一类的封建化改革。封建国君礼贤下士、重视人才的风气,随着封建化改革的潮流影响到田氏代齐后的齐国,于是桓公午时便有稷下学宫的设立。这就是稷下之学兴起的历史背景。

　　据东汉末徐幹《中论·亡国篇》记载:"齐桓公(指威王之父桓公午)立稷下之官(系'宫'之误),设大夫之号,招致贤人而尊宠之。自孟轲之徒皆游于齐。"徐幹的记述必有根据,稷下之学设自桓公午是可信的。

　　稷下学宫的地址,是在齐国都城临淄的稷门之下。刘向《别录》

---

① 此据杨宽《战国史》附录《战国大事年表》,上海人民出版社 1957 年版。

云:"齐有稷门,齐之城西门也。外有学堂,即齐宣王所立学宫也。故称为稷下之学。"(《太平寰宇记》卷一八"益都"条下所引)其遗址在今临淄齐国故城,已经找不到了①。

创办稷下学宫的桓公田午,在位十八年(前374—357)。他当政时可能有所作为,但文献失载。创立稷下学宫自然是政绩之一,究在哪一年设立也不得而知了。

桓公田午之子威王名因齐,在位三十七年(前356—320)。他当政时进行的社会改革,是煊赫一时的。他任用法家人物驺忌为相国,整顿内政,"谨修法律而督奸吏",得以富国强兵;又任用田忌为将军,孙膑为军师,经桂陵之战和马陵之战两次打败了强大的魏国,"于是齐最强于诸侯,自称为王,以令天下"(《史记·田敬仲完世家》)。

稷下之学是适应齐威王进行改革和争霸称王等政治需要而发展起来的。传世有威王自铸的青铜器《陈侯因资敦》铭文写道:

皇考孝武桓公,恭哉,大谟克成。其唯因资(威王之名),扬皇考昭统,高祖黄帝,迩嗣桓、文,朝问诸侯,合扬厥德。

这无疑是威王的自白:发扬桓公午的光辉传统,远则祖述黄帝之治,近则承嗣齐桓、晋文霸业……有其父又有其子。威王之子宣王,对桓、父霸业也深感兴趣,他曾问孟轲:"齐桓、晋文之事,可得闻乎?"由此可见,威宣之时的齐国统治者以承继齐桓公霸业为标榜,而怀有统一天下的大志。春秋时,齐桓公是在管仲辅佐下成其霸业的。齐国封建统

---

① 据《临淄齐国故城勘探纪要》,《文物》1972年第5期。

治者以承继桓公霸业为标榜，稷下之学便以发扬管仲遗教为职志。稷下先生的作品汇编成书名之曰《管子》，表示对管仲这位前辈政治家的怀念和崇敬，也表示稷下各学派，尤其是法家学派说有传统，学有师承。《管子》虽然并非管仲遗著，但其中包含若干管仲遗说是无疑的。

威王视为膀臂、任为相国的法家人物驺忌，可能是一位稷下先生。《史记·孟子荀卿列传》记载："齐有三驺子。其前驺忌，以鼓琴干威王，因及国政，封为成侯而受相印。"其后则有阴阳家学者驺衍和驺奭。驺衍、驺奭均系稷下先生，那么三驺子中的头一位——驺忌，也该是稷下先生。《史记·田敬仲完世家》记述驺忌以鼓琴干威王的事，威王称他为"夫子"，对他很尊重；他所说的"琴音调而天下治"，以琴音比喻治乱，也很像学者的口吻。驺忌似是稷下先生中的一个首脑人物。

威王时的稷下先生见于文献记载的，还有那位"博闻强记，学无所主"的淳于髡。他思想机敏，善于言词，曾用微言隐语讽谏威王和进说驺忌，人称"炙毂过髡"①。

《管子》中《经言》这一组文献，是稷下法家学派的作品，包括政治、军事、经济、哲学等丰富的内容，集中反映了威王改革以来的思想学说。对《经言》这组文献深入探讨，足以证明威宣时期的稷下学宫确有法家学派存在。

齐威王时已开整理古文献的风气。《史记·司马穰苴列传》记述："齐威王使大夫追论古者《司马兵法》，而附穰苴于其中，因号《司马穰苴兵法》。"又说："世既多《司马兵法》，以故不论。"今存《司马法》是威王时"大夫追论"整理成书的。这里所谓"大夫"，似指有大夫职

---

① "炙毂过"，毂指车轴，过犹锅，"炙毂过"指挂在车旁的盛油脂之器，以此喻淳于髡的智慧如盛脂器那样润泽（据《史记索隐》引刘向《别录》）。

衔、但"不治而议论"的稷下先生。此书经稷下先生整理后,流传下来。《汉书·艺文志》著录:"《军礼司马法》,百五十五篇。"今行世本《司马法》仅有三卷五篇,虽然不是全书,但并非伪作[①]。

再有春秋时的齐国官书《考工记》(在《周礼》之内,补佚失的"冬官"),是一部具有科学技术价值的古文献,可能也是经过稷下先生整理而流传下来的[②]。

记述春秋末晏婴遗闻轶事的《晏子春秋》,有人考证编辑成书于战国中期[③]。在齐国,晏婴和管仲都是大名鼎鼎。此书有可能经稷下先生整理编成而流传下来。

威王后期,齐国统治集团内将相不和,发生分裂。相国驺忌与将军田忌闹矛盾,田忌"因率其徒袭攻临淄,求成侯(驺忌),不胜而奔",于是田忌和孙膑离齐去楚。驺忌也丢掉相国之位,而由威王之子靖郭君田婴任相国(据《史记·田敬仲完世家》)。齐国统治集团发生的这场政治动荡,其主要人物是稷下法家相国驺忌,因此对稷下之学不能不有或小或大的影响。

稷下之学的兴盛

宣王、湣王时期,稷下之学最为兴盛。

---

① 金德建:《司马兵法的流传和作者的推测》,《司马迁所见书考》,上海人民出版社 1963 年版,第 376 页。
② 此据侯外庐等同志的意见,见《中国思想通史》卷一。
③ 金德建:《晏婴的年代和〈晏子春秋〉的产生时代》,《司马迁所见书考》。

宣王名辟彊（强），在位十九年（前320—前301），他怀着统一天下的雄心大志，多方面罗致人才，礼贤下士，复兴稷下学宫。据《史记·田敬仲完世家》记载：

> 宣王喜文学游说之士，自如驺衍、淳于髡、田骈、接予、慎到、环渊之徒七十六人，皆赐列第，为上大夫，不治而议论。是以齐稷下学士复盛，且数百千人。

这段记述说明了稷下学宫"复盛"的真实情况。精细研究这段记述兼及其他有关的文献资料，深入探索当时的历史真相，可以发现稷下之学具有以下三个特点：

第一，稷下学宫是容纳师生近千人的规模宏大的齐国最高学府。宣王为了完成统一天下的大业，礼贤下士，广招各派有名学者，不仅从本国招聘，而且从他国招聘，如慎到是赵人，环渊是楚人等。因此，稷下学宫的人才济济，盛极一时。正如当时论述"霸王之术"的《管子·霸言篇》所说：

> 夫争天下者必先争人，明大数者得人，审小计者失人。得天下之众者王，得其半者霸。是故圣王卑礼以下天下之贤而王之，均分以钓天下之众而臣之……

这就是齐宣王礼贤下士、广招人才、复兴学宫的指导思想。战国时礼贤下士的风气，魏文侯已开其端，经过魏惠王、齐威王，到齐宣王出现了高潮，以后燕昭王也发扬这种风气。

据文献记载,齐宣王接见过的各派学者,有孟轲(见《孟子·梁惠王上》)、貌辨、颜歜、王斗(见《战国策·齐策》),还有尹文(见《说苑·君道》)等。由此推想,那些"赐列第、为上大夫"的许多稷下先生,宣王可能也都接见过。

说到稷下先生和稷下学士,他们人很多,"且数百千人"。大致可分作三类,享受不同的待遇:

一类:诸如淳于髡、田骈、环渊等有名的学者七十六人,给以上大夫的职位,但不做行政官吏而参与议论政事;并且"为开第(指宅第)康庄之衢,高门大屋,尊宠之"(《史记·孟子荀卿列传》),待遇是很优厚的。就拿其中的田骈来说,《战国策·齐策四》有一段很有意思的记述:

> 齐人见田骈曰:"闻先生高议,设为不宦,而愿为役田。"骈曰:"子何闻之?"对曰:"臣闻之邻人之女。"田骈曰:"何谓也!"对曰:"臣邻人之女,设为不嫁,行年三十而有七子,不嫁则不嫁,然嫁过毕矣。今先生设为不宦,訾养千钟(指俸禄),徒百人,不宦则然矣,而富过毕也。"田子辞。

以不出嫁而有七子的邻女与不做官而"訾养千钟"的田骈作对比,自然是挖苦人,但所说的倒是实情,田骈一流有名的稷下先生,所享受的待遇可能都是这样优厚。

二类:淳于髡、田骈、环渊等七十六人以外的一般的稷下先生,他们没有上大夫的官位,也没有高门大屋的宅第,据《管子·弟子职》即稷下学宫的学则记述,他们和弟子们均住在学宫之内,从事教学和著述等活动。他们自然也受到尊重，享受一定的待遇。就以《管子·枢言篇》作者这位稷下先生来说，他在篇末写道：

> 吾畏事，不欲为事；吾畏言，不欲为言。故行年六十而老吃（吃，指口吃）也。

这真实地写出了这位稷下先生比上不足、比下有余，明哲保身，胆小怕事的心情。这一类的稷下先生可能不在少数。

三类：是从事学习的稷下学士，如前面所说的道家学者田骈就有"徒百人"。他们并不都是来自齐国，也有来自邻近各国的，均食住在学宫之内，跟着老师们学习。就拿有名的学者荀况来说吧，据《史记·孟子荀卿列传》记载，他是赵国人，"年十五始来游学于齐"[①]。荀况十五岁从赵国来到稷下学习，约当宣王后期，自然是先做稷下学士，以后才做稷下先生。

除了知名的稷下先生七十六人外，一般的稷下先生和稷下学士均住在学宫之内。宣王时，"稷下学士复盛，且数百千人"。请注意这"数百千人"，这时学宫可能扩建了，比桓公午和威王时规模更为宏大，否则，怎能容纳"数百千人"吃住在学宫里面呢？

稷下学宫这座齐国官办的大学堂，制订有统一的学则，这就是如今《管子》书中的《弟子职》[②]。学则对从学弟子们的要求是严格的，请看：

---

① 按：荀况是"年十五"还是"年五十"开始游学于稷下，学术界对此历来有不同意见。从《荀子》一书来看，荀况对稷下各派学说非常熟悉，如果不是长期住在稷下怎能这样熟悉呢？据此，当以"年十五"为是。

② 此据郭沫若之说，见《管子集校·弟子职篇》，科学出版社1953年版，第956页。

> 先生施教，弟子是则，温恭自虚，所受是极。见善从之，闻义则服。温柔孝悌，毋骄恃力。志毋虚邪，行必正直。游居有常，必就有德。颜色整齐，中心必式。夙兴夜寐，衣带必饰。朝益暮习，小心翼翼。一此不懈，是谓学则。

所谓"温柔孝悌，毋骄恃力。志毋虚邪，行必正直"，是说禁止弟子们胡作非为，骄横动武。学则是用精美的韵文写成的，总则之后还对弟子们的学习、用膳、清洁卫生、晚间举火等等，提出应遵守的各种仪节和具体要求，其中贯穿着尊师的精神。

在稷下，先生们是以讲学和著述来培养从学弟子的。各学派的稷下先生均有本学派的从学弟子。前面说过，田骈有"徒百人"，那么慎到、宋钘、环渊……呢，大致也当如此。这些知名的稷下学者，既教学，也著述，大都有作品传世。

引人注意的是，稷下学宫还有定期的集会。刘向《别录》云："齐有稷门，城门也，谈说之士期会于稷下也。"（刘宋裴骃《史记集解》引）所谓"期会"，不就是定期的集会吗？这种"期会"，可能是指定期举行的讲演会、讨论会之类。各学派学者们在一起讲学，平时的学术思想交流，加上定期举行学术性的集会，实际上就是开展百家争鸣。

稷下之学正是在百家争鸣的环境中，培养弟子们的思考和论辩的能力，这是稷下之学与一般学塾不同的独到之处。善于批判吸收各家之说的儒家大师荀况，就是稷下之学培育出来的一个突出的典型。

第二，稷下先生为齐国统治者想做统一天下的大君，准备各项典章制度。威王、宣王之时，"齐最强于诸侯"。宣王怀有统一天下的"大欲"，请看他和孟轲的谈话吧：

"抑王兴甲兵，危士臣，构怨于诸侯，然后快于心与？"王曰："否，吾何快于是，将以求吾所大欲也！"曰："王之所大欲可得闻与？"王笑而不言。曰："为肥甘不足于口与？轻暖不足于体与？抑为采色不足视于目与？声音不足听于耳与？便嬖不足使令于前与？王之诸臣皆足以供之，而王岂为是哉？"曰："否，吾不为是也。"曰："然则王之大欲可知已，欲辟土地，朝秦、楚，莅中国而抚四夷也！"（《孟子·梁惠王上》）

对，宣王的"大欲"就是想做"莅中国而抚四夷"，即统一天下的大君。而簇拥在宣王周围的一群"不治而议论"的稷下先生，正为着齐国称帝、建立统一帝国而积极制造舆论并筹划开国的典章制度。

从制造称帝的舆论而言，稷下先生所写、收在《管子》书中的一些篇章显示出这种迹象，请看：

无为者帝，为而无以为者王，为而不贵者霸。（《乘马篇》）
理常至命、尊贤授德则帝，身仁行义、服忠用信则王，审谋章礼、选士利械则霸。（《幼官篇》）
明一者皇，察道者帝，通德者王，谋得兵胜者霸。（《兵法篇》）

这三处的"帝、王、霸"打着齐国帝制运动的时代烙印。在齐国，经桂陵之战和马陵之战两次打败魏国后，魏惠王与齐威王在徐州（今山东滕县东南）相会，尊齐为王（前334年），威王在齐国历史上是第一个称王的。威王、宣王时，齐国在诸侯国中最为强大，统治者阶层觉得称王还不够劲，又酝酿着帝制运动，准备称帝。稷下先生作品中的"帝、王、霸",正反映由霸而王、由王而帝的逐步升级,为称帝造舆论。果然,到宣王的儿子湣王时,秦昭王派人约齐称帝,齐为东帝,秦为西帝,齐国已应允,但湣王采用苏秦的计谋,合纵摈秦,又取消帝号(前288年)。齐国由称王到称帝,酝酿帝制运动,正是那群稷下先生在准备和筹划的。

从筹划建立统一帝国的典章制度而言,那就有稷下先生淳于髡等所作的《王度记》。刘向《别录》云:

> 《王度记》,似齐宣王时淳于髡等所说也。(《礼记疏》卷四三引)

《王度记》一书东汉以后亡佚了,所幸班固、许慎、郑玄等学者在书中都有所引用。从引用的文献可以看出,《王度记》规定了天子、诸侯、大夫、士、庶人的享用、婚娶、祭祀等制度,规定了公、侯、伯、子、男的五等爵制度,以及大夫在致仕和放逐时的待遇等制度[①]。所谓"王度",是指统一帝国将要建立的一套新制度,既有继承西周以来的旧制度,也有参照各诸侯国的现行制度,还有创设的新制度。比如公、侯、伯、子、男的五等爵的制度,它不见于两周金文(据郭沫若《金文丛考·金文所无考》),却见于《王度记》、《周官》、《管子》(见《度地》《事语》)、《孟子》(见《万章》)、《逸周书》(见《明堂解》)等战国文献,证明它是稷下先生为齐国称帝所作的造说。齐国的统一天下虽然没有实现,但五等爵禄的造说却传开了。

更重要的是《周官》,这是齐帝国新的政府组织的成套计划。据顾

---

① 顾颉刚:《"周公制礼"的传说和〈周官〉一书的出现》,《文史》第六辑,第7、28—36页。

颉刚先生的考证：（一）《周官》是法家著作，后来被人错认为是儒家经典；（二）《周官》和《管子》是一对孪生子，内容有许多互相对应之处；（三）《周官》是齐国人所作，不会出于别的诸侯国①。它设官的系统，从天官冢宰、地官司徒，到春官宗伯、夏官司马、秋官司寇（冬官司空的部分遗失了），其属官已有三百六十六个官职。若问，是谁搞的这么一个规模庞大的政府组织的计划呢？在战国时代，它不会出自别的诸侯国，只能是齐国帝制运动的产物，是以淳于髡为首的那群稷下先生的集体创作。这虽是假说，但有充分的根据。

除了《王度记》《周官》之外，还有明堂、封禅、巡狩等项典礼，从古文献来考察，也是稷下先生造说和宣扬的。这些，都是为了建立统一帝国作准备的典章制度，也就是汉代人所称"齐礼"的由来。实际上，齐礼出于稷下之学。

稷下之学是适应宣王时帝制运动的政治需要兴盛起来的。齐国帝制运动的史实沉没了二千多年，这里只作了极简略的钩沉。

第三，稷下之学对各个学派兼容并包，通过百家争鸣，有力地促进了学术思想的交流和发展。宣王礼贤下士，广招人才，确是"争天下者必先争人"（《管子·霸言》）之意，是以稷下之学对各个学派能够兼容并包。

各学派的稷下先生都属于"士"的阶层，都是知识分子。不管你是法家、道家、儒家、阴阳家，都是由齐国封建政府供养，是吃地主阶级的饭。但是，各学派的学者们各自"持之有故，言之成理"的那些不同的政治、经济、军事、哲学等等学说，却反映了封建制取代奴隶制后的社会大变动中各阶级和阶层不同的主张和政见。毛泽东同志曾指出：

---

① 顾颉刚：《"周公制礼"的传说和〈周官〉一书的出现》，《文史》第六辑，第7、28—36页。

"在阶级存在的条件之下，有多少阶级就有多少主义，甚至一个阶级的各集团中还各有各的主义。"[1] 稷下学宫的百家争鸣，实质上也是如此。在稷下，各家各派学者在一起讲学，"各著书言治乱之事"，发表不同的学术见解，形成了生动活泼的局面。

从文献记载看来，稷下先生有法家、道家、儒家、阴阳家、兵家、农家、名家等等学派，而其中法家、道家似是力量雄厚的两大学派。据《庄子·天下篇》记述，稷下道家分为三派：宋钘、尹文派，彭蒙、田骈、慎到派，还有承继老聃遗说整理成为《老子》上下篇的环渊又是一派，足见道家学派的师徒众多。

值得注意的是，稷下确有法家学派。在齐威王进行封建化改革时，稷下先生中已有以驺忌为代表的法家学派。到宣、湣时期，法家学派一辈接一辈成长，继《管子·经言》之后，又写成了包括《外言》《区言》在内的多篇专题论文。在这以后又汇编成为战国时通行的《管子》原本。不过，稷下法家都是佚名学者，并无文献记载的知名人士。如果说当时稷下学宫没有法家学派，请问《管子》书中那些成本大套的法家著作是从哪里写出来的呢？

各家各派的学说不同，不会没有思想交锋。法家学派是比较讲求实际的，他们强调："事莫急于当务，治莫贵于得齐。"（《管子·正世》，"得齐"指合宜、适度）又强调："言必中务，不苟为辩。"（《管子·法法》）意思是说，要注重解决当务之急的现实问题，不要脱离实际的空谈辩论。这些话放在百家争鸣的场合下衡量，是法家学派表明自己的态度，而又有鲜明的针对性。一般说来，在道家、儒家和阴

---

[1] 毛泽东：《新民主主义论》，《毛泽东选集》合订本，第648页。

阳家等学说中，确实存在不务实际的思想倾向。比如道家老子学说所讲"有物混成，先天地生……"的道的本体；儒家孟轲所讲"法先王""复三代之政"，以及"万物皆备于我""养吾浩然之气"；阴阳家所讲五行方位配合四时节令的五行相生之说，如此等等，都与国家治乱的当务之急挨不上边。这种不务实际的思想倾向，受到注重实际的法家学派的批评。

更重要的是，稷下之学对各学派兼容并包，通过百家争鸣，大大促进了学术思想的交流和发展。研究当时写成的文献，可以发现法家、道家、儒家、阴阳家等学说是互相影响、互相渗透的。法家是受道家影响的法家，齐法家学说中渗透着道家思想，它与见之于《商君书》中的商鞅派的秦法家学说显然不同。道家是受法家影响的道家，最明显的是宋钘、尹文的道家学说中（见《管子》中的《心术》上下，《白心》等篇）渗透着法家的政治观点，即以道家哲学论说法家政治，这就是早期的"黄帝老子之说"。

在法家学派和道家学派的影响下，儒家学说也有变化。最明显的是前有孟轲，后有荀况。孟轲的儒家学说中就渗透着道家宋尹学派的影响，他主张作内心修养的"养吾浩然之气"，就出于宋尹学派名著《内业》的精气说[1]。长期在稷下讲学自命为"大儒"的荀况，受法家和道家的影响更深，他的著作中批判吸收了齐法家和宋尹学说的若干因素[2]，形成了儒、法、道合流的荀学特色。

---

[1] 参看郭沫若：《十批判书·稷下黄老学派的批判》，人民出版社1954年版，第143页。
[2] 参看杜国庠：《荀子从宋尹黄老学派接受了什么？》，《杜国庠文集》，人民出版社1962年版，第134—157页。

在宣、湣时期的稷下学宫，百家争鸣形成了高潮，各派学者写成的作品犹如雨后春笋。诸如宋钘的《宋子》、田骈的《田子》、环渊的《蜎（通环）子》、接予的《捷（通接）子》等等，均经《汉书·艺文志》著录，可惜后来遗失了。流传到现在的，有经环渊整理过的《老子》上下篇，慎到的《慎子》残篇和尹文学派的《尹文子》等。

还应当提到，《管子》书中的许多篇章，是在宣、湣时期写成的。它们均出于佚名的稷下先生之手，内容包括法家、道家、阴阳家的学说，以及自然科学的作品，真是蔚为大观。而《管子》这部书，实际上是稷下先生作品的汇编，称《管子》为"稷下丛书"① 是很恰当的。

到湣王后期，稷下之学已有衰落的迹象。湣王名地，在位十七年（前 300—前 284）。他对待各诸侯国，用荀况的话来说，是"不由礼义而由权谋"（《荀子·王霸》）。西汉桓宽作过这样的记述：

> 及湣王，奋二世之余烈，南举楚淮，北并巨宋，苞十二国，西摧三晋、却强秦，五国宾从，邹鲁之君，泗上诸侯皆入臣，矜功不休，百姓不堪。诸儒（指稷下先生）谏，不从，各分散：慎到、捷子亡去，田骈如薛，而孙卿（荀况）适楚。（《盐铁论·论儒》）

这些有名的稷下先生纷纷离开齐国，不能不说是稷下学宫衰落的象征。而湣王以权谋为务的结果，终归是以权谋而失国丧身。这是说，燕昭王派乐毅率五国之军（燕、秦、赵、魏、韩）伐齐，湣王逃亡至莒，

---

① 顾颉刚：《"周公制礼"的传说和〈周官〉一书的出现》，《文史》第六辑，第 16 页。

被楚将淖齿杀害。乐毅的军队攻入临淄，稷下学宫的师徒们可能四散逃亡了。

学宫的下坡路

齐襄王田法章，是湣王之子，在位十九年（前283—前265）。燕国乐毅率大军伐齐，湣王逃至莒被害后，莒人和齐亡臣拥立他在莒即王位。襄王在莒有五年之久。齐将田单坚守即墨，依靠民众力量，以火牛阵破燕军，接着进行大反攻，恢复了大片失地，这才迎襄王于莒，回到都城临淄而听政。

当燕军攻入临淄时，"尽取齐宝，烧其宗庙"（《史记·燕世家》），但稷下学宫似未遭严重毁坏。学宫的恢复应在襄王五年以后，其实际情况如何，《史记·孟子荀卿列传》透露了一些信息：

> 田骈之属皆已死齐襄王时，而荀卿最为老师。齐尚修列大夫之缺，而荀卿三为祭酒焉。

这是说，齐襄王时田骈等老一辈稷下先生都死去了，荀况是当时名望最高的老师。这时齐国仍沿袭以前的传统，给一些稷下先生以大夫的官位，不担任官吏的实职而参与议论政事，而荀况三次担任学宫的主持人。已经恢复了的稷下学宫自然不会像以前那样兴盛，但大体上还保持旧时的传统，有各学派先生和弟子继续讲学和学习。

经过湣王末年齐国大变乱，法家学派的前辈稷下先生老成凋谢了。

为了继承和发扬他们阐述的学说，于是把留下的作品编辑成书，这就是战国后期流传于社会上的《管子》原本①。稷下先生们编成了《管子》（原本）之书，接着才有讲授《管子》各篇的讲义录②即编在今本《管子》之内的《管子解》。不仅如此，这些法家学者还写成了如《君臣》上下篇、《七臣七主》等重要的法治论文（均在今本《管子》之内）。

近年长沙马王堆西汉墓出土写在帛书《老子》乙本后的《经法》等四种具有黄老思想的古佚书，是宋钘、尹文学派继承者的学者所作，亦当出于稷下学宫。

襄王死后，王建继位。因王建年少，其母襄王之后、史称"君王后"曾摄政。王建在位四十四年（前264—前221）。君王后在齐国史上是第一个"女主"，死于王建十六年（前249）。君王后摄政和王建时期的齐国，处于相对稳定的状况。正如《史记·田敬仲完世家》所记：

> 始，君王后贤，事秦谨，与诸侯信，齐亦东边海上。秦日夜攻三晋、燕、楚，五国各自救于秦，以故王建立四十余年不受兵。

经过湣王末年的大变乱，齐国元气大伤，国势一落千丈。这时秦国更加强盛，秦昭王任用范雎为相国，实行远交齐国、近攻三晋的策略。在这种形势下，君王后和王建采取保守退让的政策，正适应秦国远交近攻的政治需要。

---

① 书名《管子》，并非有意作伪，盖威王、宣王以继承齐桓公霸业为标榜，因而稷下法家学派亦以继承发扬管仲遗说为职志。书名《管子》，表明法家学派说有传统，学有师承。战国末，韩非已不明此意，将《管子》错认为是春秋时管仲遗著（《韩非子·难三》）。司马迁写《管晏列传》，亦持此说，更是一错再错。

② 据郭沫若：《十批判书·后记之后》，第430页。

在王建时期，齐国在政治上走下坡路，而稷下学宫在学术上也走下坡路。在稷下"三为祭酒"的大学者荀况，曾于范雎任秦昭王相国时去秦国考察（据《荀子·强国篇》）。看到秦国的国势蒸蒸日上，而齐国却保守退让，苟且偷安，荀况那抑郁不得志的心情是可以理解的。

荀况于王建时期曾对齐相谏说，并可能因此受谗，不得不离齐去楚。他说齐相，论述当时齐的国内外形势，提到"女主乱之宫"，即是指君王后控制政权（见《荀子·强国篇》）。《史记》记载：

> 齐人或谗荀卿，荀卿乃适楚，而春申君以为兰陵令。（《孟子荀卿列传》）

所谓"或谗荀卿"自然是指政治上的原因。这位儒家大师自年少来稷下游学，以后"三为祭酒"，离齐去楚，实迫不得已。而自荀况去后，稷下学宫的学术活动不会不受到很大影响。今非昔比，由盛而衰，每况愈下了。

还应当提到，在王建时期，著名的阴阳家学者驺衍、驺奭曾在稷下讲学（按：《史记·孟子荀卿列传》记载，驺衍、驺奭于宣王时期来稷下，并不确实）。

驺衍，齐国人，可能出于子思、孟轲的儒家学派，在稷下讲学又把阴阳五行之说加以发展，成为新的学派，即以五行相胜为主要特征的驺衍学派。在稷下，人称驺衍为"谈天衍"。他曾去过赵国，在平原君处和名家学者公孙龙争辩（《史记·平原君列传》）。刘向《别录》云：

> 齐使驺衍过赵，平原君见公孙龙及其徒綦毋子之属，论白马非马之辩以问驺子……

所谓"齐使驺衍过赵",似是齐国派驺衍作为使节去赵国,这当在王建时期。驺衍后来又去燕国,在燕王喜那里做官。《韩非子·饰邪篇》说:

> 驺衍之事燕,无功而国道绝。

这说明他鼓吹的那套阴阳五行学说并没有什么实效,与《史记·孟子荀卿列传》所记"王公大人初见其求,惧然顾化,其后不能行之",是一致的。驺衍的著作很丰富,《汉书·艺文志》著录有"《驺子》四十九篇,《驺子终始》五十六篇",共一百五十五篇,可惜均已散失了。

驺奭,齐国人,在稷下"亦颇采驺衍之术以纪文",人称"雕龙奭"①,也是驺衍学派的阴阳家学者。驺奭的著作,《汉书·艺文志》著录有《驺奭子》十二篇,已亡佚。

战国末季,秦王政以强大的兵力先后并吞六国,"五国已亡,秦兵卒入临淄,民莫敢格者,王建遂降"(《史记·田敬仲完世家》)。齐国灭亡,稷下学宫的历史也就终结了(前 221 年)。但宏博精深、著作众多的稷下之学,对我国思想文化史的深远影响是永远不会泯灭的。

(原载《文史哲》1981 年第 4 期)

---

① 裴骃《史记集解》引刘向《别录》:"驺奭修驺衍之文,饰若雕镂龙文,故曰'雕龙'。"按:文若雕龙,当即精美的韵文,这是稷下先生一种写作风尚。

郑和使日问题初探

潘 群

郑和下西洋这一具有深远影响的历史盛事,多年来即已成为国内外史坛上重要的研究课题,并已取得了显著成绩。然而,郑和是否到过日本,似未引起应有的注意。本文试作初步探讨,借以取得批评和指正。

一

凡是读过《明史·郑和传》的,都会从中知悉:(一)明成祖遣使郑和出海的目的,是"疑惠帝亡海外,欲纵迹之,且欲耀兵异域,示中国富强";(二)郑和出海的范围,限于"通使西洋";(三)郑和出使西洋始自永乐三年六月,终迄宣德五年六月,凡计"历事三朝,先后七奉使",是"为明初盛事云"[①]。然而,对照《明史·恭闵帝本纪》所载,

---

① 《明史》卷三四〇。

燕王北军南下,"宫中火起,(建文)帝不知所终"①,时在建文四年六月乙丑,相距永乐三年六月郑和始行,整整有三年之久。人们不难发现,这里显然存有两个疑问不好解决。一是时间拖得太久,为什么当时不采取断然措施,立即纵迹建文?二是地域舍近求远,为什么不往东洋日本,而要远至西洋诸国?

先就时间而言,事实并非如此。据《两种海道针经(甲)顺风相送序》载"永乐元年奉差前往西洋等国开诏"②,考之《敕封天后志》载:

> 永乐元年差太监郑和等往暹罗国,至广州大星洋,遭风将覆,舟人请祷于神,和祝曰:"和奉使出使外邦,忽风涛危险。身固不足惜,恐无以报天子。且数百人之命,悬于呼吸,望神妃救之。"俄闻喧然鼓吹声,一阵香风飘飘来,宛见神立于桅端,风恬浪静。归朝复命,奏上,奉旨遣官整理祠庙。③

可见永乐元年郑和已率领数百人使团出使过暹罗,《明史》关于永乐三年六月郑和始行西洋的说法已非全备之论。

就地域而言,当我们翻检早于《明史》成书的明清人著作时,郑和出使的问题又深入了一层,牵涉到他是否出使过日本。请看清顺治二年进士谷应泰《明史纪事本末》所云:

---

① 《明史》卷四。
② 向达校注本,中华书局1961年版,第22页。
③ 《敕封天后志》卷下,转引自郑鹤声、郑一钧编:《郑和下西洋资料汇编》上册,齐鲁书社1980年版,第46页。以下简称《汇编》。

> （永乐）十五年冬十月，遣礼部员外郎吕渊等使日本。先是，帝命太监郑和等赍谕诸海国，日本首先归附，诏厚赉之，封建诸山，赐勘合百道与之期，期十年一贡。无何，捕将士数十，俘献京师，俱日本人，群臣请诛之，以正其罪。上乃遣渊切责之。①

可见"日本的首先归附"以及勘合朝贡贸易、封建日本诸山等一系列中日交往的行动，是郑和"赍谕诸海国"的结果。那么，郑和是否直接出使过日本呢？

二

如果根据以上所载为线索，进一步研究以下明清人的记述，并加以相互参证和考释，我们就会发现郑和的确是出使过日本。

先请看早于《明史》成书的清人傅维鳞《明书·戎马志》的记载：

> 永乐二年，寇浙直，乃命太监郑和谕其国王源道义，源道义乃絷其渠魁以献。复令十年一贡，正副使毋过二百人，若贡非期入，及人船踰数，或挟兵刃，以盗论。然倭时时掠海上，不为戢。②

---

① 《明史纪事本末》卷五五《沿海倭乱》条。
② 《明书》卷七二《志》十四《戎马志》三《海防之兵》条，《丛书集成本》第十三册，第1447页。

这里，明确地记载着郑和出使日本的时间是"永乐二年"，出使的原因是由于倭"寇浙直"，出使后的结果是"源道义乃絷其渠魁以献"，并议定了勘合朝贡贸易的原则。然而奇怪的是，同出一手的《明书·郑和传》仅云："太宗即位，为司礼太监，大见宠异，两奉敕，驾海舶入西洋封诸夷国，通西南海道朝贡。"并云："领上密谕，纵迹建文。"即是说也将郑和航海出使的范围局限于"入西洋封诸夷国"，只字不提郑和出使日本事。此其一。其二，记载明显有误。郑和非司礼监太监而是"内官监太监"，见诸李至刚《故马公墓志铭》与《郑和家谱》以及袁忠彻《古今识鉴》卷八等记载，而"司礼监掌印太监"说，本于罗懋登《三保太监下西洋记通俗演义》，不足为凭。其三，更奇怪的是说在明成祖时期"两奉敕"下西洋。我们知道，除流行有"七下西洋"说以外，在《郑和家谱》中有"三使西洋"说[①]，并单列有《郑和三使西洋事条》[②]。但这里所谓"三使西洋"，主要指"历事三主"，即永乐、洪熙、宣德三朝而言。那么，"两奉敕"的含义，究竟指的是什么呢？这一系列疑问，不能不使我们考虑明代是否还有其他历史材料，更为明确地直接记载着郑和出使日本其事，而不使《明书》所载成为"孤证"。

其实，明人关于这个问题的论述还是很多的。例如郎瑛的《七修类稿》在分析明初中日关系的变化时，指出明太祖时期由于胡惟庸一案使中日绝交，"永乐间，三保太监招抚四夷，复通"[③]。张瀚在《松窗梦语》中，还专门论述了郑和下西洋与日本入贡的关系，并且进一步评论了此

---

① 见《汇编》上册，第20页。
② 见《汇编》上册，第2页。
③ 《七修类稿》卷五《天地类·日本略》。

事的利弊与影响①。明代著名史学家王世贞的父亲王忬，在其任巡视浙江都御史时的"题本"中也曾明确提到：

> 永乐初，命太监郑和等招抚诸番，日本独先纳贡并擒献犯边贼二十余人，就命来使治以其国之法于鄞地，令一人执炊，一人上甑，尽行蒸杀。②

另有一部佚名明人著作，并经光绪三十四年（1908）罗振玉校勘过的《四夷馆考》也记载说：

> 靖难后，太监郑和等率舟师下西洋，日本遣人来贡，并擒献犯边贼二十余人，即付使人治之，缚置甑中蒸死。永乐二年使还，遣通政赵居任赐王冠服、文绮、金银、古器、书画，又给勘合百道，令十年一贡，正副使毋过二百人，若贡期人船逾数，夹带刀剑，并以寇论。居任还，不受王馈，上喜，厚赐之。寻命金都御史俞士吉赐王印诰，封为日本国王，诏名其国之镇山曰：寿安镇国山，上为文勘（勒）石。③

凡此种种，如与《明书》对照看来，就字面来说似乎皆指郑和下西洋与日本"归附""入贡"之间的关系，而深入一步推敲即会明白是指郑和出使日本所起的作用。这从直接记有郑和出使日本其事的明人著作，如

---

① 《松窗梦语》卷三《东倭记》。
② 胡宗宪：《筹海图编》卷一二《经略二·降宣谕》，天启四年刻本。
③ 东方学会排印本，第17—18页。

郑舜功的《日本一鉴》和胡宗宪的《筹海图编》中可以看得十分清楚。

郑舜功曾在嘉靖三十四年作为"国客"出使过日本,其事迹除书中自叙外,《明史·日本传》不详其事,仅载"前扬宜所遣郑舜功出海哨探者,行至丰后岛,岛主遣僧清授附舟来谢罪"云云,可见《明史·艺文志》虽失载其书,但其所著《日本一鉴·绝岛新编》《日本一鉴·桴海图经》《日本一鉴·穷河话海》三书,共十四卷,确无伪书之嫌,相反给我们留下了研究中日关系极其珍贵而又比较可信的史料。

关于郑和出使日本的原因与后果,《日本一鉴·穷河话海》卷六《流逋》条是这样记载的:

> 永乐甲申(二年),倭寇直隶、浙江地方,遣使中官郑和往谕日本王。明年乙酉(永乐三年),其王源道义遣使献所俘倭寇尝为边患者。上嘉其勤诚,遣使赍玺书褒谕之,遂封其国之山曰寿安镇国之山,上亲制文立石其地。

显然,永乐三年源道义"献俘"以及永乐四年明成祖遣使俞士吉赴日"封镇国之山",以及上引明清人所记述的郑和"下西洋"或"招抚四夷"所导致的各种中日交往的事迹,都是可信的,而且无容令人怀疑就是永乐二年郑和出使日本的结果。

至于倭寇直浙事,查《日本一鉴·穷河话海·流逋》条末附载历年倭寇事例云:"(永乐)甲申(二年),寇浙江福建",并未言寇直隶。有人据《皇明驭倭录》云是年倭寇大谢、赤坎、胡家港诸处[①]。兹据《筹

---

① 陈懋恒:《明代倭寇考略》,人民出版社1957年版,第84页。

海图编·浙江倭变纪》载：

> 永乐二年四月，寇穿山，百户马兴与战，死之。
>
> 日本国王源道义知之，出师获其渠魁来献，党类悉就擒。朝廷嘉其勤诚降敕褒论（谕）。①

《筹海图编·直隶倭变纪》又载：

> 永乐二年四月，对马（壹）岐倭寇苏松。贼掠浙江穿山而来，转掠沿海，上命太监郑和谕其国王源道义，源道义出师获渠魁以献。②

正因为如此，明成祖于永乐二年五月初二日，命丰城侯李彬统领官军往镇广东，命清远伯王友任总兵、郭义为副总兵，"帅率舟师往海道巡哨，如遇寇贼，就行剿捕"③。六月二十一日，因"大谢、桃诸、赤坎寨、胡家港等处海寇登岸，杀掠居民"，明成祖敕谕王友、郭义等："尔等坐视不理，养寇害民，论法当诛"，令其将功赎罪④。如此看来，永乐二年四月的"倭寇浙直"，是侵犯明朝的掠夺行为。因之，郑和此次出使，似乎带有"讨贼"的意味。据《日本一鉴·穷河话海》另一处记载：

---

① 《筹海图编》卷五。
② 《筹海图编》卷六《苏松常镇》条。
③ 《明成祖实录》卷二九。
④ 《明成祖实录》卷二九。

永乐甲申（二年），中官郑和使日本，惟时倭寇浙江、直隶地方，故遣郑和奉敕讨贼。永乐乙酉（三年），鸿胪寺少卿潘赐、内官王进等赍九章冕服……赐日本王，以献所获倭寇故也。永乐丙戌（四年），佥都御史俞士吉赍玺书谕日本国王源道义。先是对马岛海寇劫掠居民，敕道义捕之，道义出师获渠魁以献而尽歼其党类，上嘉其勤诚，故有是命，仍赐……并海舟二艘，又封其国之山曰寿安镇国之山，立碑其地，上亲制文曰……①

看来郑和此次出海"往谕日本王"，不仅是一般外交上的交涉，似乎正如《四夷馆考》所云，是"率舟师"为后盾并准备歼灭侵犯国土的"倭寇"的。请看王穉登《客越志》的记载：

桃花渡为永乐中太监三保奴出西洋处，海舟征倭时，矴入水不可出。益数十人泅出之。复有一矴大如牛，相挽而上，上铸三保名。忆吾家六世祖阴阳（公）以星占从太监行，过其故迹，为之停杯而叹。②

王穉登字伯谷，长洲人，《明史》卷二八八有《传》，嘉、隆、万时以诗名著称，万历年间曾被荐举参加纂修当代"国史"，当对有明一代之史事有所掌握。且言其六世祖以星占者从郑和行，当对郑和事迹有所纪闻。既云"海舟征倭时"，当指永乐二年郑和率舟师下日本之时。并特

---

① 《日本一鉴·穷河话海》卷九《接使》。
② 《说郛续》卷二四所收本。

别指出今宁波附近的"桃花渡"为"出西洋处",与《明史·郑和传》所载"自五虎门扬帆"出洋殊异,可见这不是直接航往南洋之行。宁波附近,一直是元、明两代特别是明初通往日本航程的出口处,在此处打捞出郑和遗物,可见郑和扬帆东渡日本由此出港是无疑的。王氏此说,确非传闻臆测之谈,从而再次证明了永乐二年郑和使日是与"奉敕讨贼"密切相关的。

然而,为什么在明人的记载中又往往把郑和出使日本,与"下西洋"、"招谕海外诸番"连到一起加以记述呢?

我们知道,明成祖取得政权以后,为了巩固边防和个人的统治地位,防止蒙古势力的卷土重来,以及建文原有力量的东山再起,他特别注意与周围国家的关系。朱棣在建文四年六月十七日即位,因燕地临近东方,从八月开始曾多次派人出使朝鲜,要求交出建文手下逃散的人[1]。因为倭寇犯边事件时有发生,所以当时海防的重点在日本。作好御日防备,处理好与日本的关系更是十分重要。因此,朱棣登上皇位之初即于建文四年九月丁亥即遣使"诏谕"东南诸海国[2],使者到达日本后,使日本与刚刚建立的永乐朝建立了关系。日本方面并在永乐元年九月遣使坚中圭密等来华,"正式入贡"[3],源道义接受了永乐朝所封"日本国王"的称号[4],明成祖得到了源道义不纵容中国"流通""奸宄"与日本倭寇相勾结的保证,双方又在"勘合贸易"上取得了协议。这就初步解决了明王朝与朝鲜、与日本的关系问题,解除了后顾之忧。永乐元年又派郑和出使暹罗,

---

[1] 参见朝鲜《太宗恭定大王实录》一。
[2] 《明成祖实录》卷一二上。
[3] 《明成祖实录》卷二二。
[4] 《善邻国宝记》卷中。

与西洋国家也建立了友好关系。这样,"东南海道,虽倭寇时复出没,然止一时剽掠,但令缘海兵卫严加堤防,亦无足虑,惟北虏遗孽","经国远谋当为深虑"①。因此下一步措施,必然是大举南下,"通西南海道朝贡"②,从海路上打通整个东西洋的交通,以配合在陆路上保证北面的"边防",防止蒙古势力的"死灰复燃"。所以,从有关史籍中,一方面我们看到明成祖积极准备亲征漠北,另一方面从永乐元年九月开始即派马彬出使爪哇,李兴之再使暹罗等,加紧了出使"西洋"的活动③。同时我们还看到郑和之被重用,正在为大规模的航海出使活动进行积极准备。

据明代相家袁珙之子袁忠彻所说:郑和"身长九尺,腰大十围"。"永乐欲通东南夷",袁氏以郑和"姿貌才智内侍中无与比者"相荐,"遂令统督以往"④。袁氏所谓"姿貌才智"中,主要条件是郑和曾事燕王于藩邸,"靖难"从军"有智略,知兵习战",为明成祖一向"倚信"的左右内臣⑤。尤其重要的是,郑和在永乐元年出使过暹罗,具有外交和航海经验,并且既是回教徒又是佛门僧侣,更是往使南洋诸国的适当人选。据《郑和家谱》载:

> 公和始事于永乐二年正月初一,御书郑字,赐以为姓,乃名郑和,选为内官监太监。⑥

---

① 《明成祖实录》卷二二载《顾成上言》。
② 《明书·郑和传》。
③ 《明成祖实录》卷二二。
④ 《古今识鉴》卷八。
⑤ 南京图书馆藏佚名《明史稿钞本·郑和传》。
⑥ 《郑和家谱·三使西洋事条》,见《汇编》上册,第2页。

可见在此之前，虽然由于出使暹罗，姚广孝在永乐元年八月二十三日题刊佛经时用了"郑和"姓名，但未署内臣官衔[1]，说明郑和在内臣中的地位并非很高。此时在各国使臣齐集、满朝文武大臣聚会的元旦盛节大典上正式御赐姓名[2]，又擢为内官监太监，其用意有二：一是酬功，即赏以往"靖难从军"与永乐元年出使暹罗之劳；二是预示将有重任。

事实也正是这样。据《明成祖实录》记载，隔了二十天，在永乐二年：

（正月）壬戌（二十日），命京卫造海船五十艘。
（正月癸亥二十一日）将遣使西洋诸国，命造海船五艘。[3]

可见大规模率舟师下西洋已成决策。船只、人员及所需物资准备就绪之后，统帅的重任不用说就落在具有多方面才能，又早已为明成祖所信任的郑和身上。因此，才有"始事"之说。确切地说，《郑和家谱》是将"永乐二年"作为"始事"的开端，也就是说郑和是在永乐二年作为一个统帅从此开始了大规模航海出使"遍历东西洋"[4]的壮举的。

但是，我们在《明成祖实录》中到永乐三年五月己卯条才见有"遣中官郑和等赍敕往谕西洋诸国"[5]的记载。从永乐二年正月到大规模出使西洋，中间还有一年多时间。在这期间，郑和又有什么活动呢？史实表明，永乐二年四月发生了日本对马、壹岐"倭寇直浙"事件，因而就有郑和率

---

[1] 《摩利支天经跋尾》。
[2] 见《明成祖实录》卷二六永乐二年正月癸卯朔条。
[3] 《明成祖实录》卷二六。
[4] 《明史·鸡笼传》。
[5] 《明成祖实录》卷三五。

领已准备就绪的下西洋舟师讨伐侵犯国土的"倭寇"之举,并同时出使日本,"谕其国王源道义",而"源道义知之,出师获其渠魁来献"[①]。这就是为什么在明人的记载中,往往将此数事,特别是将"下西洋"与出使日本联系在一起,作出概括性记述的原因之所在。如《日本一鉴》载:

> 先是,胡惟庸通谋不轨,故绝其往来。成祖御极,遣使中官郑和往诏百番入朝,遂诘入犯之故,夷王源道义深知夏夷之义,图雪丑好之私,即于壹岐、对马等岛禽获犯逆以献,上嘉其勤诚,赐王九章,封其镇山,御赐文勒石本国,给与金章勘合,制定贡期,人船方物有常数。[②]

由此可见,永乐二年郑和确实是在准备下西洋"往诏百番入朝"的过程中出使日本,"遂诘入犯之故"的。因而才有源道义立即出师,往捕对马、壹岐倭寇,禁止他们不为海滨之害的举动。此外,我们还可从第一手材料《善邻国宝记》所载《大明皇帝敕谕日本国王源道义书》得到印证:

> 使臣回言,王修德乐善,忠良恭谨,朕甚尔嘉。又能遵奉朝命,禁止壹岐、对马诸岛之人,不为海滨之害。……永乐二年十二月初二日。[③]*

[①] 《筹海图编》卷五《浙江倭变纪》,第16页。
[②] 郑舜功:《穷河话海》卷一《本传》。
[③] 瑞溪周凤:《善邻国宝记》卷中《应永十三年》条,东方学会排印本,1928年,第3页。

这位在永乐二年已经出使过日本,并于年底前向成祖复命的使臣,我们可以肯定地回答说:就是郑和。

因之,我们是否可将永乐朝的郑和航海事业试分两个阶段,一是永乐元年出使暹罗的阶段,一是永乐二年开始的大规模"下西洋"但又包括日本在内的"遍历东西洋"阶段。因为只有这样,才能解释傅维鳞《明书·郑和传》中所说,郑和于永乐朝"两奉敕,驾海舶入西洋封诸夷国,通西南海道朝贡"的真正含义。

三

总结以上所述,可以归结为以下三点认识:(一)不论是《明史》成书以前的清人著作,或者是其他明人的有关记载,都说明了永乐二年郑和出使过东洋日本而且与郑和下西洋有关,这是客观存在的历史事实。(二)就时间而言,郑和的航海事业并非始于永乐三年六月,郑和永乐元年出使暹罗之行以及永乐二年出使日本之行皆证明了这一点。因而,郑和航海次数也绝不能限于"七下西洋"。就地域而言,东西洋是一个整体正如世界是个整体一样,从明帝国当时面临的形势来看,只有解决了作为海防重点的、对日本的后顾之忧以后,然后才会有大举出使西洋之举。(三)由于郑和出使日本的结果,促使了源道义在永乐年间"凡三献俘,海隅绝警"[①],大体到永乐十五年止,"海洋平静"[②],中日双

---

① 《穷河话海》卷六《征伐》。
② 《筹海图编》卷一二《王忬题本》。

方使臣友好往来不绝于道,这是当时中日双方共同努力所产生的作用。永乐六年源道义逝世,明成祖于是年十二月二十一日"命使周全往祭赐谥"①,在祭词中称颂了源道义对中日友好的业绩:"殄寇盗于海岛,安黎庶于边隅。并海之地,鸡犬得宁,烽警不作,皆王之功也。"并且"特赐谥曰恭献"②。而这种作用的桥梁,应当主要归功于郑和。

* 陈懋恒先生《明代倭寇考略》据《明史·日本传》认为"永乐二年日使送赵居任归明,十一月至京,贺册立皇太子,明遣行人潘赐谕日,使捕对马、壹岐劫掠沿海之寇",并引此《敕》为证(人民出版社1957年版,第28页)。恐误。因为:第一,《明史·日本传》不载使捕对马、壹岐倭寇的使者姓名,亦未载潘赐予永乐二年使日,故不足为据。第二,赵居任于永乐二年九月返国(《明成祖实录》卷三一永乐二年九月乙亥条,又见《穷河话海》卷九《接使》条),随同居任来华的日使是"梵亮",主要是"奉表贡马及方物及谢赐冠服印章"(《明成祖实录》卷三一永乐二年九月壬申条)。而是年十一月初一来华"奉表贺册皇太子"的日使为"永俊"(《明成祖实录》卷三二永乐二年十一月己亥条,又见《穷河话海》卷七《奉贡》)。至于潘赐与王进使日事在永乐三年十一月初九源通贤等"献俘"之后(《明成祖实录》卷三九永乐三年冬十一月辛丑条,又见《穷河话海》卷七《奉贡》与《赏赐》条),因为永乐三年十一月潘赐和王进的使日是以"九章冕服""赐日本王,以献所获倭寇故也"(《穷河话海》卷九《接使》)。由此可见,永乐二

---

① 《穷河话海》卷九《接使》。
② 《善邻国宝记》卷中。

年使捕对马、壹岐的使者不是潘赐与王进，而是郑和。第三，此《敕》时间为"永乐二年十二月初六日"，源道义在此之前已出师捕倭（见《筹海图编》卷五《浙江倭变纪》），所以《敕》中说："能奉朝命"。可见"回言使臣"当指郑和。

（原载《文史哲》1982年第3期）

安丘汉画像石墓主人考

李 光

1959年发现的安丘汉画像石墓(发掘报告见《文物》1964年第4期)有重要的历史和艺术价值,为研究当时的社会经济、意识形态等提供了可靠资料。但是,墓主人是谁?至今仍不得而知。本文想就此问题略述浅见,以求教于方家。

一

根据墓室建筑结构、画像内容、雕琢技术等推断系东汉后期墓葬无疑,这一点发掘报告中已有定论。墓址在安丘县,主人必然与安丘有关。丰富的画像石本身说明主人必然是一位社会上层人物。这样,从时间、地域、人物身份三个方面就大大缩小了寻觅范围,因此它的主人是不难找出来的。

《后汉书》为安丘人单独列传的有牟融、甄宇、周泽、郎𫖮;附带提及的有融子牟麟,宇子甄普、孙甄承,𫖮父郎宗。非安丘人而曾经侨寓安丘的有赵岐。当时不属安丘而实包括在后来安丘境内的有淳于恭、谆于孝、淳于崇。《三国志》上有邴原、管宁、王脩。这就是当时安丘一带的著名人物。但是，我们有理由断言皆非安丘汉画像墓主人。唯独散见于其他人物传记中的孙嵩，与汉画像墓条件十分吻合。他的材料见诸《后汉书》的《赵岐传》和《郑玄传》，《三国志》的《邴原传》。节录如下：赵岐受中常侍唐衡及其兄玹的迫害，"逃难四方。江淮海岱，靡所不历。自匿姓名，卖饼北海市中。时安丘孙嵩年二十余，游市见岐，察非常人，停车呼与共载。岐惧失色。嵩乃下帷，令骑屏行人。密问岐曰：'视子非卖饼者，又相问而动，不有重怨，即亡命乎？我北海孙宾石，阖门百口，势能相济。'岐素闻嵩名，即以实告之。遂以俱归。嵩先入白母曰：'出行，乃得死友。'迎之堂上，飨之极欢。藏岐复壁中数年，岐作厄屯歌二十三章。"后唐衡败，赵岐乃出，仕至郡守、太仆。献帝时，孙嵩寓于荆州刘表，表不为礼。时赵岐以太仆持节使荆州。"岐乃称嵩素行笃烈，因共上为青州刺史。"郑玄"客耕东莱，学徒相随已数百千人。及党事起，乃与同郡孙嵩等四十余人俱被禁锢"。邴原"欲远游学，诣安丘孙嵩。嵩曰：'君乡里郑君，君知之乎？'原答曰：'然。'嵩曰：'郑君学览古今，博闻强识，钩深致远，诚学者之师模也。君乃舍之，蹑屣数千里，所谓以郑为东家丘者也。君似不知而然者，何？'原曰：'先生之说，诚所谓苦药良针矣。人各有志，所规不同，故乃有登山而采玉者，有入海而采珠者。岂可谓登山者不知海之深，入海者不知山之高哉！君以仆以郑为东家丘，君以仆为西家愚夫耶？'嵩辞谢焉，又曰：'兖豫之士，吾所多识，未有若君者；当以书相分。'（疑介字误——笔者）原重其义，难辞之，持书而别。原心以为求师启学，志高者通；非若交游侍分（？）而成也。书何为哉？乃藏书于家而行。""归,以书还孙嵩,解不致书之意。"

《安丘县志》为孙嵩列传,内容大致与《后汉书·赵岐传》同,也小有出入。《后汉书》:孙嵩,字宾石,为青州刺史;《安丘县志》:孙嵩,字宾硕,仕至豫州刺史。《青州府志》也有记载,无更多内容。

根据以上诸书对孙嵩其人可作如下综合:

孙嵩是东汉后期安丘人,与郑玄大致同时,稍长于邴原。二十余岁就车骑游市,并有骑从相随,家道富有,仕至州刺史。邴原趋庭求教。兖豫之士,多所相识。

从孙嵩的时代、地域、身份地位来看,与安丘汉画像墓的诸条件全部吻合。又据《青州府志·陵墓》载:"孙宾硕兄弟墓,在县西南牟山下。"又据《安丘县志·古迹考》记载:"豫州刺史孙宾硕墓,在牟山金沟河西南(按宾硕,嵩字也。水经又言,柴埠有孙嵩墓,误矣)。"这两条材料所说地点与汉画像石墓出土地点完全一致,因此,大致可以确定:此墓为孙嵩之墓。

二

文献记载的孙嵩行止和此墓画幅所反映的情况十分一致。

1. 从墓画反映的东汉贵族的威仪和尊贵来看,这方面内容可从七幅车骑出行图和四幅人物交往图中反映出来。以中室西壁为例,画分上、下二幅。上幅有车马人物三列,中间一列有车四辆。第四辆车盖弇带,车厢左侧上有横板,车内乘二人,皆戴斜顶冠,应为主车。主车之前有三车为前导,第一辆为斧车,第二、三辆为轺车。车两侧为步骑侍从。

前有骑从七人，其中后四人荷櫜腰挂弓弩，骑从之后有步卒二人，手执旗帜状物。车后左右又有两骑，似文职随员。其后又有轺车、安车各一。其中一辆带有车厢，外观不见乘者。最后为一骑从和一拱手致送的人。下幅画面与上幅基本相同，亦作三列。中为车驾，左右为侍从。墓内其他几幅车马人物图与此大致相似。这种前拥后护、卫队森然的气派和豪强地主兼州刺史的威仪是符合的。

再如，中室南壁横额：东端一人衣冠楚楚，面西而立；前有二人执礼甚恭，二人之后一连串十八位长袍广袖人物向东鱼贯而立，皆作拱手揖拜状。其后又有车四辆，均有顶盖，二人乘座。前二车后，左右有两骑侍卫。第三车有完整车厢，从窗口可望见车内乘坐二人。车后有一文官模样人物乘马相随。后面一车与前二车类似。最后还有一人伫立，一骑似要拨马而回。

又如，中室北壁西边立石，刻画四幅。上幅四人，均长袍广袖，似三人参拜一人作答致礼。其下一幅，中有一人昂然站立，其前二人作卑躬屈节揖拜状。昂然者身后，一人相背而立，不知何意。再下一幅已模糊不清。最下一幅一人正襟端坐，其身后一人肃然侍立，其前一人拱手跪拜，后有二人匍匐拜倒在地。每幅画总有一二人居显要地位，一副雍容华贵娴雅优尊模样。这些未必是孙嵩本人，但与孙嵩的身份地位是相称的。

2. 从墓画反映的东汉贵族的豪奢来看：墓画中有一幅乐舞百戏图和几幅狩猎图。乐舞百戏图在中室顶北坡西端。画的后上方为二人对舞，两侧有乐队五人伴奏。舞人下面有六人玩"六博"，其右两人跪地，前者的姿态与玩博戏者同，其左亦有三人，一羽人两臂上举，手中持球，另二人一跪一立。画的右面有杆戏，一人双手握"十"字形杆，两人正顺杆上爬；四人已倒悬于横杆之上，其中居两端者单足倒挂，居内者则用双足；又有三人倒立于横杆之上。杆戏右边有一人在作飞剑跳丸，三把剑正腾空飞舞，十一个圆球正从手中和足上抛起。杆戏右边又有四人席地而坐。杆戏之下有一人和一兽相对翻腾；前边还有两兽，各衔鱼一尾，悠然跋步，当为嬉兽和驯兽。画中部还有一骑人马，后跟侍从，皆一手执管，一手执殳。如此众多的艺人表演，可见东汉贵族的享乐和奢华程度。

狩猎图有三幅，以后室西间西壁上层一幅最为生动。画中部刻"山"字形层山四重，草木丛生，云雾缭绕。山中盘踞有虎、豹、鹿、猿、兔等走兽和飞禽，一枭雄踞右峰山巅之上。山的右面为狩猎场面。左边部分有四人，均一手牵犬，一手执勾形兵器；又有一骑执筝跃马飞驰。前面有鹿、兔等野兽逃窜，后面有猎人猛追，一虎回首怒吼。右边部分刻树一株，枝叶繁茂。树上停有八只鸟，空中又有一鸟飞来。树下右边一犬一鸟，左边挂一篮，一马系于枝上，马的上方有一人正弯弓射鸟，树右边有两人伸手向前与射者呼应。全幅雕刻生动逼真，它再现了东汉官僚豪强地主享乐生活的一个侧面：他们在宴饮歌舞之外，驱奴牵马，盘游畋猎，寻求着一番别具风味的乐趣。

从墓画反映的情况来看，在东汉后期的安丘，与此墓身份相称者，除孙嵩之外别无他人。因此可以说：此墓主最大可能为孙嵩。

（原载《文史哲》1983年第3期）

湘军源起辩

王天奖

19世纪50年代太平天国运动期间,以曾国藩为首的汉族地主为了拯救岌岌可危的封建统治,编练了以所谓"守道君子"为骨干的湘军,成为镇压太平天国的主力。以后,练勇就逐步取代了制兵(绿营),导致晚清兵制的重大演变。所以,湘军的崛兴是中国近代军事史上的一个重大事件。

那么,最早提出用练勇代替制兵的方案的又是谁呢?以往的论者多认为是湘军的魁首曾国藩,主要依据是他在咸丰二年十二月廿二日所上的《敬陈团练查匪大概规模折》中曾提出:

> 臣现在来省,察看省城(长沙)兵力单薄,询悉湖南各标兵丁多半调赴大营,本省行伍空虚,势难再调,附近各省又无可抽调之处,不足以资守御,因于省城立一大团,认真操练,就各县曾经训练之乡民,择其壮健而朴实者招募来省,练一人而收一人之益,练一月有一月之效。

接着他叙述了军兴二年多来,旧绿营兵普遍腐朽怯战的可怕现实,随之提出:

> 今欲改弦更张,总宜以练兵为要务。臣拟现在训练章程,宜参访前明戚继光、近人傅鼐成法,但求其精,不求其多,但求有济,不求速效。

据此,罗尔纲同志在其新出的《湘军兵志》中就论定,正是曾国藩"作出另创新军代替绿营的决策",并"毫不踌躇、毫不顾虑地立刻实行他的决策,成立新军"。在中国兵制史上,这"是一个决定后来四十多年中国军队制度的决策"(见该书第18—20页)。包括台湾和国外一些学者在内的有关论著,也均作如是观。看来,这种看法已经成为史学界的定论。

但是,核之以其他方面的有关资料,这一"定论"似有商榷的必要。因为早在曾国藩来长沙就湖南团练大臣之职并递送前列奏折之前,以幕客身份实际掌管湖南军事的左宗棠,就已通过湖南巡抚张亮基向清廷明确地提出以新勇代替制兵的主张,并且业已着手付诸实施。

左宗棠是在咸丰二年十月下旬应张亮基之邀入居抚署幕府的。因为他多年以来就潜心于兵要舆地之学,"胸罗古今地图兵法"[①],因而被朋辈们比作诸葛亮;而以"文学侍从之臣"起家的张亮基,则对军事一窍不通,所以左入幕后就"一以兵事任之",有关的"批、答、奏、咨,皆

---

① 胡林翼:《胡文忠公全集·书牍》卷三《启张石卿中丞》。

（左）公一人主之"①。次年张在转赴山东巡抚新任时，总结他在两湖之所以有所成就的原因说：一切都"全恃"左宗棠为之掌理，"以残破之两湖而渐有生气……皆季翁之力"②。也就是说，他不过是顶着巡抚的名号而已，实际当家的是左宗棠。因此，后人把《张大司马（亮基）奏稿》的湖南部分编入《左文襄公全集》中是很有道理的。

正是在左宗棠的主持下，咸丰二年十二月十九日以湖南巡抚张亮基的名义上了一道《筹办湖南防堵事宜折》，历陈湖南防务吃紧，兵力短缺，末了提出"臣再四思维"而后作出的决策："委明干官绅选募本省有身家来历、艺高胆大之乡勇一二千名，即由绅士管带，仿前明戚继光束伍之法行之，所费不及客兵之半，遇有缓急，较客兵尤为可恃。"折末表示等钦命办理湖南团防的曾国藩到省城后，"当面相商榷，妥为办理"③。

大家知道，清末封疆大吏的习惯做法是，某一种新的举措，总是先自实施，经试行证明确实必要和妥善后才正式出奏，免致中道变计而受朝廷斥责或惩处。张、左在陈奏上述决策时也不例外。在递送前列折件之前，他们业已着手实施这一方案：于十一月间檄调湘乡理学家罗泽南及其弟子王珍率湘乡地主武装一千名前来长沙城，以此为基础，仿照戚继光成法编练新的反革命武装。这种新勇虽由原先的地方团练改编而来，但却与团练截然不同：团练是不离家园，不脱离生产，"不食于官"而由本村、本乡、本城筹费供养的地主武装，而左宗棠等改编的这种新勇，却是脱离家园、脱离生产、"粮饷取诸公家"的职业兵（雇佣兵），

---

① 严正钧：《左文襄公年谱》卷一，第33页。
② 张亮基致胡林翼函，湖南省社会科学院藏。此条材料系杜经国同志提供。
③ 《张大司马奏稿》卷一，第35页。

所以被称为"官勇"。年底张、左正式上奏，无非表示他们决心按照这一"再四思维"而作出的决策行事而已。

在湖南"专兵事"的左宗棠所以做出上述决策并不是偶然的。作为一个十分关心时局而且"精通时务"的地主阶级才智之士，他早就对绿营兵的腐朽无用有深切的了解。还在第一次鸦片战争期间，他就提出了仿效戚继光束伍战法整顿绿营的主张。咸丰二年太平军围攻长沙时，他躬与守城之役，对绿营兵的腐朽更有实际体验：普遍是"纪律不明"、"威令不行"，"观望迁延"，"不畏法而畏贼"，"不独战不能克，亦且守不能固"[①]。依仗这样怯弱的军队去对抗"异常狡悍"的太平军，显然是毫无胜利希望的。加上当时湖南旧兵大量外调出省，所以左宗棠更觉得非改弦更张另练新勇不可。据刘典《送都转朱石翘先生回江序》[②]记述，咸丰二年太平军撤离长沙进军武昌，湖南"官军尾追，省城兵缺。适今陕甘督部左公宗棠佐筹湘幕，深知忠节（罗泽南）、壮武（王珍）之贤，力荐当道，檄公（湘乡县令朱孙贻）拨勇二千，令忠节、壮武管领，驻省听调。此湘勇所由出也。"

当时，刘典是湘乡县的一个青年地主士子，亲身参与县境的团练活动，所述湘勇源起是可信的。另一湘乡士子彭洋中在《湘勇源流考》[③]中也作了类似的记述。这些记述都是符合历史实际的，似不应简单地断言"是为虚夸朱孙贻而作，并非事实"[④]。

在左宗棠利用湖南巡抚的职权按照上述方案编练新勇的时候，曾

---

① 《张大司马奏稿》卷一，第6、7页。
② 朱孙贻：《团练事宜》附录。
③ 见其所著《古香山馆存稿》，亦见盛康辑：《皇朝经世文续编》卷八二。
④ 罗尔纲：《湘军兵志》，第21页注。

国藩正在湘乡家中"丁忧"。其友刘蓉劝曾来团练局襄办团练（曾父麟书总理全县团练），曾以（1）不能"墨绖"而与公事，致"干大戾"，（2）自己于军事十分外行，有"如菽麦之不辨"①，因而加以谢绝。十二月十三日他接到清廷命他帮办湖南团练的谕旨，当即写出奏疏拒绝接受任命，请允其在家终制。因为他深受程朱理学的影响，上年即因江忠源"墨绖从戎"而责江"大节已亏"，此时当然不愿自打嘴巴。后经郭嵩焘从湘阴赶来苦劝，曾才于十七日动身进省，二十一日，亦即左宗棠、张亮基上递了《筹办湖南防堵事宜折》后三天，进入长沙城，"日与张石卿中丞、江岷樵、左季高三君子感慨深谈，思欲负山驰河，拯吾乡枯瘠于万一，盖无日不共以振刷相勖"②。左宗棠业已提出并正在实施的编练新勇的方案，无疑是他们"深谈"和"相勖"的主要话题。二十二日，他才上递前折，折中明确提到他到长沙后，"询悉"省中因兵力单薄而从新择募壮健、朴实乡民成一大团，加以认真训练，借以改变兵不任战的积习。折末所提仿照戚继光成法另练新勇的主张，看来不过是重提左宗棠等的决策，他自身则"与抚臣熟商，意见相同"而已。同时他又随折附上《附陈办团稍有头绪即乞守制片》，表示自己还是不愿"夺情出仕"，"一俟贼氛稍息，团防之事办有头绪"，即回家守制。这就是说，他过去和以后都因墨绖守丧和不懂军事而无意走上镇压农民起义的第一线。如果说，一直在这种消极思想支配下的曾国藩会在进入长沙之次日立即提出用新勇代替旧兵的方案，决心"利用团练大臣的权力来创立新军"③，那是扞格难通的（简单地用"假道学"来解释曾国藩的表白是不

---

① 《曾文正公全集·书札》卷一《与刘霞仙》。
② 《曾文正公全集·书札》卷二《复胡润芝》。
③ 罗尔纲：《湘军兵志》，第17页。

能解决问题的)。事实上,曾国藩当时虽被"钦命"为湖南团练大臣,朝中的咸丰皇帝对他却无甚"圣眷"(曾使用"钦差大臣"名义,即受到咸丰的严旨申斥),即在湖南官场,也很少有人把"不官不绅"的曾放在眼里,其地位和权威与张亮基左宗棠不可同日而语,像以新勇取代旧兵这样重要的决策和举措,出之于张、左而非出之于曾,那是很自然的。

对于曾国藩的才能,左宗棠一直不大看得起,所好者是曾"正派而肯任事",因此虽"才具稍欠开展",亦让张亮基弃瑕任使,使曾以团练大臣身份负责编练新勇,并将罗泽南、王珍的湘勇交曾统带。曾国藩接任以后,就拟定训练章程,并以这一千名湘勇为基础大事扩编,由此产生了以后的湘军。湘军的建军原则和各项制度的确立,湘军的成长和壮大,固然主要应"归功"于曾国藩,因此将曾国藩的名字与湘军紧密地联系在一起是符合历史实际的;但就湘军的源起而论,其肇始者却并非曾国藩,而是当时掌理湖南军政,最先提出并实施练新勇代替制兵方案的左宗棠。

(原载《文史哲》1986年第3期)

"门之变"起因新探

郑宝琦

对唐初发生的"玄武门之变",历来多有评论。近代史学家多认为是李世民和李建成为代表的统治集团内部争权夺利的斗争。我认为"玄武门之变"是李世民与李渊之间矛盾的集中体现。

一、李世民与李建成间矛盾的发生和发展

公元617年,李渊在太原准备起兵时,派李建成和李世民分别聚集力量,协同作战。此时,成败未知,名分未定,兄弟间尚未具备权力之争的前提,因而矛盾未见端倪。

公元618年,李渊称帝,立李建成为皇太子,封李世民为秦王,封李元吉为齐王,兄弟间名分已定,职责也有所分工。李世民主要负责军事行动,客观上为建立军功创造了条件。他奉命征讨并解决了薛仁杲和刘武周等西、北部主要地方武装集团,基本上控制住西部地区的局势,了后顾之忧,并奠定了东进的基础。同时,也显示出李世民的政治

远见和军事才能。兄弟间的矛盾也开始暴露。最早的明确记载是在《资治通鉴》卷一八七:"(太子)疾秦王世民功高,颇相猜忌,(李)纲屡谏不听。"此条材料只说李建成忌功,而且是多次表现出来,才引起任太子詹事的李纲的"屡谏"。至于李世民有何表现和责任及李建成有何其他行动,均无史料记载。材料反映了兄弟间矛盾开始发生,但尚未尖锐。其原因:首先,当时唐王朝的主要矛盾是取得统一战争的胜利,必须齐心协力解决盘踞东都、占领河南的王世充,据有河北的窦建德以及北方的突厥等武装集团,否则政权难以巩固,而兄弟间的矛盾则属于次要矛盾;其次,李世民虽有军功和一定的力量,但尚不足威胁李建成的皇太子地位,况且此时李世民还未暴露非分之心。

矛盾发展是在公元621年,李世民取得东都之役胜利以后。这时,大规模的统一战争基本结束,于是兄弟间权力之争逐渐尖锐起来。李世民是实现全国统一的总指挥,最大的功绩是在公元621年五月率军围困盘踞东都的王世充,破河北窦建德十万援军于虎牢,俘窦建德,逼降王世充。此战是唐王朝统一全国的关键战役,为此,李世民得到李渊的嘉奖:"上以秦王功大,前代官皆不足以称之,特置天策上将,位在王公上。"[①] 李世民在长期的戎马生涯中,不仅增长了才智,而且不断扩大了自己的势力。如"开文学馆以待四方之士。行台司勋郎中杜如晦等十有八人为学士,每更直阁下,降以温颜,与之讨论经义,或夜分而罢"[②];武将有李靖、李勣、程知节、秦叔宝、尉迟敬德、侯君集、马三宝等人,还安排亲信"屈突通为陕东道大行台右仆射,镇洛阳;以淮阳王道

---

① 《资治通鉴》卷一八九。
② 《旧唐书·太宗纪》。

玄为洛州总管"①。李渊给予"位在王公上"的表彰，对李世民来说是无多大实际意义的。他是嫡次子封秦王，又是尚书令兼陕东道大行台尚书令、军事总指挥，握有唐王朝的军政实权，但地位还是在皇太子之下。居功自傲在李世民身上逐渐表现出来，并以东都为基地与李建成分庭抗礼，等待时机取而代之。

李建成被立为皇太子后，主要职责是辅佐李渊掌管政务，"高祖忧其不闲政术，每令习时事，自非军国大务，悉委决之"②。在军事方面，李建成只作些配合活动或负责规模较小的战争，军功和影响均不及李世民，并受到来自李世民方面的压力。正如谋士王珪、魏征对李建成所言："殿下……功绩既无可称，仁声又未遐布。……而秦王勋业克隆，威震四海，人心所向，殿下何以自安？"并劝他讨令征伐兵力不强的刘黑闼，"且以立功，深自封殖，因结山东英俊"③。但李建成是帝位继承者，辅佐李渊掌管全局，内廷得到李渊妃嫔的支持，外朝得到尚书右仆射裴寂和中书令封伦等人的拥戴，较之李世民具有优越条件。李建成也有一定的军功实力，还有一批忠于他的人才，文有王珪、魏征、郑善果等谋士，武有薛万彻、冯立、冯翊等将领。为了维护和巩固自己的政治地位，他自然要削弱和消灭李世民的力量，公元624年，李建成在京师"私召四方骁勇，并募长安恶少年二千余……号长林兵"④；还和地方势力联络，"燕王李艺发幽州突骑三百，置宫东诸坊，欲以补东宫长上"⑤等等。兄弟间矛盾冲突在发展，双方都在积极准备，聚集力量，等待时

---

① 《资治通鉴》卷一八九。
② 《旧唐书·李建成传》。
③ 《旧唐书·李建成传》。
④ 《旧唐书·李建成传》。
⑤ 《资治通鉴》卷一九一。

机制服对方。

促使矛盾激化的因素,是李元吉的参与。李元吉是李建成和李世民的胞弟,建唐过程中也曾率军作战,但无论政治地位还是军功都无法与二位兄长相比。其为人又暴虐残忍,且怀有谋夺帝位的野心。他认为实现野心的最大障碍是李世民。在李建成与李世民的权力之争中,李元吉利用两者矛盾,采取先联合李建成消灭李世民及其势力,然后再对付李建成的办法,"齐王曰:'但除秦王,取东宫如反掌耳'"。李元吉曾多次与李建成合谋削弱和消灭李世民及其势力[①]。李元吉的参与,增强了李建成的力量,又加剧了矛盾的发展。

此时,矛盾虽然已经表面化和尖锐化,但尚未达到火并程度。分析其原因:唐王朝平定东都之后,大规模的军事活动基本结束,全国统一在望,但国内战争并未完全停息,南方和西南地区还有不少反唐的小股武装集团和少数民族反抗力量,其中具有一定威胁的,有河北的刘黑闼、高开道;与之相呼应的有兖州的徐园朗,他们并与突厥相联结。另有淮南的辅公祐,还有强悍的北方的少数民族羌、吐谷浑、契丹等经常骚扰内地,其中以突厥的威胁最大。这些因素对唐统治集团的内部矛盾是有影响和牵制作用的。

二、李渊态度的转变及其原因

在李世民和李建成的矛盾斗争中,父皇李渊的态度起着决定性的作

---

① 《旧唐书·李元吉传》。

用。其态度转变的分界线是东都之役。前阶段是平衡和调和二者关系，后阶段转向李建成方面。

太原起兵是关键性的决策，《新唐书》《旧唐书》与《资治通鉴》等都记载是李世民和刘文静、裴寂的主谋与策划，而李渊则是被动的，甚至当李世民告知其谋时，"渊大惊曰：'汝安得为此言，吾今执汝以告县官！'因取纸笔，欲为表"①。而《大唐创业起居注》却记载，李渊早在公元616年，"奉诏为太原道安抚大使"时，就有以太原为基地的打算，"帝以太原黎庶，陶唐旧民，奉使安抚，不逾本封，因私喜此行，以为天授"。公元617年，李渊任太原留守时，"谓第二子秦王曰：唐固吾国，太原即其地焉。今我来斯，是为天与"。将起兵前，李渊认为代隋非己莫属，"隋历将尽，吾家继膺符命"②。两种相左的记载，究竟哪一种可信呢？我认为，太原起兵是李世民策划的记载，系经过贞观史臣的妙笔加工而成，目的是突出李世民超出常人的深谋远虑，有首谋之功，李渊又许事成后立其为太子。及获军功，李渊食言，又偏袒李建成。而李建成、李元吉又屡次猜忌和迫害，这就为李世民杀兄害弟逼父退位安排了合情合理的伏笔。而《大唐创业起居注》是记载从公元617年李渊太原起兵到公元618年长安称帝的史实，因为成书在李世民即位以前，尚未经过贞观大臣的改正，当属信史。其一，从书中人物称呼看，称李建成为"大郎""世子""陇西公"和"皇太子"；称李元吉为"四郎""齐国公""齐王"；对李世民不称"太宗"，而称"二郎""燉煌公""秦国公"和"秦王"等。其二，作者温大雅，"高祖镇太原，甚礼之。义兵

---

① 《资治通鉴》卷一八三。
② 《大唐创业起居注》卷一。

起，引为大将军府记室参军，专掌文翰"①，有条件记实。其三，温大雅是李世民的亲信，但书中没有故意对各方人物进行褒贬，较客观地描述了当时的历史进程。由此可见其史料价值较之两《唐书》与《资治通鉴》为高。就是经过歪曲的材料，也并不等于全部编造，也有着宝贵的史实记载。如《旧唐书·夏侯端传》："端颇知玄象，善相人，说高祖曰：'金玉床摇动，此帝座不安。……天下方乱，能安之者，其在明公。但主上晓察，情多猜忍，切忌诸李，强者先诛，金才既死，明公岂非其次？若早为计，则应天福，不然者，则诛矣。'高祖深然其言。"反映李渊早有代隋之意。从上述史书中，还可表明李渊深通韬晦之略，是具有政治经验和军事指挥才能又平易近人的政治家，而不是优柔寡断、言行反复的庸人。这对于我们分析唐初统治集团内部矛盾是具有重要的参考价值的因素。

李渊是否曾私许立李世民为太子，这是涉及引起矛盾产生、发展的重要问题。新、旧《唐书》中的《李建成传》和《资治通鉴》明确记载李渊有过两次私许。我认为都是贞观史臣的杜撰，因为与李渊的为人不符。第一次私许，"上之起兵晋阳也，皆秦王世民之谋，上谓世民曰：'若事成，则天下皆汝所致，当以汝为太子'"②。否定的理由之一，李世民首谋之功不存在，私许为太子的前提不能成立；之二，既然已私许，为何第二年李渊称帝时没有立李世民，而是立李建成为太子呢？！第二次私许，是在公元 624 年派李世民平杨文幹叛乱时，允"还，立汝为太子"。否定的理由之一，李渊知道"文幹事连建成"，虽对李建成不满，

---

① 《旧唐书·温大雅传》。
② 《资治通鉴》卷一九〇。

但不至于轻易废立皇储；理由之二，自东都之役以后，李渊与李世民间的矛盾进一步发展，在同一材料运用中，贞观史臣存在着明显的矛盾。如公元 622 年记载，由于妃嫔向李渊贬李世民、褒李建成，"高祖恻怆久之。自是于太宗恩礼渐薄，废立之心亦以此定……"①。既然"亦以此定"，怎能二年后又不定呢？理由之三，废立之谋，是李渊对李世民所言，旁人又何以得知？我认为，将太原起兵首谋和私许太子这两件事实的真相弄清楚，李渊态度转变的脉络便可以理清。

在太原起兵前后到公元 618 年五月称帝前，李渊安排李世民和李建成的任务是相等的，如各自在河东和太原聚集力量，各领相等的军队，在攻西河城、霍邑，克长安等地中都是并肩作战。长安称帝后，按传统的"立嫡以长"，立李建成为太子，封李世民为秦王，这都是极为正常的安排。

东都之役后，李世民居功自傲，不仅促使与李建成矛盾的发展，而且也与李渊发生了矛盾。李世民"开文学馆"，以洛阳为基地扩充自己的力量等行动，构成对李渊帝位的威胁。"高祖呼太宗小名谓裴寂等：'此儿典兵既久，在外专制，为读书汉所教，非复我昔日子也。'"②这说明李渊对李世民长期掌握军权极不放心。但李渊当时并没有采取断然措施，这是因为：其一，李世民"功业既高，隐太子猜忌滋甚。后孝事高祖，恭顺妃嫔，尽力弥缝，以存自助"③；其二，李世民"性刚烈，若加挫抑，恐不胜忧愤，或有不测之疾"；其三，更为重要的是统一战争尚未停息，需要李世民指挥，"上每有寇盗，辄命世民讨之，事平之后，

---

① 《旧唐书·李建成传》。
② 《新唐书》《旧唐书》之《李建成传》与《资治通鉴》卷一九〇均记。
③ 《新唐书》《旧唐书》之《后妃传》皆记。

猜嫌益甚"①。李渊在东都之役以后，态度发生变化：一是用李元吉牵制李世民。公元621年十月，任李世民"为天策上将，领司徒"，"以齐王元吉为司空"，"其秦王、齐王府官之外，各置左右六护军府，及左右亲事帐内府"②。公元625年十一月，"加秦王世民中书令，齐王元吉侍中"③。二是支持李建成、李元吉夺军权，削弱李世民的力量。李渊最忌李世民"典兵既久"和他身边的"读书汉"，将这看作威胁皇位的最重要因素。当突厥再度南下时，"建成乃荐元吉代太宗督军北讨，仍令秦府骁将秦叔宝、尉迟敬德、程知节、段志玄等并与同行。又追秦府兵帐，……将夺太宗兵以益其府"。这些都得到李渊的支持和认可，"知其谋而不制"④。

三、"太白经天"与"玄武门之变"

唐初统治集团内部矛盾的发展，必然要导致外部冲突，"玄武门之变"就是矛盾的最后归结。其导火线是公元626年六月初连续两次出现的"太白经天"。太白，又称启明星、长庚星，是我国对太阳系九大行星之一金星的古称，是第二颗围绕太阳运转的行星。因为太白在九大行星中与地球相距最近，又呈青白色，是全天最亮的星，所以白天尚可见，"昼（即巳、午、未三个时辰）见午上为经天"⑤。由于古代人们未

---

① 《资治通鉴》卷一九一。
② 《资治通鉴》卷一九〇。
③ 《资治通鉴》卷一九一。
④ 《旧唐书·李元吉传》。
⑤ 《汉书·天文志》晋灼注。

能认识和解释自然界的变化，统治阶级为维护统治，大肆宣扬"君权神授"论，利用自然界的异常变化为自己夺权制造舆论。公元626年六月初一和初三连续出现"太白经天"，初四即发生了"玄武门之变"。第一次"太白经天"时，双方都在加快制服对方的步伐。李世民"以洛阳形胜之地，恐一朝有变，欲出保之，乃以行台工部尚书温大雅镇洛阳，遣秦府车骑将军荥阳张亮将左右王保等千余人之洛阳，阴结纳山东豪杰以俟变，多出金帛，恣其所用"。李世民夺取帝位的第一步必须先铲除李渊所依赖的李建成和李元吉。"世民召玄龄谋之，……（玄龄）乃与府属杜如晦共劝世民诛建成、元吉"。而"建成、元吉与后宫日夜谮诉世民于上，上信之，将罪世民"，"元吉密请杀秦王……上不应"。这又一次证明李渊是与李建成站在一边，共同商议对付李世民。李渊"不应"，可能认为还不到时机或者念有血亲之缘，没有同意杀死李世民。李建成等策反秦府骁将尉迟敬德、段志玄不遂，又在李渊的允许和支持下，逐秦府主要谋士房玄龄和杜如晦，还趁突厥南下之机，夺李世民兵权予李元吉，预谋在李元吉出征突厥，李世民参加饯别时，"使壮士拉杀于幕下"，"悉坑"秦府诸骁将等等。双方已处在剑拔弩张之关头。第二次"太白经天"时，"傅奕密奏：'太白见秦分，秦王当有天下。'上以其状授世民。于是世民密奏建成、元吉淫乱后宫，且曰：'臣于兄弟无丝毫负，今欲杀臣，似为世充、建德报仇。臣今枉死，永违君亲，魂归地下，实耻见诸贼！'上省之，愕然，报曰：'明当鞫问，汝宜早参。'"这段材料含有三层意思，一是事隔二天，又出现"太白经天"，而且分野在西方的秦地。至于"秦王当有天下"，我怀疑是后来贞观史臣为表明李世民称帝是"天命"而加上去的，因为傅奕"性谨密，既职在占候，杜绝交游"①，是不会露骨地下这结论的；二是李渊要杀掉李世民，这在李世民即位后与傅奕一席话也可证："汝前所奏，几累于我，然今后但须尽言，无以前事可虑也"②；三是李世民申辩，并以"淫乱后宫"激怒李渊，转移视线，争取时间。"鞫问"是李渊准备通过对质，作出决断。李世民很明白，初四的"鞫问"对自己很不利。因为"淫乱后宫"尚无真凭实据，而二次"太白经天"却是事实，而且是直接触犯李渊的切身利益，况且兵权已失，危机已生，李渊已露杀机，可借李建成、李元吉之手除掉自己。在生死荣辱关头，李世民决定先发制人，先解决既是敌手、又是李渊支柱的李建成和李元吉。第二天，李世民与尉迟敬德伏兵于玄武门，射死李建成和李元吉③。李世民的取胜是带有某种侥幸和偶然因素的：其一，"张婕妤窃知世民表意，驰语建成。建成召元吉谋之，元吉曰：'宜勒宫府兵，托疾不朝，以观形势。'建成曰：'兵备已严，当与弟入参，自问消息。'乃俱入，趣玄武门。"④李建成的自信、麻痹轻敌，给李世民造成可乘之机；其二，李世民虽长期统兵，但此时兵权已集于李元吉，如李元吉和李建成先下手或有准备地对阵，就很难断定鹿死谁手。

李世民"玄武门之变"的成功，起到了"一石二鸟"的效果，不仅消灭了政敌李建成和李元吉，而且扫除了夺取李渊帝位的障碍，并对李渊采取武逼文劝的手段，李渊只得立李世民为太子。

拙见"玄武门之变"是李世民与李渊之间矛盾的集中体现，除上述

---

① 《资治通鉴》卷一九一。
② 《旧唐书·傅玄传》。
③ 《新唐书》《旧唐书》之《李建成传》与《资治通鉴》卷一九一均记。
④ 《资治通鉴》卷一九一。

剖析外，其终结更可证明：如仅是李世民与李建成之间的矛盾，那么李世民杀掉李建成，取代了太子位置便应宣告结束，等待父死再即帝位。而事实上，"玄武门之变"后，李世民不仅是帝位继承者，而且架空了李渊，成为实际上的皇帝，"诏立秦王为皇太子，继统万机"①，"自今军国庶事，无大小悉委太子处决，然后闻奏"。李世民为避免逼父篡位，不合封建伦理之名声，让李渊当了两个月零几天的傀儡皇帝。到八月癸亥"制传位于太子"②，李世民登基即位，开始以唐太宗的身份活动于历史舞台。

（原载《文史哲》1988 年第 4 期）

---

① 《旧唐书·高祖纪》。
② 《资治通鉴》卷一九一。

戚继光籍贯考

阎崇年

戚继光的先世与籍贯史载详明。其子祚国等撰《戚少保年谱耆编》卷一载："家严讳继光，字元敬，号南塘，晚号孟诸，世家东牟，官卫尉，而为东海氏焉。考自始祖详，当元末时，从外氏避乱濠梁，居定远之昌义乡。会韩山童倡乱，徐寿辉等兵起，我太祖略地至定远，遂首先归附，选充小旗，戮力三十年。始除应天卫中所百户，后征云南阵没。上念开国功，授子斌明威将军，世金登州卫指挥事。"斌子珪，珪子谏，谏子宁，宁子景通，景通子继光，六世相袭，定居蓬莱。正如《戚氏族谱》所载，自戚斌至继光，"世袭登州卫指挥（佥事），遂家于登州，隶蓬莱籍。"戚继光在《止止堂集》中自称为"东牟竖子"。他曾语弟："吾家东牟，今七叶矣。"东牟，即蓬莱古称，《读史方舆纪要·山东登州府》载："天宝初，曰东牟郡。乾元初，复故。宋因之，亦曰东牟郡。"其家居蓬莱累世，近二百年。戚继光十二岁时，父景通始修葺旧第，"居第垂二百年，久圮，不得已营缮之。"其年五十八辞官，"始归蓬莱，还居故里"（《戚少保年谱耆编》卷一二）。此古宅今仍为戚继光后裔所居。戚继光为蓬莱乡贤，明山东巡抚宋应昌《重修蓬莱阁记》

赞曰："乡官戚总戎输资百余缗，预办材辽左。"康熙《登州府志》卷一六亦载，乡先贤戚继光以世袭登州卫指挥佥事，而隶籍蓬莱。戚氏已六世在蓬莱做官、籍居，戚继光应作蓬莱籍。戚氏的坊祠墓均在蓬莱。戚坊在其宅第前街，嘉靖年间敕建，一为"母子节孝"，另一为"父子总督"，东西峙立，肃穆壮观。戚祠在其宅居西侧，现为"戚继光纪念馆"。戚墓在蓬莱县城东南十里南王乡芝山之阳，林木葱茏，背山面水。《止止堂集·焚黄祭文》中，戚继光以"七世孙"祭其先祖戚详，这同道光《蓬莱县志》卷九所载墓葬戚详至继光七代相吻合。戚氏的坊祠墓，既同前述文献资料相印证，又为戚继光蓬莱籍供示佐证。

或言戚继光为定远人，戚继光始祖戚详，因避乱曾迁居定远。戚继光在安徽休宁齐云山刻石与北京密云龙泉寺诗碑上，亦署"定远戚继光"。今人有云，"戚氏世袭官地在蓬莱，而世袭封地在定远"，并认为官地与封地混为一谈，是造成戚继光籍贯混乱的主要原因。诚然，官地与封地既有联系，又有区别，可没有一条史料能说明戚详生前及殁后被赐予封地。

或言戚继光为济宁人，是根据他生于济宁之鲁桥。其父景通于正德十五年（1520）升江南漕运把总，曾偕眷属驻鲁桥，生继光于寓所。但戚景通居鲁桥为时短暂，不宜据此判定戚继光的籍贯。此外，或言戚继光为莱芜人，此系对"东牟"的误释。

（原载《文史哲》1991年第3期）

李贤注《后汉书》起讫时间考

周晓瑜

李贤《后汉书注》（以下简称"李注"）的历史价值，早已有"章怀之注范，不减于颜监之注班"的定评。李贤注《后汉书》的起讫时间，清嘉庆年间曾有人开始注意。近二三十年来，随着史学研究的不断深入，又有不少学者提出了这个问题。综合起来，古今共有以下几种观点：

第一种，认为李注启笔于立为太子，止笔于废为庶人，历时六年。这种看法，提出最早影响最大的是1964年宋云彬为中华书局校点本《后汉书》写的《校点说明》。此说一出，凡论及李注时间者多从之，如赵志汉、林剑鸣认为："到唐代章怀太子李贤又主持注释《后汉书》，由于李贤集中了张大安、刘纳言等许多文人学士，历六年之久才将此书注完，又仔细校订、纠正、弥补了许多错误和缺漏，成为最好的注本。"①柯钦也认为："唐高宗李治的儿子章怀太子李贤决定给《后汉书》作注。于是李贤召集张大安、刘纳言等人，于上元二年（公元675年）开始为范书作注，前后历时六年。李贤等人的注侧重于字句的注释，比前人的

---

① 陈清泉等编：《中国史学家评传·范晔》，中州古籍出版社1985年版，第206页。

注大有进步。"①

第二种，认为李注启笔至止笔整个过程当在仪凤元年后一二年内。持这种看法的是柴德赓的《史籍举要》，其中写道："李贤注《后汉书》当在仪凤元年（676年）后一二年内，帮同作注的，据本传所载，有太子左庶子张大安，洗马刘讷言，洛州司户格希元，学士许叔牙、成玄一、史藏绪、周宝宁等。"②

第三种，认为止笔于仪凤元年高宗褒敕之前。清嘉庆十九年董诰、曹振镛等编纂《全唐文》，卷一四载仪凤元年高宗《褒皇太子上所注〈后汉书〉手敕》③，题目标为"褒皇太子上所注《后汉书》手敕"，可认定李注完成于仪凤元年的此敕文之前。

这三种看法，有的明确指出"据本传所载"，有的虽未交待所据，但根据的却都是新、旧《唐书·章怀太子传》。对李贤的生平事迹和事件发生的时间，《旧唐书·高宗诸子·章怀太子传》要比《新唐书·三宗诸子·章怀太子传》详细明确。所以，我们完全可以认为所谓"据本传"就是《旧唐书·高宗诸子·章怀太子传》。但是，以上三种看法对《旧唐书·高宗诸子·章怀太子传》的理解都有错误，并因此造成了对李贤注《后汉书》起讫时间的错误推论。为了说明问题，我们将上述看法所涉及的《旧唐书·高宗诸子·章怀太子传》中两段有关李贤行迹的记载抄录如下：

上元二年，孝敬皇帝薨。其年六月，立为皇太子，大赦天下，

---

① 刘春生等主编：《二十六史述略·后汉书》，辽宁大学出版社1986年版，第68页。
② 柴德赓：《史籍举要》，北京出版社1982年版，第32页。
③ 《全唐文》，中华书局1983年影印本，第165页。

寻令监国。贤处事明审,为时论所称。仪凤元年,手敕褒之曰:"皇太子贤自顷监国,留心政要。抚字之道,既尽于哀矜;刑网所施,务存于审察。加以听览余暇,专精坟典。往圣遗编,咸窥壶奥;先王策府,备讨菁华。好善载彰,作贞斯在,家国之寄,深副所怀。可赐物五百段。"贤又招集当时学者太子左庶子张大安、洗马刘讷言、洛州司户格希元,学士许叔牙、成玄一、史藏绪、周宝宁等,注范晔《后汉书》,表上之,赐物三万段,仍以其书付秘阁。

时正议大夫明崇俨以符劾之术为则天所任使,密称"英王状类太宗"。又宫人潜议云,"贤是后姊韩国夫人所生",贤亦自疑惧。则天又尝为贤撰《少阳政范》及《孝子传》以赐之,仍数作书以责让贤,贤逾不自安。调露二年,崇俨为盗所杀,则天疑贤所为。俄使人发其阴谋事,诏令中书侍郎薛元超、黄门侍郎裴炎、御史大夫高智周与法官推鞫之,于东宫马坊搜得皂甲数百领,乃废贤为庶人,幽于别所。

根据《旧唐书·高宗诸子·章怀太子传》这两段记载分析第一种看法,《校点说明》至少有两点错误:第一点,本传既说上元二年六月李贤立为皇太子,寻令监国,又说"贤又招集当时学者太子左庶子张大安……注范晔《后汉书》","又者,系前之词也"①。即表示后一事相继前一事而发生。所以,《校点说明》把《后注书注》启笔时间定在李贤立为太子那一年是正确的。但是,本传上段只说到"表上之",未曾说明表上的具体时间;而下段开始叙李贤的处境,"调露二年"后叙李贤

---

① 《诗·周南·卷耳》孔颖达疏。

被废为庶人的原因及经过，根本没有涉及李注止笔的时间。据这段记载只能得出李贤于调露二年被废为庶人，共做了六年太子的结论，而不能据此将李注所用时间下限盲目定于调露二年，得出历时六年注完《后汉书》的结论。所以，《校点说明》所谓"到他被废为庶人，注书工作结束，前后只有六年"云云，实属猜测无根之词。第二点，本传上段明确记载李贤等"注范晔《后汉书》，表上之"，高宗"赐物三万段，仍以其书付秘阁"，而《校点说明》却言"他们的注书工作似没有全部完成"，并将踳驳漏略之失归咎于此。如果注书工作没有完成，他们为何上奏？有踳驳漏略之处同没有完成能否混为一谈？如果说第一点错误是猜测的结果，这一点就是对历史记载视而不见的向壁虚构了。

第二种看法，即《史籍举要》的看法，问题出在误解了上录本传的这段文字。大约《史籍举要》认为，这段文字以时间为序分两个层次，分别记载了李贤立为太子后做的两件事情：第一个层次自"寻令监国"至"赐物五百段"。这是记载李贤受命监国，其时间，既然上元二年被立为太子，"寻令监国"，那么，监国当始于此年；第二年即仪凤元年，高宗褒敕第一句就是"皇太子自顷监国"，显然，褒敕是称赞李贤监国之功的，那么，此年仍当在监国之中。第二个层次自"贤又招集当时学者"至"仍以其书付秘阁"。这是记载李贤注释《后汉书》，在这个层次内，并没有说明注释《后汉书》的起讫时间。但是，史官的记载是置于仪凤元年高宗褒敕之后，那么，注释《后汉书》的起讫时间自然只能"当在仪凤之年后的一、二年内"了。

《史籍举要》的错误在于误解了本段文字的结构，并把虚拟的结构误认作以时间为序记载的实录。其实，这段文字虽然记载了李贤被立为太子后所做的两件事情，但全段是浑然一体的。全段以时间为主线，采取"话分两头"的记叙方法，记载了虽没同时开始，也没同时结束，但却同时进行的两件事。这主要表现在几个表时间的副词和有关内容上。"上元二年……其年六月，立为皇太子……寻令监国……贤又招集……"，"又"即上承"寻"而来，针对"寻"而言，但二者均系于"其年六月"之下，这等于说，上元二年六月被立为皇太子，当月或七八月开始监国，监国后接着抑或在七八月又开始注释《后汉书》。这个看法也可以从高宗仪凤元年褒敕的内容得到证明。褒敕表彰了李贤两个方面的事迹，开头至"审察"是政绩，指监国之功；"加以"至"菁华"是典籍研究之功，那指的就是注释《后汉书》。正因为李贤刚被立为"畜君"，便立即表现出处理国政的才能，立即表现出潜心研究典籍的雅尚，所以才使高宗感到他确属"家国之寄，深副所怀"。那么，为什么本传上段要把褒敕放在"又"之前，而不放在表上《后汉书》之后？这是因为监国与注《后汉书》相比，前者是主要的；更重要的是，仪凤元年，李贤监国处事明审已有显著政绩，而注释《后汉书》还在进行中，尚未拿出最后的成果。从"话分两头"的文章作法上讲，褒敕"可赐物五百段"与《后汉书注》完成后，"表上之，赐物三万段"相比，前者理应置于"寻令监国……"之末，后者理应置于"贤又招集……"之末。褒敕置于"寻令监国……"之末绝不意味着当时还没开始注释《后汉书》。

也正是由于《史籍举要》误解了本传上段文章的结构，导致他无法确切指出李贤注《后汉书》的起讫年代，而只凭错误的猜测得出"当在仪凤元年后一、二年内"的囫囵之论。

至于第三种看法的错误，问题也出在对上录本传这段文字的理解上。前面我们已经说过，高宗褒敕并非仅仅因为李贤注《后汉书》，况且当时《后汉书》并没注完。倘若已注完，本传后面的"表上之，赐物三万段，仍以其书付秘阁"岂不重复？所以，《全唐文》作者把仪凤元年褒敕标题为"上所注《后汉书》"是不妥当的。

李贤等注《后汉书》究竟启笔于何时，又止笔于何日呢？这个问题并不难解决，只要细心翻翻两《唐书》本传及与李贤有关的纪传，就一目了然了。关于启笔时间，《旧唐书·张大安传》："大安，上元中历太子庶子、同中书门下三品。时章怀太子在春宫，令大安与太子洗马刘讷言等注范晔《后汉书》。"[①] 上元共三年，"上元中"即上元二年。启笔在上元二年确定无疑。至于具体月份，前文我们说过，《旧唐书》本传载上元二年六月李贤被立为皇太子，《高宗纪》载上元二年"六月戊寅，以雍王贤为皇太子"。上元二年六月戊寅即公元675年七月三日。此后，"寻"监国，"又"注《后汉书》。"凡相因而及曰寻。""又者，系前之词也。"[②] 那么，启笔的具体月份应在七八月间。止笔的时间，《旧唐书·高宗纪》明文记载：上元三年（十一月改元曰仪凤元年）"十二月丙申，皇太子贤上所注《后汉书》，赐物三万段"。上元三年十二月丙申即公元677年一月十一日。即使把李贤立为太子的公元675年七月三日定为启笔时间，把上奏《后汉书注》的公元677年一月十一日定为止笔时间，注释的整个过程也仅一年六个月零八天。如果除去前后多算的时间，更科学地讲，真正用于注释工作实际不到一年半。

（原载《文史哲》1991年第5期）

---

① 《新唐书》略同。
② 刘淇：《助字辨略》卷二。

"夷俗仁"发微

李衡眉

我国自古以来就是一个地域辽阔、民族众多的国家,其传统文化亦应是多元的。因此,在对中国传统文化的研究中,东夷文化占有重要一席。但是在我国古代文献记载中,由于种种原因,对夷人的风俗礼仪却是贬抑多于褒奖。例如,《春秋》僖公二十三年载:"冬十有一月,杞子卒。"杜预注云:"杞入春秋称侯,庄二十七年绌称伯,至此用夷礼,贬称子。"同年《左传》则说:"十一月,杞成公卒。书曰'子'。杞,夷也。"杜预注云:"成公始行夷礼以终其身,故于卒贬之。"又,《左传》僖公二十七年载:"杞桓公来朝,用夷礼,故曰子。公卑杞,杞不共也"。杜预注云:"杞,先代之后,而迫于东夷,风俗杂坏,言语衣服有时而夷。""杞用夷礼,故贱之。"

夷,金文字作㐌。清人吴大澂《字说》云:"㐌与人字相似,像人曲躬蹲居。"已故王献唐先生亦谓:"㐌,体象夷人之形也。《论语·宪问篇》:'原壤夷俟。'集解引马融注,又皇疏:'夷,踞也。'《荀子·修身篇》:'不由礼则夷固僻违。'扬注:'夷,倨也。'倨踞一字。两股曲立支持其体为踞,亦为蹲。……人父已卣作𠆢,尤似。曲处为背,左弯为蜷股,一一与踞蹲之形相合,今谓此形曰踞,古谓曰夷,原壤踞而见孔子,用夏变夷,故孔子恶,扣其胫,扣胫,胫痛则不能踞也。"① 又,《论语·八佾》云:"夷狄之有君,不如诸夏之亡。"《公羊传》隐公七年载:"不与夷狄之执中国也。"《说文通训定声》说:"夷狄之俗,非如华夏之民有礼义文章之美也。"凡此种种,不一而足。要之,均视夷人风俗礼仪"杂坏"、落后。

东汉经师许慎撰《说文解字》,释"夷"为:"东方之人也,从大从弓。"清儒段玉裁为之注曰:"惟东夷从大。大,人也。夷俗仁,仁者寿,有君子、不死之国。按:天大,地大,人亦大。大象人形。而夷篆从大,则与夏不殊。夏者,中国之人也。从弓者,肃慎氏贡楛矢石砮之类也。"段氏这一新论,一反前儒旧说,竟然用几千年来中国传统伦理道德规范"五常"之首的"仁"字来概括东夷人的风俗,堪称石破天惊之语,其胆识令人敬佩,其说亦非无据。

《后汉书·东夷列传》开宗明义说:"《王制》云:'东方曰夷。'夷者,柢也,言仁而好生,万物柢地面出。故天性柔顺,易以道御,至有君子、不死之国焉。"文中所言"夷者,柢也,言仁而好生,万物柢地而出"一语,系引自东汉应劭《风俗通》。

王献唐先生不同意《后汉书》的说法,而从音韵学的角度释"夷",认为:"夷人一字,人仁通用。故夷仁得以双声或同声为训,夷居东方,仁以五常位在东,与夷相同,以声训方位之故,夷仁意相表里,乃有许

---

① 王献唐:《炎黄氏族文化考》,齐鲁书社 1985 年版,第 30 页。

君'夷俗仁'之说①,而不死之国,更以仁寿一义牵入矣。春属东,万物发荣,夷方与之相同,乃有应氏'夷仁好生万物'之说。此皆汉人臆说,以五行、五方、五常牵会为一,转更幽渺,但可谓为汉代释文,绝非商、周本训,不能执为准极也。"②

王先生释"夷"为"人"、为"仁"是对的,前人已有是说。章太炎《膏兰室札记》卷三第四四九条云:"《说文》古文仁作尸,而古夷字又作尸。……窃疑仁、夷、人古只一字。"但说"夷俗仁"是汉人臆说和"而不死之国,更以仁寿一义牵入矣"则是不正确的。《后汉书》所引"君子国",出自《山海经·海外东经》,其文曰:"君子国在其北,衣冠带剑,食兽,使二大③虎在旁,其人好让不争。"所引"不死之国",出自《海外南经》,其文曰:"不死民在其东,其为人黑色,寿,不死。"④《山海经》一书,西汉人刘歆认为系"出于唐虞之际"⑤。近代学者多数认为不出于一时一人之手,其中十四篇是战国时作品,《海内经》四篇则为西汉初年作品。由此可见,《说文解字》段注所说的"夷俗仁,仁者寿,有君子、不死之国"系先秦成说,并非如献唐先生所言为汉人臆说。

何新先生在《释"仁"》一文中,肯定了《说文》段注"夷俗仁"之说,并作出了全新的解释,略谓:

《说文》释"仁"条中有"夷俗仁"之说。而《白虎通·礼乐

---

① 笔者按:王氏不慎,误将段注为《说文》原文。
② 王献唐:《炎黄氏族文化考》,第39页。
③ 《后汉书·东夷传》注引"大"作"文"。
④ 《御览·人事》二十九引此,"寿,不死"作"寿考,不死"。
⑤ 见《山海经叙录》。

篇》中则说:"夷者群居无礼义"、"夷者傅夷无礼义"。后二说与前一说直接冲突。为什么对"夷"的风俗,古代会有如此相反的两种评价呢?

我认为,这两个问题,都只能从商周史上的夷、夏冲突事实中得到解答。

……

《说文》:

"东夷从大人也。夷俗仁,故有君子不死之国。"①

这实际上反映了古代民族的自尊观念和感情。他们因其文化上的优越和先进于西方的周人,而自视为"君子之国"。他们主张族内的亲睦和团结,即"仁"——即孔子所说:"泛爱众,而亲仁(人)";来对抗征服了他们的周族。②

何新先生对"夷俗仁"的新释不无创见,亦可成为一家之言。但笔者对其东夷在文化上"优越和先进于西方的周人"的说法不敢苟同。恰恰相反,东夷人的风俗仁厚、淳朴,正说明他仍保留着许多氏族社会的遗风,因此,在文化上对西方的周人来说,毋宁说是一种原始和落后的表现。兹述拙见如下。

在阐述笔者的看法之前,仍须辨明一个问题,即何新先生在《释"仁"》一文中所引用并赞同的清人阮元对"仁"字出现时间的看法。阮

---

① 笔者按:此段引文系《说文》段注。
② 何新:《诸神的起源——中国远古神话与历史》,生活·读书·新知三联书店1986年版,第326—327页。

元说:"夏商以前无仁字。《虞书》'德'字含'仁'字之意在内。《虞书》'克明峻德',即与《孟子》中仁字无异,故仁字不见于《尚书》、虞、夏、商书及《诗》雅、颂、《易卦》爻辞之中。"①

其实,商周时期或更早一些时候,仁的概念已出现。仁字甲骨文作𠥎②,金文作𡰥(战国《中山王鼎》)。《尚书·金縢》有"予仁若考"一语,是指一种优秀的品德。可见,阮元对仁字出现的时间估计得过晚了些。

现在,我们再来讨论"夷俗仁"的问题。据《后汉书·东夷列传》载,西周初年,"管、蔡畔周,乃招诱夷狄,周公东征,遂定东夷。康王之时,肃慎复至。后徐夷僭号,乃率九夷以伐宗周,西至河上。穆王畏其方炽,乃分东方诸侯,命徐偃王主之。偃王处潢池东,地方五百里,行仁义,陆地而朝者三十有六国。穆王后得骥騄之乘,乃使造父御以告楚,令伐徐,一日而至。于是楚文王大举兵而灭之。偃王仁而无权,不忍斗其人,故致于败。乃北走彭城武原县东山下,百姓随之者以万数,因名其山为徐山"。关于徐偃王以仁治天下的说法,古籍中多次提到,当系事实。例如,《韩非子·五蠹》说:"徐偃王处汉东,地方五百里,行仁义,割地而朝者三十有六国。荆文王恐其害己也,举兵伐徐,遂灭之。"《淮南子·人间》说略同,"荆文王"作"楚庄王"。这说明作为东夷的一个分支或后裔的徐夷,仍保留着其族"俗仁"的遗风,因此,可以说,"夷俗仁"一语绝非段玉裁所向壁虚构,而是东夷人风俗的真实反映。

"夷俗仁"既是不容怀疑的史实,那么《白虎通·礼乐篇》为什么

---

① 何新:《诸神的起源》引阮元《研经室一集》卷八。
② 一期《前二·一九·二》,转引自高明编:《古文字类编》,中华书局1980年版。

还要说"夷者群居无礼义"和"夷者僻夷无礼义"呢?

如果仅仅从字面上看,似乎如何新先生所说"后二说与前一说直接冲突",是"相反的两种评价"。然而究其实,两说并不矛盾,这正是一个问题的两个方面。

笔者认为,何新先生之所以把《说文》段注所说的"夷俗仁"与汉人班固《白虎通·礼乐篇》所说的"夷者群居无礼义"看作为两种对立的观点,是因为他把"仁"和"礼义"的概念混为一谈的必然结果。而事实上,恰恰相反,"仁"和"礼义"在概念上是有着本质区别的。兹试言其详。

《说文解字》:"仁,亲也。"《礼记·中庸》说:"仁者人也,亲亲为大。"这说明,仁的基本概念是"亲亲"。《中庸》又说:"义者宜也,尊贤为大。"《礼记·丧服四制》说:"贵贵、尊尊,义之大者也。"可见,义的基本概念是"尊尊"。

"亲亲"与"尊尊"是我国古代文献中用以区别两种不同质文化上的差异的习惯用语。如果用一个字来概括,"亲亲"亦称作"质";"尊尊"亦称作"文"。质的含义是质野,因为血缘之亲是氏族社会的社会关系,重视血缘关系是原始余迹,所以叫作"质"。文的含义是文明,因为政治是阶级社会的社会关系,重视政治是人类进步的表现,所以叫作"文"。

古人又有"殷尚质,周尚文"的说法,多用于旨在解释商、周两种不同性质的继承制度方面。例如,《史记·梁孝王世家》说:"梁王西入朝谒窦太后。燕见,与景帝俱侍坐于太后前。语言私说,太后谓帝曰:'吾闻殷道亲亲,周道尊尊,其义一也,安车大驾,用梁孝王为寄!'景帝跪席举身曰:'诺!'罢酒。出。帝召袁盎诸大臣通经术者,曰:

'太后言如是，何谓也？'皆对曰：'太后意欲立梁王为帝太子。'帝问其状，袁盎等曰：'殷道亲亲者立弟，周道尊尊者立子。殷道质，质者法天，亲其所亲，故立弟；周道文，文者法地，尊者敬也，敬其本始，故立长子。周道，太子死立适（嫡）孙；殷道，太子死立其弟。'"又如，《春秋》隐公七年："齐侯使其弟来聘。"《公羊传》："其称弟何？母弟称弟，母兄称兄。"何休注云："分别同母者，《春秋》变周之文，从殷之质，质家亲亲，明当厚于群公子也。"再如，《春秋繁露·三代改制质文》说："王者以制，一商一夏，一质一文，商质者主天，夏文者主地。"又说："主天法商而王，其道佚阳、亲亲，而多仁朴，故立嗣与子，笃母弟。……主地法夏而王，其道进阴，尊尊，而多义节，故立嗣与孙，笃世子。"

如果剔除上述引文中的一些无谓的天地阴阳之说，不难发现，其中道出了两种不同继承制度的基本特点和最本质的东西，这就是"殷道亲亲"和"周道尊尊"。这里所谓的"殷道亲亲"，系指商代重母统，所以长子死了，传位于母弟，不传孙。所谓"周道尊尊"，系指周代重父统，所以长子死了，传嫡孙，不传子。亲亲传弟，说明商代仍然保留了原始氏族社会的继承风俗，而尊尊传嫡孙正是斩断了旧的继承制度的证明。根据美国学者摩尔根的调查研究，美洲所有印第安人部落的首领几乎都是由每一个氏族从本氏族成员中选举出来的。在世系按女性下传的地方，一个儿子不可能被选作他父亲的继任者，因为他属于另一个氏族，而任何氏族只能从本氏族中选出自己的首领，不得选用其他氏族的人。这就说明首领的职位常常由兄传弟，或由舅传甥，而不是由父传子。但自父权制确立以来，社会公共职务的继承便由选举逐步过渡到世袭，摩尔根说："在高级野蛮社会，原来由氏族世袭并由其成员选举产生的各级首领的职位，此时在希腊和拉丁部落中可能已形成父死子继的惯例。"①

商代保留着大量的氏族制度的遗迹，不仅仅体现在传弟的继承制度上，而是多方面的，如婚姻制度方面的群婚遗迹，这已为多数学者所公认，兹不赘述。其在哲学思想方面也有反映，正如金景芳师所指出的那样："殷道亲亲是残存的旧的氏族社会意识的反映，其表现于哲学思想则为首坤次乾的《坤乾》；周道尊尊是全盛时期奴隶社会意识的反映，其表现于哲学思想则为首乾次坤的《周易》（八卦取象：乾为天、为君、为父、为夫、为男；坤为地、为臣、为母、为妻、为女。……《坤乾》首坤次乾，其特点与《周易》相反，即亲亲重母统）。"②

综上所述，我们可以看出，古人所说的亲亲多仁朴，尊尊多义节，正是两种社会文化区别的本质所在。对于这一点，并不难理解。这是因为，亲亲重血缘关系，兄弟古称"天伦"，血缘关系有自然之爱，是人道的起点，即"仁"的起点。《论语·学而》说："孝弟也者，其为仁之本与？"阐明的就是这个道理。正是由于重视自然之爱，相对的就不大重视虚文末节，所以多"朴"。多朴，是略于礼节的意思。尊尊重政治关系，君臣古称"义合"，这是新产生的关系，它是符合于当时的客观实际情况的。《礼记·丧服四制》说："门内之治恩揜义，门外之治义断恩。"《穀梁传》文公二年说："不以亲亲害尊尊。"阐明的就是这个意思。正由于"义"是出于人为，不像"仁"有自然之爱作基础，因此需要用礼法来限制，所以多"节"。多"节"，是详于礼制的意思。多仁

---

① 摩尔根：《古代社会》，商务印书馆 1977 年版，第 555 页。
② 金景芳：《古史论集》，齐鲁书社 1981 年版，第 217 页。

朴、多义节，正是尚质、尚文两种绝然不同文化的具体表现。

通过以上的分析，则不难发现，原来《说文》段注所说的"夷俗仁"与《白虎通·礼乐篇》所说的"夷者群居无礼义"并不矛盾。非但不矛盾，甚至可以说两者说的是一码事。所谓"仁"，也就是多朴。所谓"无礼义"，也就是略于礼节。两两相较，若合符节。根本不是何新先生所说的"相反的两种评价"。

不过应该指出的一点是，何新先生说："周民族用以在文化上与东方民族的'仁'相抗衡的观念，似乎是'文'。"如果何先生所说的"文"与本文所说的"周尚文"之"文"含义一样的话，那是非常正确的。但何先生把"文"字理解为"文身断发"之"文"，是周人的一种"文身之俗"，这就相差太远了。

顺便提一句，何新先生所说的"文身之俗"，正是东夷人的风俗。据《后汉书·东夷列传》载，弁辰人因"其国近倭，故颇有文身者"。而倭人"男子皆黥面文身，以其文左右大小别尊卑之差"。至于《史记·吴太伯世家》所记太伯、虞仲奔荆蛮后，"文身断发"，那正是入乡随俗，改从蛮夷的风俗习惯了，而不是何新先生所理解的那样——"因为他们（周人）有文身之俗"。

民风仁厚、纯朴而不拘礼节是人类在跨入文明社会门槛前的共同习俗。据《后汉书·东夷列传》载倭人的风俗为："父母兄弟异处，唯会同男女无别。饮食以手，而用笾豆。俗皆徒跣，以蹲踞为恭敬。人性嗜酒。多寿考，至百余岁者甚众。……又俗不盗窃，少争讼。"载夫余的风俗为："其人粗大强勇而谨厚，不为寇钞。……兄死妻其嫂。"载涉人的风俗为："其人终不相盗，无门户之闭。"但是，"自内属已后，风俗稍薄，法禁亦浸多，至有六十余条"。载马韩人的风俗为："不知跪拜。

无长幼男女之别。"《乌桓鲜卑列传》载乌桓人的风俗为:"其俗妻后母,报寡嫂,死则归其故夫。……父子男女相对踞蹲。"

据李白凤先生考证,东夷"这一古老部族看来还保持着若干原始的风俗习惯:女权制的遗蜕,'亚形'祭祀标记,人殉,人牺等原始社会的残余风习。……关于女奴制遗蜕方面,'彞器'中也有残留的遗迹。例如'妇尊''诸妇'一类文字就表明当时还保留着妇女参加祭祀或主持祭祀的遗迹,这在周初的器铭里,只有'用祭文姑'之器才由妇女主祭"①。李先生根据铜器铭文考证,所得结论与文献记载相同,其说可信。

正因为"夷俗仁",所以就连生长在礼仪之邦的鲁国人孔子也想搬到东夷去住,尽管当时那里的生活环境简陋,物质条件较差②。《东夷列传》的作者范晔洞察到了这一点,于是写道:"东夷通以柔谨为风,异乎三方者也。苟政之所畅,则道义存焉。仲尼怀愤,以为九夷可居。或疑其陋。子曰:'君子居之,何陋之有!'亦徒有以焉尔。"

不过,何新先生说"夷俗仁""实际上反映了古代民族的自尊观念和感情",这句话还是有一定道理的。对于氏族社会中的一些风俗习惯,由于人们所处的社会制度不同或观察问题的角度不同,必然会得出不同的结论和持有不同的看法。《史记·匈奴列传》所载汉使与中行说关于中国的礼义制度与匈奴的风俗习惯孰优孰劣的辩论,便足以说明问题了。"汉使曰:'匈奴父子乃同穹庐而卧,父死,妻其后母;兄弟死,尽取其妻妻之。无冠带之饰,阙庭之礼。'中行说曰:'匈奴之俗,人食畜肉,饮其汁,衣其皮;畜食草饮水,随时转移。故其急则人习骑射,宽

---

① 李白凤:《东夷杂考》,齐鲁书社1981年版,第48、49页。
② 参见《论语·子罕》。

则人乐无事,其约束轻,易行也。君臣简易,一国之政犹一身也。父子兄弟死,取其妻妻之,恶种姓之失也。故匈奴虽乱,必立宗种。今中国虽详不取其父兄之妻,亲属益疏则相杀,至乃易姓,皆从此类。且礼义之敝,上下交怨望,而室屋之极,生力必屈。夫力耕桑以求衣食,筑城郭以自备,故其民急则不习战功,缓则罢于作业。嗟土室之人,顾无多辞,令喋喋而佔佔,冠固何当?'"

从上述引文中可以看出,氏族社会中仁厚、淳朴的风俗较之阶级社会中繁文缛节的礼义制度自有其优越的方面,正如恩格斯所指出的那样:"这种十分单纯质朴的氏族制度是一种多么美妙的制度呵!没有军队、宪兵和警察,没有贵族、国王、总督、地方官和法官,没有监狱,没有诉讼,而一切都是有条有理的。……一切问题,都由当事人自己解决,在大多数情况下,历来的习俗就把一切调整好了。……大家都是平等、自由的,包括妇女在内。……凡与未被腐化的印第安人接触过的白种人,都称赞这种野蛮人的自尊心、公正、刚强和勇敢。"[1]

但是,"夷俗仁"则仁矣,却远非是先进的文化。这种文化,"不管在我们看来多么值得赞叹",它注定要被另一种文化,"那种在我们看来简直是一种堕落,一种离开古代氏族社会的纯朴道德高峰的堕落"文化[2]——即文明社会的文化所取代,这是不以人们的良好愿望和意志为转移的客观规律所决定的。

何新先生在《诸神的起源》自叙中有云:"虽谬成此篇,又安敢自是?……所以,知我,罪我,随便随便。盖皆为余所乐受而莫敢辞者

---

[1] 《马克思恩格斯选集》第4卷,第9—93页。
[2] 恩格斯语,《马克思恩格斯选集》第4卷,第94页。

也。"何先生学识渊博，又虚怀若谷，读后益为感荷。然千虑之一失亦系客观存在，本文不敢阿其所好，为先生回短护非，遂不自量力地评论其得失，庶几瑕不掩瑜，晶光赫露。

（原载《文史哲》1992年第1期）

东魏北齐胡汉之争新说

许福谦

陈寅恪先生在《隋唐制度渊源略论稿》礼仪篇中指出:"全部北朝史中凡关于胡汉之问题,实一胡化汉化之问题,而非胡种汉种之问题,当时之所谓胡人汉人,大抵以胡化汉化而不以胡种汉种为分别,即文化之关系较重而种族之关系较轻,所谓有教无类者是也。"

寅恪先生这一论断,自20世纪40年代初提出,已历半世纪之久,然其所包含的精义则未曾因时推移而有少泯,至今仍是我们研究魏晋南北朝历史特别是北朝历史的准绳之一,其贡献于史学界者可谓大矣。胡汉问题既与精神文化有如此密切的关系,则推行同一文化可以融合胡汉诸民族为一体,而坚持不同文化也可使胡汉诸民族鸿沟更深、冲突更烈。在北朝后期,前者最明显的事例,为西魏北周宇文氏政权推行"关陇文化本位政策"的成功,后者最明显的事例,则为东魏北齐高氏政权因胡汉之争而削弱乃至消亡。

关于西魏北周的"关陇文化本位政策",寅恪先生在《隋唐制度渊源略论稿》《唐代政治史述论稿》二书中有极为精辟的论述,已为学者所熟知,在此不赘。惜哉寅恪先生后来由于健康原因及其他因素干扰,身心交瘁，致使他未能对东魏北齐胡汉之争也进行同样深入的研究。

于是热心的学者，颇有继起而就此问题深入研究者，其中尤以缪钺先生的成就最为突出。

缪钺先生曾撰有《东魏北齐政治上汉人与鲜卑之冲突》一文[①]，立论和方法都大仿寅恪先生。他在引述"关陇文化本位政策"的大意之后，论道："反观高氏，虽其所凭借者胜于宇文，然并无调和汉人与鲜卑之方策，故东魏北齐四十余年之中，其政治上常发生鲜卑与汉人之冲突，力量分散，齐为周灭，此其一因。"并列举鲜卑勋贵与汉人士族在政治上的三次大冲突为证。据缪先生的意见，第一次冲突发生于东魏孝静帝时高澄、高洋执政之际，结果是汉人士族代表人物崔暹、崔季舒等被鞭打流放；第二次冲突发生于北齐废帝高殷时，结果是汉士族代表人物杨愔、燕子献等被杀；第三次冲突发生于北齐后主高纬时，汉士族代表人物祖珽被贬斥，崔季舒等被杀戮，"总之，北齐一代，鲜卑势盛，汉人虽数次起而相争，欲抑黜鲜卑，整顿政治……然卒不能胜鲜卑而归于失败，北齐政治遂始终不上轨道，以迄于亡。"

自缪先生此说出，嗣后学者谈东魏北齐历史，多祖述之，众口一词，几成定谳，数十年来，罕见有持异议者。

笔者近读《隋唐制度渊源略论稿》和《唐代政治史述论稿》，偶有所得，即取缪先生论文与之对照，再三研读，反复推敲，始悟缪先生治东魏北齐史，取法寅恪先生虽极肖似，已不免有毫厘之失，并由此一发而不可收，终至其结论也大可商榷。

---

① 载四川大学《史学论丛》1949年第1期；又载《读史存稿》，生活·读书·新知三联书店1963年版。

一

首先需弄清者，是缪钺先生取法寅恪先生时出现的疏失。这一疏失，源于他对寅恪先生所称"胡"及"胡化"的理解。寅恪先生凡论及北朝民族问题，对少数民族多沿旧称曰胡，对少数民族化的现象例称为胡化，缪先生的论文，凡遇寅恪先生当称之为胡或胡化处，率改为鲜卑或鲜卑化，乃至全文殆无胡字。而笔者恰以为这一字之改易，即顿失寅恪先生原意，而成为问题关键之所在。

寅恪先生在《唐代政治史述论稿》统治阶级之氏族及其升降篇中说："唐代创业及初期君主，如高祖之母为独孤氏，太宗之母为窦氏，即纥豆陵氏，高宗之母为长孙氏，皆是胡族而非汉族。"独孤氏、窦氏、长孙氏都是鲜卑贵姓，而文中称之为胡族，这是寅恪先生以鲜卑为胡之证。

然而寅恪先生在《隋唐制度渊源略论稿》礼仪篇中又说："综合隋代三大技术家宇文恺、阎毗、何稠之家世事迹推之，盖其人俱含有西域胡族血统，……若技术人才出于胡族，则必于西胡而不于东胡求之，盖当中古时代吾国工艺之发展实有资于西域之文明，而东方胡族之艺术殊不足有所贡献于中国。"上文中所谓东胡者，殆即鲜卑，所谓西胡者，即指西域诸少数民族。这是寅恪先生以西域诸族为胡之证。

由此可知，寅恪先生之所谓胡者，含义颇广，乃是未汉化的北方各少数民族和少数民族化的汉人之总称，并非仅指鲜卑及鲜卑化的汉人。弄清这一点对理解北齐一朝的政治历史至关重要。因为北齐的胡人势力，除了鲜卑勋贵而外，还有一个西域胡化恩倖集团，在北齐中后期的政治舞台上扮演着极为重要的角色。

其次应指出的是，缪钺先生将北齐汉人与鲜卑政治上的斗争总结为汉人士族与鲜卑勋贵两大政治势力的斗争，诚为卓见。但关于这种斗争的时间，笔者却以为仅限于东魏及北齐的前期，具体说，就是到废帝高殷时为止。这两大政治势力虽然都为高氏政权的支柱，彼此关系却如水火，难以相容。究其根源，是由于彼此精神文化间差异太大所致。山东汉人士族承继和代表着原北魏洛阳政府的高度汉化，而六镇鲜卑起家的勋贵们则保持其固有的胡俗，且具有强烈的反汉化意识。鲜卑勋贵以征服者自居，"共轻中华朝士"[①]，汉人士族则认为"鲜卑车马客，（治国）会须用中国人"[②]。高氏父子也未尝不想调和鲜卑与汉人的矛盾，如高澄入辅朝政，擢用汉人士族崔暹、崔季舒等，纠劾不法勋贵，稍挫鲜卑气焰。但勋贵这边刚受惩治，那边高欢已来抚慰[③]，可知这不过是高氏父子串演的一出双簧戏，以收恩威并用之效。靠这种诈术来平衡胡汉矛盾，只可权用一时而不能行之久远，与西魏北周的"关陇文化本位政策"的作用自不可同日而语。

高欢、高澄相继死，高洋上台执政，因欲篡魏称帝，需换取拥有兵权的勋贵们支持，不得不打破胡汉平衡，抛出为勋贵们侧目的崔暹、崔季舒等，各鞭二百徙北边，这就是缪先生文中列为鲜卑与汉人间第一次冲突者。

但高洋向勋贵所作让步是有限的，因此当他建立北齐后，即重新并用勋贵与汉士族。汉士族首领杨愔、燕子献等执掌朝政，其权势较之崔暹、崔季舒等有过之而无不及。这种新的胡汉平衡自然招致鲜卑勋贵的

---

① 《北齐书·高乾传附弟昂传》，又《北史·高允传附高昂传》。
② 《北齐书·杜弼传》，又《北史·杜弼传》。
③ 参见《北齐书》《北史》之《司马子如传》。

强烈不满,因此高洋一死,高殷即位,以高洋母弟高演、高湛为首的勋贵集团便发动政变,将杨、燕等一网打尽,汉士族势力遭沉重打击。此即缪先生文中列为鲜卑与汉人间第二次冲突者。此次冲突后,汉人士族虽未完全退出历史舞台,但已无力单独与鲜卑勋贵抗争,而必得依附另一西域胡化恩倖集团始能复仇。因此笔者认为:真正意义上的汉人士族与鲜卑勋贵两大政治势力的斗争,到此即宣告结束。

二

鲜卑勋贵两度战胜汉人士族,势焰熏赫。但物盛而衰,好景不长,不久政局便发生戏剧性变化。高演杀杨、燕后,逼侄退位,自己当了皇帝,但仅在位年余便死。高湛继立为帝,仅数年又传位给其子后主高纬。在高湛、高纬在位期间,一股新的政治势力迅速崛起,并立即与皇权相结合,掀起了新的政治斗争波澜,这股政治势力便是西域胡化恩倖集团。

在北齐宫廷内外,充斥着大量西域胡人及西域胡化的其他民族成员。他们原是供君主驱使的弄臣近倖,其所擅长者为西域音乐舞蹈、杂技百戏,具有强烈的艺术感染力,因此高氏诸帝耳濡目染,多所爱好。《隋书·音乐志》云:"(北齐)杂乐有西凉鼙舞、清乐、龟兹等,然吹笛、弹琵琶、五弦及歌舞之伎,自文襄(即高澄)以来,皆所爱好。至河清(高湛年号)以后,传习尤盛。后主唯赏胡戎乐,耽爱无已。于是繁乎淫声,争新哀怨,故曹妙达、安未弱、安马驹之徒至有开府封王者,遂服簪缨而为伶人之事。后主亦自能度曲,亲执乐器,悦玩无倦,倚弦而歌……使胡儿阉官之辈齐唱和之。"可知高氏诸帝大都有不同程度的西域胡化,而高湛、高纬父子更甚焉。

按北齐距西域辽远,中隔北周,若以与西域交通论,则北周更为便利,何以独北齐宫廷如此西域胡化?陈寅恪先生《隋唐制度渊源略论稿》音乐篇指出:"鄙意北齐邺都所以如此之西胡化者,其故实为承袭北魏洛阳之遗风。《洛阳伽蓝记》叁城南永桥以南圜丘以北伊洛之间夹御道有四夷馆条云:'西夷来附者处崦嵫馆,赐宅慕义里。自葱岭以西至于大秦,百国千城莫不欵附,商胡贩客日奔塞下,所谓尽天地之区矣。乐中国土风因而宅者,不可胜数,是以附化之民万有余家,门巷修整,阗阓填列,青槐荫陌,绿柳垂庭,天下难得之货,咸悉在焉。'……盖北魏洛阳既有万余家之归化西域胡人居住,其后东魏迁邺,此类胡人当亦随之迁徙,故北齐邺都西域胡化……必与此有关。"

西域胡人及西域胡化之其他民族成员既因身怀绝技而得君主宠幸,自然不甘居于一区区弄臣仅供人消遣之卑下地位,而思攫得政治上的权力,挟天子之势作威作福。但在东魏及北齐前期,高欢、高澄和高洋都能坚持实行鲜卑勋贵与汉人士族并用的方针,这些人尚无法施展其伎俩。及高湛、高纬在位,他们的梦想就变成了现实。史称高湛"爱狎庸竖,委以朝权"①,高纬更是"罕接朝士,不亲政事,一日万机,委诸凶族"②,在很短时间里便使他们拥有"内侍帷幄,外吐丝纶,威厉风霜,志回天日"③的权势,形成了一个其势炙手可热的恩倖集团。这个恩倖集团成分十分猥杂,但大体可分为两类。一是西域商贾、胡人乐工、杂伎

---

① 《北史·齐本纪》史臣论曰。
② 《北史·齐本纪》史臣论曰。
③ 《北史·齐本纪》史臣论曰。

等真正出于西域胡族者；另一则是宦官、宫奴、苍头等，甚至还有个别勋贵，这类人物多非西域胡人，但却已西域胡化，因此能与前一类人臭味相投，同挟其所擅长之西域伎艺以邀皇帝宠信，从而登上政治舞台。前一类人的代表人物有和士开、何洪珍等，后一类人的首领则有陆令萱、穆提婆母子及高阿那肱、韩凤等。他们结党营私，盘根错节，织成一张巨大的关系网，加上他们能左右皇权，所以在和汉人士族、鲜卑勋贵势力的鼎峙中常居于主动地位。

三

西域胡化恩倖集团崛起虽晚，但它形成未久，便野心勃勃活跃于政治舞台上，自此北齐中央政权便呈现出鲜卑勋贵、汉人士族和恩倖势力三足鼎立、交相争斗的复杂局面。这段公案，笔者尚未见到有人论及，故不得不加详述。

上文指出，恩倖集团形成于高湛、高纬在位时鲜卑勋贵势力独盛之时，因此它们很快便与这个政治上的劲敌产生激烈的权势之争。恩倖集团依靠和利用皇权，又勾结勋贵的死对头汉人士族，在斗争中确立了牢固的优势，使鲜卑勋贵先后遭受三次大失败，精华丧尽，不得不率先退出政治舞台。

恩倖集团与鲜卑勋贵的第一次斗争发生于后主高纬天统五年（569），恩倖首领和士开因胡戏胡乐得幸于高湛，权位日隆。高湛死，高纬年幼孱弱，深委任之，引起众勋贵的极大反感。勋贵首领赵郡王高叡（高欢侄）与娄定远（高欢娄后侄）、段韶（娄后外甥）、元文遥等先发制人，企图逐出士开。结果反被士开巧妙利用皇权，轻易取胜。《北史·恩倖传·和士开传》载此次斗争经过云："赵郡王叡与娄定远、元文遥等谋出士开，仍引任城、冯翊二王及段韶、安吐根共为计策。属太后觞朝贵于前殿，叡面陈士开罪失云：'士开，先帝弄臣，城狐社鼠，受纳货贿，秽乱宫掖。臣等义无杜口，冒以死陈。'太后曰：'先帝在时，王等何意不道？今日欲欺孤寡邪！但饮酒，勿多言。'叡词色愈厉。……太后曰：'别日论之，王等且散。'叡等或投冠于地，或拂衣而起，言词咆哮，无所不至。……太后及后主召问士开，士开曰：'先帝群臣中，待臣最重。陛下谅阴始尔，大臣皆有觊觎，今若出臣，正是翦陛下羽翼。宜谓叡等，云文遥与臣同是任用，岂得一去一留，并可以为州。且依旧出纳，待过山陵，然后发遣。叡等谓臣真出，心必喜之。'后主及太后告叡等如其言，以士开为兖州刺史，文遥为西兖州刺史。山陵毕，叡等促士开就路。士开载美女珠帘及诸宝玩以诣娄定远，谢曰：'诸贵欲杀士开，蒙王（定远封临淮王）特赐性命，用作方伯。今欲奉别，且送二女子、一珠帘。'定远大喜，谓士开曰：'欲还入不？'士开曰：'在内久，常不自安，不愿更入。'定远信之，送至门。士开曰：'今日远出，愿一辞觐二宫。'定远许之。由是得见后主及太后……后主及太后皆泣，问计将安出。士开曰：'臣已得入，复何所虑？正须数行诏书耳。'于是诏娄定远为青州刺史，责赵郡王叡以不臣，召入杀之；复除士开侍中、尚书左仆射。"

这次政争，以高叡被杀，娄定远、元文遥被贬斥而告结束。勋贵集团遭到首次惨败。

第二次斗争发生于高纬武平二年（571）。纬母弟琅邪王高俨，骄贵无比，兼京畿大都督、领军大将军、录尚书事、御史中丞等要职于一身，文武僚属都是勋贵子弟，其权势之大比高叡更胜一筹，俨然成为勋贵势力的新代表人物，深为和士开、穆提婆、陆令萱等人畏忌。和士开等打算逐步削夺高俨的权力，而高俨则勾结勋贵库狄伏连等先下手为强，矫诏杀和士开，还打算杀陆、穆、废后主。在这场斗争中，恩幸除死了一个和士开外，别无所损，而且政治上居于胜利者地位；而高俨、库狄伏连等勋贵及亲信都被后主高纬杀死，其僚属也都获罪，又以惨败而告终。

第三次斗争发生于高纬武平三年（572）。在这次斗争中，恩幸首领穆提婆、陆令萱等勾结汉士族祖珽，携手向勋贵进攻，终于扳倒了资历最深、影响最大的勋贵首领斛律光。斛律光是鲜卑化的敕勒族人，其父斛律金为高氏政权佐命元勋，光与弟羡，又同为北齐大将，因此志高气傲，既与恩幸失和，又与汉士族交恶。

祖珽、穆提婆、陆令萱等既恨斛律光入骨，则必欲除之而后快，为此甚至不惜替外敌作反间。《北齐书·斛律金传附子光传》叙此次斗争经过云："周将军韦孝宽忌光英勇，乃作谣言，令间谍漏其文于邺，曰：'百升飞上天，明月照长安。'又曰：'高山不摧自崩，槲树不扶自直。'祖珽因续之曰：'盲眼老公背上下大斧，饶舌老母不得语。'令小儿歌之于路。提婆闻之，以告其母令萱，萱以饶舌，斥己也，盲老公，谓珽也，遂相与协谋，以谣言启帝……帝性至怯懦，恐即变发，令（何）洪珍驰召祖珽告之。又恐追光不从命。珽因云：'正尔召之，恐疑不肯入。宜遣使赐其一骏马，语云"明日将往东山游观，王可乘此马同行"，光必来奉谢，因引入执之。'帝如其言，顷之，光至，引入凉风堂，刘桃枝自后拉而杀之，时年五十八。于是下诏称光谋反……尽灭其族。"

这次斗争的牺牲者虽然只是斛律光家族，但对北齐政治的影响却超过了以往任何一次斗争。至此，鲜卑勋贵丧失了最后一位领袖人物，作为一股政治势力，被迫退出北齐历史舞台。高氏政权两大支柱中的一根，就这样折断了。

然而北齐胡汉之争仍未结束，还在继续上演最后一幕。恩倖集团与汉人士族虽曾勾结，但都是为了对付共同的政敌鲜卑勋贵。这两者之间，无论文化、民族，都存在着根本的区别。等到勋贵势力被打垮后，双方联合的基础就不复存在了。于是以恩倖首领陆令萱、穆提婆、韩凤等为一方，以汉人士族祖珽、崔季舒等为另一方，展开了新的角逐。这场斗争的性质，仍当从文化与民族方面求得之。《北史·祖莹传附子珽传》云："自和士开执事以来，政体隳坏。珽推崇高望，官人称职，内外称美。复欲增损政务，沙汰人物。始奏罢京畿府，并于领军，事连百姓，皆归郡县。宿卫都督等号位从旧官名，文武章服并依故事。又欲黜诸阉竖及群小辈，推诚朝廷，为致治之方。"

上引文字即指祖珽一反和士开等所为，擢用汉人士大夫，恢复北魏迁都洛阳后的官制和兵制，并欲斥逐恩倖，澄清政治，均可证祖珽等人为北魏洛都华夏文物制度的继承者，而且大张旗鼓将这些"华夏正宗"施行于北齐。特别是他还要"黜诸阉竖及群小辈"，这当然不能为恩倖集团所容。由此可知，这仍是统治阶级内两个不同民族、不同文化的集团间的斗争。这场斗争发生于高纬武平四年（573），其具体经过，缪钺先生文中已有详述，在此不赘。需要说明的是：缪钺先生是将此次斗争列为鲜卑与汉人士族的第三次斗争来叙述的，而笔者则将其定为恩倖集团与汉士族之间的一次斗争。孰是孰非，尚希读者见教。

这次斗争，由于皇帝与恩倖合为一片，结果仍是恩倖获胜。至此，汉士族作为一支独立的政治势力也被逐出北齐历史舞台，高氏政权的另一根支柱也折断了。于是靠鲜卑武力与华夏文化建立并维持数十年之久的高齐王室乃不得不归于倾覆,在内争中最后获胜的西域胡化恩倖势力也成了最后的失败者。

(原载《文史哲》1993年第3期)

明代钱法变迁考

王裕巽

明朝是中国封建社会经济史上的一个重要阶段,在其商品货币经济发展的历史进程中,货币流通制度亦相应变革。纵观包括朱元璋建明前的铸行大中钱时期和有明一代的货币制度演变过程,除明前期曾实施的纯纸币流通外,铜钱一直作为朝廷的法定货币之一,与纸钞、白银构成其时的流通货币结构。因此,钱法与钞法、银两制度同属明代货币流通制度的基本组成内容。在明史研究中,明钞与银两一直是诸家潜心研究的课题,而钱法则尚未及作系统探讨。为此,试考其要。

明代货币流通制度变革历程,应以朱元璋受封为吴国公时铸行大中铜钱为起点。建明后,洪武八年发行大明宝钞,至洪武二十七年改行纯纸币流通制度;英宗初弛用钱用银之禁后,白银逐渐排斥纸币,成为流通中的主要货币;明后期隆庆朝,中国封建社会后期以银为主,以钱为辅,银钱兼行的货币流通制度正式确立,变革才告完成。在这一变革进程中,钱法曾作多次调整,先后构成了钞钱并行、单行钞、钞银钱并行、银钱并行等几种货币经济结构的不同流通格局。

明代,铜钱虽在洪武八年颁行大明宝钞后,就已失去流通界主要货币的地位，不再是最重要的计价和流通手段。但铜钱作为民间日常交易支付所普遍使用的小额货币，在货币经济结构中仍占有重要地位，因此，在明朝进行货币流通制度的各次改革中，皆重视钱法的相应变动[①]，主要有五次。

一、铸行大中钱时期与明初钱法

（元至正二十一年至洪武七年）

鉴于元钞流通的崩溃，元明之际，一些反元起义军在建立各自的政权后，都铸行铜钱，重新恢复铜钱流通。至正二十一年（1361），朱元璋受小明王之封，为吴国公，于应天设宝源局，开始铸行大中通宝平钱（即每枚值一文的铜钱），由李善长"复制钱法"[②]。至正二十三年，朱元璋击败陈友谅。次年，改称吴王，"命江西行省置货泉局，颁大中通宝钱五等钱式"[③]，铸行平钱、当二、当三、当五、当十共五等钱，通行于吴政权全境。

自至正二十一年至建明前的铸行大中钱时期，其钱法之主要内容见于史籍者主要有三：其一，规定新铸大中通宝钱"与历代钱兼行"[④]。其二，许元钞继续使用，史云"明太祖即吴王位……凡商税三十取一，

[①] 即使在洪武二十七年至宣德末的纯纸币流通阶段，禁用钱的原因系出于重视流通中铜钱对宝钞的排斥现象。《明太祖实录》卷二三四，洪武二十七年八月丙戌记其动因云："时两浙之民重钱轻钞，多行折使……而钞法益坏不行。"
[②]《明史》卷一二七《李善长传》。
[③]《明史》卷八一《食货五·钱钞》。
[④]《明史》卷八一《食货五·钱钞》。

收钞及钱"①。其三,规定铜钱与元钞的比价,"四十(文)为一两,四文为一钱"②。其中所说之"两",为元钞单位。世祖中统元年七月,诏造中统元宝交钞,以两为单位。是年十月,又造中统元宝钞,以贯文为单位,元宝钞又称元宝、宝钞。律定元宝钞一贯同交钞一两③。中统二年谕告又复申明此制:"诸路通行中统元宝,街下买卖金银丝绢缎疋斛斗一切诸物,每一贯同钞一两,每两贯同白银一两行用,永为定例,并无添减。"④据此可知,其时以大中通宝钱四十文折元钞一贯。

1368年,朱元璋建明,即皇帝位,建元洪武,"颁洪武通宝钱"。钱式如大中通宝,亦为五等,命"各行省皆设宝泉局,与宝源局并铸"⑤。承用大中钱法而稍有改易,主要内容有五。其一,规定洪武、大中钱与历代钱兼行。其二,"严私铸之禁"。其三,仍许元钞继续使用。直至洪武八年颁行大明宝钞前,商贾犹"沿元之旧习用钞,多不便用钱"⑥。其四,改定钱钞比价,洪武元年曾定为"铜钱一千文八十贯"⑦,即元钞降价为每贯合钱十二文半。其五,洪武四年二月,"命改铸大中、洪武通宝大钱为小钱"⑧,恢复初铸大中通宝时所行的单一的平钱制。洪武二十二年又恢复五等钱制,并规定新钱式,即五等钱皆在钱后背铸上记重文字,分别为"一钱""二钱""三钱""五钱"和"一两"⑨。其背

---

① 《续文献通考》卷一八《征榷一》。
② 《明太祖实录》卷九,辛丑年二月癸未。
③ 《元史》卷九三《食货一·钞法》。
④ 《秋涧先生大全文集》卷八〇《中堂事记》所录中统二年谕告。
⑤ 《明史》卷八一《食货五·钱钞》。
⑥ 《明会要》卷五五《食货三·钞法》。
⑦ 《明会典》卷一七九《计赃时估》。
⑧ 《明太祖实录》卷六一,洪武四年二月丁卯。
⑨ 《明史》卷八一《食货五·钱钞》。

"一两"钱还在穿孔上方加铸一个"十"字,以示其值当平钱十文。

自朱元璋受封吴国公至洪武八年颁行大明宝钞前的十四年间,实行大中、洪武钱与旧钱兼行的铜钱流通制度,并许民间余存元钞依对铜钱的法定比价继续通行,只是渐次降低元钞折价使其逐步退出流通,以避免货币流通制度骤变造成社会震荡。

二、大明宝钞初行时期的钱法

(洪武八年至洪武二十七年)

洪武八年,"始诏中书省造大明宝钞,令民间通行"①,同时,"禁民间不得以金银物货交易,违者罪之"②。重建全国统一的钞法,实行以宝钞为主,钞钱并行的货币流通制度。为保证钞法畅通,对钱法作相应变易,主要有三。

其一,规定大中、洪武通宝及历代旧钱皆等值使用,与宝钞兼行。洪武八年,规定"中书省奏准印造大明宝钞,与铜钱通行使用"③,"每钞一贯准铜钱一千";洪武二十五年,又令"大明宝钞与历代钱兼行,钞一贯准钱千文"④。

其二,规定宝钞与铜钱皆为国家通货,但铜钱主要用于小额支付,并规定专用铜钱的支付额度。洪武八年,规定商税课程"一百文以下,

---

① 《明史》卷八一《食货五·钱钞》。
② 《明史》卷八一《食货五·钱钞》。
③ 《明太祖实录》卷九八,洪武八年三月辛酉。
④ 《明史》卷八一《食货五·钱钞》。

则止用铜钱"①；洪武十年，又令各省宝泉局"铸小钱与钞兼行，百文以下止用钱"②。洪武二十二年，又令"更造小钞自十文至五十文"，"以便民用"③，自此，只用铜钱的支付额度从一百文降为十文以下。

其三，降低铜钱的法定地位。洪武八年，规定"凡商税、诸色课程，钱钞兼收，钱十之三，钞十之七"④；洪武十年，又申令"商税兼收钱钞，钱三钞七"⑤。

这一钞钱并行制度下的钱法，是服从于朝廷以钞为主、以钱为辅的货币流通政策的。

洪武年间虽规定官炉铸钱皆以"生铜"为铸材⑥，实际上却因铜材缺乏，往往"皆用废钱及旧铜器铸之"⑦，故洪武通宝钱成色不一。洪武二十三年起，铸钱每文加铅二分⑧，与此前所铸之洪武钱，成色又有差异。

洪武钱法定钱重之制，为时较晚。洪武二十二年始定"每生铜一斤，铸小钱一百六十，折二钱八十，当三钱五十四，当五钱三十二，当十钱一十六"⑨。次年，改定为"每小钱一文，用铜一钱二分"⑩，"其余四等钱依小钱制递增"⑪。

---

① 《明太祖实录》卷九八，洪武八年三月辛酉。
② 《续文献通考》卷一一《钱币五·明钱》。
③ 《明太祖实录》卷一九六，洪武二十二年四月戊申。
④ 《天府广记》卷二二《宝源局》。
⑤ 《明史》卷八一《食货五·钱钞》。
⑥ 《明会典》卷一九四《铸钱·洪武间则例》。
⑦ 《明太祖实录》卷八七，洪武七年正月庚午。
⑧ 《明会典》卷一九四《铸钱》。
⑨ 《明太祖实录》卷一九六，洪武二十二年六月癸丑。
⑩ 《明会要》卷五五《食货三·钱法》。
⑪ 《明太祖实录》卷二〇五，洪武二十三年十月戊辰。

三、禁行钱，专用钞时期

（洪武二十七年至宣德十年）

洪武二十七年八月，因"钞法阻滞"，"诏禁用铜钱"，"令有司悉收其钱归官，依数换钞，不许更用铜钱行使。限半月内，凡军民商贾所有铜钱悉送赴官，敢有私自行使及埋藏弃毁者罪之"①。自此，开始了明前期的纯纸币流通阶段。洪武以后，建文、永乐、洪熙、宣德四朝皆承其制，并增立"户口食盐"等制"以重钞法"。

在实行纯纸币流通制度的四十一年间，钱法并未绝对废止。成祖永乐六年，命铸永乐通宝钱；宣宗宣德八年，命铸宣德通宝钱②。并突破洪武时颁定的"禁金银铜钱不许出番"的法令，"遣内官赍往外番及西北买马收货"。铜钱自海陆两路"所出常数千万"③，亦常用于赏赐外国。如永乐九年，遣使赍敕赐日本国王诸物中，有"钱五十缗"。对边地还曾开放钱禁，永乐九年，诏谕交阯，"其金银铜钱亦停禁三年，听民于境内交易"④。永乐十三年，依交阯布政司之言，该处境内官盐召商，定例"许以金、银、铜钱中纳"，并议定"银一两，铜钱二千五百文，（各）给盐三引"⑤。

永乐、宣德两朝不但依然铸铜钱，规定开铸之省局及年铸钱额度⑥。

---

① 《明太祖实录》卷二三四，洪武二十七年八月丙戌。
② 《明宣宗实录》卷一〇六，宣德八年十月乙亥。《明史·食货志》《明会典·食货三·钱法》等，列为九年。
③ 《续文献通考》卷一一《钱币五·明钱》。
④ 《明成祖实录》卷七四，永乐九年二月甲寅、丙辰。
⑤ 《明成祖实录》卷九六，永乐十三年四月庚申。
⑥ 《明会典》卷三一《钱法》记永乐宣德铸钱除两京外，皆命浙江、江西、广东、福建四布政司并铸。宣德八年铸额为十万贯，永乐时铸局既相同，铸额应近同。

而且从永乐、宣德通宝钱存世实物看,铸作皆较精整,版式亦较整齐,显示有钱式规定。铜钱不仅大量用于外贸,并许个别地区行用、支付,各有法度。这些规定,构成了此阶段之钱法。

四、弛用银之禁至专用银时期的钱法

(正统元年至嘉靖四十五年)

宣德十年十二月,英宗甫登位,即诏"弛用钱之禁"[1]。次年,改元正统,又"弛用银之禁"[2]。自此至嘉靖四十五年,凡一百三十一年间,明货币流通制度转为钞银钱并行,并在立法上始终未改变以宝钞为主要货币的规定,还在本阶段初期的正统、景泰年间,出现过"以钞法不通,复申钱禁"的波折[3]。但钞法崩坏是无法扭转的趋向,成化以降,钞法全面崩溃,"钞法自弘正间废",及至嘉靖初,更是"钞久不行,钱已大壅,益专用银"[4]。宝钞虽至明亡仍不断发行,但仅成保存祖制的形式而已,钞银钱并行的货币流通制度,在社会经济生活中已失去实际意义。以银为主、银钱并行的货币结构格局已经出现,正处于这一货币流通制度正式确立的前夜。

本阶段钱法的主要内容有五。

其一,恢复铜钱的法货地位,"听民间钞钱兼相行使"[5]。

---

[1] 《续文献通考》卷一一《钱币五·明钱》。
[2] 《明史》卷八一《食货五·钱钞》。
[3] 《续文献通考》卷一一《钱币五·明钱》。
[4] 《明史》卷八一《食货五·钱钞》。
[5] 《天府广记》卷二二《宝源局》。

其二，恢复和提高铜钱的法偿地位。"令天下诸司，凡征收支给之额，钱钞兼用"①，"凡征商税课程，钱钞中半兼收"②。成化以后，宝钞渐不行，税课、支给或折钱，或银钱兼用。

其三，恢复明钱与历代旧钱并用之制，"令民间除假钱、锡钱外，凡历代并洪武、永乐、宣德铜钱及折二、当三，依数准使，不许挑拣"③。

其四，规定明钱、历代旧钱比价及对白银的折价，并不时调整。弘治以前，明钱、旧钱皆"依数准使"，等值行用，并定"每钱八文，折银一分"之比价④。弘治二年，改历代钱以二当洪武等明钱一⑤。正德六年，修定为"历代真正大样旧钱"仍与明钱"相兼行使，不许以二折一"⑥。次年，改定钱银折价为"每七十文折银一钱"⑦。嘉靖时期，经几次调整，于三十三年定明钱、历代钱分等折价，诏云："钱法且从民便，以朕纪元者，七文易银一分，洪武等号十文，前代三十文。"⑧嘉靖四十四年，又取消法定比价，改为铜钱与白银"准折宜从民便，不必定其文数"⑨，任其在流通实际中，随时自由调整折价。

其五，严私铸之禁。景泰时期，"以内外私铸者多，通行禁约"⑩。嗣后诸朝，私铸益见猖獗，皆曾严下禁止私铸之令。明代中期，因官铸钱数

① 《明宪宗实录》卷四一，成化三年四月己未。
② 《明宪宗实录》卷一九，成化元年七月丁巳。
③ 《明会典》卷三一《钱法》。
④ 《明会典》卷三一《钱法》。
⑤ 《明孝宗实录》卷二九，弘治二年八月甲寅。
⑥ 《明武宗实录》卷七二，正德六年二月庚寅。
⑦ 《明武宗实录》卷八三，正德七年正月庚午。
⑧ 《明世宗实录》卷四〇八，嘉靖三十三年三月戊申。
⑨ 《明世宗实录》卷五四六，嘉靖四十四年五月戊午。
⑩ 《续文献通考》卷一一《钱币五·明钱》。

量少，不敷行用之需，故此严禁私铸，却不严禁私铸之钱的流通。嘉靖三十三年，世宗采纳御史何廷钰之言，"请许民用小钱（私铸劣钱），以六十文当银一分"，令"钱法宜从民便"。诸滥恶小钱遂得"奉旨开行"[①]。

这一阶段的钱法，除以上五点外，还有四个方面也值得注意。一是本阶段曾铸钱者仅弘治、嘉靖两朝。嘉靖六年开铸嘉靖通宝钱时，将钱重由洪武二十三年所定"小钱"每文一钱二分增为一钱三分[②]。铸钱成色更有重大变动，弘治十八年，规定每铜一斤加好锡一、二两[③]，嘉靖六年开铸后，规定每铜四万七千二百七十二斤，加水锡四千七百二十八斤，即每铜一斤加锡一两六钱许[④]。特别应当注意的是自嘉靖时期起，正式采用黄铜铸钱[⑤]，这是中国古代铸钱史上有划时代意义的币材变化。二是嘉靖六年起，始定本朝官铸之流通钱名为"制钱"，从此成为明清两代之法定称呼。嘉靖六年以后，常见"本朝制钱""国朝制钱"的说法。嘉靖三十三年，前代旧钱中的官炉钱亦曾称制钱，称为"前代制钱"[⑥]。三是嘉靖时期运用钱局的技术优势和当时黄铜冶炼工艺的发展，曾铸造与私铸钱明显不同的三等优质制钱，即"金背""火漆"和"镟边"三种钱[⑦]。史载金背钱系"以金涂背"，火漆钱系"以火薰其背，使黑"，镟边钱系"钱边皆旋，色黄质坚，工料重大"[⑧]。亦有说火漆钱是以药涅之

---

① 《明世宗实录》卷四〇八，嘉靖三十三年三月戊申。
② 《明会典》卷三一《钱法》。
③ 《明武宗实录》卷二，弘治十八年六月戊寅。
④ 《明会典》卷一九四《铸钱》。
⑤ 《明会典》卷一九四《铸钱》。
⑥ 《明世宗实录》卷四〇八，嘉靖三十三年三月戊申。
⑦ 《明会要》卷五五《食货三·钱法》。
⑧ 《续通典》卷一三《食货十三·钱币下》。

使变黑①。隆庆、万历两朝承续此制。其实,金背钱以黄金镀背,似不可能。万历四年工部奏言中说:"用四火黄铜铸金背,二火黄铜铸火漆,务求铜质精美"②,证明金背钱实是使用精炼黄铜所铸的精钱。四是嘉靖二十三年,"命工部造嘉靖通宝钱,依洪武折二、当三、当五、当十式,各三万文,续解贮库"③。自此变永乐以来只铸小钱之制,复开铸大钱之例。此后,除隆庆、泰昌外,各朝皆曾铸大钱。

嘉靖时期,公私用银更为广泛,至其后期,"课税及官俸俱用银"④,嘉靖四十二年,"停鼓铸,自后税课征银而不征钱"⑤,造成铜钱壅滞,钱法不通的局面。封建经济周转中银、钱在支付中的关系亟待调整,以促进以银为主、银钱兼行货币流通制度的诞生。

五、颁定和实施以银为主、银钱并行时期的钱法

(隆庆元年至崇祯时期)

世宗卒后,穆宗隆庆初,依然是"钱法不行"⑥。户部议钱法之弊云:"及税课专征银而不得征钱,又民间止用制钱,不用古钱,于是钱法始壅。"⑦隆庆三年,兵部侍郎谭纶奏议:"请令民得以钱输官,则钱法

---

① 朱国祯:《涌幢小品》,中华书局1959年版。
② 《明神宗实录》卷四九,万历四年四月己卯。
③ 《明世宗实录》卷二八二,嘉靖二十三年正月辛酉。
④ 《明史》卷八一《食货五·钱钞》。
⑤ 《明史》卷八一《食货五·钱钞》。
⑥ 《明史》卷八一《食货五·钱钞》。
⑦ 《明穆宗实录》卷四,隆庆元年二月丁酉。

自通。"① 穆宗令改革嘉靖旧法,定新制,以银为主,以钱为辅,银钱并行的货币流通制度遂告确立。次年,巡抚山西都御史靳学颜上理财疏,复论银钱并行事,"章下所司,复言钱法已有定议"②,可证此制度已为定制。此后,万历、泰昌、天启、崇祯钱法,皆本于此制,而有所改易。

本阶段的钱法,内容主要有四。

其一,规定一应财政收支,皆小额用钱,大额银钱中半;房号、行户俱收钱,确保铜钱的法偿地位。隆庆元年规定:"崇文门课钞,除该银三两以上者收银,其三两以下者,及九门各城房号行户,俱令收钱行使"③,官俸"按季银钱兼支"④。隆庆三年,复申其制⑤。万历六年,令"税银三两以下,尽数收钱;三两以上银钱中半兼收"⑥。铜钱在税课征纳中的支付额度,较隆庆时有扩展。万历九年推行一条鞭法后,虽赋役一概折银征收,但仍注意铜钱在朝廷财政支、纳中的地位,以维持钱法。如万历二十八年,为广设钱局,通行钱法,奉旨"仍申明法例,一应税赎及官俸、军粮、商价等项,俱银钱均搭收放"⑦,同月,又令湖广地方,"凡存留钱粮,各官员师生俸廉,各役工食等项事例,银钱兼收。其工费等项,悉遵旨通融处给"⑧。

其二,以立法方式,确定小处用钱,大处银钱兼用的货币流通秩序。隆庆时曾规定,"买卖货物,值银一钱以上者,银钱兼使,一钱以

---

① 《明史》卷八一《食货五·钱钞》。
② 《明穆宗实录》卷四二,隆庆四年二月丙寅。
③ 《明会典》卷三一《钱法》。
④ 《明会典》卷三一《钱法》。
⑤ 《明穆宗实录》卷三五,隆庆三年七月辛卯。
⑥ 《明会典》卷三一《钱法》。
⑦ 《明神宗实录》卷三四五,万历二十八年三月丁未。
⑧ 《明神宗实录》卷三四五,万历二十八年三月戊申。

下者，止许用钱"①。

其三，规定本朝制钱与先代旧钱兼用。隆庆元年，定"国朝制钱"与"先代旧钱"等值并行②。万历时曾改为铜钱分三级，以三等钱价兼用，以嘉、隆、万三朝金背钱为一级；火漆、镟边钱为二级，以洪武等明朝制钱和先代旧钱为三级，此两种钱同级等值并用③。本朝制钱与先代旧钱兼行，是明代钱法的传统政策。万历初，改定"古钱止许行民间，输税赎罪俱用制钱"。崇祯中，改行尽销古钱重铸新钱的政策，事见《实录》及《明史·食货志》等记载。

其四，调整银钱并行中铜钱对白银的比价。隆庆初，定国朝制钱与先代的钱皆八文折银一分④。隆庆四年，曾诏"钱法委宜听从民便，不必立法纷扰"⑤，取消官定比价。万历年间，又重定比价，曾定嘉靖金背钱五文折银一分⑥。隆万金背钱八文，火漆、镟边钱十文，洪武等明朝制钱和先代旧钱十二文折银一分⑦。崇祯元年又定崇祯通宝钱每文重一钱二分五厘，"六十五文估银一钱"⑧；崇祯三年，改式为每文重一钱，"每千值银一两"⑨。

本阶段的天启时期，曾对大中以来由工部宝源局主掌钱法的铜钱铸

---

① 《明会典》卷三一《钱法》。
② 《明会典》卷三一《钱法》。
③ 《续文献通考》卷一一《钱币五·明钱》。
④ 《明会典》卷三一《钱法》。
⑤ 《续文献通考》卷一一《钱币五·明钱》。
⑥ 《明神宗实录》卷一八七，万历十五年六月辛未。
⑦ 《续文献通考》卷一一《钱币五·明钱》。
⑧ 《续文献通考》卷一一《钱币五·明钱》。
⑨ 《明史》卷八一《食货五·钱钞》。

行机构设置作重大变革。天启元年,"以辽饷缺乏,增置户部宝泉局"①,由户部右侍郎督理,名"钱法堂"②。此后,铸钱重心亦由工部移至户部。

隆庆时期确立的以银为主、银钱并行的货币流通制度,是中国封建社会晚期货币流通制度定型的标志。万历十五年,户部奏:"钱法参酌古制,与银货并行,民甚便之。"③ 显示钱法调整合度,银钱并行之制已开始稳定运行。

隆庆四年与万历四年开铸两朝制钱时,分别定钱重为一钱三分与一钱二分五厘④。万历前期年铸额虽高于隆庆时期,但初铸万历通宝钱时亦仅规定为十万贯。及至万历二十年,年铸额也只增为四十五万贯⑤。这证实隆庆至万历中期以前,仍保持年铸额有限、铸钱务求厚重精整的明代钱法传统。

万历中期以降,由于财政日益困窘,视铸钱为朝廷取利要途之一,以致陷入遍设局炉、大量增铸的唯利是图坑,制钱益见轻劣。天启时,钱法已严重败坏。崇祯初,企图整顿钱法,曾令开铸"宝色精采"的崇祯通宝钱⑥,亦仅昙花一现。至崇祯六七年后,财政趋于极度恶化,钱局无限额滥铸,制钱轻劣无度,钱价暴跌,实际上已无有效钱法可言。

(原载《文史哲》1996年第1期)

---

① 《天府广记》卷二二《宝源局》录侯恂条陈。同卷,有说为天启二年事。
② 孙承泽:《春明梦余录》卷三八《户部四·宝源局》。
③ 《明神宗实录》卷一八七,万历十五年六月辛未。
④ 见于《明穆宗实录》卷四〇,隆庆四年三月辛巳;《明会典》卷一九四《铸钱》。
⑤ 《明神宗实录》卷四七,万历四年二月乙酉,记是年铸钱额二万锭。锭五千文,计十万贯。《明神宗实录》卷二五四,万历二十年十一月壬戌,记是年铸钱额九万锭,合四十五万贯。
⑥ 《续文献通考》卷一一《钱币五·明钱》。

《史记》西周世系辨误

王恩田

一、问题的提出

自从王国维《殷周制度论》发表以来①，西周实行嫡长制说似乎已经成为不刊之论。但是就在《殷周制度论》发表后不久，鲁国西周时代所实行的"一继一及"的继承制度相继被人们所发现②。这是一种与嫡长制迥然有别的制度，实行传子与传弟交替进行的法则。这种奇妙的继承制度，就是春秋早期鲁国人叔牙所说的："一继一及，鲁之常也。"（《史记·鲁世家》）鲁国是周礼的制订者周公旦之子伯禽的封国，是历史上公认的遵奉周礼的楷模。因此，有理由认为：一继一及制就是周礼。它不仅是鲁国的"常"法，也应该是奉行周礼的其他各国所共同实行的制度。但奇怪的是在《史记》所载西周世系中，除鲁国以外，其他各国几乎是清一色的子继谱系。应该如何解释这一矛盾现象呢？笔者曾经指

---

① 王国维：《观堂集林》，中华书局1959年版。
② 吕思勉：《中国政体制度小史》，上海中山书店1929年版；高耘晖：《鲁国的"一生一及"承继制度》，《食货》第2卷第12期。

出：这是一个史料的真伪问题。《史记》所载世系存在着一个通病，越是荒远的、无年可考的历史时期的继承关系，往往是整齐的子继谱系；"而在有典可征的（如《殷本纪》）、有年可考的（如《鲁世家》）世系中所看到的则是父死子继与兄终弟及并存的继承法则"。鲁国几乎全部西周时代都处在有年可考的历史时期之内，而包括周王朝在内的其他各国都是从西周晚期共和元年前后才进入有年可考的历史时期的。因此《鲁世家》所载鲁国西周时代的一继一及的继承谱系是可信的，而周王朝和其他各国共和元年以前的整齐的子继谱系是可疑的①。如果以《史记》所载无典可征、无年可考的子继谱系作为研究继承制度的可信史料，转而对"有典可征"的《殷本纪》所载殷代的兄终弟及制和有年可考的《鲁世家》所载西周鲁国的一继一及制予以怀疑和否定，显然是本末倒置。

《史记》所载无典可征和无年可考历史时期世系的虚假难信不是一个新问题。三国时期的谯周和唐代孔颖达就曾指出过，《周本纪》从后稷至文王千余年而只有十四五人在位"不合事情"、"实难据信"②。清人雷学淇指出，据《世本》和《周本纪》，从后稷至公刘仅有四世，而生当战国时期的刘敬却说从后稷至公刘"十有余世"（《刘敬传》）③，证明《周本纪》所载先周世系必有严重遗漏。明清两代的茅坤和梁玉绳则分别指出《陈杞世家》中陈国西周世系自胡公建国到和周厉王同时的慎公仅有"四传"、杞国西周世系从东楼公建国至厉王出奔时的谋娶公仅有"四世"的错误④。王国维和陈梦家则根据甲骨文记载指出《殷本纪》成

---

① 王恩田：《从鲁国继承制度看嫡长制的形成》，《东岳论丛》1980年第3期；《再论西周的一继一及制》，《大陆杂志》（台北）第84卷第3期。
② 《史记·周本纪》《索隐》引谯周说；孔颖达《诗经·公刘·序》疏。
③ 雷学淇：《〈世本〉校辑本》按语。
④ 泷川资言：《史记会注考证·周本纪》，《考证》引。

汤以前的先公世系中的严重遗漏。日本学者宇都木章则发现西周时期各国每一世代的平均年数以及每人在位平均年数相差甚远：最少的秦国（18.6年）和最多的杞国（46.3年），两者相比竟会出现多达27.7年的差距①。《史记》所载西周世系存在问题是不言而喻的。前人提出了问题，并未找到正确的答案。本文拟进行全面的、具体的分析，指出周王朝和其他各国规整的子继谱系错在何处，并力图找出致误的根由。

二、《史记》西周世系分类

首先选取《史记》所载姬姓和异姓诸国西周世系进行讨论。

1. 周王朝。据《周本纪》，自武王建国，经成、康、昭、穆、共、懿等七王，均为父传子。懿王传叔孝王，孝王传懿王之子夷王。夷王传子厉王，厉王三十七年，出奔于彘。而据《三代世表》和《世本》，孝王是懿王之弟。今从后说。

2. 卫国。《卫康叔世家》自康叔建国，经牟伯父、考伯、嗣伯、疌伯、靖伯、贞伯、顷侯、釐侯，共九世九君，均为父传子。釐侯十三年"周厉王奔于彘"。

3. 燕国。《燕召公世家》"自召公以下，九世至惠侯"。惠侯时，"周厉王奔彘"。

4. 晋国。《晋世家》自唐叔建国，经晋侯燮、武侯、成侯、厉侯、

---

① 宇都木章：《西周诸侯系图试论——春秋战国诸侯系图ょソ见た——》，《中国古代史研究（2）》。

靖侯。六世六君，均父子相传。靖侯十七年"厉王出奔于彘"。

5. 曹国。《管蔡世家》自曹叔振铎建国，经太伯、仲君、宫伯、孝伯、夷伯共六世六君，均为父子相传。"夷伯二十三年，周厉王奔于彘。"

6. 蔡国。《管蔡世家》自蔡叔度建国，经蔡仲、蔡伯、宫伯、厉侯、武侯，六世六君，均为父子相传。"武侯之时，周厉王失国奔彘。"

7. 鲁国。《鲁周公世家》自伯禽建国，经考公、炀公、幽公、魏公、厉公、献公、真公，共五世八君，实行传子与传弟交替进行的一继一及制。"真公十四年，周厉王无道，出奔彘。"

8. 楚国。《楚世家》自熊绎以后，经熊艾、熊䵣、熊胜、熊杨、熊渠、熊挚红、熊延、熊勇，共七世九君。其中五世传子，二世传弟。熊勇六年，"厉王出奔彘"。

9. 秦国。《秦本纪》自蜚廉之后，分为两支，其中一支蜚廉之子恶来为秦人之祖。恶来之子女防和成王、康王约略同时。经旁皋、太几、大骆、非子（秦嬴）、秦侯、公伯、秦仲，共八世八君，均父传子。秦仲三年"周厉王无道，诸侯或叛之"。

10. 齐国。《齐太公世家》自太公建国，经丁公、乙公、癸公、哀公、胡公、献公、武公，共六世八君，除哀公以后有连续两次传弟外，余均传子。"武公九年，周厉王出奔居彘。"

11. 宋国。《宋微子世家》自微子开建国，经微仲、宋公、丁公、湣公、炀公、厉公、釐公，共七世八君，除一例传弟、一例传侄外，余均传子。

12. 杞国。《陈杞世家》自东楼公建国，经西楼公、题公、谋娶公，共四世四君，均传子。

13. 陈国。《陈杞世家》自胡公建国，经申公、相公、孝公、慎公、幽公等五世六侯，除一例传弟、一例传侄外，余均传子。"幽公十二年，周厉王奔于彘。"

以上选取了西周时代姬姓七国和异姓六国共13个国家的世系进行讨论。为了增加可比性，一律以厉王出奔之年作为年代下限。根据《左传·昭公二十年》"昔我先王熊绎与吕级、王孙牟父、燮父、禽父并事康王"的记载，楚、齐、卫、晋、鲁的上述国君与周康王同时，故以周康王作为年代上限①。根据《史记》上述记载，列出诸国西周时代的世系表（见下页）。

并根据世系表列出各国同期经历世代及在位人数对照表：

类型	第一类型（周型）			第二类型（晋型）			第三类型（鲁型）	第四类型（楚型）				第五类（杞型）	
国名	周	卫	燕	晋	曹	蔡	鲁	楚	齐	秦	宋	杞	陈
经历世代	7	8	8	5	5	5	5	7	8	5	6	3	4
在位人数	8	8	8	5	5	5	8	9	8	7	7	3	5

上表统计表明，姬姓七国可以清楚地划分为三个类型。第一类型简称周型，经历世数为七至八世，在位人数都是八人。第二类型简称晋型，均经历五世，在位人数都是五人。第三类型简称鲁型，经历五世，在位者八人。这样就会发现一个有趣的现象：周型与晋型相比较，经历世数和在位人数都相差甚多，而鲁型则恰好介于二者之间。就经历世数而言鲁型与晋型相同，都是五世。就在位人数而言鲁型与周型相同，都

---

① 《史记·楚家家》"并事康王"一语作"俱事成王"。《三代世表》采《左传》说。今据《左传》。

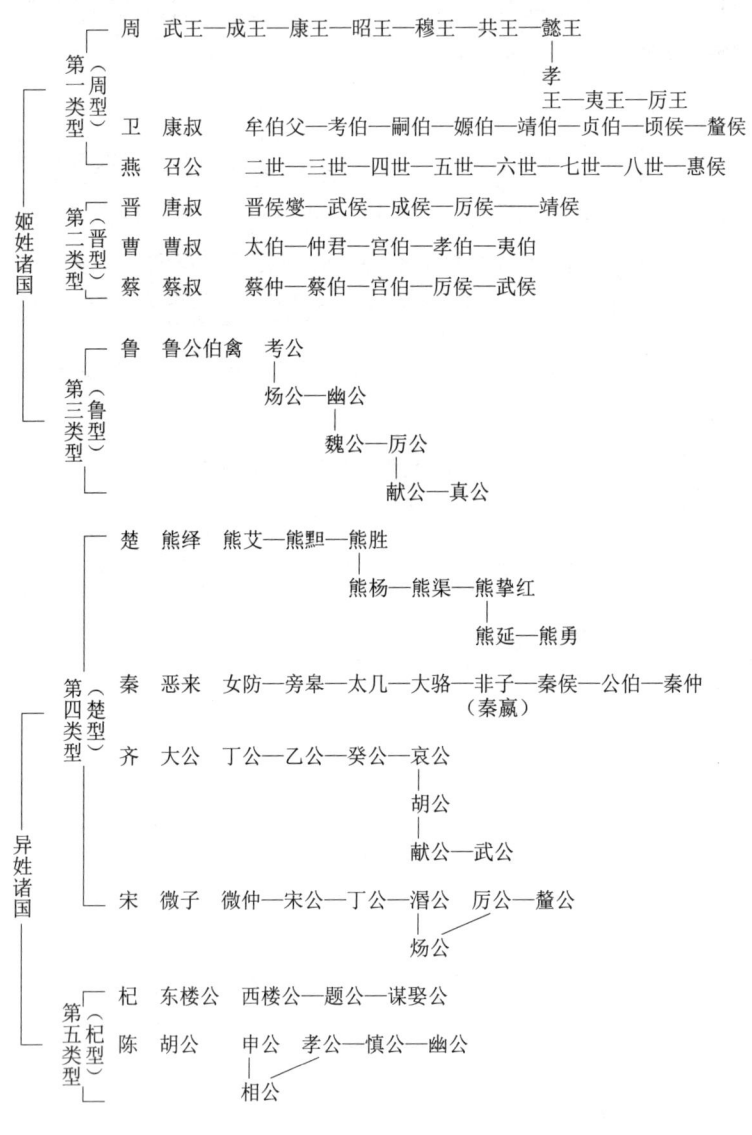

```
姬姓诸国 ┬ 第一类型（周型）┬ 周  武王—成王—康王—昭王—穆王—共王—懿王
         │                │                                      孝
         │                │                                      王—夷王—厉王
         │                ├ 卫  康叔  牟伯父—考伯—嗣伯—㛚伯—靖伯—贞伯—顷侯—釐侯
         │                └ 燕  召公  二世—三世—四世—五世—六世—七世—八世—惠侯
         │
         ├ 第二类型（晋型）┬ 晋  唐叔  晋侯燮—武侯—成侯—厉侯——靖侯
         │                ├ 曹  曹叔  太伯—仲君—宫伯—孝伯—夷伯
         │                └ 蔡  蔡叔  蔡仲—蔡伯—宫伯—厉侯—武侯
         │
         └ 第三类型（鲁型）┬ 鲁  鲁公伯禽  考公
                          │              炀公—幽公
                          │              魏公—厉公
                          │              献公—真公

异姓诸国 ┬ 第四类型（楚型）┬ 楚  熊绎  熊艾—熊䵣—熊胜
         │                │          熊杨—熊渠—熊挚红
         │                │                  熊延—熊勇
         │                ├ 秦  恶来  女防—旁皋—太几—大骆—非子—秦侯—公伯—秦仲
         │                │          （秦嬴）
         │                ├ 齐  大公  丁公—乙公—癸公—哀公
         │                │                      胡公
         │                │                      献公—武公
         │                └ 宋  微子  微仲—宋公—丁公—湣公  厉公—釐公
         │                                              炀公
         │
         └ 第五类型（杞型）┬ 杞  东楼公  西楼公—题公—谋娶公
                          └ 陈  胡公    申公  孝公—慎公—幽公
                                        相公
```

（说明：横线表示父传子，竖线表示兄传弟，斜线表示叔传侄）

是八人。可见《史记》所载姬姓诸国世系带有一定的规律性。异姓六国可分两个类型。第四类型包括楚、秦、齐、宋四国，简称楚型。经历五至八世，在位人数七至九人。第五类型包括杞、陈二国，简称杞型，经历三至四世，在位人数三至五人。不难发现，姬姓七国中的周型与异姓六国中的楚型相近，经历世数和在位人数都比较多。姬姓中的晋型与异姓中的杞型相近，经历世数和在位人数都比较少。而鲁型同样是介于两者之间。西周同一时期的各国世系，为什么会出现如此泾渭分明的区别？哪些世系是正确的，哪些是错误的？错在何处，造成错误的原因何在？有必要通过分析，找出答案。

三、西周世系纠谬

正如笔者以往所说，《史记》所载西周世系，唯有鲁国世系是可信的。因为只有鲁国差不多整个西周时期都处在有年可考的历史时期之内，包括周王朝在内的其他各国的西周世系是可疑的，这些国家都是在共和元年前后才进入有年可考的历史时期的。现在可以进一步指出：鲁国以外其他国家的西周世系不仅是可疑的，而且可以肯定地说是错误的。

其他各国西周世系之所以是错误的，在于它们都违背了世代含年常数规律。人的寿命固然有长短的不同，生子也有早晚的差别。但是在实行相同继承原则的条件下，在一个较长的时期内，每个国君在位年数的平均值，应该是一个常数。《说文》："世，三十年为一世"，如果这一说法可信，那么"三十年为一世"就可以称为世代含年常数规律。这一说法是否可信,可以通过对有谱系可查的孔、孟、颜、曾四姓直系世系加以验证。以下列出四姓从始祖至民国元年（1911）直系世系每世含年的平均值：

孔丘（前551年—前479年）至77代孙孔德成

　　按孔丘生年计算：（551+1911）÷77=32年

　　按孔丘卒年计算：（479+1911）÷77=31年

孟轲（前372年？—前289年）至73代孙孟庆棠

　　按孟轲生年计算：（372+1911）÷73=31.2年

　　按孟轲卒年计算：（289+1911）÷73=30年

颜回（前521年—前490年）至76代孙颜景埻

　　按颜回生年计算：（521+1911）÷76=32年

　　按颜回卒年计算：（490+1911）÷76=31.6年

曾参（前505年—前436年）至73代孙曾庆源

　　按曾参生年计算：（505+1911）÷73=33年

　　按曾参卒年计算：（436+1911）÷73=32年[①]。

数据显示,四姓直系每世含年平均值,按始祖生年计算分别是32、31.2、32、33,相差不超过二年。按始祖卒年计算,分别是31、30、31.6、32年,相差不超过二年。无论按始祖的生年或卒年计算,都与"三十年为一世"的说法相符。孔、孟、颜、曾四姓的始祖都是春秋晚期以后的人物。而据笔者研究,嫡长继承制是春秋晚期以后才开始确立的[②]。因此,"三十年为一世"应是嫡长继承制条件下的世代含年常数规

---

① 孔、孟、颜、曾四姓至1911年时直系继承人和经历世数是曲阜市博物馆孔祥林馆长提供的。书此致谢。
② 王恩田：《从鲁国继承制度看嫡长制的形成》,《东岳论丛》1980年第3期；《再论西周的一继一及制》,《大陆杂志》第84卷第3期。

律。西周诸国如果的确实行嫡长制,则其国君在位年数的平均值应该与这一规律相符。反之,西周诸国国君在位年数的平均值不符合这一规律,证明西周各国实行的不可能是嫡长继承制。

首先计算出周康王至厉王出奔时期的西周积年。周王朝这一阶段无年可考,但可根据有确切纪年的鲁国进行计算。据《鲁世家》和《年表》,鲁国从第二位国君鲁考公开始,在位年数都有明确记载,没有记载的始封君伯禽的在位年数可根据刘歆《世经》和皇甫谧《帝王世纪》关于伯禽在位46年的记载加以补足。自伯禽即位至鲁真公十四年周厉王出奔,鲁国这一阶段的西周积年是:

46+4+6+14+50+37+32+14=203 年

按周型三国在位八人计算,每人平均在位25.4年,按晋型三国在位五人计算,每人平均在位40.6年,按杞型杞国在位三人计算,每人平均在位67.6年,都与"三十年为一世"的规律不符。周型与晋型相比较,居然出现13年的差距,周型与杞国相比,竟出现多达36.2年的差距,充分证明《史记》所载鲁国之外,其他国家西周世系之误,同时也充分证明西周诸国不可能实行嫡长制。

应该指出,《史记》所载鲁国以外其他诸国世系并不全错,都各有部分正确的成分。如果以鲁国西周世系作为判断是非的标准,则姬姓周型三国在位八人,与鲁国相同;异姓楚型在位七至九人,与鲁国相近,都是正确的。姬姓晋型三国经历五世,与鲁国相同;异姓杞型二国经历三至四世,与鲁国相近,都是正确的。晋型在位五人,杞型在位三至五人,与鲁国不同,都是错误的。

鲁国以外其他诸国西周世系之所以会出现部分错误,原因在于这些国家记录世系的设施不够完备,或者是由于散失了原有的记录而无法查考的缘故。换句话说，之所以能在鲁国西周世系中看到规整的一继一及的继承谱系，而在其他诸国只能看到虚假的子继之法，应该归功于鲁国完备的记录世系的系统。

记录世系有两套系统，这是在研究昭穆源流问题时发现的[①]。一套是记录直系的，称为"世"，后世流传的《世本》，就是有关各国"世"的记录，由官吏工和史负责记录。另一套是记录旁系的，称"昭穆"，由宗和祝负责记录。"世"所反映的是父子、祖孙之间纵的亲属关系；"昭穆"所反映的是兄弟之间横的亲属关系。这就是春秋鲁国"宗有司"所阐发的昭穆制度的真谛。《国语·鲁语》："夫宗庙之有昭穆也，以次世之长幼而等胄之亲疏也。……故工史书世，宗祝书昭穆。"长者兄也，幼者弟也。"次世之长幼"说的是排定同一世代，即同一辈分间的兄弟关系；胄指后裔，"等胄之亲疏"指排定不同辈分间的亲属关系。这才是昭穆制度真正的原始的含义。"父昭子穆"的传统看法，是昭穆制度经过演变后的原则，是"流"而不是"源"。与任何事物一样，昭穆制度也有自己发生、发展和消亡的历史过程。不少学者却从原始婚姻制度中探寻昭穆制度的起源。其实，"昭穆"只是男性的"专利"，女性婚前无昭穆，婚后以丈夫的昭穆为自己的昭穆。这一基本的事实，决定了昭穆制度不可能起源于包括男女双方在内的婚姻制度。实际上昭穆制度起源于一继一及制，并受到继承制度发展演变的制约。与一继一及制相适应，西周实行以兄昭弟穆为内涵的昭穆制度，上引春秋鲁人所阐述的原则，所反映的就是西周昭穆制度的实际。春秋时期是一继一及制向嫡长制发展的过渡时期，规整的一继一及的继承秩序被打乱。与此相

[①] 王恩田：《周代昭穆制度源流》，《西周史论文集》，陕西人民教育出版社1993年版。

应，春秋时代的昭穆制度也呈现出极不规则的状态，既有兄昭弟穆，又有父昭子穆，个别的还有弟昭兄穆（如闵公与僖公），甚至还有兄与弟分属不同世代昭穆关系的状况（如隐公与桓公）。战国著作《礼记·祭统》所说"昭穆者，所以别父子远近、长幼亲疏之序而无乱也"，所反映的就是具有过渡时期特点的春秋时代的昭穆制度。战国时期嫡长制趋于确立。与此相应，汉儒所述以"父昭子穆"为内涵的昭穆制度也就应运而生。至此，以区别父子辈分为目的的"世"和以区别兄弟关系为目的的"昭穆"等两套记录世系的不同职能合而为一，记录"世"的工和史，与记录"昭穆"的宗和祝的职能差别也失去了存在的价值。《周礼》把"奠系世、辨昭穆"的职能集中于"小史"一人的身上，所反映的就是伴随以父昭子穆为内涵的昭穆制的确立，记录世系的两套系统随之合而为一的社会现实。这从另一角度证明《周礼》一书并非西周制度的实录，其成书年代必在战国以后。

正是由于鲁国保存了西周时期两套记录世系的材料，因此既可以看到君位继承关系中的直系，同时也可以看到旁系。这就是为什么只有在西周鲁国才能看到一继一及制的奥秘所在。晋型三国由于只保存了记载直系的"世"的系统的记录，即《世本》，故而只能看到直系，而看不到旁系。就是说《史记》所载晋型三国西周世系并非全豹，它必然漏掉了旁系国君，因之也就无法看到晋型三国原来应该具有的一继一及的继承谱系。这一推断，可从《世本》所载鲁国西周世系得到证实：

伯禽生炀公熙，熙生弗，弗生献公具，具生武公敖。（《礼记·明堂位》疏引）

《世本》所记上述五人，都是西周鲁国的直系国君，而旁系则被排除在外了。图示如下：

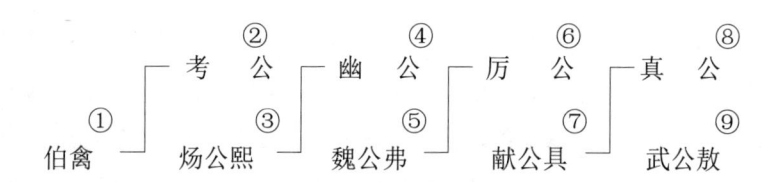

```
       ┌─ 考 公 ②  ┌─ 幽 公 ④  ┌─ 厉 公 ⑥  ┌─ 真 公 ⑧
   ①   │            │            │            │
  伯禽  └─ 炀公熙 ③ └─ 魏公弗 ⑤ └─ 献公具 ⑦ └─ 武公敖 ⑨
```

上图所圈掉的考、幽、厉、真四公都是《世本》所排除在外的旁系国君，充分证明《世本》所具有的只记直系而不记旁系的特点，同时也找到了晋型三国经历世数与鲁国相同，而在位人数却比鲁国同期少三人的答案，即旁系国君被排除在外。按照《世本》只记直系的原则，复原晋型三国西周世系，当为下图：

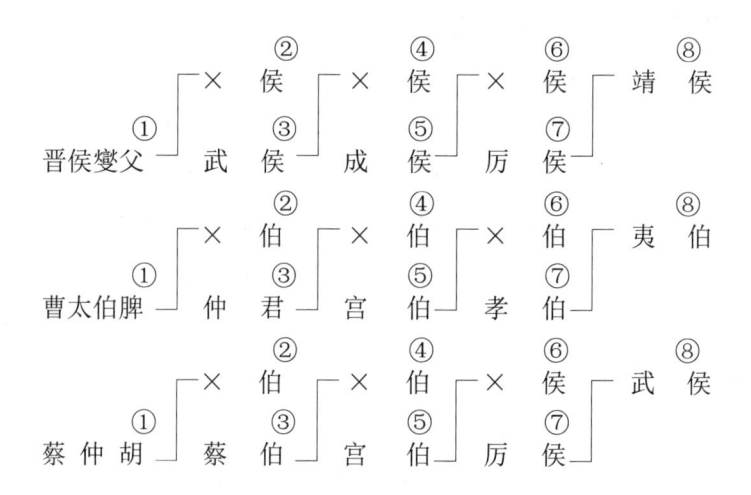

```
         ┌─ × 侯 ②  ┌─ × 侯 ④  ┌─ × 侯 ⑥  ┌─ 靖 侯 ⑧
    ①    │           │           │
 晋侯燮父 └─ 武 侯 ③ └─ 成 侯 ⑤ └─ 厉 侯 ⑦

         ┌─ × 伯 ②  ┌─ × 伯 ④  ┌─ × 伯 ⑥  ┌─ 夷 伯 ⑧
    ①    │           │           │
 曹太伯脾 └─ 仲 君 ③ └─ 宫 伯 ⑤ └─ 孝 伯 ⑦

         ┌─ × 伯 ②  ┌─ × 伯 ④  ┌─ × 侯 ⑥  ┌─ 武 侯 ⑧
    ①    │           │           │
 蔡仲胡  └─ 蔡 伯 ③ └─ 宫 伯 ⑤ └─ 厉 侯 ⑦
```

周型三国在位人数和鲁国相同，都是八人，其间没有什么遗漏，证明《史记》所载周型三国世系并非取材于《世本》。周型三国经历七至八世，与鲁国的五世不同，而且看不到直系与旁系之分。毛病同样出在没有像鲁国那样完备的记载世系的两套系统，或者曾经有过，但没能把有关记载保存下来。就周王朝和卫国而言，原来应和鲁国一样，曾经有过记录世系的两套系统的设置，但周王朝在平王东迁过程中把有关记载散失了，而卫国则是由于其他原因没能把有关记载保存下来。至于燕国，可能原来就不一定有这类记载，因而不仅无法分清直系、旁系，甚至连国君的名字与谥号也都付之阙如了。

既然如此，为什么却能在《史记》中看到康王至厉王等八位国王、牟伯父至釐侯等八位卫侯的名字与谥号呢？为什么却能知道燕国"自召公以下，九世至惠侯"呢？这应该与讣告制度有关。古代"讣"与"告"有别。陆德明《经典释文》："崩薨曰赴，祸福曰告。""赴"也写作"讣"，古文经用"赴"，今文经用"讣"。周王死葬的日期都要及时向各诸侯国通报。各诸侯国国君的死葬日期也要及时报告给周王朝，同时还要向有同盟关系的其他国家通报，这就叫作"赴（讣）"。鲁国的国史《春秋》中就记载有不少诸国国君死葬日期的"赴（讣）"的材料。根据这些记载就可以整理出相继嗣位的周王和各诸侯国国君的世系。但由于"赴（讣）"时只告知死者的名字与死谥，而不必说明死者与嗣位者之间的亲属关系，因此，根据"赴（讣）"的材料整理的世系，无法真实反映出直系旁系。世系的整理者按照嫡长制确立后父死子继的通例，一律贯之以父子、祖孙的亲属关系，周、卫两国的传子谱系可能就是这样产生的。燕国自二世至八世等七位国君的名字与谥号失载，可能是西周时期燕与鲁互不往来，鲁国没能保存燕国"赴（讣）"的记录。《燕世家》所谓"自召公以下，九世至惠侯"，可能是司马迁根据其他国家，尤其是周王朝同期在位人数推导出来的。所谓

"九世",准确地说,应该是"九传","世"与"传"有联系又有区别,对此将在后面加以讨论。

楚型四国中楚、齐、宋三国的西周世系,不像周型、晋型那种整齐的子继谱系,而是存在不止一次的兄死弟及。而且春秋楚人还曾有"楚国之举,恒在少者"(《左传·文公元年》)的说法,证明楚国还曾盛行过幼子优先继承的制度。在春秋宋国,宋宣公有子不传,而传位于其弟穆公和。他说:"父死子继,兄死弟及,天下通义也。"(《史记·宋世家》)证明传子与传弟并举的"世及"制度,并非鲁、宋等一两个国家的"特殊现象",而是其他各国共同实行的通制。这对于正确判断西周继承制度,看清《史记》西周各国整齐的子继谱系的虚假性质,具有重要意义。楚型中秦国的西周世系,与周型相同,在位八人,经历八世,也是一套整齐的传子谱系,当然也是虚假难信的,可略加分析。

秦国地处西部边陲,与中原诸国相较,相对滞后。例如与商人先王大戊同时的秦先公"孟戏、中衍,鸟身人言"(《史记·秦本纪》),表明秦人在殷商时期犹处在神话传说时代。又如《秦本纪》西周世系中有女防和秦嬴。这两位国君都有可能是女性。女防,《汉书·古今人表》作"女妨"。古代妇女的名字往往在前面加一个"女"字以示区别。如秦人始祖大业之母"女脩",大费之母"女华",见于《古今人表》的女娲、女禄、女溃、女皇、女鳖、女趆等等,都是女性。与周孝王同时,"分土为附庸,邑之秦"的秦国君非子"号曰秦嬴",也应是一位女性。古代女称姓,男称氏,女人的名字往往用国名加姓来表示,如晋姬、蔡姬、齐姜、纪姜、杞姒、陈妫等等。秦是嬴姓国,其妇女即可名秦嬴。如秦景公之妹、楚共王的夫人就叫"秦嬴"。上述两点充分证明秦国相对滞后的性质。从继承制度的发展阶段看问题，春秋秦国仍然处在与殷商相同的弟及为主制阶段。据《秦本纪》，秦武公"有子一人，名曰白，白不立，封平阳。立其弟德公。"德公传子宣公。宣公"生子九人，莫立。立其弟成公。""成公立四年卒，子七人莫立，立其弟缪公。"春秋秦国实行的上述有子不传而传位于弟的继承制度，与殷商弟及为主制若合符节。这对于力图否定商代弟及为主制的种种学说，是一个有力的批驳。春秋秦国尚且如此，西周秦国规整的子继谱系的虚假难信，不辨自明。

　　吴国是周人的同姓国。由于没有厉王出奔的年代以资比较，未在上述诸姬姓国的西周世系中进行讨论。现在也可略加分析。吴国继承制度与秦国有某些相似之处。它是从春秋晚期寿梦时才开始进入有年可考历史时期的。吴国自建国至寿梦经历了"十九世"，除始祖传弟仲雍外，其余都是父子相传。就连太伯传弟仲雍这唯一的兄传弟，《吴世家》也要加以注明是由于太伯"无子"的缘故。殊不知在实行兄终弟及制的地方，有子无子并不重要。上举宋宣公传弟缪公，秦武公传弟德公，秦宣公传弟成公，秦成公传弟缪公诸例，都是有子不传而传弟的佳证。太史公所加的"无子"的注解显然是多余的蛇足之论。

　　吴国西周世系整齐的子继谱系是可疑的，这从吴国国君的名字中即可见其端倪。如所周知，周人有在字的前面加伯、仲、叔、季以表示兄弟长幼关系的命名习俗，吴建国之初的四位国君是太伯、仲雍、季简、叔达。除太伯传弟仲雍外，其余都说是父子相传。但这四位国君的名字伯、仲、叔、季俱全，表明他们之间不是什么父子、祖孙，都应该是兄弟关系，否则不会如此巧合。

　　《吴世家》所载世系也和其他国家一样，存在笔者指出过的那种通病,即无年可考时期是整齐的子继谱系,进入有年可考时期即出现兄终弟及。吴国是从春秋晚期寿梦开始进入有年可考的历史时期的。在此以前的十八位君主中有十七位是父子单传,而从寿梦开始即出现了典型的兄终弟及制。寿梦有子四人:诸樊、余祭、余眛、季札。兄弟四人依次相传,当三弟余眛死,准备传四弟季札时,由于"季札让,逃去",才改立余眛之子僚为王。吴国这时所实行的继承制度,用吴人的话说:"先王有命:'兄卒弟代立,必致季子。'季子今逃位,则王余祭后立。今卒,其子当代。"这席话清楚不过地阐明了弟及为主制的精髓,即有弟传弟、无弟传子。传子时不传兄之子,而传"后立"弟之子。直到春秋晚期的吴国,尚且实行与商代相同的弟及为主制,可见寿梦以前将近二十世的子继谱系实难凭信①。

杞型二国西周世系有严重遗漏,前人已予指出。需要进一步讨论的是杞、陈西周世系同样也并非全错,杞国西楼公、题公、谋娶公等三位国君,陈国相公以后的孝公、慎公、幽公等三位国君,很可能也像《世本》所记鲁国世系那样都是直系,遗漏的是旁系国君。但是为什么同是直系,杞国比同期鲁国经历世代少了二世呢?这说明西周杞国实行的是比一继一及还要原始的弟及为主制,即每一世代中不只是传弟一次,而可能是传弟二次甚至三次。因为杞国在位人数假如与同期鲁国相同都是八人,而经历世数又比同期鲁国少二世,这就意味着杞国每一世代的在位人数要多于鲁国,即应多于一继一及制的每世在位二人。事实上,春秋时期的杞国仍然存在着考公传弟文公、文公再传弟平公的连续两次传弟的弟及为主制,而且都是职位的正常传递,并不是由于篡弑争位。西

---

① 王恩田:《吴国继承制度剖析》,《东南文化》1992年第2期。

周陈国自申公至幽公经历四世，在位五人，与晋型三国颇为相似，很有可能像晋型三国那样自孝公至幽公三世所记载的是直系，旁系却被排除在外了。

如果上述分析不误，雷学淇所揭示的《周本纪》和《刘敬传》中关于先周世系中的矛盾就可迎刃而解了。原来《周本纪》所说自后稷至公刘四世是指直系，《刘敬传》所说自后稷至公刘"十有余世"则指包括旁系在内的全部世系。这里所说的"十有余世"，正确说应是"十有余传"，"世"与"传"是既有联系又有区别的两个不同的概念。在嫡长制条件下，一"世"往往就是一"传"。在一继一及制条件下，一世应是二"传"。在弟及为主制中，一"世"可以是一"传"，也可以是二"传"或三"传"。古籍中往往把"世"与"传"混淆起来。这样不仅《周本纪》和《刘敬传》的矛盾可以得到解决，而且也为谯周、孔颖达所提出的对《周本纪》先周世系中的疑问找到了答案。即《周本纪》所记载的周人先公都是直系，而旁系则被排除在外了。就继承制度而言，自后稷至公刘经历四世而有十余人在位，说明周人先公时代实行与殷商相同的弟及为主制。

四、结语

（一）鲁国西周世系处在有年可考的历史时期，因此，西周鲁国一继一及的继承谱系是真实可信的。一继一及制的继承谱系得以完整地保存下来，归功于鲁国史乘的完备和两套记录世系统的设置。一套是记录父子、祖孙辈分的"世"（即后世流传的《世本》），由工和史负责记录；另一套是记录兄弟关系的"昭穆"，由宗和祝负责。由于鲁国保存下来"昭穆"的记录并被司马迁所利用，因此在《鲁世家》中既可以看到西周鲁国的直系国君，也可看到旁系，而且也就得以看到这唯一的一继一及的继承谱系。

（二）其他各国共和元年以前的西周世系都处在无年可考的历史时期。因此，这些国家西周世系中整齐的子继谱系是可疑的。周、卫、燕、晋、曹、蔡等姬姓六国每世含年的平均值，违背了嫡长制条件下的"三十年为一世"的世代含年常数规律，因之是错误的。

（三）晋、曹、蔡三国只保存了"世"（即《世本》）的记载，只能看到直系，而旁系则被排除在外了。因而晋型三国西周世系是残缺不全的。

（四）周、卫原来也应该拥有记录世系的两套系统的设置，由于变迁或其他原因没能保存下来两套系统的记录。可能是依靠了保存在鲁国"赴（讣）"的记载，才借以得知相继嗣位的国君的名字与谥号。但由于"赴（讣）"时并不说明死者与嗣位者之间的亲属关系，故而无法从中确知各位国君之间真正的亲属关系。周、卫的西周世系，应是嫡长制确立后，整理者按照父子相传的通例整理出来的，而且是虚假难信的。西周燕国不仅没有两套系统的设置，且因与鲁国互不往来，故而召公以后惠公以前国君的名字与谥号均失载。所谓"九世至惠侯"，应是据周王朝经历世数推算出来的，"九世"应是"九传"之误。

（五）异姓诸国和姬姓吴国直到春秋时期尚且不同程度地存在着与商代弟及为主制相同的继承制度，因此这些国家共和元年以前无年可考时期规整的子继谱系是可疑的。

（六）杞、陈共和元年以前的西周世系，仅经历三至四世，在位仅三至五人，当与晋型三国相同，都是《世本》所记直系，旁系均被排除在外了。杞国经历世数少于鲁国和晋型三国，如在位人数与同期鲁国相同，则每世平均在位人数必然多于鲁国，即杞国西周时期实行比鲁国一继一及制还要原始的弟及为主制。

（原载《文史哲》1999年第1期）

西汉出宫人制度考实

卫广来

一、创立与演变

汉以前无"出宫人"之事,西汉创此制,开一代新风。所谓宫人,是在除皇后以外的宫闱女性这个意义上使用的述语。西汉出宫人制度的演变经历了三个阶段,汉初至武帝为创立和完善阶段。《汉书·外戚传上》:

> 孝文窦皇后,景帝母也,吕太后时以良家子选入宫。太后出宫人以赐诸王各五人,窦姬与在行中。

这是西汉出嫁宫人最早的一次。出嫁宫人的身份,有一部分属于侍女,《史记·外戚世家》载窦姬为侍女,又《西京杂记》卷三谓:"戚夫人侍儿贾佩兰,后出为扶风人段儒妻。"[①] 也有一部分是刘邦的夫人,《汉

---

① 葛洪:《西京杂记》,中华书局1985年版。

书·外戚传上》:"高祖崩,诸幸姬戚夫人之属,吕后怒,皆幽之不得出宫。而薄姬以希见故,得出从子之代,为代太后。"可知刘邦死后,后宫夫人有宠者皆为吕后幽禁,无宠者,有子的得出居其子封国,无子的有可能出宫改嫁。吕后出嫁汉高祖宫人,创立新制度,比起秦二世葬秦始皇令后宫无子者全部殉葬的残暴做法,是一个进步,但是这次出嫁宫人的覆盖面有限,并且出宫者不能自择配偶,婚配带有明显的强制性。

汉文帝在位23年,两次出嫁宫人。《汉书·文帝纪》十二年二月:"出孝惠皇帝后宫美人,令得嫁。"后七年夏六月,帝崩于未央宫,遗诏曰:"归夫人以下至少使。"文帝放出宫人,有两个新做法,一是允许出宫妇女自行改嫁,非如吕后出宫人以赐诸王,强令婚配;二是临终前自出本宫嫔妃,不待后世代遣。文帝放惠帝宫人出嫁,当时便受到了贤良文学的热烈拥护(《汉书·晁错传》)。后来,汉元帝议尊文帝为汉太宗,群臣皆以文帝出宫人为"德厚侔天地"的美德。景帝受文帝影响,奉行出宫人制度,临死前遗诏:"出宫人归其家,复终身。"(《汉书·景帝纪》)妥善安排放嫁宫人的生活,免其终身徭役赋税,是景帝对出宫人制度的一个完善。

文景二帝,都是临死前才将本宫妇女放嫁,汉武帝平素则常放出宫人。《史记·外戚世家》:"武帝择宫人不中用者斥出之,子夫得见,涕泣请出。"《汉书·金日磾传》:"日磾自在左右,目不忤视者数十年。赐出宫女,不敢近。"所出宫人年龄,《三辅黄图》卷三称"年满三十者出嫁之"[①],《太平御览》卷一七三引《汉武故事》作"蒲四十者出嫁"[②],

---

① 陈直:《辅黄图校证》,陕西人民出版社1980年版。
② 《太平御览》,中华书局1960年版。

未知孰是。三十也好，四十也好，做此规定，目的不外是防止后宫年龄结构的老化。后宫妇女得以出宫自嫁，无论如何要比老死宫中好些。但是她们出去了，汉武帝却从民间另选妙龄女子进宫补缺，又有一批人数相当的妇女沦为宫闱政治的牺牲品。

　　昭、宣、元诸帝统治期间，是西汉出宫人制度走向反动的阶段，宫人奉陵制取代了出嫁宫人的制度。后元二年，武帝死，葬于茂陵，霍光以辅政者的身份，令后宫妇女全部出宫奉守陵园。昭帝死，葬平陵，霍光一仍旧法。霍光受遗诏辅政，形迹可疑，他厚葬武帝，令宫人全部奉守茂陵，有失国礼，目的是让天下人看到他对先帝是多么忠诚和尽心，好让人不要怀疑他"受遗诏辅政"有什么问题。及元帝葬宣帝于杜陵，不能匡正霍光弊政，群臣亦循故事，致使奉陵一制在西汉历史上延续了半个世纪。"中人守园，疾者当勿治，相杀伤者当勿法，欲令亟死"（《汉书·武五子传》），可见奉陵制与殉葬制并无本质区别。这种倒行逆施，否定了具有进步意义的出嫁宫人制度，是对社会文明进步的反动。汉元帝即位之初，中郎翼奉首先对奉陵制提出非议，接着谏大夫贡禹上书，慷慨陈词，猛烈抨击奉陵制（《汉书·贡禹传》）。翼奉治《齐诗》，贡禹以明经著闻，二人言论可以代表汉儒的态度。汉儒拥护出宫人制度，反对奉陵制，反映了时代的呼声。翼奉和贡禹都主张后宫定员，出其过制者。在如何处理奉陵女子的问题上，翼奉建议未尝御者归家，贡禹则主张凡无子者应全部放遣。汉元帝对他们提出的其他建议，诸如改奢为俭等等，多所采纳，唯后宫定编，放遣奉陵女子一议，终不见用。考其主观原因，《资治通鉴》卷二八初元元年"陛下恶有所言"句，胡注曰："恶有所言者，恶以天下俭其亲"，大概是元帝不采此议的动机。

成帝以后是西汉出宫人制度的复活阶段。《汉书·成帝纪》永始四年六月："出杜陵诸未尝御者归家。"翼奉建议放遣杜陵宫人,时在初元二年（前47）,至成帝永始四年（前13）,已有35年之久,杜陵宫人最年轻的也年近花甲了。按照成帝的诏令,她们中间,与宣帝同居过的仍然奉陵如故,被迫终身守寡;"诸未尝御者",得放遣回家,也不可能再嫁成婚,但总算叶老归根了。哀帝于绥和二年四月即位,六月便出嫁宫人,"掖庭宫人年三十以下,出嫁之"（《汉书·哀帝纪》）。这些宫人只能是成帝的后宫,可知奉陵制至此废除。成帝死后,班婕妤充奉园陵,个人之志,当属例外。哀帝所出成帝宫人,年在婚龄,出宫之后大都改嫁。及平帝晏驾,王莽托太后诏出嫁宫人,一如孝文故事,出宫人制度终于完全复活。

二、文帝所出宫人考辨

文帝遗诏"归夫人以下至少使",夫人是一种什么身份,尚需给予界定。《汉书·外戚传上》：

> 汉兴,因秦之称号,帝母称皇太后,祖母称太皇太后,嫡称皇后,妾皆称夫人。又有美人、良人、八子、七子、长使、少使之号焉。至武帝制婕妤、娙娥、傛华、充依,各有爵位,而元帝加昭仪之号,凡十四等云。

史文述明汉初承秦制,"妾皆称夫人",夫人是嫔妃中最高一级名号,其下尚有六品。上节文帝遗诏注引东汉应劭曰："夫人以下有美人、良人、八子、七子、长使、少使，皆遣归家，重绝人类。"(《汉书·文帝纪》)应劭就是在这一意义上使用夫人一词。南北朝史家做同样理解。南朝范晔《后汉书·皇后纪》："秦并天下，多自骄大，宫备七国，爵列八品。汉兴，因循其号，而妇制莫厘。"这是把夫人作为一个品级名号，连同皇后，再加上美人至少使六品，架构起"爵列八品"的概念。北朝魏收《魏书·皇后列传》："汉因秦制，妃曰皇后，余则多称夫人。"其义略同。

夫人作为汉初嫔妃的一级名号，应当没有问题。问题是，既然"妾皆称夫人"，那么美人至少使六品就不是妾。然而不是妾，那她们是什么身份呢？是宫婢侍女么？显然不是，因为班固在外戚传序里叙述的是西汉后妃建置，与宫婢侍女无关。并且宫婢侍女另有名称，如"材人"见于《汉书》《礼乐志》、《艺文志》，"长御"见于《元后传》等，"中宫史"见于《赵皇后传》《谷永传》等。

美人至少使六品，按照传统制度，最有可能的是相当于"媵妾"，低主妾夫人一等。《礼记·昏义》："古者天子后（王后）立六宫（六个部门），三夫人，九嫔，二十七世妇，八十一御妻，以听天下之内治。"① 据《周礼·天官·九嫔》东汉郑玄注，"古者"是周制，《后汉书·皇后纪》正作周礼云云。《礼记·曲礼下》："天子之妃曰后，诸侯曰夫人，大夫曰孺人，士曰妇人，庶人曰妻。公侯有夫人，有世妇，有妻，有妾。夫人自称于天子，曰'老妇'，自称于诸侯，曰'寡小君'，自称于其君，曰'小童'。自世妇以下，自称曰'婢子'。"可知诸侯正嫡名号比天子低一等，其自称则以更低的名号为谦语。妇人以下谦称曰

---

① 陈澔注：《礼记集说》，上海古籍出版社1987年版。

"婢子",正说明世妇以下非婢子。《公羊传》庄公十九年:"媵者何,诸侯娶一国,则二国往媵之,以姪娣从。姪者何,兄之子也,娣者何,弟也。诸侯一聘九女,诸侯不再娶。"① 可知根据诸侯不再娶之义,娶一国,可以数国同时以媵妾身份随嫁,以足一聘九女之制。"国"的确义是指当事人此女的母姓,因为此女之父为诸侯,也同样是一聘九女,此女出嫁,异母妹,异母兄之女,可以同时随嫁到男方诸侯,也就是"二国往媵之"之义。《左传》襄公十九年:"齐侯娶于鲁,曰颜懿姬,无子。其姪鬷声姬生光,以为大子。"杜预注:"兄子曰姪。颜、鬷皆二姬母姓,因以为号。"② 可证。《国语·晋语一》:"献公伐骊戎克之,灭骊子,获骊姬以归,立以为夫人,生奚齐。其娣生卓子。"吴韦昭注:"女子同生,谓后生为娣,于男则言妹也。"③ 骊姬为夫人,则其妹就是相当于世妇、妻、妾三种名号的身份。秦本西土与戎族杂处的诸侯国,不完全用周制。《史记·秦本纪》有"秦缪公夫人",是晋太子申生之姊,合周制公侯正嫡名号。战国时孝公之子惠文王称王,以后武王、昭襄王、孝文王、庄襄王时代,秦内职已有王后,有夫人,但夫人以外的媵妾名号就不是周制了。王后如《史记·吕不韦传》,"太子安国君立为王(即孝文王),华阳夫人为王后"。媵妾名号,同书《穰侯列传》载:"昭王母故号为芈八子。"同书《秦本纪》:"昭襄王卒,子孝文王立。尊唐八子为唐太后",集解引东晋徐广曰:"人子者,媵妾之号,姓唐。"夫人以下美人、良人、八子、七子、长使、少使六品,最终完备应当在秦统一之后,它们都是相当于低于夫人的媵妾。

---

① 《春秋三传》,上海古籍出版社1987年版。
② 《十三经注疏》,中华书局1980年版。
③ 《国语》,上海古籍出版社1978年版。

美人至少使六品既为妾阶层中的一种配角，那么"夫人"就是妾阶层中的主角，属于贵妃。《汉书》中"贵人"一词有十处，除三处用于称呼成帝许皇后，七处都用于称呼诸夫人。至东汉，贵人遂成为仅次于皇后的六宫正式名号。汉文帝出宫人放嫁，上达仅次于皇后的贵妃，其观念为后世所不易解，而这正是西汉出宫人制度的历史性意义之所在。

汉初夫人又称姬，如戚姬戚夫人。《文帝纪》颜师古注："姬者，本周之姓，贵于众国之女，所以妇人美号皆称姬焉。后因总谓众妾为姬。"西汉前期后妃可考者，高祖有吕皇后、戚夫人、薄姬、管夫人、赵子儿、傅夫人、曹夫人、唐山夫人、石美人。惠帝有张皇后。文帝有窦皇后、慎夫人、尹姬。景帝有薄皇后、王皇后、王夫人（即王皇后妹儿姁）、栗姬、贾夫人、程姬、唐姬。《汉书·贡禹传》："至高祖、孝文、孝景皇帝，循古节俭，宫女不过十余。"文帝"归夫人以下至少使"，当是将皇后以外的嫔妃全部放遣。

文帝出宫人上达夫人，贵贱全遣，使此政具有经典意义。所以王莽托王太后诏出平帝宫人，言称"其出媵妾，皆归家得嫁，如孝文故事"（《汉书·平帝纪》）。平帝14岁崩，夫人无考，当无此建置。

但是夫人到西汉中期武帝以后，失去了品级名号的意义，转变成为贵妃的一种泛称。武帝后宫建置为十三品，至元帝增昭仪，共十四品。其名号、地位如下：

昭仪，位视丞相，爵比诸侯王。

婕妤，位视上卿，爵比列侯（二十等爵制的20级）。

娙娥，位视中二千石，爵比关内侯（19级）。

傛华，位视真二千石，爵比大上造（16级）。

美人，位视二千石，爵比少上造（15级）。

八子，位视千石，爵比中更（13级）。

充依，位视千石，爵比左更（12级）。

七子，位视八百石，爵比右庶长（11级）。

良人，位视八百石，爵比左庶长（10级）。

长使，位视六百石，爵比五大夫（9级）。

少使，位视四百石，爵比公乘（8级）。

五官，位视三百石（以下无爵）。

顺常，位视二百石。

无涓、共和、娱灵、保林、良使、夜者，皆视百石。

初入宫无职号的，叫作家人子，视佐史有秩斗食。

十四品中并没有夫人这一级名号，而武帝时却有卫夫人、尹夫人、邢夫人、拳夫人、李夫人、王夫人等称呼，《江充传》又称"先治后宫希幸夫人"，夫人只能是贵妃的泛称。

哪些是可以视作夫人的贵妃，可以判断出是爵比王侯的前三品。御史大夫为上卿，九卿为中二千石，官品等于三公九卿的，也恰好是前三品。《史记·褚补外戚世家》述"武帝时，幸夫人尹婕妤。邢夫人号娙娥"可证。而自倢伃以下，没有被称作"贵人"的史例，也可佐证。

周、秦两种制度，秦朝除却改王后为皇后，嫡后、夫人与周制相同。以下虽性质都为媵妾，但周为嫔、世妇、御妻，秦则为美人至少使六品，名号判然两系。至汉武帝废夫人名号，十四品始为纯粹汉制。

以后两汉夫人都是贵妃泛称，直到晋武帝始复立夫人品号。

三、历史背景与社会基础

出宫人制度出现于西汉，这是承继了春秋战国以来否定妻妾殉葬制的历史潮流。妻妾殉葬制出现于原始社会末期私有制和阶级产生以后。甘肃武威皇娘娘台属于齐家文化的一座一男二女合葬墓，三人系同时埋入，男子正中仰卧，二女住左右侧身面向男子，下身屈肢，两手屈于胸前，是妻妾为丈夫殉葬的显例。妇女的受奴役同阶级压迫是共存的社会现象，妻妾殉葬制的废除，有赖于奴隶殉葬制的消灭。

夏商奴隶制时代，奴隶主阶级不仅占有全部生产资料，而且占有生产劳动者本身，由这种生产关系所决定，这个时代流行着野蛮的人殉制。春秋时期，奴隶制逐渐崩溃，社会经济结构发生了重大变化，新的阶级关系和新观念不断产生。伴随着社会生产力水平的提高，作为生产力要素的劳动者本身的价值也相应提高，人殉制度开始受到社会舆论的谴责。秦穆公死，殉葬百余人，秦国三良从死，"秦人哀之，为作歌《黄鸟》之诗"（《史记·秦本纪》）以表达哀怨。孔子不仅反对生殉，连木偶葬也反对，认为"为俑者不仁"（《礼记·檀弓下》）。人殉制度既遭反对，妻妾殉葬制也就被视为不合理，受到了非议和抵制。《左传》宣公十五年记晋卿魏武子将死，嘱咐儿子魏颗一定要嬖妾殉葬，及死，魏颗认为这是将死之人的昏乱之言，放她出去改嫁了。《礼记·檀弓下》记陈乾昔将死，要求兄弟和儿子按照他的意愿，置一口大棺材，让两个宠婢夹着他。乾昔死后，其子曰："殉葬，非礼也，况又同棺乎？"违抗父命，不杀二女。

战国时期，人殉制度受到了进一步的摈弃。公元前384年，秦献公进行社会改革，宣布"止从死"，废除了落后的人殉制度。从此，用人殉葬不仅在社会风俗观念上成为不合理的事，而且在法律上成了违法的行为。公元前210年9月，秦二世葬秦始皇于骊山，后宫无子者，皆令从死，死者甚众。这种对抗历史潮流的反动行为，遭到了历史的严厉制裁，农民大起义很快推倒了秦朝的残暴统治。

西汉的出宫人制度，便是在这样的历史背景下产生的。

出宫人制度之出现于西汉，其社会基础则是西汉民间广泛流行的妇女改嫁的风俗。此种风俗流行于西汉，就社会而言，战国后期的战争由前期的争雄变为吞灭，国破家亡者举目皆是，家庭毁灭与重新组合的频率很高，西汉妇女改嫁的风俗由此而来。就意识形态而言，《礼记·郊特牲》："信，妇德也，一与之齐，终身不改，故夫死不嫁。"汉初实行黄老政治，儒家学说不被重视。汉武帝独尊儒术，儒家思想在国家政治生活中占了统治地位，但一时之间还不能渗透到社会生活的各个方面。并且《礼记》并非孔子所著，书中"夫死不嫁"的说法，不能看作就是孔子的思想。相反，孔子似乎倒是不以再嫁为嫌，孔子儿子伯鱼死，儿媳已生有子思，犹改嫁于卫，孔子并不曾有什么非议。西汉儒家派别很多，对于一种主张，不一定有共同的见解。刘向撰《列女传》，主张妇女"终不更二……以为法训"（《贞顺传》）。公羊大师董仲舒议甲某浮海沉舡溺死，其妻改嫁一案，则认为："夫死无男，有更嫁之道也。"①可见，在西汉时期，是赞成守节，还是不赞成，汉儒并无定说。即使有赞成的，也不见得就能在社会现实生活中发生支配作用。就国家而言，对于贞妇守节，西汉宣帝以前，封建政府还没有明确提倡过。秦始皇为巴寡妇清筑女怀清台，不是因为她守寡不嫁，而是褒奖她"用财自卫，人不敢犯"（《汉书·货殖传》）。这属于商鞅以来秦国鼓励和强迫

---

① 《太平御览》卷六四〇《董仲舒决狱》，中华书局影印1960年版。

秦民自立精神的一脉，与改嫁无涉。秦始皇三十年会稽刻石曰："有子而嫁，倍死不贞。"禁止寡妇有子，弃子女而嫁，着眼点在保护儿童利益，并未反对无子寡妇改嫁。西汉文帝赐淮阳陈寡妇黄金40斤，复其终身，表扬的是孝道，赐号曰"孝妇"，不称"贞妇"，也无鼓励寡妇守节的意思。封建国家提倡贞妇守节，开始于西汉中期汉宣帝，神爵四年（前98）夏四月诏：赐颍川郡"贞妇顺女帛"，这是中国历史第一次由封建国家颁布的奖励贞妇孝女的正式诏令，但它仅限于颍川一郡。到平帝元始元年（1）六月，诏令天下"复贞妇，乡一人"[①]（《汉书·平帝纪》），王莽才将这一精神向全国推广。但是，汉武帝开边用兵，"军旅数发，父战死于前，子斗伤于后，女子乘亭鄣，孤儿号于道，老母寡妇饮泣巷哭"，元帝以后，"民众久困，连年流离，离其城郭，相枕席于道路。人情莫亲父母，莫乐夫妇。至嫁妻卖子，法不能禁，义不能止"（《汉书·贾捐之传》）。在这样的条件下，政府区区一二道诏令，不能对社会发生号召作用，改变不了相沿已久的改嫁风俗。

西汉妇女改嫁与寡妇改嫁有三种情况：1.无子寡妇改嫁。宣帝外祖母王妪，14岁嫁同乡王更得，夫死，改嫁广望人王乃始，生二男一女，女名翁须，便是宣帝的母亲。宣帝的女儿敬武长公主，成帝许皇后姊许嬺，也都是夫死改嫁。改嫁次数最多的，要算陈平之妻张氏，《汉书·陈平传》载"户牖富人张负有女孙，五嫁夫辄死，人莫敢取，平欲得之"，后来竟遂心愿。西汉最有名的寡妇要数卓文君。卓文君新寡私奔，父亲卓王孙大怒，但其怒并不是因为女儿再嫁，而是嫌文君嫁给一个穷书生。后来司马相如发达了，卓王孙还"自以得使女尚司马长卿晚"呢。2.寡妇有子改嫁。景帝岳母臧儿，先嫁槐里王仲，生一男二

[①]《汉书》，中华书局1962年版。

女，王仲死，改嫁长陵田氏，又生二男，先后生子女五人。后来她的第二个丈夫又死了，郦寄想娶她作夫人，假如不是景帝从中作梗，臧儿大约是要嫁第三次的。元帝傅昭仪，父亲河内温县人，早死，母亲弃她改嫁为魏郡郑翁妻，也是寡妇有子改嫁一例。3.亲属劝孀妇改嫁，上举文帝时淮阳陈孝妇，夫死，父母劝她改嫁。昭帝时，东海有孝妇，年轻守寡，婆母心不忍，欲其改嫁，以死相劝，引出一桩千古奇冤。二孝妇出于个人情操，但她们的亲属是积极劝其改嫁的。

离婚改嫁也屡见不鲜。《汉书·张耳传》载："外黄富人女甚美，庸奴其夫，亡邸父客。父客谓曰：'必欲求贤夫，从张耳。'女听，为请决，嫁之。女家厚奉给耳，耳以故致千里客，宦为外黄令。"平阳公主、朱买臣妻、苏武妻、王政君母李氏等，也都曾弃夫改嫁。

一个社会里，如果主张夫死不嫁，那就一定主张男子不娶寡妇，二者互为条件。西汉的寡妇，对改嫁之事，并不觉得不体面，并不认为失去了什么贞节，只要本人愿意，尽可嫁而又嫁，对于这样的寡妇，男子不仅不抱什么成见，有的还热切追求，也不感到有什么不光彩。西汉社会宽松，妇女改嫁被视为合乎伦理道德的正当行为。

民间流行的这种妇女改嫁的风俗，便构成了西汉出宫人制度赖以创立和存续的现实社会基础。

结论与余论

全文的论证可以归纳为以下几点：

1. 西汉出宫人制度经历了三个阶段，汉初至汉武帝时期是创立和完善阶段,昭、宣、元时期是走向反动的阶段,宫人奉陵制取代了具有进步意义的出嫁宫人的制度,成帝以后为复活阶段。

2. 文帝所归夫人以下至少使,夫人在西汉前期是仅次于皇后的一级嫔妃名号,身份属于贵妃,美人至少使六品相当于媵妾,低夫人一等。而武帝以后,夫人失去品级名号的意义,成为昭仪、婕妤、娙娥三品贵妃的泛称。

3. 春秋以来随着社会生产力水平的提高,作为生产力要素的劳动者本身的价值相应地提高,人殉制度开始受到社会舆论的谴责,从而妻妾殉葬制也变为不合理,日益被否定,这一潮流构成西汉出宫人制度产生的历史背景。

4. 战国后期以来的战争环境,使得家庭毁灭与重新组合的频率很高,从而形成西汉妇女改嫁成风的历史现象。此风俗构成西汉出宫人制度赖以生成和存续的现实社会基础。

战国末法家韩非说到春秋时齐景公"宫妇不御者出嫁之,鬻德惠施于民也"(《韩非子·外储说右上》)。东汉顺帝时儒学经师郎顗据前汉伏胜《尚书大传》将此惠政前推,说到"昔武王下车,出倾宫之女,表商容之闾,以理人伦,以表贤德"(《后汉书·郎顗传》)。史实真相如何,此文不能置论,而法家、儒家都主张放嫁被宫廷束缚的妇女,还其婚姻自由,却是可以肯定的早期伦理观念。

西汉今文家儒生翼奉、贡禹主张放嫁宫人,东汉儒生郎顗、陈蕃、荀爽也有同样主张。郎顗认为"今(顺帝)宫人侍御,动以千计,或生而幽隔,人道不通,郁积之气,上感皇天",主张"宜简出宫女,恣其姻嫁,则天自降福"。荀爽在桓帝延熹九年对策:"臣窃闻后宫采女五六千人,从官侍使复在其外。""空赋不辜之民,以供无用之女,百姓穷困于外，阴阳隔塞于内，故感动和气，灾异屡臻。臣愚以为诸非礼聘未曾幸御者，一皆遣出，使成妃合。"（《后汉书·荀爽传》）"妃合"应作"配合"。荀爽是东汉古文经学的一个代表，则汉世今、古文士大夫都有出宫人的伦理主张。

据《后汉书》的《皇后纪》《东海恭王彊传》《陈敬王羡传》《乐成靖王党传》等篇，东汉前期、中期都曾有出宫人之政。东汉皇后、贵人以外，媵妾只分美人、宫人、采女三等。贵人实行奉陵制，承霍光做法，但宫人、采女不奉陵，或奉陵一段时间，即行放嫁。《孝明八王乐成靖王党传》载"旧禁宫人出嫁，不得适诸国"，为西汉所无，但诸侯国是帝室同宗，不能二刘同妻一女，此正为人伦进步而不为反动。西汉后妃多出身微贱，由十七位皇后出身可知。东汉后妃多出自列侯世家，由洛京十三位皇后的家族可知。虽然如此，东汉仍承遵了西汉出宫人制度的人伦精神。

两汉为中国经学时代，形成儒风浓郁、经世致用的所谓"汉学"。在此人文环境下，宫妃却可以改嫁，足见后世反对妇女改嫁，不见得就是完整的中国传统文化。正如鲁迅先生所说："由汉至唐也并没有鼓吹节烈。直到宋朝，那一班'业儒'们才说出'饿死事小，失节事大'的话，看见历史上'重适'两个字，便大惊小怪起来。"[①]

（原载《文史哲》2002 年第 2 期）

---

① 鲁迅：《我之节烈观》，《鲁迅全集》第一卷，人民文学出版社 1981 年版，第 121 页。

商代继统法新探

詹鄞鑫

所谓继统法，简单说就是氏族组织家长或领袖地位的确定和接班的法则。继统法通常被视为王位继承法，这是比较狭隘的理解。就王室而言，继统法当然是指王位确定和接班的法则，但如果是王室之外的贵族，就不是对王位而言，而是对该族的君主或家长地位（例如诸侯卿大夫之类）而言的。也许有人会说，王位的确定和非王贵族君主或家长地位的确定怎么会是一回事呢？笔者认为，就某种一定的社会制度而言，王位和其他贵族地位的确定，其主要区别是规格的不同，而不是规则的不同。就如西周的嫡庶制一样，其原则自天子至诸侯卿大夫士都是一样的，甚至对于庶民也是大致相似的（庶民虽然没有爵位，但有财产继承问题），所异者只是规格的高低和权力的大小而已。

继统法本质上是宗法制度的基本法。一般讲宗法制度，都是特指西周贵族以嫡庶制为核心的传位制度，以及由此形成的大宗和小宗的隶属关系。商代的贵族传位制度被认为不一样，所以就被说成还没有宗法。但如果从本质上说，只要是氏族社会，就必然存在氏族组织家长传位的问题，从而形成相应的宗族（也即氏族组织）关系的法则。不同的传位法则，会形成不同的宗族关系法，都可以归属于广义的"宗法"。按照这样的措辞（这纯粹只是措辞问题），那么，就可以把"宗法"制度区分为许多不同的发展阶段，例如西周宗法、殷商宗法，乃至追溯到原始公社的宗法，以及秦汉之后可能有别于西周的宗法。

宗法制度是古代社会组织结构的基本法，商代王位继统法一直是甲骨学和商史研究中的一个基本问题，大凡殷商史著作都会加以关注。但对于商代的王位继统法，学术界的认识并不一致。虽然研究者所掌握的史料是基本相同的，最主要的史料无非是《史记·殷本纪》和殷墟甲骨文，但各家对这些材料的分析和解释却并不一样。有的学者认为商代继统法与西周不同，持此观点的主要有王国维、陈梦家等。有的学者认为商代继统法与西周相似，既有嫡庶之分，也有大小宗之别，持此观点的主要有范文澜、裘锡圭等。

按照我们对史料的分析和理解，商代的宗法的确与西周制度不同，它是原始公社宗法制度向西周宗法制度发展的过渡阶段。它既保留了非常浓厚的原始氏族社会的选举和传位作风，又开启了西周嫡庶制度的先河。把它置于整个历史长河中来看，商代宗法正处于承上启下的过渡阶段：前期承上，后期启下。

对于商代继统法，最早加以关注的是王国维。他在《殷周制度论》中说："殷以前无嫡庶之制……特如商之继统法，以弟及为主而以子继辅之，无弟然后传子。自成汤至于帝辛三十帝中，以弟继兄者凡十四帝；其以子继父者，亦非兄之子，而多为弟之子……故商人祀其先王，兄弟同礼，即先王兄弟之未立者，其礼亦同，是未尝有嫡庶之别也。此不独王朝之制，诸侯以下亦然。"①

---

① 王国维：《殷周制度论》卷一〇，中华书局1959年版，第289页。

王国维从商王世系的传位事实中总结出"以弟及为主而以子继辅之，无弟然后传子"的传位规则。陈梦家通过对殷墟甲骨文的进一步考查，纠正了王氏所论中不确切的地方。他说："根据《殷本纪》与卜辞一致处，以及根据卜辞的世系传统，我们得到与王氏相反的结论。就是：（1）子继与弟及是并用的，并无主辅之分；（2）传兄之子与传弟之子是并用的，并无主辅之分；（3）兄弟同礼而有长幼之别，兄弟及位以长幼为序；（4）虽无嫡庶之分而凡子及王位者其父得为直系。这些才真正是商制的特点而异于周制者。"①

就继统现象而言，陈梦家经过修正的说法比王国维更加客观一些。问题在于，殷王朝的王位传递现象，究竟反映了怎么样的继统原则呢？王国维和陈梦家都只是停留在"子继"和"弟及"哪种为主的讨论上，并没有涉及核心的问题。其实，不论是"子继"还是"弟及"，都只不过是某种表面的传位现象，而不是继统原则。这是因为，在氏族社会中，氏族内部的成员，"父"的称谓包括族父，"弟"的称谓包括族弟。就王室内部而言，不论继统原则如何，只要排除了女性和外族人为王的可能性，那么，后继者对前任者而言，不是子就是弟，不存在其他的可能性。真正核心的问题应该是，凭什么来决定王位继承人的确立。

然而，如果要从史料反映的商代传位现象中归纳出继统法则，的确是一件很棘手的事情。我们曾试图作出种种可能的继统法假设，均难以合理解释传位事实。如果这样假设：法则规定以子继父才是合法的，以弟继兄只是变例或兄弟争立的结果，那么，为什么以弟继兄的现象那么普遍？如果换一种假设：兄终弟及是传位基本原则，无弟然后传子，那

---

① 陈梦家：《殷墟卜辞综述》，科学出版社1956年版，第370页。

就意味着没有嫡庶制,既然没有嫡庶制,那么从道理上说,必须兄弟轮遍才能传子。这种假设的疑问就更多了:第一,为什么在事实上,兄弟相及一般才两兄弟及位?还有几代并无兄弟相及,兄弟相及最多的是阳甲一代,也才四人。从武丁卜辞中所有"父某"称谓来看,武丁父辈阳甲一代见于祭祀的,有从甲到癸又到乙至少十二人[①],可是及位的仅阳甲、盘庚、小辛、小乙四人。其他各代兄弟之数按理不会比阳甲一代少,及位之数再无超过三人之例,这说明每一代不论兄弟之数多少,最终能够及位的总是很个别的一二人或二三人。第二,既然不分嫡庶,兄弟平等,那么,传子应传兄子还是弟子,或兄弟之子都要传遍?按逻辑推论,只要兄弟平等,那么整个王族的族兄弟群(若按周代以来的氏族结构,同高祖的兄弟群都是同族的兄弟)都要传遍才是合理的。可是,从传位事实看,兄弟之子都先后为王者仅有一例,且各仅一子得位,如图所示:

祖乙[1] ——祖辛[2] ——祖丁[4] ——阳甲[6]
└──沃甲[3] ——南庚[5]

从即位先后说,祖乙传位于子祖辛,祖辛传位于弟沃甲,沃甲传位于兄祖辛之子祖丁,祖丁传位于叔父沃甲之子南庚,南庚传位于兄祖丁之子阳甲。陈梦家说:"弟及制并非轮及每一兄弟。"[②] 那么,可以相及的条件又是什么呢?在氏族社会中,如果要讲条件,只能有两种可能性,

---

① 陈梦家:《殷墟卜辞综述》,第 404 页。
② 陈梦家:《殷墟卜辞综述》,第 371 页。

一是论血缘的亲疏远近，一是论能力德行的大小贤不肖。那么，这两种原则是共同实行，还是只有一种起作用？我们认为，这两种原则本来是互相排斥、难以相容的。如果认定以"兄终弟及"或者"父死子继"为原则，这本身就是以血缘关系为标准的法则，而且，如果是"兄终弟及"制，则还体现了兄弟之间不论贤与不肖一律平等的原则。所以，我们可以认为，在"兄终弟及"的原则之下，能力大小和贤与不肖方面的因素是难以加入规则中的。在这样的前提下，按血缘亲疏为传位理由的假想规则，无论如何都不能解释每代兄弟一般只有两人及位的事实。

范文澜认为，商代王位继承制"是父子相继（兄弟相继是例外）。商汤子大丁早死，孙大甲年幼，大丁弟外丙、中壬相继立，创继统法的变例"，通过对商代传位现象的归纳，得出"商朝继统法是以长子继为主，以弟继为辅"的结论[①]。商汤以前的继统法不明，商汤是开国君主，其第二代和第三代的接班现象就说是"例外"，这是难以成立的。如果认真地推敲，就会发现，不论是"父死子继"为主，还是"兄终弟及"为主，抑或两者并行，不分主辅，都无法对已经发生的传位现象作出哪怕是大体上的合理解释。

既然难以解释，那么，我们是否可以换一种思路，不妨这么假设，商代继统法并不以建立在血缘亲疏远近基础上的"兄终弟及"或者"父死子继"为原则，而是以能力和贤不肖或者族人的支持率作为选定接班人的标准，这种假设有可能成立吗？我们还没有见到谁这么考虑过，除非所论的是传说中尧舜时代的事情。然而，在我们看来，这恰恰是唯一有可能站得住脚的假设。

---

① 范文澜：《中国通史简编》第 1 编，人民出版社 1964 年版，第 119 页。

我们可以这么假设，商代的继统法是原始氏族家长选举制发展到周代嫡庶制的过渡阶段。若此，则一切疑问都可以迎刃而解。按照这种假设，商代本来并没有什么严格的王储世袭规定，商王实际上即王族的酋长兼子姓各部落的军事领袖，商王作为王族最高的君长，其产生仍然带有浓厚的原始公社民主性。换言之，王的产生并不是地位的规定，而是选举的结果。

一说起选举制度，就会联想到现代社会的选举法。其实，古代社会的选举制与现代社会有着本质的不同，其区别正在于社会结构的不同。古代社会结构以氏族为单位，氏族家长（即酋长或领袖）由氏族内选举产生，不论"选举"的具体方式和操作法如何规定，新一届家长跟前一任家长之间必然具有某种不超出氏族范围的血缘亲属关系。就父系氏族而言，新任家长与前任家长如果是同辈人，其关系不能超出父系兄弟——即同父兄弟、从父兄弟（今俗称从兄弟）、从祖兄弟（俗称再从兄弟）、族兄弟（俗称三从兄弟）的范围。比族兄弟更远一层的就不同族了。如果不同辈，假设是上下辈关系，前任家长对新任家长而言其血缘关系不能超出父辈——即生父、伯父叔父（父亲的同胞兄弟）、从祖之父（父亲的从父兄弟）、族父（父亲的从祖兄弟）的范围。假设是祖孙辈，其关系亦可类推。这里我们采用《尔雅·释亲》的亲属称谓系统。《释亲》有关宗族的称谓系统，是中国古代氏族亲属制度的完整反映[1]。对于胞族、部落或部落联盟的领袖而言，它的产生虽然从道理上说是在全胞族、全部落或联盟诸部落中产生，但从常理推断以及从大量民族志资料来看，新任领袖与前任领袖在同一氏族（例如王族）中产生仍

---

[1] 詹鄞鑫、徐莉莉：《尔雅——文词的渊海》，上海古籍出版社1997年版，第42—49页。

然是最普遍的法则。由此可见，对于氏族社会而言，周代世袭制与原始公社的民主制是一脉相承的，两者具有相似的结局，即接班人总是具有族内血缘关系，其区别只在于家长产生方式是选举还是预定的而已。

美国人类学家摩尔根在叙述易洛魁人的氏族和部落时曾说："在蒙昧社会、低级野蛮社会以及中级野蛮社会，酋长都是终身职，或者说在其行为不出轨的期间一直充任。"① 作为终身制的制约还有酋长的罢免制。摩尔根又说："氏族成员保持着罢免其首领和酋长的权利，这种权利的重要性不在选举权之下。在职者虽然名义上是终身职，实际上却必须行为良好才能保持其权力，因为人们有罢免他的权利。首领就职的象征性说法叫做'头上戴角'，被罢免就称为'摘角'……一个酋长的行为如不称职，人们就会对他丧失信任，这就足可以有理由把他罢免了……氏族成员由于具有罢免权，并不时地行使这种权力，才能够维持主权来控制他们的首领和酋帅。这一点也反映了氏族的民主制度。"②

氏族首领的终身职与氏族成员的罢免权是互相弥补的，终身职得以维持的前提是首领必须行为良好，否则就可能遭到罢免。当然，罢免权的行使实际上表现了首领的严重失职，是很严重的事件，所以不会是经常发生的。氏族首领如果被罢免，就必须在氏族内选举新的首领。由于氏族本身的结构模式，决定了新任者与前任者必然具有血缘上的某种关系。如果是属于母系氏族社会的易洛魁人，氏族内同辈男性关系只能是母系兄弟——即同母兄弟，或母亲的姊妹（可以是母亲的同母姊妹或同祖母姊妹或同曾祖母姊妹）的儿子；如果是上下辈，只能是甥舅关

---

① 路易斯·亨利·摩尔根：《古代社会》，商务印书馆1977年版，第112页。
② 路易斯·亨利·摩尔根：《古代社会》，第72页。

系，上辈男子是母亲的同母兄弟，或母亲的同祖母兄弟，或母亲的同曾祖母兄弟。恩格斯是这样概括的："由于易洛魁人奉行母权制，因而酋长的儿子属于别一氏族，所以从不选举前一酋长的儿子做酋长，而是往往选举他的兄弟做酋长，或者选举他的姊妹的儿子做酋长。"① 文中所说的酋长当然是指男性酋长，在母系氏族社会中的男性成员，其子女都跟随母亲生活，从而不属于父亲氏族。但如果我们讨论的不是母系氏族社会，而是父系氏族社会，那么，新任酋长与前任酋长具有血缘关系这点是一样的，但不再是母系族兄弟或甥舅关系，而是父系族兄弟或父子关系。殷商王室的任何一位君主与前任君主之间的血缘关系，正属于这样的关系。

我们看到，商代的继统事实跟原始社会的民主选举制是多么相似。这种相似除了表现在新任君主与前任君主的氏族血缘关系方面外，还表现在对于现任首领的罢免方面。王权罢免事实在商代的出现，是一桩令后世难以理解的历史现象。《史记·殷本纪》："帝太甲既立三年，不明，暴虐，不遵汤法，乱德，于是伊尹放之于桐宫。三年，伊尹摄行政当国，以朝诸侯。"《史记》此说本于《尚书》的《伊训》和《太甲》，今虽亡佚，先秦文献中颇有类似的记载。《左传·襄公二十一年》："伊尹放太甲而相之，卒无怨色。"《国语·晋语》："伊尹放太甲，而卒为明王。"太甲是殷商开国君主成汤的孙子，由于他在任期间严重失职，伊尹作为辅臣居然把现任商王的太甲流放到桐宫（地名）。这是历史上罢免君主的典型事例。太甲被罢免，由伊尹摄行国政，以朝诸侯，也就是由伊尹代理领袖的职务。这种罢免在位君王而由臣摄政的现象，在周代

---

① 恩格斯：《家庭、私有制和国家的起源》，人民出版社 1972 年版，第 83 页。

以后是难以想象的，所以《孟子·尽心上》记述了孟子弟子公孙丑的疑惑不解："公孙丑曰：'伊尹曰：予不狎于不顺，放太甲于桐，民大悦。太甲贤，又反之，民大悦。贤者之为人臣也，其君不贤，则固可放与？'孟子曰：'有伊尹之志则可，无伊尹之志则篡也。'"放太甲于桐而"民大悦"，所谓"民"当然不是普天之下的民众，而是族众，这透露出流放君主的做法在当时是获得族人赞成的，因而也就是合法的。战国人对此不能理解，所以公孙丑发出疑问；孟子也不得不说，如果没有伊尹那样的辅佐君主的心志，那就会造成篡权夺位的后果。这完全是以后人之心揣度古人之腹。《竹书纪年》说："仲壬崩，伊尹放太甲于桐，乃自立。伊尹即位。放太甲七年，太甲潜出自桐，杀伊尹。乃立其子伊陟、伊奋，命复其父之田宅而中分之。"孔颖达在《尚书正义·咸有一德》"伊尹既复政厥辟"的讲解中指责《竹书纪年》的说法是"当时流俗妄说"："必若伊尹放君自立，太甲起而杀之，则伊尹死有余罪，义当污宫灭族，太甲何所感德而复立其子、还其田宅乎？"然而，不论后人如何难以理解，商代存在族众在辅臣领导之下罢免君王的事实却是可信的。这种现象透露出商代还保留着浓厚原始公社民主色彩的信息，那么，王位出于选举的假设则是顺理成章的。

史书对商王的即位大抵采用"某某崩，某某立"或"立某某"这样的措辞，并没有阐明"立"的原则。我们没有理由一定要按周以后的法则把商王的"立"理解为王储的登基即位，完全可以理解为"选举"而就职。正因为接班人出于选举，当原君王去世后，王族范围内或选举其弟，或选举其子；选举其子时，既可以是兄子，也可以是弟子，反正都是王族成员，都有被选举权。而且，选举其弟时，也没有必要每个弟都轮遍，因为本来就不是轮流为王，而是选举为王。可以说，只有选举制才能毫无窒碍地解释商代的继统现象。在这里我们看到，原始公社的民主制在商代得到相当充分的体现。

商代的继统法，在我们看来，跟摩尔根所述的易洛魁部落基本上是一样的，其区别仅仅在于，由于易洛魁部落还奉行母系氏族的婚姻和家庭制度，所以氏族内部的亲属关系不同。商代已进入文明社会，商代的生产和文化已相当发达，这是史学界公认的。所以，商代的继统法又必然与原始社会有区别。由于私有制的发展，王位不再只是像《韩非子·五蠹》所说的犹如"监门之养""臣虏之劳"般的苦差事，而是获取最大利益的前提条件，因而，已经为王的人，总是希望把王位传给自己的亲子。这一点，在商代的历史上也是颇有痕迹的。从成汤到帝辛，所有的在位者，不论是子继还是弟及，他的生父都曾经为王（不过这点并不是毫无疑问的，《殷本纪》凡言"子某立"和"弟某立"，"子"是否亲子，"弟"是否同父胞弟，都还有待确定）。也就是说，如果王位出于选举，那么，候选人的资格是有限制的，即必须是王子，非王子的族兄弟是不具备候选资格的。正由于利益的驱使，王位成为王室子弟觊觎的目标，并由此引起王位争夺之乱。《殷本纪》所述"自中丁以来，废適（嫡）而更立诸弟子，弟子或争相代立，比九世乱，于是诸侯莫朝"的状态，即反映了王位争夺的动乱局面。尤其值得一提的是，商代末年，从武乙到帝辛灭亡，四世四王，全是父子单传，再无传弟之例。到这时，嫡庶之制大概已经出现。《殷本纪》云："帝乙长子曰微子启，启母贱，不得嗣。少子辛，辛母正后，辛为嗣。帝乙崩，子辛立，是为帝辛。"也就是说，商王室已根据母亲身份的不同而决定王子是否可以作为继承人。这提示至迟到帝乙时，殷商王室的嫡庶制已经萌芽或确立了。这时，原始公社民主制度基本上已经瓦解了。这种制度，直接开启了周代嫡长子世袭制的先河。

商代是否有立储制度？李学勤先生认为是存在的。其主要依据是商代铜器铭文中有"太子"一词出现，其中含义比较明显的两例都是帝辛时的太子[①]。这样看来，商代即使有立储制度，也是商末才出现的。立储制与嫡庶制在本质上是一致的。立储制与嫡庶制是从原始选举制中脱胎出来的，它的出现又是对原始民主制的一次否定。

甲骨文所反映的商代祭祀制度，明显地表现出直系和旁系的区别。这是学术界一致公认的现象。然而，对这种现象所反映的本质，却仍有不同的看法。郭沫若认为，兄终弟及的旁系诸王的配偶不见祀典，"证明立长立嫡之制在殷代已有它的根蒂"[②]。这是看出商周制度相同的一面。陈梦家却认为："虽无嫡庶之分而凡子及王位者其父得为直系。这些才真正是商制的特点而异于周制者。"[③] 这是看出商周制度不同的一面。裘锡圭先生比较倾向于肯定商周制度相同的一面。裘先生说，"跟父子相继之制和直系旁系之分相应，在商人的语言里已经出现了跟'嫡''庶'二字意义相似的词语"，那就是"帝"和"介"。卜辞中有称父为"帝"的现象，裘先生认为，这种用法的"帝"其实就是后来的"嫡"。卜辞中又有"多介子""多介兄""多介父""多介母""多介祖"的说法，裘先生认为，这种用法的"介"跟"庶"的意思很相近。于是得出结论："在甲骨文时代，宗法制度实际上无疑已经存在了。"[④] 裘氏所说的"宗法

---

① 李学勤：《论殷代亲族制度》，《文史哲》1957年第11期。
② 郭沫若：《十批判书：古代研究的自我批判》，《郭沫若全集·历史编》卷二，人民出版社1982年版，第6—7页。
③ 陈梦家：《殷墟卜辞综述》，第370页。
④ 裘锡圭：《关于商代的宗族组织与贵族和平民两个阶级的初步研究》，《古代文史研究新探》，江苏古籍出版社1992年版，第298—302页。

制度",指的是周代大宗统帅小宗的制度。

裘先生揭示出甲骨文"帝"和"介"的这种特殊用法．这一点在甲骨文训诂和商史研究上很有启发意义。但"帝""介"跟"嫡""庶"的文化意义是否相当,则仍然还有讨论的余地。反复玩味裘先生所举的卜辞材料,我们的体会稍有不同,即甲骨文"多介"的"介"的词汇意义应该相当于"旁"而不是"庶","多介"的"多"才大致与"庶"相当。所谓"多介子",意思应该是指亲子之外的诸子(兄弟之子),"多介兄"应指胞兄之外的诸兄,"多介父"应指生父之外的诸父,"多介母"应指生母之外的诸母,"多介祖"应指直系祖先之外的诸旁系祖先。"帝""介"与"嫡""庶"虽有相似的一面,但"嫡""庶"的对立是就政治地位而言的,而"介"是从发言者所处的直系旁系而言的。就如人称代词的"他",是相对于"我"而言的,只表明是旁系而不是直系,但并不表明不是嫡系。

陈梦家关于"虽无嫡庶之分而凡子及王位者其父得为直系"的说法是合乎逻辑的,直系、旁系跟嫡庶制度没有必然的联系。我们可以假定,在一个没有嫡庶制度的氏族社会中,对于任何一个健在的氏族成员,他的直系祖先只是以他的一系而言的,即他的生父、祖父、曾祖父、高祖父等,他当作直系的祖先对于其他氏族成员来说,可能就不是直系而是旁系了。由于商王室任何一王的生父都曾为王,所以自然地产生直系、旁系的区别,纵向的继承关系为直系,凡兄弟传位者,如果其继承人不是其亲子,则沦为旁系。跟周代的宗法制度相比较,周人的嫡庶是宗法规定的,而商人的"帝""介"却是传位事实形成的[①]。这一

---

① 詹鄞鑫:《神灵与祭祀》,江苏古籍出版社1992年版,第206—209页。

点，是商代与周代宗法制度相区别的根本点。不过，无论如何，商人的继统法开启了周代宗法的先河。这是历史发展的必然，也是历史进步的表现。

（原载《文史哲》2004年第5期）

诸葛亮忠于蜀汉说再认识

朱子彦

一

刘备白帝托孤，对诸葛亮曰，若其子刘禅"不才，君可自取"①，古人论此，多赞其君臣肝胆相照，并取鱼水之喻相印证。但也有人认为此乃刘备"诡伪之辞"②，对诸葛亮心存猜忌，故以"自取"试探之。田余庆先生对这二种截然相反的看法皆不以为然，在其《蜀史四题——刘备托孤语》一文中作出了新的诠释。田先生的见解是否有道理，本人暂且不作评论，我以为刘备托孤之语，是真心，还是假意，抑或是另有打算，今已无从考证，诚然是千古之谜。现在要检讨的问题，不是刘备要不要诸葛亮当皇帝，而是诸葛亮自己想不想再上一个台阶，由宰相登上龙椅。这个问题古今从未有人作过思考。正如田余庆先生所说："诸葛亮对蜀汉的忠诚，从来没有人怀疑过。"③之所以没有人怀疑过，无非是

---

① 《三国志·蜀书·诸葛亮传》，中华书局1975年版。
② 《三国志·蜀书·诸葛亮传》注引孙盛曰。
③ 田余庆：《秦汉魏晋史探微》，中华书局1993年版，第226页。

经过历代文人及小说家的渲染,诸葛亮已经被衍化成"圣人",成了鞠躬尽瘁、忠贞冠世的典范。历史学家受其影响,大概也会感到这是古史中的一大禁区,轻易不敢染指。要把诸葛亮从圣坛上请下来,我想很有必要对这一最棘手的问题作一番探讨。

其实,诸葛亮执政时并没有被时人视为事君以礼、谋国以忠的圭臬。反之,蜀汉政权中,李严、廖立、来敏、魏延等人对诸葛亮专政揽权颇多微词,诸葛亮在世时,迫于其权威,人皆不敢直言指斥。然而,诸葛亮甫卒,丞相参军、安汉将军李邈即上书后主刘禅,曰:

> 吕禄、霍禹未必怀反叛之心,孝宣不好为杀臣之君,直以臣惧其逼,主畏其威,故奸萌生。亮身杖强兵,狼顾虎视,五大不在边,臣常危之。今亮殒没,盖宗族得全,西戎静息,大小为庆。①

所谓"狼顾",《晋书·宣帝纪》云:"魏武察帝有雄豪志,闻有狼顾相,欲验之。乃召使前行,令反顾,面正向后而身不动……因谓太子丕曰:'司马懿非人臣也,必预汝家事。'"可见,所谓"狼顾"相,即是具有"非人臣"之相。李邈直指诸葛亮同司马懿一样亦具"狼顾"相,意谓其久后必篡夺刘氏天下,自己当皇帝。至于"虎视",《后汉书·班固传》所收《西都赋》内有"周以龙兴,秦以虎视"句,李贤注曰:"龙兴虎视,喻盛强也。"班固的实际意思是:尽管周、秦都很"盛强",但是,周以"龙兴",取天下以"德";秦却是"虎视",取天下以"武"。李邈用此典故,即暗示诸葛亮"身杖强兵",与秦的"虎视"相同。《左

---

① 《三国志·蜀书·杨戏传》注引《华阳国志》。

传·昭公十一年》曰:"五大不在边,五细不在庭。"孔颖达《疏》引贾逵说:"五大,谓太子、母弟、贵宠公子、公孙、累世正卿。"这五种人有权有势,居边则易反叛,故云:"五大不在边。"李邈认为诸葛亮属于五种人之一,让其率兵居边,必危及蜀汉朝廷。不仅如此,李邈还直接将诸葛亮比作欲危汉室的吕禄、霍禹。

对李邈的上疏如何看?如果要维护诸葛亮的崇高形象,尽可以把李邈的上疏看成是污蔑、攻讦诸葛亮的诽谤之辞;但若冷静客观地仔细分析,即可发现李邈之言并非无中生有,空穴来风。我以为真正具有"狼顾"相的人是不存在的,司马懿、诸葛亮之所以被时人看成有"狼顾"相,无非是怀疑他们有篡位的野心。蜀汉政权中不仅李邈有此看法,甚至连尚书令李严亦猜忌诸葛亮有不臣之心。《三国志·蜀书·李严传》注引《诸葛亮集》云:"(李)严与(诸葛)亮书,劝亮宜受'九锡',进爵称王。"九锡为何物?"据《后汉书》章怀注,谓九锡本出于纬书礼含文嘉:一曰车马,二曰衣服,三曰乐器,四曰朱户,五曰纳陛,六曰虎贲,七曰斧钺,八曰弓矢,九曰秬鬯。""每朝禅代之前,必先有九锡文,总叙其人之功绩,进爵封国,赐以殊礼。"[①]稽考于史,九锡之礼规格极高,非一般人臣所能享受。如九锡中的虎贲乃天子之卫士,"天子卒曰虎贲"[②]。斧钺金戚皆属天子之卤簿。秬鬯为天子祭祀上帝、神灵时所用之酒,《礼记·表记》云:"天子亲耕,粢盛、秬鬯,以事上帝。"九锡中又有"纳陛"。"纳,内也,谓凿殿基际为陛,不使露也。师古曰:尊者不欲露而升陛。"[③]蔡邕所撰《独断》卷上载:"陛,阶也,所由

---

① 赵翼:《廿二史札记》卷七《九锡文》,中华书局1984年版。
② 《史记·晋世家》注引《集解》贾逵曰,中华书局1975年版。
③ 《汉书·王莽传上》注引孟康曰,中华书局1983年版。

升堂也。天子必有近臣，执兵陈于陛侧，以戒不虞。"后引申其义，称天子为陛下，所以权臣即可由受"纳陛"而后晋升陛下。由此可见，谁受了九锡，谁就具备了"假皇帝"的资格，为将来当"真皇帝"铺平道路。自王莽始，权臣易代，夺取帝位，必先封王，加九锡，然后再龙袍加身，登上九五。汉末，曹操欲加九锡，受汉禅，遭到心腹荀彧的坚决反对，"荀彧素为操谋主，亦以其阻九锡而胁之死"[1]。王夫之对荀彧之死发表看法：

> 夫九锡之议兴，而刘氏之宗社已沦。当斯时也，苟非良心之牿亡已尽者，未有不恻然者也，或亦天良之未泯，发之不禁耳，故虽知死亡之在眉睫，而不能自已。[2]

李严亦是刘备临终时的托孤重臣，难道他的天良"牿亡已尽"，会容忍异姓篡夺刘氏江山？他敢于冒天下之大不韪，劝诸葛亮受九锡，只有一种解释合乎常理，即表面上尊崇诸葛亮功高盖世，当赐以殊礼，而实际上是在试探诸葛亮是否将走王莽、曹操的道路，加九锡，建国封王，进而代蜀汉称帝。

按理来说，作为托孤重臣的诸葛亮对此应表示极大的愤慨，除严厉斥责李严外，也应郑重表明自己一心事主，效忠汉室的心迹。但诸葛亮的答书却并非如此，他回书曰：

---

[1] 赵翼：《廿二史札记》卷七《三国之主用人各不同》，中华书局1984年版。
[2] 王夫之：《读通鉴论》卷九，中华书局1975年版。

> 吾与足下相知久矣，可不复相解！足下方诲以光国，戒之以勿拘之道，是以未得默已。吾本东方下士，误用于先帝，位极人臣，禄赐百亿，今讨贼未效，知己未答，而方宠齐、晋，坐自贵大，非其义也。若灭魏斩睿，帝还故居，与诸子并升，虽十命可受，况于九邪！①

《汉书·王莽传》云："宗臣有九命上公之尊，则有九锡登等之宠。"张晏注曰："《周礼》上公九命，九命，九锡也。"诸葛亮云"十命"，乃指"九锡"之外再加"一锡"，可见其"十命"之谓比李严劝进九锡更上一层。我认为诸葛亮这番话的口气相当大，完全不像出自一个自诩"鞠躬尽力，死而后已"的人之口，说得难听一些，反倒像一个乱臣贼子所言。众所周知，九锡非人臣之常器。汉制，非刘氏不封王，曹操封魏王，加九锡，不臣之心路人皆知，诸葛亮难道不懂这个道理？汉魏之际，除曹操受九锡外，还有刘备自加九锡，称汉中王。孙权受魏主曹丕九锡，称吴王。曹操、刘备、孙权为三国之主，难道诸葛亮欲与他们比肩？

稍晚于诸葛亮时期的东晋丞相王导，对晋室有再造之功，其威望与权势在当时无与伦比，故时人皆云："王与马，共天下。"当元帝司马睿即位时，竟命王导同坐于御床，接受百官的朝拜。"导固辞，至于三四。"后来司徒蔡谟"戏导曰：'朝廷欲加公九锡。'导弗之觉，但谦退而已"②。相比之下，诸葛亮就毫不避讳人臣之大忌，公开声称，若灭

---

① 《三国志·蜀书·李严传》注引《诸葛亮集》。
② 《晋书·王导传》，中华书局1987年版。

掉魏国，中兴汉室，自己就理所当然地封王受九锡。

当然，如果仅凭诸葛亮拒辞九锡，就断定其有异志，欲图大位，未免有牵强附会之感，依据并不充分，很难令人完全信服。

诸葛亮同刘备的君臣关系曾被世人赞不绝口，然而诸葛亮同后主刘禅的关系又如何呢？通过对有关史料的仔细分析，我认为，诸葛亮秉政后，根本就没有把后主刘禅放在眼里。他颐指气使，动辄教训皇帝。诸葛亮在上疏中说："诚宜开张圣听，以光先帝遗德，恢弘志士之气，不宜妄自菲薄，引喻失义，以塞忠谏之路也。"又告诫刘禅："宫中府中俱为一体，陟罚臧否，不宜异同。"进而特别指出："若有作奸犯科及为忠善者，宜付有司论其刑赏，以昭陛下平明之理，不宜偏私，使内外异法也。"① 诸葛亮的这番话固然是出于治国安邦之需，但他一连讲了这么多"宜"怎样，"不宜"怎样，其口气之严厉，完全不像人臣之语，犹如一个严厉的父亲在教育不听话的儿子。尤其是"宫中府中俱为一体"，把自己丞相府的地位同皇帝宫中的地位并列等同，实际上是凌驾于皇帝之上，这显然是严重违反了封建专制体制所规定的君臣名分。

刘备在世时对其子刘禅的智商并没有作过评价，但诸葛亮曾在刘备面前称赞刘禅智量"甚大增修，过于所望"。故刘备临终前放心地表示："审能如此，吾复何忧！"② 可是，仅仅过了几年，诸葛亮北伐前夕，"虑后主富于春秋，朱紫难别"，故特派侍中董允"领虎贲中郎将，统宿卫亲兵"，掌管御林军。他告诫后主："愚以为宫中之事，事无大小，悉以咨之，然后施行，必能裨补阙漏，有所广益。"诸葛亮的心腹董允直

---

① 《三国志·蜀书·诸葛亮传》。
② 《三国志·蜀书·先主传》注引《诸葛亮集》。

接监视着刘禅的一举一动，弄得"后主益严惮之"①，完全失去了帝王的尊严，甚至丧失了行动自由。从刘备去世（223）至诸葛亮北伐（227），不到五年时间，难道刘禅的智商就由先前的"甚大增修"，降低到"朱紫难别"吗？诸葛亮对刘禅作出的这一番霄壤之别的评价，居心何在？难道他就不怕犯欺君之罪？

尽管刘备临崩时托孤于诸葛亮，但在人事安排上，是令其作为辅政大臣，并非是让诸葛亮单独执政。刘备除规定诸葛亮与李严并受遗诏辅政外，又"呼鲁王（备次子刘永）与语：'吾亡之后，汝兄弟父事丞相，令卿与丞相共事而已。'"②这无疑是要刘禅兄弟与诸葛亮共同治理蜀国，因诸葛亮是元老重臣，故新君需以父辈之礼尊崇之。但诸葛亮却完全违背了刘备的遗诏。诸葛亮让李严留在永安，自己则扶刘备灵柩回成都，办完丧事，便"开府治事"。自此，诸葛亮独揽了蜀汉全部的军政大权，"政事无巨细，咸决于亮"③。诸葛亮大举北伐时，刘禅已是二十多岁，年富力强，正值青春有为之际。按汉制，诸葛亮应还政于后主，但诸葛亮不愿放权，甚至想都没有想过让刘禅"亲政"。刘禅虽然对诸葛亮不满，但也无可奈何，只得对诸葛亮说："政由葛氏，祭则寡人。"④可见刘禅当时的处境和汉献帝毫无二致，是个十足的傀儡君主。世人皆言曹操"欺主"，将汉献帝置于股掌之中，但为何对诸葛亮的"欺君"却视而不见？诚不可解。

诸葛亮死后，刘禅曾在一定程度上发泄了他对诸葛亮的不满。例

---

① 《三国志·蜀书·董允传》。
② 《三国志·蜀书·先主传》注引《诸葛亮集》。
③ 《三国志·蜀书·诸葛亮传》。
④ 《三国志·蜀书·后主传》注引《魏略》。

如，李邈上书言诸葛亮专权，"后主怒，下狱诛之"①。李邈之所以被杀，我认为倒不是因为他说了诸葛亮的坏话，而只是因为他的某些言辞，如"主畏其（指诸葛亮）威"，强烈地刺痛了曾经当过傀儡君主的刘禅的自尊心。又如，在给诸葛亮立庙的问题上，刘禅也设置了层层障碍。"亮初亡，所在各求为立庙，朝议以礼秩不听，百姓遂因时节私祭之于道陌上，言事者或以为可听立庙于成都者，后主不从。"②言事者只得退而求其次，建议立庙于沔阳，禁止百姓"私祀"，后主才勉强同意。后主为什么一而再、再而三地反对给诸葛亮立庙，说穿了，也是一种报复。

诸葛亮死后，蜀汉再也不设丞相一职，先是以蒋琬为尚书令、大将军，后又以费祎为尚书令、大将军，以蒋琬为大司马，"琬卒，禅乃自摄国事"③。刘禅为何废除丞相制？道理很简单，就是绝不容许再出现第二个诸葛亮，以免大权旁落。

实际上，刘备永安托孤不是一人，而是二人。章武三年，"先主疾病，严与诸葛亮并受遗诏辅少主，以严为中都护，统内外军事，留镇永安"④。可见，李严地位相当显赫，执掌着蜀汉的军事大权。按刘备的策划，由诸葛亮主政，李严主军，一文一武，共同辅佐蜀汉政权。然而这只是刘备的一厢情愿，这种政治格局诸葛亮是绝不可能接受的。诸葛亮苦心经营、殚精竭虑谋划的大事，就是要由他一人独揽大权。刘备在世时，诸葛亮对付关羽和法正的"手段"还比较隐蔽，不敢公开化，只能使用"权术"，刘备去世后，诸葛亮就无所顾忌，他打击、排斥李严可

---

① 《三国志·蜀书·杨戏传》注引《华阳国志》。
② 《三国志·蜀书·诸葛亮传》注引《襄阳记》。
③ 《三国志·蜀书·后主传》注引《魏略》。
④ 《三国志·蜀书·李严传》。

谓不遗余力，最后将李严废为庶民，流放梓潼郡。诸葛亮废李严的这段公案，田余庆、尹韵公二位先生均作了详细考论，故笔者不再赘述。

诸葛亮秉政后，蜀汉政权中除李严、廖立、魏延等少数人不服外，绝大多数官员对诸葛亮皆俯首帖耳，不敢违抗。有了刘备若嗣子"不才，君可自取"这把尚方宝剑，不仅诸葛亮自己以"太上皇"自居，朝中官员亦几乎将诸葛亮视为"皇上"。例如，诸葛亮北伐曹魏前，为解除后顾之忧，必须修复吴蜀二国关系，与东吴重新结盟。为此，诸葛亮特派邓芝出使东吴，邓芝入吴，孙权对邓芝说："孤诚愿与蜀和亲，然恐蜀主幼弱，国小势逼，为魏所乘，不自保全，以此犹豫耳。"邓芝对曰："吴、蜀二国四州之地，大王命世之英，诸葛亮亦一时之杰也。蜀有重险之固，吴有三江之阻，合此二长，共为唇齿，进可并兼天下，退可鼎足而立，此理之自然也。"孙权默然良久曰："君言是也。"①遂断绝与魏的交往，转而与蜀"连和"。

以往史家皆称赞邓芝具有杰出的外交才能，为恢复吴蜀联盟作出了重大贡献。对此我并不否认。然而从邓芝这番言词中反映出他已不把皇帝刘禅放在眼里。孙权云"蜀主幼弱"，其实刘禅时年17岁，并非是一个完全不懂事的幼童。汉魏之际，诸侯中年少英雄不少，就以孙吴创业之主孙策而言，他15岁即随父孙坚起兵讨伐董卓，20岁转战江东，攻占六郡，从而奠定了孙吴政权的基业。孙策遇刺身亡，孙权继位，亦只有18岁。邓芝若维护主上的尊严，何不据理而反驳之。面对孙权轻视"蜀主幼弱"，邓芝只字不作回答，却称赞孙权为"命世之英，诸葛亮亦一时之杰"，这就把诸葛亮放到了和孙权同等的地位，也就是一国之

---

① 《三国志·蜀书·邓芝传》。

君的地位。孙权当然是个聪明绝顶的"雄略之主",他眼见蜀汉已是诸葛亮"当家",遂突破两国间对等交往的外交惯例,放下帝王架子,直接写信给丞相诸葛亮,表彰邓芝的功绩:"和合二国,唯有邓芝。"① 事实上,孙权直接与诸葛亮的对话是经常的。"备寻病亡,子禅袭位,诸葛亮秉政,与权连和,时事所宜,权辄令(陆)逊语亮,并刻权印,以置逊所。"② 孙权虽委托陆逊与诸葛亮打交道,但没有彻底放权,因为陆逊是以孙权的名义,写给诸葛亮的书信盖的是皇帝孙权的御玺。可见中国古代对君臣间的礼仪制度是何等重视。相反,诸葛亮却胆大妄为到了连君臣名分都不顾的地步,他"以禅未闲于政"为借口,"遂总内外"③,在外交上亦完全撇开刘禅,而由自己与孙权平等"对话"。

二

行文至此,也许有人会提出疑问,既然诸葛亮的"野心"昭然若揭,那他为何不取刘禅而代之,自立为帝?对此,陈玉屏先生在其文章中论曰:"当此之时,若论功,诸葛亮功在社稷;论权,蜀汉军政外交,事无巨细,亮皆专之;论才智,阿斗较之诸葛亮,无疑有天壤之别;论德望,诸葛丞相早已泽被四方,更何况先主有'嗣子可辅,辅之;如其不才,君可自取'的遗命,百官之中,亦非无阿谀之徒。可见蜀中同样

---

① 《三国志·蜀书·邓芝传》。
② 《三国志·吴书·陆逊传》。
③ 《三国志·蜀书·后主传》注引《魏略》。

具备禅代的条件。"①

诸葛亮真的完全具备"禅代"的条件了吗？我以为，实际情况远没有这么简单。

众所周知，自秦汉大一统封建帝国建立以来，皇帝的地位至高无上，"君权神授"，神圣不可侵犯。在儒家的鼓吹下，"天子受命于天，天下受命于天子"的观念已深入人心。故权臣禅代夺位颇不容易，必须冒极大的风险，若准备不够充分，条件不够成熟，轻率地发动政变，不仅会招致杀身之祸，还将殃及三族。赵翼云："古来只有禅让、征诛二局，其权臣夺国则名篡弑，常相戒而不敢犯。王莽不得已，托于周公辅成王，以摄政践阼，然周公不尝有天下也。"②两汉四百余年，权臣秉政，虽时有出现，然皆不敢轻易觊觎神器。王莽代汉，苦心经营十余年，最后仍以失败而告终。东汉末年，董卓篡政，袁术称帝，皆旋踵而亡。曹操破黄巾，灭吕布，平二袁，克刘表，三分天下有其二，当孙权上书称臣，向曹操"称说天命"时，曹操竟说"是儿欲踞吾著炉火上邪"③，"若天命在吾，吾为周文王矣"④，终其身不敢登上皇帝宝座。司马氏夺取曹魏天下亦经营三世，历经艰险。赵翼云：

> 司马氏三世相魏，懿已拜丞相，加九锡，不敢受；师更加黄钺，剑履上殿，亦不敢受；昭进位相国，加九锡，封十郡，爵晋公，亦辞至十余次，晚始受晋王之命，建天子旌旗，如操故事，然

---

① 陈玉屏：《秦汉魏晋南北朝史论集》，四川民族出版社1995年版，第209页。
② 赵翼：《廿二史札记》卷七《禅代》。
③ 《三国志·魏书·武帝纪》注引《魏略》。
④ 《三国志·魏书·武帝纪》注引《魏氏春秋》。

及身亦未称帝，至其子炎始行禅代。①

和曹操相比，刘备称帝的"人和"条件就要优越得多。曹操代汉，不管其制造何种理由，都很难洗刷篡汉的恶名，曹操被后人称为"国贼"，不就是因为其子曹丕禅代成功了吗？但刘备就与之大不相同，刘备是否是正宗的"汉景帝子中山靖王胜之后"②，这里姑且不论，但他终归是"帝室之胄"、汉室宗亲。在曹丕于公元220年正式建魏，汉朝皇统中断的情况下，由"信义著于四海"，并已经占领益州，自称汉中王的刘备继承大统，承担中兴汉室的重任应该是名正言顺、情理之中的事。然而，即便如此，刘备集团中仍有人反对。当"群臣议欲推汉中王称尊号"时，益州前部司马费诗上疏曰：

殿下以曹操父子逼主篡位，故乃羁旅万里，纠合士众，将以讨贼。今大敌未克，而先自立，恐人心疑惑。昔高祖与楚约，先破秦者王。及屠咸阳，获子婴，犹怀推让，况今殿下未出门庭，便欲自立邪！愚臣诚不为殿下取也。③

连刘备继承汉统都有人极力反对，何况诸葛亮乃异姓之臣，在身受托孤重任时就急欲篡汉自帝，易代更祚，这岂不是冒天下之大不韪吗？诚然，刘备临终时确曾允诺诸葛亮"自取"，但这绝不是刘备的希望，而是一种无奈之举，前提是在刘禅"不才"的情况下才能出现。诸

---

① 赵翼：《廿二史札记》卷七《禅代》。
② 《三国志·蜀书·先主传》。
③ 《三国志·蜀书·费诗传》。

葛亮执政时，刘禅还是能"亲贤臣，远小人"，遵从父言，"事诸葛公如事父"，故陈寿称赞他"任贤相则为循理之君"①，诸葛亮又有什么理由，轻易将其废黜呢？

刘备逝世后，诸葛亮虽独揽朝中大权，但在蜀汉政权内还没有建立起绝对的权威，诸葛亮治国理民的政治才能以及联吴抗曹的外交之才世人有目共睹，然其军事才能究竟如何呢？刘备在世时，亮仅以"抚民划策见任"，从未单独领兵作战。众所周知，三国乃争战之世，非用武治戎不能立国。曹操、司马懿、孙策、周瑜、陆逊等人皆以杰出的军事才能而威震诸侯，闻名天下。诸葛亮若要代汉自帝，必须在蜀汉朝廷中树立崇高的声望和绝对的权威，而要达到这一目的，必须要建立显赫的军功。

"汉、贼不两立，王业不偏安"②，对于蜀汉政权而言，不北伐必然坐以待毙；对于诸葛亮个人而言，不北伐就不能显示其军事才能，蜀中士人就不会心悦诚服，也无法树立起个人的声望，最终也就不能达到登上帝王宝座的目的。诸葛亮前、后《出师表》的主旋律就是两个字：北伐。这是诸葛亮执政后，举国上下推行的一以贯之始终不变的政策。"若灭魏斩睿，帝还故居，与诸子并升，虽十命可受，况于九邪！"在我看来，诸葛亮这番话并无任何矫情饰伪，反倒是一种真情流露。因为北伐一旦取得成功，诸葛亮将功高盖世，无人可与之颉颃。届时，其已功高不赏，他要实行废掉"不才"的刘禅而"自取"，就有了坚实的基础，雄厚的政治资本。

---

① 《三国志·蜀书·后主传》。
② 《三国志·蜀书·诸葛亮传》注引《汉晋春秋》。

诸葛亮北伐的目的是为了受九锡，进而代汉称帝并非是骇人听闻之说，我们不妨以相似之例加以比较。诸葛亮辞世百余年后，东晋权臣亦欲以此而达到同一目的。东晋偏安于江左，中原及二京之地久为胡人所据，东晋朝野上下，无不以北伐、还归旧都作为公开打出的政治旗号。然东晋北伐乃是一把双刃剑，于东晋朝廷而言，北伐成功虽然能收复旧土，华夏一统，但权臣却因功高而坐大难制，东晋权臣每每以北伐为增加权势及声望的资本。凡北伐稍获胜利，即冀获封王及九锡之赐，为移鼎更祚创造条件。东晋大将桓温灭蜀后，声望大著，"朝廷惮之"，形成了"政由桓氏，祭则寡人"的政治格局①。桓温都督中外诸军事，"自谓英猷不世，勋绩冠时，挟震主之威，蓄无君之志"，桓温虽觊觎神器，但深知必须"立奇功于赵、魏"②，收复关中、许洛之地，才能获得超越人臣名分的九锡殊礼，进而逼迫晋帝禅位。史载："温既负其才力，久怀异志，欲先立功河朔，还受九锡。"及殷浩失败被废，"内外大权一归温矣"，桓温率军北伐，前两次虽取得一定的战果，然太和四年（369）的第三次北伐却以惨败而告终。"既逢覆败，名实顿减"③，在谢安、王彪之等世家大族的抵制下，桓温欲加九锡的图谋终成泡影。

如果将桓温"欲先立功河朔，还受九锡"与诸葛亮所云"若灭魏斩睿，帝还故居，与诸子并升，虽十命可受，况于九邪"两相对照，可以清楚地发现，两人虽处于不同的朝代，但在大致相同的历史背景下，其言行何其相似乃尔。

与诸葛亮、桓温相比，南朝刘宋开国之君刘裕是幸运者，他的北

---

① 《晋书·孝武帝纪》史臣曰。
② 《晋书·桓温传》。
③ 《晋书·桓温传》。

伐在局部范围内获得了成功，从而加九锡，最终夺得司马氏江山。《魏书》卷九七《岛夷刘裕传》载："裕志倾僭晋，若不外立功名，恐人望不许，乃西伐姚泓。"义熙十二年（416）八月，刘裕率军北伐，临行前，其心腹刘穆之谓龙骧将军王镇恶曰："公今委卿以关中，卿其勉之。"镇恶曰："吾今不克咸阳，誓不济江，而公九锡不至者，亦卿之责矣。"① 晋军势如破竹，于当年十月攻克洛阳，而朝廷尚"未遣九锡"，王弘奉刘裕之命"还京师，讽旨朝廷"②，求加九锡。及刘裕平关中，擒获后秦主姚泓，晋安帝"封裕十郡为宋公，加相国、九锡，僭拟魏晋故事"③。不久，刘裕篡晋称帝，建立刘宋政权。

蜀汉北伐的胜算到底有多少？其实诸葛亮的心里是非常清楚的。《隆中对》制定的待"天下有变"，益州与荆州两路大军同时出兵，夹击曹魏的战略计划，由于"关羽毁败，秭归蹉跌"，早已成了泡影，巴蜀之地虽号为"天府"，但毕竟仅"一州之土，方之大国，其战士人民，盖有九分之一也"④。可见，蜀汉的综合国力与曹魏是无法比拟的。虽然在诸葛亮的外交努力下，吴蜀又恢复了联盟，但两国间的裂痕根本无法完全弥合，双方各存戒心，仅满足于互不侵犯，用诸葛亮的话来说："我之北伐，无东顾之忧，河南之众不得尽西，此之为利，亦已深矣。"⑤ 失去了吴国的配合，单凭蜀汉自己的力量，欲收复中原、一统华夏的可能性几乎为零。作为三国时期超一流政治家的诸葛亮知己知彼，他对形势的判断洞若观火，绝不可能看不到这一点。那么，为何诸葛亮明知不

---

① 《魏书·岛夷刘裕传》，中华书局1992年版。
② 《宋书·王弘传》，中华书局1993年版。
③ 《魏书·岛夷刘裕传》。
④ 《三国志·蜀书·诸葛亮传》注引张俨《默记》。
⑤ 《三国志·蜀书·诸葛亮传》注引《汉晋春秋》。

可为而强为之呢？对此问题，陈寿倒是作了很好的诠释，他说："亮之素志，进欲龙骧虎视，苞括四海，退欲跨陵边疆，震荡宇内。又自以为无身之日，则未有能蹈涉中原、抗衡上国者，是以用兵不戢，屡耀其武。"① 这就明白无误地告诉我们，诸葛亮是想通过北伐来证明，蜀汉政权中能够"蹈涉中原"，与强敌曹魏争高低者，唯有其一人而已，这是其"自取"步骤上极其重要的政治砝码。

陈寿评诸葛亮云："亮才，于治戎为长，奇谋为短，理民之干，优于将略。"② 在诸葛亮军事生涯中，鲜有使用奇谋确是事实，陈寿之论并无贬低诸葛亮之意，这已成为当代治三国史学者的共识。然则，为何诸葛亮不肯使用"奇谋"？是他缺少军事才能，还是另有其他原因？东吴大鸿胪张俨评议诸葛亮与司马懿军事才干之优劣时指出：

> 孔明……提步卒数万，长驱祁山，慨然有饮马河、洛之志。仲达据天下十倍之地，仗兼并之众，据牢城，拥精锐，无禽敌之意，务自保全而已，使彼孔明自来自去。若此人不亡，终其志意，连年运思，刻日兴谋，则凉、雍不解甲，中国不释鞍，胜负之势，亦已决矣。③

诚然，张俨褒诸葛贬司马之论似嫌夸张，但亦反映了时人对诸葛亮的军事谋略钦佩不已。作为三国时期一流军事家的诸葛亮不可能不懂得出奇制胜的兵家常理。但是使用"奇谋"的风险是极大的，若"奇谋"

---

① 《三国志·蜀书·诸葛亮传》。
② 《三国志·蜀书·诸葛亮传》。
③ 《三国志·蜀书·诸葛亮传》注引张俨《默记》。

不成，军队损失惨重，诸葛亮本人就将身败名裂，称帝则更无从谈起。诸葛亮与魏延关于北伐路线之争的公案，曾引起后世史家的浓厚兴趣，为之争论不休。一些学者认为：魏延建策由他率五千精兵直出褒中，由子午谷偷袭长安，诸葛亮率大军出斜谷，趋长安会师，乃是"奇谋"，"如此，则一举而咸阳以西可定矣"[①]，假如诸葛亮采用之，很可能北伐已经成功，可惜亮谨慎得近乎胆小。而另一些史家则支持诸葛亮"安从坦道，可以平取陇右"的谋略[②]，认为北出子午谷虽是捷径，但危险系数极大，一旦魏军卡住谷口，轻则劳而无功，重则全军覆没。我以为这两种见解都是从纯粹的军事观点来分析问题，而没有考虑这背后有更深层次的政治原因。

北伐的成败既关系到蜀汉政权的安危，也关系到诸葛亮"禅代"的政治目标是否能够实现，诸葛亮深知其中利害，故其用兵怎能不谨慎，不持重呢。其实，诸葛亮对北伐的期望值并不太高，以弱蜀主动攻击强魏，这本身就创造了军事史上的奇迹，只要能夺取曹魏的部分疆土，取得局部战争的胜利，就足以显示诸葛亮杰出的军事才能，并给其带来崇高的政治声望。若依魏延之计，诸葛亮即使奇袭长安得手，但不过二十日，魏军就会重新集结，全力反扑（这是魏延本人的估计），蜀军必然要在关中这一曹魏的心脏地区同魏军主力展开殊死决战，若旷日持久，诸葛亮将长期不能返朝主政，则恐大权旁落于他人之手。若一旦失利，蜀军损失惨重，诸葛亮不仅不能实现"自取"的图谋，甚至连相位亦难保。事关个人政治命运的这一重大决策，诸葛亮当然是要慎之又慎。

---

① 《三国志·蜀书·魏延传》注引《魏略》。
② 《三国志·蜀书·魏延传》注引《魏略》。

对诸葛亮北伐的心态分析，并非仅是本人的妄测臆断，历史上有极其相似之例，可资佐证。"欲先立功河朔，还受九锡"的东晋大将桓温在其北伐的关键时刻，亦不欲与强敌决战于关中。永和十年（354）二月，桓温率兵北伐，所向克捷，军锋直指长安。北方名士王猛"闻桓温入关，披褐诣之，扪虱而谈当世之务，旁若无人，温异之，问曰：'吾奉天子之命，将锐兵十万，为百姓除残贼，而三秦豪杰未有至者，何也？'猛曰：'公不远数千里，深入敌境，今长安咫尺而不渡灞水，百姓未知公心，所以不至。'温嘿然无以应"。胡三省注曰："猛盖指出温之心事，以为温之伐秦，但欲以功名镇服江东，非真有心于伐罪吊民，恢复境土。不然何以不渡灞水，径攻长安？此温所以无以应也。然余观桓温用兵，伐秦至灞上，伐燕至枋头，皆乘胜进兵，逼其国都，乃持重观望，卒以取败。"① 桓温北伐，兵临长安，为何不攻，"持重观望"也。因何持重观望？其一要保存实力，其二害怕失利，会妨碍其篡夺帝位。

刘裕北伐，战果最为辉煌，曾一度攻克长安，然刘裕急欲篡晋，恐久留关中，朝廷有变，故留下年仅十二岁的儿子刘义真镇守长安，自己匆匆赶回建康。史载：

> 三秦父老闻裕将还，诣门流涕诉曰："残民不霑王化，于今百年，始睹衣冠，人人相贺。长安十陵是公家坟墓，咸阳宫殿是公家室宅，舍此欲何之乎！"裕为之愍然，慰谕之曰："受命朝廷，不得擅留……"②

---

① 《资治通鉴》卷九九，上海古籍出版社1988年版。
② 《资治通鉴》卷一一八。

这是刘裕自欺欺人之言,夏国主赫连勃勃的军师王买德看透了刘裕的企图,指出:"关中形胜之地,而以弱才小儿守之,非经远之规也。狼狈而返者,欲速成篡事耳,无暇有意于中原。"① 果不出王买德之所料,刘裕"欲速成篡事",宁可弃关中而不顾,其篡晋不久,长安就再度沦陷于胡人之手。

与东晋国力相比,蜀汉远不如之。故诸葛亮北伐,始终不肯弄险。他把北伐的目标和方向选择在陇右一带,以图"分裂蚕食"②,"广拓境土"③,取得局部战争的胜利。从政治局势、地理、人和条件来看,陇右地区确是曹魏统治区域的最薄弱的一环,也是最容易攻占的地方,诸葛亮认为"平取陇右",即可稳操胜券,"十全必克而无虞,故不用延计"④。

魏延善养士卒,勇略过人,是蜀中唯一的超群绝伦的上将,刘备拔魏延为汉中督,"一军尽惊",在北伐中,魏延曾率兵大败魏国名将郭淮,立下赫赫战功。诸葛亮北伐时,"蜀兵轻锐,良将少"⑤,然对于魏延这样一个难得的将才却始终不肯委以方面之任。"延每随亮出,辄欲请兵万人,与亮异道会于潼关,如韩信故事,亮制而不许。延常谓亮为怯,叹恨己才用之不尽。"⑥ 魏延的军事才干,诸葛亮不是不知,但为何不尽其才?个中原因值得探究。由于北伐是诸葛亮"自取"的本钱,故北伐的军事指挥大权必须牢牢掌握在他自己的手中。魏延可以建立战功,但必须在诸葛亮的直接指挥下,是诸葛亮神机妙算的结果。然而

---

① 《晋书·赫连勃勃载记》。
② 《三国志·蜀书·蒋琬传》。
③ 《三国志·蜀书·法正传》。
④ 《三国志·蜀书·魏延传》注引《魏略》。
⑤ 《三国志·蜀书·诸葛亮传》注引《袁子》。
⑥ 《三国志·蜀书·魏延传》。

"性矜高"的魏延却冀图"如韩信故事",单独统率一支军队,这在诸葛亮看来,就是要摆脱他的"领导",和诸葛亮争夺北伐的军功,这当然要遭到诸葛亮的"制而不许"。

诸葛亮自出隆中以来,政治道路可谓一帆风顺,从一个"苟全性命于乱世,不求闻达于诸侯"的耕夫,一跃而为总揽蜀汉军政大权的宰相。在刘备"自取"的许诺下,诸葛亮离帝位仅咫尺之遥。然而"北伐"就像一座高不可攀的大山,挡住了诸葛亮登上九五之尊的道路。从公元 228 年至 234 年,诸葛亮五次伐魏,可以说是连年动众而屡出无功,导致蜀国兵疲民困。为了北伐,蜀汉的青壮年男子几乎悉数充兵,为了保障后勤供给,乃至役及妇女。诸葛亮"空劳师旅,无岁不征,未能进咫尺之地,开帝王之基",反而"使国内受其荒残,西土苦其役调"①,引起蜀中士民的普遍不满,在此局面下,一生谨慎持重的诸葛亮当然不敢受汉禅。随着星落关中,诸葛亮病逝于五丈原,其"自取"的目标最终未能实现。为了北伐,诸葛亮确实做到了"鞠躬尽力,死而后已",然而其真实目的又是什么呢?除了世人一致敬仰的"忠心"以外,是否还有极其隐蔽,不易识破察觉的"私心"?当然,要揭开这层厚重神秘的面纱绝非易事,正如白居易在《放言五首并序》诗中所云:"周公恐惧流言日,王莽谦恭未篡时。向使当初身便死,一生真伪复谁知。"其实,人的欲望与追逐的目标是会随着主客观条件的变化而不断改变的。即如曹操"亦未遽有觊觎神器之心"②,他在《让县自明本志令》中说:初起兵时,仅"欲为国家讨贼立功,欲望封侯作征西将军,然后题

---

① 《三国志·蜀书·诸葛亮传》注引张俨《默记》。
② 赵翼:《廿二史札记》卷六《荀彧传》。

墓道言'汉故征西将军曹侯之墓',此其志也"①。操之"不逊之志",是在其"三分天下有其二"时,才逐渐萌生的。诸葛亮遭逢乱世,幸遇明主,初必竭尽全力酬答刘备的知遇之恩。然"后主时,诸葛亮功德盖世"②,又掌握了蜀汉的军政大权,其是否能心甘情愿地辅佐幼主,就很值得怀疑了。汉魏之际,五德终始说盛行,皇权衰落到极点,君臣名分的纲常伦理亦遭到严重破坏,这就给权臣受九锡与禅代鼎革提供了政治土壤与舆论基础。在此历史背景下,一旦时机成熟,诸葛亮效仿"汉魏故事",在蜀中筑起受禅台亦是极有可能的。

千百年来,人们几乎无一例外地把诸葛亮奉为中国古代社会忠臣贤相的圭臬,而笔者却通过上述分析得出诸葛亮可能"自取"的结论,这是否有损于诸葛亮的形象?

笔者认为,倘若诸葛亮取代蜀汉王朝,自己登上九五之尊,即如同曹氏代汉、司马氏代魏一样,属于正常的易代更祚。在封建的纲常伦理、正统观早已被否定的今天,再去讨论所谓权臣"篡位"问题,已毫无意义。连古代有识之士都认为:"天下非一人之天下,惟有德者居之。""自古已来,能除民害为百姓所归者,即民主也。"③所以我们现在来评价王莽、曹操、司马昭等人的历史功过,都不会迂腐到再以其是否篡位作为评判的标准。对诸葛亮而言,当然亦应同理。

客观地分析,诸葛亮代汉称帝,不仅不能视作罪状,反而应当看成是顺应历史潮流。"天厌汉德久矣",《后汉书·孝献帝纪》中的这句话,极其准确地显示出当时社会舆论的主流倾向:东汉王朝腐败透顶,已经

---

① 《三国志·魏书·武帝纪》注引《魏武故事》。
② 《三国志·蜀书·赵云传》。
③ 《三国志·魏书·武帝纪》注引《魏氏春秋》。

没有存在的必要。"天下咸知汉祚已尽,异代方起"[①],这是大势所趋,是历史发展之必然,谁也阻挡不住。

既然汉朝气数已尽,汉家天子还值得辅佐吗?既然不值得辅佐,取而代之又有何不可?自古以来,大凡乱世之际,定是自负雄才伟略者风云际会之时。东汉末年的形势是"郡郡作帝,县县自王",诚如曹操所言:"设使国家无有孤,不知当几人称帝,几人称王。"[②]袁绍、刘备、孙权等人皆骂曹操是汉贼,其实他们自己也不想当汉臣,也想称帝称王。诸葛亮才智谋略并不弱于曹操、孙权、司马懿等人,他手中又握有"自取"的先帝遗诏,若天假以年,且北伐成功,克复中原,诸葛亮本人,抑或其子孙,受九锡,登上皇帝宝座岂非是顺理成章之事?我们又何必为之惊讶呢!

(原载《文史哲》2004年第5期)

[①] 《三国志·魏书·武帝纪》注引《魏氏春秋》。
[②] 《三国志·魏书·武帝纪》注引《魏武故事》。

宋朝厢军职能新探

淮建利

厢军是宋朝的常备军,是宋朝对外防御、对内镇压的基本武装力量之一。但旧史对厢军所固有的军事职能并未注意,如马端临在《文献通考》中说:"自五代无政,凡国之役皆调于民,民以劳敝。宋有天下,悉役厢军,凡役作、工徒、营缮,民无与焉,故天下民力全固。"①《宋史·兵志》亦谓:"(厢军)虽无成更,然罕教阅,类多给役而已。"②后世学者对此多不加深究,因袭成说,大率把厢军界定在"役兵""杂役军"的范畴内,忽视了厢军作为军队所固有的对内镇压和对外防御的军事职能。对这一问题,目前缺乏专门系统的研究。本文旨在从宋朝厢军的日常驻守、宋朝军事制度及对内对外战例诸方面,对宋朝厢军的军事职能进行尽可能详尽、系统的阐释。

---

① 《文献通考》卷一五六《兵考八》,中华书局1986年版。
② 《宋史》卷一八九《兵三》,中华书局1977年版。

一

北宋开国皇帝赵匡胤在军队建设中，将军队划分为禁军和厢军两大系统，以禁军为核心加强军队建设，并利用厢军中的高素质兵员补充禁军，成功地实现了对厢军这一"藩镇旧兵"的改造，消除了藩镇割据的军事基础。但厢军作为"诸州之镇兵"，分布于全国各地，与禁军之间存在着互动和互补的关系①，其军事职能仍然存在，并发挥了防御和戍守的重要作用。

《宝庆四明志》指出："国初收天下劲卒，列营京畿，南征北伐，率从中遣，故惟三司卒称禁军，州郡止有厢军镇守。"②这是对厢军军事职能的高度概括。北宋时期，厢军是镇守各地的常备兵种之一。据《武经总要》记载，"州兵"是宋朝沿边及各地戍守兵力的组成部分，例如定州路"置本路驻泊马步军都部署以下兵官，以州为治所，统定、保、深、祁、广信、安肃、顺安、永宁八州军。本路置州兵及朝廷遣禁旅更戍外，又领乡军、义勇，总五十八指挥，凡二万八千三百四十八人，咸隶之"③。在宋代史籍中厢军被称为"州兵"的情况很多，这里所说的"州兵"指的正是厢军，这在一定程度上也反映了厢军的防御和戍守职能。

关于厢军的防御和戍守功能，宋朝的大臣也有不少议论。庆历三年（1043）六月，范仲淹指出："臣窃知陕西禁军、厢军不下二十万

---

① 淮建利：《"升隶"与"落厢"：试论北宋厢军与禁军的互动关系》，《河北大学学报》2006年第3期。
② 罗濬：《宝庆四明志》卷七，《宋元方志丛刊》本，中华书局1990年版。
③ 曾公亮等：《武经总要·前集》卷一六上，文渊阁《四库全书》本。

众,防秋在近,必须养育训练,以期成功,在乎丰以衣食,使壮其力,积以金帛,示以厚赏,牛酒以悦之,律罚以威之。如此,则兵有斗志,将必增气。虽二十万众,合为一心,有守必坚,有战必强,平寇之期可卜也。"①庆历四年(1044),富弼在《河北守御十二策》中分析了处于"沿边、次边"的北京、雄、霸、冀、祁、保、瀛、莫、沧、镇、定十一州,广信、安肃、顺安、信安、保宁、乾宁、永宁七军,北平一寨,共计十九城在地理上的重要军事意义和兵力部署情况,指出"今无事时,河朔已有驻泊、屯驻、就粮兵十八万,本城五万,至用兵时,约增十万人,则战兵足矣"②。范仲淹、富弼的议论说明,陕西、河北的厢军同禁军一样,也具有镇守地方的军事职能。

厢军在各地戍守的具体情况也有不少零碎的记载。例如:(一)真宗咸平五年(1002),"于环、庆等州厢军马步军六千余人内选材勇者四千五百人,付逐砦屯防,以代禁兵"③。(二)仁宗庆历六年(1046),郑戬知并州,兼并、代、泽、潞、麟、府、岚、石沿边经略安抚使兵马都部署,"时甲马隶麾下者凡十二部",郑戬"自往训励,并无武锋精兵",于是"复阅厢军,精勇者得三千人,迁补清边,声其数为十万,以夸戎人"。这三千厢军精勇成为郑戬备边的骨干,于是,他暗地里将数万戍兵遣还京师,使"众获休息,几减边费半"④。(三)神宗熙宁年间,因"河外多旷土,上遣带御器械王中正募民为弓箭手以实之,用省戍兵。转运使赵子几因上兼募厢军策,而不较廪给之费"⑤。熙宁五年

---

① 李焘:《续资治通鉴长编》卷一四一"庆历三年六月甲子",中华书局2004年版。
② 李焘:《续资治通鉴长编》卷一五〇"庆历四年六月戊午"。
③ 《宋史》卷一九四《兵八》。
④ 胡宿:《文恭集》卷三六《文肃郑公墓志铭》,文渊阁《四库全书》本。
⑤ 李焘:《续资治通鉴长编》卷二四八"熙宁六年十一月癸卯"。

（1072）十月诏："熙河路依缘边四路例置横烽，遇贼入境，递相应接，其在蕃部地者，即以厢军守之。"①（四）哲宗元符二年（1099），"访闻厢军戍平夏多被贼钞掠，惟以逃亡关报住请给"，于是朝廷下诏要求"平夏城等处厢军未知存亡，仍支请给，如及三年即住支"②。由此可知，平夏城也有厢军戍守。以上例子说明，在北方和西北沿边地区有相当数量的厢军被用于戍边，与禁军相参屯防，执行戍守等军事任务。其中的精锐可以代替原有的禁兵。

需要指出的是，厢军戍边并不是个别地区或特定时期的特例，而是北宋时期较为普遍的现象，厢军是北宋对外防御中仅次于禁军的常备军事力量。同时，内地厢军也具有很强的镇守职能，具有潜在的威慑力。例如，仁宗时，"盗起京西"，房州"素无兵备，民凛凛欲亡去"，新任知州陈希亮"以牢城卒杂山河户，得百人，日夜部勒，声振山南，民恃以安，盗不敢入境"③。熙宁十年（1077），宣抚司提议，"广源州初为州，须兵防拓，乞依熙、河、沅州例，配罪人为牢城。诏出自淮以南州军配罪人，并配广源州"④。显然，广源设置牢城的目的就是为了"防拓"。

南宋时，厢军仍然具有戍守职能。例如，宋孝宗时，知夔州王十朋向朝廷提出西路马纲"并用厢、禁军，贴以吴璘正兵"的一个重要危害就是削弱了厢、禁军的镇守作用。王十朋说：

> 又夔峡为四川门户，长江上游，正赖此曹守御控扼，以壮天险

---

① 李焘：《续资治通鉴长编》卷二三九"熙宁五年十月辛丑"。
② 李焘：《续资治通鉴长编》卷五一八"元符二年十一月壬辰"。
③ 王称：《东都事略》卷七五《陈希亮传》，文渊阁《四库全书》本。
④ 李焘：《续资治通鉴长编》卷二八〇"熙宁十年正月己卯"。

之势。然土狭人稀，厢、禁军类多缺额，诸州每以招填不足为忧，重以出戍于夷陵，防秋于诸处者非一，所存无几。若又役以牵驾，疲于往来，以无几之卒伍，应无穷之马纲，非惟耗费钱粮，妨废教阅，正恐州郡空虚，因致意外之患，非细事也。①

夔州为帅府，系屯兵之地。王十朋的议论正好说明这里的厢、禁军不仅平时教阅，而且还发挥着"守御"和"出戍"的作用。宋宁宗时，朱熹的学生黄榦知汉阳军，积极备战，他在所上《汉阳条奏便民五事》中认为："州郡之间，有厢军，有禁军，非独以备使令，盖将使之执干戈，以为攻守之用。"②黄榦的议论大体反映了宋代官员对厢军军事作用的认识。上述事例说明，宋代各地厢军普遍具有防御和戍守的作用。

宋朝统治者曾试图强化厢军的军事职能。例如，仁宗时期校阅厢军出现以后，最高统治者予以首肯并大力推广，期冀教阅厢军能得"禁军之用"，厢军对外防御和对内镇压的军事职能再次得到凸显。宋神宗更在熙宁二年（1069）六月的诏书中说："州郡厢军即前代本处镇守之兵军，宜料拣强壮，团结教阅，常留在城，以备盗贼，今后不得申奏乞差禁军防托。"③从而进一步明确赋予了教阅厢军替代禁军守备地方的军事职能。元祐二年（1087），文彦博针对新制中厢军不再由枢密院置籍管理的问题，指出"密院谓之本兵之府，岂可内外五十万厢军，却无籍拘管，缓急出军行师，厢禁皆用，况厢军不独用于诸般营造、杂役"④。文

---

① 王十朋：《梅溪集》卷三《再论马纲状》，文渊阁《四库全书》本。
② 黄榦：《勉斋集》卷二四，《丛书集成初编》本。
③ 赵彦卫：《云麓漫抄》卷一二，中华书局1996年版。
④ 文彦博：《潞公文集》卷二九《乞兵部厢军密院置籍》，文渊阁《四库全书》本。

彦博在这里不仅说明了厢军由枢密院置籍管理的必要性，而且也道出了宋代厢军所具有的军事功能。

二

厢军的军事职能在宋朝军事制度上也有较充分的体现。更戍制度是北宋的一项重要军事制度，学术界对禁军更戍制度及相关问题的研究较为重视，而对厢军更戍鲜有涉及。前引《宋史·兵志》所说厢军"虽无戍更"实际上是元代史臣的一个错误结论，更戍制度不仅在禁军中实行，而且也在厢军中实行。宋祁在《庆历兵录序》中说厢军"间亦更戍"①，《两朝国史志》中也说厢军"虽或戍更"②。仁宗时，蔡襄知福州，亲历了"本州厢军差在广南诸州屯驻，军回日，人数比去时大率死损一半，前后六七次尽皆如此"③的状况。庆历八年（1048）三月，知制诰曾公亮在其上书中说："自昔祖宗之制，东南诸州，唯迭遣厢军屯驻，至于藩镇，则量加禁兵驻泊，以为旁郡式遏，行之甚久，颇适事要。"④这说明北宋立国以后，东南地区普遍实行了厢军更戍制度，而且更戍厢军的分布地域广、数量多，只有藩镇才"量加禁兵驻泊"，东南地区的守备任务主要由厢军承担。另据《宝庆四明志》记载，明州的禁军威果指挥和厢军雄节指挥，"初皆更戍，在浙者或戍广，在江者或戍浙，欲其

---

① 王应麟：《玉海》卷四五，文渊阁《四库全书》本。
② 《文献通考》卷一五二《兵考四》。
③ 蔡襄：《端明集》卷二六《乞厢军屯驻广南只于比近军州节次那移对替札子》，文渊阁《四库全书》本。
④ 赵汝愚：《宋朝诸臣奏议》卷一四七《上仁宗答诏条画时务》，上海古籍出版社1999年版。

习险阻,忘顾恋也"①。《淳熙三山志》卷一八对宋初以来福州厢军更戍两广和外路厢军更戍福州的情况记载尤详。其中,福州厢军更戍两广的情况包括:(一)咸平五年(1002),"差借职庞翰往福州本城内抽差百五十人,赴潮州屯驻"。(二)至和元年(1054),福州厢军"四十人赴浔州,五十人赴桂、宜州;至和二年,四十五人赴藤州,七十三人赴宾州,四十八人赴融州"。(三)熙宁八年(1075)指挥:"广西钤辖司并宜州驻泊已系就粮禁军、教阅厢军全指挥并依旧替换",其中就包括"邕州驻泊福建等路畸零厢军一千人"。(四)熙宁十年(1077),"克复广源、思浪等州要兵马驻扎,内抽差福州广节第一指挥一百一十人"。除差往两广外,福州的厢军还于熙宁六年(1073)被"差往本路州军屯驻"。外路厢军也被差往福州更戍,皇祐六年(1054),"福州屯驻抚州骑射等指挥一百人,仍于抚州差人替归";嘉祐二年(1057),"福州屯驻抚州崇节、苏州牢城、润州水军等指挥各八十人,差人于逐州抽本城兵士前来抵替"。由此看来,则抚州骑射、崇节、苏州牢城、润州水军等指挥的部分兵士在一定时期也被差往福州屯驻。不仅如此,宋朝政府还规定了厢军更戍的年限,如嘉祐六年(1061)枢密院规定,"福建路差本城兵士赴广西屯驻,并二年一替"②。更戍的厢军发挥了镇守地方的作用,苏颂对此阐释得非常清楚:

  臣伏以杭州东南要藩,控压江海,钤辖司总领一路兵甲、贼盗公事,其间郡县皆边江、湖,崔苻啸聚,盖常有之,而人情轻扬,

---

① 罗濬:《宝庆四明志》卷七。
② 梁克家:《淳熙三山志》卷一三,《宋元方志丛刊》本,中华书局1990年版。

易为摇动。当平居无事之日，尚须隄防，况值岁时不易，编户失业者多，盗贼乘间伺隙，可不预为之备耶？臣窃知向来有南京、曹、郓州厢、禁军三五指挥在彼驻泊，前年尽已抽归将下，未曾添填。或闻近日亦曾差拨前去，犹未及元旧人数。臣欲乞朝廷因此灾伤、盗贼稍多之际，特赐擗那近郡厢、禁军三数全指挥往彼驻泊，委自钤辖司常切体量，本路如有群党盗贼，州县力不能制者，立便相度人数，差拨应副，协力捕捉，免致展转结集，骚动州县。①

苏颂曾知杭州，他对杭州守备情况的议论当是可信的。我们从中可以看出，杭州不仅一直有他处厢军驻泊，而且在这里驻泊的厢军也和禁军一样，具有对内镇压的军事职能。元丰年间，由于教阅厢军的兴起，厢军的更戍制度才被取消。

除了更戍制度以外，宋朝政府还通过巡检制度来发挥厢军对内镇压的军事职能。宋制："巡检司有沿边溪洞都巡检，或蕃汉都巡检；或数州、数县管界，或一州一县巡检。掌训治甲兵，巡逻州邑，擒捕盗贼事。又有刀鱼船、战棹巡检，沿江、河、淮、海置捉贼巡检，及巡马递铺、巡捉私茶盐，各视其名分以修举职业，皆掌巡逻几察之事。"② 可见，宋代巡检具有维护社会治安的职能，厢军在北宋中期以前则是巡检系统中的基本军事力量之一。庆历三年（1043）六月，知谏院欧阳修在《再论王伦事宜札子》中，针对"沂州军贼王伦所过楚、泰等州，连骑扬旗，如履无人之境。而巡检、县尉反赴贼召，其衣甲器械皆束手而归

---

① 苏颂：《苏魏公文集》卷一九《论东南不可驰备》，中华书局1988年版。
② 罗濬：《宝庆四明志》卷三。

之"的严重情况，提出了一系列追究失职官员责任的建议和亡羊补牢的措施，均被朝廷采纳，其中一条措施便是允许地方巡检"自募兵卒，不拘厢、禁军，欲指名抽射者亦听"①。蔡襄也在奏札中说，差往广南的福州厢军"又分在巡检下"②。这说明无论是南方还是北方，厢军都被隶于巡检之下，执行维护地方治安的任务。熙宁五年（1072）在以"保甲代巡检兵上番"的情况下，朝廷仍决定"巡检司量留厢军给使，余兵悉罢"③。熙宁六年（1073），两浙转运盐事司"乞益兵千人"，以禁止日益严重的盗贩私盐行为，也得到批准。王安石对此发表议论说："两浙自去岁及今岁各半年间，所增盐课四十万，今又增及二十五万缗，而本路欲用四万募兵，增置巡检，甚便。"他进一步指出：

　　夫以所增盐课十分之一、二，足以多招厢军，使私煎者绝，则无复犯刑，其利一也。沿海之地，有戍守之兵，可以待不虞，其利二也。盐课大增，其利三也。④

从王安石的议论可以看出，两浙路要求"益兵千人"实际上是要增加厢军。在王安石看来，这些厢军不仅可以在巡检之下禁绝私盐、维护治安，而且也是守备地方的重要军事力量。以上事例充分说明，宋朝政府在巡检中使用厢军的情况是相当普遍的，厢军在北宋中期以前，一直是巡检中的骨干力量，发挥了维护社会治安、保证社会秩序稳定的重要

---

① 李焘：《续资治通鉴长编》卷一四一"庆历三年六月癸丑"。
② 蔡襄：《端明集》卷二六《乞厢军屯驻广南只于比近军州节次那移对替札子》。
③ 李焘：《续资治通鉴长编》卷二三五"熙宁五年七月壬午"。
④ 李焘：《续资治通鉴长编》卷二四七"熙宁六年十月庚寅"注。

作用。

元丰以前，巡检中的军兵不仅有厢军，而且也有禁军，元丰年间，巡检中的兵力构成情况开始发生变化。元丰三年（1080）七月，福建路提刑闾丘孝直奏："诸巡检下兵级皆杂攒诸指挥厢、禁军或屯驻客军，其间多西北人，与本地分不相谙熟，差到年岁，稍能辨认道路、山川、人物，又迫移替。至于海道亦不惯习，使之相敌，终无必胜之理。请于逐处令招置土兵，以一半招收新人，一半许厢、禁军旧人投换，庶几新旧相兼，习熟使唤，仍就整于厢禁军内对行除豁。"①闾丘孝直的建议得到朝廷的采纳，"有旨令巡检下土军尽招置土兵，不得辄差团结军兵赴巡检下"②。闾丘孝直的建议和朝廷的旨令实际上是要实现巡检兵士的"本土化"，由此导致了巡检军兵成分的变化。此后，元丰六年十月，权发遣京西路转运判官孙览又针对巡检使用土兵的弊病，提出重新使用厢军的建议：

> 权发遣京西路转运判官孙览言："看详诸路巡检土兵立法之意，盖谓土人习知本处人情、出入道路，易以缉捕盗贼。近巡历诸州，见所招土兵多老弱，堪被甲、可擒盗者十无三四，仍未必皆土人。欲乞逐路委监司一员选留外，改刺逐州厢军。"从之。③

由于招刺土兵同样存在弊端，朝廷又恢复了在巡检中使用厢军的制度，这也反映出朝廷在巡检军队构成上游移不定的态度。元祐以后，厢军

---

① 梁克家：《淳熙三山志》卷一九。
② 罗濬：《宝庆四明志》卷七。
③ 李焘：《续资治通鉴长编》卷三四〇"元丰六年十月辛巳"。

开始逐步退出巡检系统，元祐二年（1087），"或言招置土兵，岁月既久，间多亲戚邻里，故相遮庇。乃敕诸路巡检下土兵以元额之半，轮差禁军，半年一替，将校、节级准此。其现今数多处，候有阙，差禁军填"①。熙宁二年（1069），又有大臣指出"禁军所至，往往望替期，又不谙习彼处道里"的弊端，建议"依元丰法一概招土兵以代之"②，这实际上是闾丘孝直建议的翻版。是年八月，诏两浙东路巡检下人兵依旧法招置土兵，此后，巡检中的土兵代替了禁军和厢军。

《淳熙三山志》卷一九对福建路巡检之下使用厢军的记载比较具体。在福建路，以教阅厢军充当巡检兵士的情况较为普遍。熙宁二年（1069），当宋神宗强调厢军的守备功能时，福州仅有的教阅保节指挥（后改为广节指挥）二百人，被"分为二番差往本州界及本路州军巡检下披带，一年（一）替"。福建路于熙宁五年（1072）"就整差拨巡检下厢、禁军，而福州兴化都巡检始定二百人为额，从福州差拨步军"。位于侯官的甘蔗洲巡检（兵额旧管一百八十人，熙宁五年更定一百人，州差步军充填）、福清的松林巡检（于本州厢军、禁军内差人巡防，以五十人为额）都有厢军服役。这说明在巡检之下维护治安是福建路厢军的一项基本任务。闾丘孝直提出逐处巡检招置土兵的建议得到批准后，福建路予以认真执行：

> 时本路八州军旧管、创添巡检二十八员，兵级三千五百人。除四处都巡检八百人，地分阔远，依旧轮差厢、禁军外，二十四

---

① 罗濬：《宝庆四明志》卷七。
② 罗濬：《宝庆四明志》卷七。

处二千七百人及续添巡检四员三百五十人，共三千五十人，一概招募土兵。以额定人数一半，许厢、禁军中旧人投换，于本路厢、禁军内豁除消减威果八百人、教阅广节一千二百人，并创添招置未到广节一千五十人。除七州军消减外，本州惟广节减一百五十人。①

福建路巡检在执行招募土军的政策时，除四处都巡检因"地分阔远，依旧轮差厢、禁军外"，其余巡检"一概招募土兵"，但又以一半的兵额"许厢、禁军中旧人投换"，厢军中的一部分由此"投换"为土兵，改变了原有的身份，厢、禁军的军额也被相应地"豁除消减"。从"豁除消减"的数量看，福建路巡检此前的军兵均是厢军和禁军，其中除威果八百人是禁军以外，其余均为厢军，这说明厢军在福建路巡检中占有多数。根据《宝庆四明志》的记载，两浙路庆元府巡检的情况与福建路大体相同，也并用厢军和禁军，但依据《皇祐敕》的规定，其"杭、秀、温、台、明五州界管辖盐场地分巡检，巡茶、盐使臣兵级，并差本城兵士，一年一替"。这些负责盐、茶事务的专业巡检使用的全是厢军。此外，直到宣和五年（1123），庆元府的巡检还在使用厢军②。

三

厢军的对外防御和对内镇压职能不仅体现在军事布防以及更戍制度

---

① 梁克家：《淳熙三山志》卷一九。
② 罗濬：《宝庆四明志》卷七。

和巡检制度层面上，而且也体现在具体的军事行动中。考之史籍，在宋代不同的历史时期，在抵御外敌入侵和对内镇压的战斗中，厢军参战并不是个别现象。现对厢军参加战斗的战例加以考述，以期从另一侧面对厢军的军事职能有一个全面的认识。

从厢军抵御外敌入侵的历史事实看，大体分三种情况：

一是在禁军战斗失利的情况下，厢军奋勇杀敌，取得了骄人的战绩。淳熙三年（1176），宋朝北伐契丹失利，时"曹彬及刘廷让等相继败覆，军亡死者，前后数万人。缘边创痍之卒，不满万计，皆无复斗志。河朔震恐，悉料乡民为兵以守城，皆白徒，未尝习战阵，但坚壁自固，不敢御敌。敌势益振，长驱入深、祁，陷易州，杀官吏，卤士民。所过郡邑，攻不能下者，则俘取村墅子女，纵火大掠，辇金帛而去。魏、博之北，咸被其祸"①。宋朝在军事上陷入极度被动的状态。淳熙三年（1176）十二月，代州新任知州张齐贤，在契丹兵临代州城下、援兵不至的紧急关头，临机决断，"选厢军二千迎敌"，"誓众感慨，一以当百，敌遂却走"，"擒其北大王之子一人，帐前舍利一人，斩首二千余级，俘五百余人，获马千余匹，车帐、牛羊、器甲甚众"②。这是一次以少胜多、以弱胜强的成功战例，厢军大获全胜。此后，契丹又于端拱初自大石路南侵，张齐贤"预简厢军千人为五部，分屯繁畤及崞县，下令曰：'代西有寇，则崞县之师应之，代东有寇，则繁畤之师应之，比接战，则郡兵集矣。'至是，果为繁畤兵所败"③。厢军再次取得了抗击契丹的胜利。张齐贤在雍熙北伐失利、宋军处于极度被动的形势下，在一

---

① 李焘：《续资治通鉴长编》卷二八"雍熙四年春正月"。
② 李焘：《续资治通鉴长编》卷二七"雍熙三年十二月"。
③ 曾公亮等：《武经总要·后集》卷一〇。

年多的时间里，先后两次指挥厢军击退契丹的进犯，这不仅取决于张齐贤临机决断、措置有方，而且还取决于参战厢军的英勇奋战、"一以当百"。这两次胜利在一定程度上改变了当时宋朝在军事上的被动局面。

厢军以少胜多的战例同样发生在与西夏军队的战斗中。仁宗庆历元年（1041），西夏军队进攻麟府地区，于八月攻陷丰州①，"引兵屯琉璃堡，纵骑钞麟府间，二州闭壁不出"②，宋方在军事上处于不利地位。在此情况下，知并州高继宣募厢军为清边军迎击西夏军队，取得了三松岭之战的胜利：

> 初，元昊反，声言侵关陇。继宣请备麟府。未几，羌兵果入寇河外，陷丰州……俄寇麟府，继宣帅兵营陵井，抵天门关……进屯府谷，间遣勇士夜乱贼营。又募骁配厢军，得二千余人，号清边军，命偏将王凯主之。军次三松岭，贼数万众围之，清边军奋起，斩首千余级，其相蹂藉死者不可胜计。③

据《东都事略》记载，清边军是历仕真、仁两朝的明镐在担任陕西转运使期间组建的，史称明镐"阅同州厢军，得材武者三百人，教以强弩，奏为清边军，最骁勇，其后陕西、河东悉置此军"④。三松岭之战就是清边军成功抵御外敌入侵的具体例证。在这次战斗中，在双方力量悬殊的情况下，宋方临阵以厢军组成清边军，奋起杀敌，大败西夏军队，这充分说明厢军具有较强的战斗力。与此同时，新任并代钤辖、"专管勾麟

---

① 李焘：《续资治通鉴长编》卷一三三"庆历元年八月乙未"。
② 李焘：《续资治通鉴长编》卷一三三"庆历元年九月庚戌"。
③ 《宋史》卷二八九《高琼传》。
④ 王称：《东都事略》卷六三《明镐传》。

府军马公事"的张亢,在府州城外修筑堡垒,积极备战,厢军在战斗中发挥了示范作用:

> 时禁兵败北,无斗志,乃募役兵,夜潜伏隘道,邀击敌游骑。比明,或持首级来献,亢犒劳之,衣以锦袍,禁兵始惭奋曰:"我顾不若彼乎?"又纵使饮博,士窘乏幸利,皆愿一战。亢知可用,始谋击琉璃堡。

厢军的战绩鼓舞了丧失斗志的禁军,张亢遂"夜引兵袭击,大破之,斩首二百余级。敌弃堡遁去"①。

二是与其他军队协同作战,共同发挥了重要的战斗作用。北宋前期,北方军事形势吃紧,宋朝政府无暇顾及交州,从而使其在事实上趋向独立,并不时骚扰宋的岭南地区。熙宁八年(1075),"交人果大举众虎八万,十一月甲申抵海岸,未旬日,攻陷钦、廉二州,破邑之太平、永平、迁陆、古万四寨,(知邕州)苏缄闻贼至,阅郡兵,从厢、禁军合两千八百人,分布城堞,又号召郡人之才勇者,授以方略,勒部队使分地自守",意欲"坚壁固守,以待外援"。在寡不敌众的情况下,苏缄"募死士得数百人,拏舟邕江,与贼逆战,斩首三百余级"。此后"贼薄城下",又多次击退敌军的进攻,坚守城池"凡四十有二日……卒无一人之救",导致邕州失陷。苏缄纵火自焚,吏卒土丁居民五万余人被杀②。在这场惨烈的邕州保卫战中,参战的二千八百名厢、禁军无疑是抵抗的主力。南宋时期,江淮一带长期是宋、金之间的"拉锯"地

---

① 李焘:《续资治通鉴长编》卷一三三"庆历元年九月庚戌"。
② 彭百川:《太平治迹统类》卷一七《神宗平交趾》,文渊阁《四库全书》本。

带,当地的厢军也发挥了守卫疆土的作用。李诚之知蕲州,"益城壁,备楼橹,筑军马墙,教阅厢、禁、民兵,激之以赏,积粟四万",积极备战。嘉定十四年(1221)二月,金人攻淮南,"乃募死士迎击",多次击败金人的进攻,坚守城池。此后,"黄州失守,金并兵为一,凡十余万,援兵不至。诚之激励将士,勉以忠义",但终因寡不敌众,导致城池陷落①。可见,李诚之完全依靠当地军队积极组织抵抗,厢军也是李诚之组织的蕲州保卫战的主要依靠力量。

三是在国难当头之时,临时拼凑厢军应战。北宋亡于金,南宋灭于元,宋朝政府往往在其生死存亡的危急关头,使用厢军参战。靖康元年(1126)闰十一月二十五日,"金人登城,京师失守"。当日,厢军与禁军一道,参加了保卫东京的惨烈战斗。

> 是日……金人乘大雪攻城益急,再以对楼三坐而至,矢石愈倍。诏令班直悉上城,及虚棚人物戈戟如织。己卯,城下杀金人三千余人。方经宿,金人皆藏其尸骸,而城上矢石杀伤者三百余人,犹伏尸城上,破脑贯骨,横卧血中,士卒见之,心惧而有退怯意。先是朝廷缘禁军阙少,于诸司厢军内拣充禁卒,与上四军卫士分布四壁,唯陈州门最多。②

在东京危急、无兵可发的严峻形势下,那些未加训练、"业一事专"的"役兵",被强刺为禁军守城,在战斗中其"破脑贯骨,横卧血中"的结果在所难免,最终成为北宋政权的殉葬品。无独有偶,德祐元年(1275)

---

① 袁燮:《絜斋集》卷一八《蕲州太守李公墓志铭》,《丛书集成初编》本。
② 徐梦莘:《三朝北盟会编》卷一六《靖康中帙》,上海古籍出版社1987年版。

正月，在临安失陷、仅具象征意义的恭帝流亡过程中，为了抵御元军，便"征两浙福建诸郡厢、禁兵之半入卫"①，危急时刻不得不再次使用厢军御敌，但这对于大势已去的南宋朝廷而言，已经于事无补了。

厢军除了抵御外敌入侵以外，还直接参加了宋王朝的镇压各种反抗斗争的活动。有宋一代，没有发生过像前朝那样大规模的农民起义，但小规模的反抗斗争时有发生，厢军因守备地方，在镇压各种反抗斗争时便首当其冲。庆历七年（1047）十一月二十八日，贝州宣毅军王则"据城叛"，次年正月，以文彦博为河北宣抚使，节制诸将，征讨王则。厢军中的牢城兵不仅参加了征讨王则的战斗，而且为攻克贝州城、平定王则建立了奇功：

> 初，彦博至贝州，与明镐督诸将筑距门以攻城，旬余不下。有牢城卒董秀、刘炳请穴地道以入，彦博许之。贝州城南临御河，秀等夜于岸下潜穿穴，弃土于水，昼匿穴中，城下不之见也，有帐前虞候杨遂请行，许之。既出穴，登城杀守者，垂绹以引，城下之人悉登，城中惊扰。贼以火牛突登城者，不能拒，颇引却。杨遂力战，身被十余创，以枪刺牛，牛却走，贼遂溃……董秀、刘炳皆除内殿崇班。②

---

① 《续通志》卷四〇《宋纪》十六，新兴书局 1965 年版。
② 李攸：《宋朝事实》卷一六，文渊阁《四库全书》本。此事在江少虞《事实类苑》卷五八，司马光《涑水记闻》卷九，杜大珪《名臣碑传琬琰之集》卷一三中均有记载。李焘在《长编》卷一六二"庆历八年闰正月辛丑条"下注云："彦博附传云牢城卒董秀、刘炳请穴地以入贝州，《记闻》与附传同。按《实录》，始谋穴地者，刘遵也。今从《实录》。"又云："三月辛酉，以右班殿直董秀为閤门祗候。据此，则秀非牢城卒也。"李焘之说与上引诸书异。按《事实类苑》《涑水记闻》未说明此事的资料来源，而《名臣碑传琬琰之集》卷一三记述此事的《文忠烈公彦博传》采自《实录》，今从之。

淳熙六年（1179）正月，"郴州宜章县民陈峒窃发，俄破道州之江华，桂阳军之蓝山、临武，连州之阳山县，旬日有众数千，郴、道、连、永、桂阳军皆警"。知潭州王佐在"奏乞荆鄂精兵三千，未报"的情况下，起用"流人"冯湛带原官"权湖南路兵马钤辖"统制军马，"令湛自选潭州厢、禁军及忠义寨凡八百人，即教场誓师遣行，仍命凡兵之分屯诸州县者，皆听湛调发，违慢皆立诛"。此后，王佐受命节制讨贼军马，奉诏会合诸路兵，于当年五月初以冯湛所率军队及朝廷随后派来的鄂州军，分五路进攻起义军驻地，将起义军全部剿灭①。陈峒起义之所以很快被镇压下去，固然与王佐反应迅速、调遣有方有很大关系，但在起义军连破四城的情况下，朝廷却未能及时发兵，于是在王佐授意下，由冯湛临时组建的包括厢军在内的武装，充当了围剿的先锋。咸淳四年（1268）夏，江西南丰一带大水，"东西弥望，莽为沙丘，牛畜种植，多没巨浸，廪储湿腐，告籴孔艰。于是强民结聚者四起，州郡为之调兵镇压，遣榜招谕而后定"，"忽八月初，本县管下峡村贼首罗动天等聚集凶徒，焚劫乡落，竟以初八日辰时掩袭不备，长驱破县……傍连赣抚属邑，如宁都、宜黄，无不震动"。在此情况下，州郡始调厢、禁等"寨兵攻围贼洞"，将起义扑灭②。可见，厢军对内镇压的主要功能就表现在与其他军队一道，直接参与剿灭各种反抗斗争的军事行动，以维护宋王朝的统治。包括厢军在内的各种军队，维持地方治安和镇压农民起义的作用能否有效发挥，与各级官吏是否忠心耿耿为朝廷效命有很大关系。南宋初年，张守在《论盗发本路监司帅臣不即捕治札子》中就

---

① 陆游：《渭南文集》卷三四《尚书公墓志铭》，文渊阁《四库全书》本。
② 刘埙：《水云村稿》卷一四《代申省乞蠲租免籴状》，文渊阁《四库全书》本。

指出:"臣伏以盗贼窃发,责之巡尉,巡尉不能制,责之守倅,守倅不能制,责之监司、帅臣,监司、帅臣又不能制,然后命将出师,以致天讨。此祖宗以来,上下内外维持治功,不易之理也。"这说明巡尉、守倅、监司、帅臣负有镇压各种反抗斗争的直接责任,但当"近者秀州军贼为变"之时,本路监司避于他州,"无一人肯至秀州城下者,必待张俊大军入境,而后稍集"。张守因此严厉批评了地方守臣的失职行为:

> 夫以秀贼才四百余人,而浙西八州厢、禁、将兵、新旧弓手无虑万人,合从扑灭直差易耳,而乃环视不进……盖缘异时钱塘、镇江之寇,尽仰成于王师,而一时监司皆置不问,遂乃玩习顾望,以为当然……日者建州之寇,亦以监司非人,涵养半年有余,卒不能制,苟玩之弊,不可不惩。①

由此可见,巡尉、守倅、监司、帅臣对地方局势的控制,依赖于包括厢军在内的各种地方军队,厢军能否发挥其对内镇压的军事职能,同当时的政治状况和官员的政治素质关系密切。

军事职能是军队的基本职能。纵观军队的发展历史,不难发现军队从古到今经历了一个由单一的以军事功能为主逐渐向以军事功能为主、多种功能兼备的发展历程。近代以来,这种趋势更加明显。厢军作为有宋一代的常备军,是一个集多兵种为一体、包括多个专业兵种在内的具有多种功能的、成分复杂的军队,这是中国古代军队发展史上的新现象,有待深入研究。但宋朝的厢军在发展变化的历程中,一直没有丧失

---

① 张守:《毗陵集》卷五,《丛书集成初编》本。

其自身所固有的军事职能。

笔者认为，宋朝厢军的军事职能主要表现在下述三个方面：第一，驻守在各地的厢军与其他军队相兼屯戍，其本身就具有对外防御和对内镇压的职能，宋代统治者不仅对此有明确的认识，而且从来也没有忘记厢军所固有的军事职能。第二，在北宋中期以前，在厢军中实行了更戍制度，东南地区厢军的更戍更为普遍，且其数量可能超过了禁军，补充了这一地区禁军力量的不足；大致在元丰以前，厢军是巡检系统中的基本军事力量之一，发挥了维护地方治安的作用。如果把厢军界定在"役兵"的范畴内，就无法解释厢军的更戍制度以及巡检中厢军的军事职能。第三，宋代厢军军事职能不仅表现在制度层面上，而且体现在参与对外防御和对内镇压的具体军事行动中。有宋一代，厢军参与这样的军事行动并不是个别现象。除本文列举的一些战例外，还有一些事例，由于篇幅所限不能一一列举。从厢军的一些战绩看，北宋时期分布在北方和西北地区的一些厢军，仍具有相当强的战斗力。当然，如同对待其他历史现象的评价一样，对于厢军的评价也必须采取辩证的态度，我们既不能因袭前人的结论把厢军笼统地说成是"役兵"或"杂役军"，忽视厢军对内镇压和对外防御的基本军事职能；同时，对于厢军的军事职能也要客观评价。笔者认为，在宋朝厢军中，除了"业一事专""处而无更"[①]的役兵外，作为"诸州之镇兵"的厢军，一般都具有军事功能，承担相应的防御和戍守任务。但由于厢军平时疏于教阅，并且常常被用于各种工役，因此，从总体上看，其军事职能发挥的情况，南宋不及北宋，而且在北宋不如禁军，在南宋不如屯驻大军。当然在具体的历史条件下，厢

---

① 宋祁：《景文集》卷四五《庆历兵录序》，文渊阁《四库全书》本。

军作为统治阶级的工具，其军事职能能否得到有效的发挥，不仅取决于统治阶级的意志，而且同政治状况、官员素质关系密切。

（原载《文史哲》2006年第6期）

宋神宗与王安石共定"国是"考辩

李华瑞

余英时先生《朱熹的历史世界》首次系统论述了宋代的"国是"问题,并对宋代党争作出了新的解释,是近年来关于宋代政治走向的一篇大制作。余先生在第五章"国是考"序言中说:"如果我们说:不通过'国是'便无法彻底认识朱熹的历史世界,那也不算太夸张。但据我浏览所及,这个重要的政治现象,尚未见有人作过系统的讨论。所以本章拟专以'国是'问题为中心,根据原始资料,勾画出一个大体的轮廓。"[1]余先生在讨论宋朝"国是"起源时,将"国是"的起始年系于变法全面展开的熙宁三年,"国是"的核心是不许"异论相搅",并且是由宋神宗与王安石等人共定。这个看法又在沈松勤所著《南宋文人与党争》一书得到引申和发挥[2]。然仔细考量似与相关史实有一定出入,故提出来进行再讨论。

---

[1] 余英时:《朱熹的历史世界》上册,生活·读书·新知三联书店2004年版,第251页。
[2] 沈松勤:《南宋文人与党争》,人民出版社2005年版,第163—164页。

一

余先生和沈先生论及宋代"国是"问题,均是以熙宁三年四月甲申,宋神宗与司马光的一次对话为起点。

> 上曰:"今天下汹汹者,孙叔敖所谓'国之有是,众之所恶'也。"光曰:"然。陛下当察其是非,然后守之。今条例司所为,独安石、韩绛、吕惠卿以为是,天下皆以为非也。陛下岂能独与此三人共为天下邪?"①

对于这段对话,余先生说这是"'国是'观念在宋代朝廷争议中的第一次正式出现",并从其史源、历史背景和对话的意义作了很详细的考订和解读,最后得出"神宗接受了《新序》的一项基本原则,即'国是'不能由皇帝'以合其取舍者'为标准而作单方面的决定;相反地,皇帝必须'与士大夫共定国是'"②的结论。但是现存宋代文献记载"国是"之事,似始见于宋神宗熙宁元年五月右正言孙觉《上神宗论所急者近效所勤者小数》:"臣近陈愚款愿陛下时御便殿,召大臣或从官,各以其类数人偕进侍坐,以讲求治道,因定国是,兴太平之功。臣窃计陛下日力且不足矣。何则?陛下御前殿,复御后殿,退则览中外章奏而可否之,往往至于暮夜。大禹勤俭,文王日昃不遑暇食,亦何以过此!臣愚窃以谓此所急者近效,所勤者小数,而于远图或有所遗,大道或有所

---

① 李焘:《续资治通鉴长编》卷二一〇,神宗熙宁三年四月甲申,中华书局2004年版,第5114页。
② 余英时:《朱熹的历史世界》上册,第254—255页。

蔽也。"① 孙觉这道奏书有两点值得注意，一是神宗即位之后，即汲汲于治道，"励精图治，将大有为"②，"国是"的商定已在积极进行中。在这里"国是"的商定尚未有特别的政治意义。

二是宋神宗选择王安石的思想或施政纲领作为"国是"或"国论"，是在王安石新法推行之前，而不是在其后。根据多种文献记载可知，孙觉上奏书之前，宋神宗在熙宁元年四月曾先后向富弼和王安石问以治道。神宗诏富弼入见，"坐语，从容访以治道。弼知帝果于有为，对曰：'人主好恶，不可令人窥测；可测，则奸人得以傅会。当如天之监人，善恶皆所自取，然后诛赏随之，则功罪无不得其实矣。'又问边事，对曰：'陛下临御未久，当布德行惠，愿二十年口不言兵。'帝默然"③。显然宋神宗在富弼处未得到他所期望的东西。于是三天后神宗诏新除翰林学士王安石越次入对。宋神宗谓王安石曰："朕久闻卿道术德义，有忠言嘉谋当不惜告朕。方今治当何先？"王安石对曰："以择术为始。"宋神宗又问："祖宗守天下，能百年无大变，粗致太平，以何道也？"王安石退而上《上神宗论本朝百年无事》。第二天，宋神宗谓王安石曰："昨看卿所奏书至数遍，言本朝事可谓粗尽，计治道无以出此。所条众失，卿必已一二经画，试为朕详见施设之方。"④ 至此，宋神宗选定王安石的思想和施政纲领为"国是"。因而，孙觉的奏书里就有"讲

---

① 赵汝愚：《宋朝诸臣奏议》卷八，上海古籍出版社1999年版，第67页；黄淮、杨士奇：《历代名臣奏议》卷三五，上海古籍出版社1989年版，第467页。文中"因定国是"文渊阁四库本《历代名臣奏议》作"商定国是"。
② 《宋史》卷一六《神宗纪三》，中华书局1977年版，第314页。
③ 《宋史》卷三一三《富弼传》，第10255页；又见彭百川：《太平治迹统类》卷一二《神宗圣政》，江苏广陵古籍刻印社影印1990年版，第250—251页。
④ 《宋朝诸臣奏议》卷一〇九《财赋门·新法一·上神宗论本朝百年无事》注，第1179页。又见《长编纪事本末》卷五九，《续资治通鉴长编拾补》卷三上，熙宁元年四月乙巳。

求治道，因定国是，兴太平之功"的说法。翌年二月，神宗擢拔王安石任参知政事。王安石《辞免参知政事表》云："皇帝陛下绍膺皇统，俯记孤忠。付之方面之权，还之禁林之地，固已人言之可畏，岂云国论（此处'国论'即是'国是'的同义语）之敢知。忽被宠灵，滋怀愧恐。伏望皇帝陛下考慎所与，烛知不能，许还缪恩，以允公议。"① 亦证明宋神宗在确定以王安石的施政纲领为"国是"，是在起用王安石变法之前，而不是在变法全面铺开的熙宁三年。

应当说宋神宗在熙宁元年以王安石的思想或施政纲领为"国是"，很大程度上符合朝野士人的政治诉求，所谓"天下盛推王安石，以为必可致太平"②，"当时天下之论，以金陵（王安石）不作执政为屈"③，"窃见介甫独负天下大名三十余年，才高而学富，难进而易退。远近之士，识与不识，咸谓介甫不起则已，起则太平可立致，生民咸被其泽矣"④，"新法之行，诸公实共谋之，虽明道先生不以为不是，盖那时也是合变时节"⑤。然而当王安石任参知政事、宰相，开始大力推行新法之时，却遭到守旧大臣的激烈反对，宋神宗选定的"国是"也因之受到质疑，因而直到元丰四年才又有定"国是"之举。

由以上所论可知，宋神宗选定"国是"的做法恰恰与余先生和沈先生所论相反，即由皇帝"以合其取舍者"为标准。实际上，宋神宗不

---

① 王安石：《临川先生文集》（二）卷五七，四部丛刊初编集部，上海书店1989年版；又见《王文公文集》卷一六，上海人民出版社1974年版，第167页。
② 朱熹：《三朝名臣言行录》（一）卷三之三，参政吴文肃公（奎），四部丛刊初编史部，上海书店1989年版。
③ 马永卿编：《元城语录》卷上，文渊阁《四库全书》本，台湾商务印书馆1986年版，第863册，第363页。
④ 司马光：《温国文正司马公文集》（二）卷六〇《与王介甫书》，四部丛刊初编集部。
⑤ 黎靖德编：《朱子语类》卷一三〇，中华书局1994年版，第3097页。

仅在初次选定王安石的思想和施政纲领为"国是",是"以合其取舍者"为标准,而且在王安石第二次罢相后,最终将新法定为"国是",依然是"以合其取舍者"为标准。李焘《续资治通鉴长编》卷三一三"元丰四年六月甲子"条记事云:

> 有上书乞审择守令者,上谓辅臣曰:"天下守令之众,至千余人,其才性难以遍知,惟立法于此,使奉之于彼,从之则为是,背之则为非,以此进退,方有准的,所谓朝廷有政也。如汉黄霸妄为条教以干名誉,在所当治,而反增秩、赐金。夫家自为政,人自为俗,先王之所必诛;变《风》、变《雅》,诗人所刺。朝廷惟一好恶,定国是,守令虽众,沙汰数年,自当得人也。"

同书卷三五〇"元丰七年十二月戊辰"条记事:

> 初,元丰五年,将行官制,上于禁中自为图,帖定未出,先谓辅臣曰:"官制将行,欲取新旧人两用之。"又曰:"御史大夫非司马光不可。"蔡确进曰:"国是方定,愿少迟之。"王珪亦助确,乃已。

元丰四年,正是"事皆自做"的宋神宗大力改革官制之时,元丰改制不仅在一定程度上改变了宋初以来混乱的官僚体制,而且为朝廷"惟一好恶,定国是"提供了坚定的政治保障。同时也说明元丰时期定新法为"国是"是出自"宸断"。正是由于元丰四年初定国是,因而翌年蔡确等人才有"国是方定"之说,而极力反对新法的司马光入朝,这也就贯彻了宋神宗"立法于此,使奉之于彼,从之则为是,背之则为非"的国是宗旨。

二

余先生引《续资治通鉴长编》卷二一三"熙宁三年七月壬辰"条记事云:因代吕公弼为枢密使的问题,神宗和执政大臣曾公亮、韩绛、王安石三人有下面一番辩论,可以看作"新法"正式定为"国是"的开端:

> 吕公弼将去位,上议所以代之者,曾公亮、韩绛极称司马光,上迟疑未决……安石曰:"司马光固佳,今风俗未定,异议尚纷纷,用光即异论有宗主……事无可为者。"绛深以安石所言为然,公亮言:"不当以此废光。"固请用之,上弗许,乃独用(冯)京。明日,又谓执政曰:"京弱,并用光如何?"公亮以为当,安石曰:"比京诚差强,然流俗以为宗主,愈不可胜……"
>
> 公亮曰:"……真宗曰:'且要异论相搅,即各不敢为非。'"安石曰:"若朝廷人人异论相搅,即治道何由成?臣恐以为朝廷任事之臣,非同心同德、协于克一,即天下事无可为者。"上曰:"要令异论相搅,即不可。"……上遂不用光。

"王安石坚决反对起用司马光,因为怕他成为朝廷上'异论'或'流俗'的'宗主'。曾公亮虽抬出真宗'且要异论相搅'的祖训,也阻止不了安石压制'异论'的决心。神宗最后一句话则是这次辩论的总结。'新法'从此不再是王安石个人的关于改革的设计，它已是皇帝和士大夫共定的'国是'了。'国是'等于现代专制体制中所谓'最高国策'或'正确路线'，自然不能容许'异论相搅'。这正是神宗为什么要在政治系统中增添这一新范畴的根本原因。"①

如果余先生所言是指神宗"事皆自做"的元丰年间及其宋哲宗绍圣以后的绍述，那么大致与事实相符，而指熙宁年间则不一定如此。虽然熙宁时期王安石欲"一道德以变风俗"，也罢黜了一些持异论的官员，并以宫观闲局安插他们，但是这与元丰以后至宋徽宗、高宗时期尊奉"国是"，打压"异论"，铲除反对派，有的被贬官，有的甚至被贬死于荒远州县的做法大相径庭。更何况，反对派是在"尽力争之而不能止"时，"往往多自引去"，"逡巡引退"。宋神宗虽然说了上述的话"要令异论相搅，即不可"，但是实际上在熙宁时期依然奉行"异论相搅"的祖训，这有两种表现形式：一是从熙宁二年至五年、熙宁五年至九年，宋廷内部形成两次大的异论高潮，前者以非议、攻击青苗法、免役法为主，异论奏折连篇累牍，他们的攻击直接影响了宋神宗的态度；后者则是随着王韶开边、市易法推行及与辽朝定边界形成又一次异论高潮，在野的韩琦、富弼、司马光等异论持有者都曾应诏言事。只要看一下赵汝愚编撰的《宋朝诸臣奏议》卷一〇九至一一九财赋门·新法一至十一所收反对派的96篇奏议即可略见此两次大的异论高潮之一斑。二是在用人上也贯彻异论相搅的精神，如反变法派的核心人物司马光，宋神宗起用王安石为参知政事的同时即欲用司马光为枢密副使，虽然王安石说这

---

① 余英时：《朱熹的历史世界》上册，第256—257页。

"是为异论之人立赤帜也",但是宋神宗还是坚持要用司马光,只是司马光因与王安石势不两立,"上章力辞至六七",宋神宗才不得已同意他离开朝廷[①]。又如反变法派重要成员文彦博自宋英宗治平二年七月为枢密使,至宋神宗熙宁六年四月罢,判河阳,"在枢府凡八年"[②]。再如富弼的女婿冯京,在王安石变法之初,即上章反对变法,宋神宗却于熙宁三年连连提升他任枢密副使和参知政事,"士大夫不逞者,以京为归"[③]。特别是神宗对司马光的眷任,南宋初年朱胜非对宋高宗讲的一番话就很能说明问题:

> 建炎二年三月甲午,诏经筵读《资治通鉴》,遂以司马光配飨哲宗庙庭。……侍读朱胜非尝奏:"陛下每称司马光,度圣意有恨不同时之叹,陛下亦知光之所以得名者乎?盖神宗皇帝有以成就之也。熙宁间,王安石创行新法,光每事以为非是,神宗独优容,乃更迁擢。其居西洛也,岁时劳问不绝。书成,除资政殿学士,于是四方称美,遂以司马相公呼之。至元祐中,但举行当时之言耳。若方其争论新法之际,便行窜黜,谓之立异好胜,谓之沽誉买直,谓之非上所建立,谓之不能体国,谓之不遵禀处分,言章交攻,命令切责,亦不能成其美矣。"帝首肯者久之。[④]

在朱胜非看来,司马光之所以成为一代名臣,正是宋神宗听任异论"独

---

① 徐自明著,王瑞明校补:《宋宰辅编年录校补》卷七,中华书局1986年版,第412页。
② 徐自明著,王瑞明校补:《宋宰辅编年录校补》卷七,第433页。
③ 《宋史》卷三二七《王安石传》,第10548页。
④ 李心传:《建炎以来系年要录》卷一四,建炎二年三月甲午,台北文海出版社1980年版,第606—607页。

优容"所致。这从一个侧面说明当时对待"异论"者并没有"便行窜黜,谓之立异好胜,谓之沽誉买直,谓之非上所建立,谓之不能体国,谓之不遵禀处分,言章交攻,命令切责"。而这些做法恰恰是元祐党人,或绍述派对待"异论"者所使用的处置办法。

另外,值得一提的是,宋神宗虽然选定王安石的思想和施政纲领为"国是"或"国论",但是在推行新法的进程中他们的政见并不尽相同。目前学界有关他们之间政见分歧的讨论有四种意见。(1)宋神宗与王安石的关系,自始至终在思想境界和战略方面存在着巨大差距。(2)对待豪强兼并的态度不尽相同。元丰时期,宋神宗主持的新法在"摧抑兼并"方针上发生逆转[1]。(3)王安石以"富民"为变法宗旨,而宋神宗以"富国"为宗旨[2]。(4)王安石两次罢相的深层原因与宋神宗难以容忍相权对君权的干涉,更不能容忍大权旁落密切相关[3]。正是由于他们之间存在着政见分歧[4],因而宋神宗对王安石的信任并不是一般人所认为的那样:得君之专,在北宋一代宰相当中几乎无人能与之相比。事实上并不如此,当王安石制定和推行新法时,只有那些不太明显地触犯祖宗家法的项目,宋神宗才会肯全力予以支持,而凡触犯到祖宗家法的项目,宋神宗就会表现出犹疑以至深切的疑虑。从而使得王安石的变革工作经常从神宗那里得不到支持,有时甚至遭遇挫折,如王安石欲改革宋初把财政和军政大权都从宰相职权中分割出来的立法;欲以兵农合一的保甲制

---

[1] 漆侠:《王安石变法》(增订本),河北人民出版社 2001 年版,第 207—216 页。
[2] 葛金芳:《熙宁新法的富民与富国之争》,《晋阳学刊》1988 年第 1 期;《王安石变法新论》,《湖北大学学报》1990 年第 5 期。
[3] 王广林:《论王安石的两次罢相》,《史学集刊》1986 年第 3 期。
[4] 当然也有论者认为宋神宗与王安石的分歧,没有质的不同,只是程度上的一些差异。参见李华瑞:《王安石变法研究史》,人民出版社 2004 年版,第 474—476 页。

度替代募兵制；欲更革"将从中御"这一宋太宗所确立的防范武将专权的治军家法等问题上，就均未得到宋神宗的支持或完全认同①。正是由于君臣之间有着诸多不同的政见，因而神宗需要用"异论相搅"这一祖宗家法来掣肘王安石。王安石早在熙宁三年就曾告诫宋神宗："陛下方以道胜流俗，与战无异。今日稍却，即坐为流俗所胜矣。"②但是事实上，王安石每每感到"众人纷纷"，"陛下已不能无惑矣"③。熙宁八年，王安石曾无奈地对宋神宗说："天下事如煮羹，下一把火，又随下一杓水，即羹何由有熟时也。"④王安石两次罢相不能不与"异论相搅"密切相关。随着王安石的去位和宋神宗对局面的完全操控，新法开始按宋神宗的"宸意"发展。对于元丰时期宋神宗不用王安石这个问题，朱熹是这样回答弟子的："神宗尽得荆公许多伎俩，更何用他？到元丰间，事皆自做，只是用一等庸人备左右趋承耳！"⑤朱熹的回答可谓是鞭辟入里。因而到元丰初期不许"异论相搅"的政治氛围业已形成，于是既定"国是"再次应运而生。

三

其所以造成熙宁时期宋神宗与王安石共定"国是"，并由此党同伐

---

① 邓广铭：《邓广铭学术论著自选集》，首都师范大学出版社1994年版，第158—161页。
② 彭百川：《太平治迹统类》卷一四《神宗朝臣议论新法》，第285页。
③ 李焘：《续资治通鉴长编》卷二二三，熙宁四年五月丙午，中华书局2004年版，第5433—5434页。
④ 李焘：《续资治通鉴长编》卷二六二，熙宁八年夏四月己丑，中华书局2004年版，第6414页。
⑤ 黎靖德编：《朱子语类》卷一三〇，第3096页。

异的假象，这与宋哲宗、徽宗时期绍述派打着尊崇王安石的旗号，给"国是"赋予新意分不开，更与陈瓘对绍述派尊奉王安石的抨击紧密相关。宋哲宗定绍述为"国是"是承继先父遗志，而将国是内涵与王安石联系起来则起自蔡卞。李焘在"绍圣四年四月乙未，校书郎陈瓘通判沧州"条下记事说："初，太学博士林自用蔡卞之意，倡言于太学曰：'神考知王荆公不尽，尚不及滕文公之知孟子也。'士大夫皆骇其言。于是瓘谒章惇求外任，因具以告惇。惇大怒，召自而骂之，章、蔡由是不咸。"在这条记事下，李焘又注曰："瓘自叙云，初在太学，与林自同为博士，自以主张国是自任，为蔡卞所厚。"①

对此，陈瓘在《四明尊尧集序》中有更直接的描述：

> 臣闻先王所谓道德者，性命之理而已矣。此王安石之精义也。有《三经》焉，有《字说》焉，有《日录》焉，皆性命之理也。蔡卞、寒序辰、邓洵武等用心纯一，主行其教，其所谓大有为者，性命之理而已矣；其所谓继述者，亦性命之理而已矣；其所谓一道德者，亦以性命之理而一之也；其所谓同风俗者，亦以性命之理而同之也。不习性命之理者，谓之曲学；不随性命之理者，谓之流俗；黜流俗则窜其人，怒曲学则火其书。故自卞等用事以来，其所谓国是者，皆出于性命之理，不可得而动摇也。……臣伏见治平中，安石唱道之言，曰：道隆而德骏者，虽天子北面而问焉，而与之迭为宾主。自安石唱此说以来，几五十年矣，国是之渊源，

---

① 李焘：《续资治通鉴长编》卷四八五，中华书局1993年版，第11529页。

盖兆于此矣。①

显然，陈瓘认为"国是"之说，到蔡卞这里，已不仅仅是简单地绍述新法，而是将王安石的性命学说上升到作为解释"国是"的唯一根据。不仅如此，陈瓘认为绍圣以后的党同伐异亦源自蔡卞等人祖述王安石的思想。他说：

> 安石所撰《士师八成义》，以谓守正特立之士，以邪诬而不容于时，此祸本之所注而大盗之所以作也。蔡卞继述之说，其本在此。守此意者，谓之守正，不然则指为邦朋；立此说者，谓之特立，不然则指为流俗。非我类者，皆邦朋也，异我说者，皆邦诬也。于是，用其所谓守正特立之士，废其所谓邦朋邦诬之人，从而喜曰"祸本消矣，大盗息矣"。此卞之所谓国是也。人主不得违，同列不敢议，惇、布在其术内而不知也。②

陈瓘，字莹中，号了翁，历仕神、哲、徽三朝。《宋史》有传。早年曾尊王安石学说，也与变法派章惇、蔡卞等有过交往。后服膺二程学说。哲宗亲政绍述熙丰，陈瓘开始"极论蔡卞、章惇、安惇、邢恕之罪"。其后"瓘尝著《尊尧集》，谓绍圣史官专据王安石《日录》改修《神宗史》，变乱是非，不可传信"③。陈瓘抨击王安石和绍述派的做法，为他

---

① 陈瓘：《四明尊尧集》，《四库存目丛书》，齐鲁书社1998年版，史279—711—712。
② 《续资治通鉴长编》卷二三四，神宗熙宁五年六月辛未条注引，中华书局2004年版，第5686页。
③ 《宋史》卷三四五《陈瓘传》，中华书局1977年版，第10963页。

在士林中赢得清誉。宋廷南渡以后,宋的最高统治集团把亡国罪责由蔡京等人追溯至王安石,对王安石变法进行了彻底否定。陈瓘被视为反王安石的斗士,得到士林和朝廷高度的褒扬,"绍兴二十六年,高宗谓辅臣曰:'陈瓘昔为谏官,甚有谠议。近览所著《尊尧集》,明君臣之大分,合于《易》天尊地卑及《春秋》尊王之法。王安石号通经术,而其言乃谓:"道隆德骏者,天子当北面而问焉。"其背经悖理甚矣。瓘宜特赐谥以表之。'谥曰忠肃。"① 其后,陈瓘将"国是"之说溯源至王安石的有关议论,得到了南宋人的认同。吕中在《宋大事记讲义》中云:

> 自治平四年九月安石之召,至熙宁九年十月安石之去,凡十年之国论,皆安石变法之国是也。②
>
> 元符三年,安惇罢。惇奏邹浩是先朝所弃,不当复用,国是所系,不可轻改。陈瓘言:是非之心,人皆有之,圣人以百姓之心为心,故朝廷所谓是非者,乃天下之公是非也。是以国是之说,其文不在于二典,其事不出于三代,惟楚庄王之所以问于叔敖者,乃战国一时之事,岂圣时宜用哉。惇乃极天下之公议所非,以为是是;极人臣不改之孝,以为善述。

在此正文下,吕中论道:

> 国是一言之误国也。夫国以为是,即人心之所同是也。又安有

---

① 《宋史》卷三四五《陈瓘传》,第10964页。
② 吕中:《宋大事记讲义》卷一七《惠卿叛安石、安石复罢相》,文渊阁《四库全书》本。

众之所非，而自以为是，使人皆不得越国是之外者，此特孙叔敖之妄论，唐、虞三代之时，孔、孟之明训，初无是也。秦汉至五代，其言未尝闻也。本朝自建隆至治平，其说未尝有也。自熙宁王安石始有是论，而绍圣之蔡卞，崇宁之蔡京，皆祖述其说而用之。熙宁以通变为国是，则君子为流俗矣；绍圣以绍述为国是，南岭之间皆逐臣矣。蔡京之国是，又曰丰亨豫大之说而已，则立党、刻党碑，凡所托以害君子者，皆以国是借口，曰此神考之意，安石之说也。缙绅之祸，多历年所，岂非一言可以丧邦乎？①

魏了翁在宋理宗淳祐二年对宋朝"国是"的由来亦有相似的看法：

（太祖以来）曷尝揭揭然标一说以立国是，而使天下必为是说之从……自熙丰大臣始以私意误国，以祖宗神明博大、休养生息之政为不足，以快其意也。乃始创为出治之名，以竦动群听，颁之有司者，曰新法；颁之学官者，曰新义。上之人既立为一说，以风示天下，新进用事之人，又相与而朋翼之牢不可破，由此者进，异此者黜。②

另外，李焘《续资治通鉴长编》卷二三一"熙宁五年三月丙午记颁市易法"条下注："四月七日检继宗文字。《国是论》曰：'兴利之中，其罪亦有轻重，青苗、均输、助役，世以是为安石大罪，犹可恕也，何者？

---

① 吕中：《宋大事记讲义》卷二一《小人妄主国是》，文渊阁《四库全书》本。
② 魏了翁：《鹤山集》卷三三《代南叔兄上费参政（壬寅）》，文渊阁《四库全书》本。

安石之始学在此,而始谋出此也。市易、免役、征利及于琐屑,此皆小人之附安石者为之,而安石亦以为王政,将谁欺乎?'"此处李焘并未标明《国是论》作于何年、出自谁手,但从所引文意来看,出自"惟是直书王安石之罪"的南宋绍兴本《神宗实录》重修之后的时期,则是无疑的。

要之,本文旨在说明四点:(一)宋神宗以王安石的变法思想和施政纲领定为"国是",不是始于熙宁三年,而是在熙宁元年。(二)宋神宗选定"国是"的做法不是"不能由皇帝'以合其取舍者'为标准而作单方面的决定",而是恰恰与余先生和沈先生所论相反,是由皇帝"以合其取舍者"为标准。(三)熙宁时期宋神宗虽然对王安石变法给予大力支持,但是并未放弃"异论相搅"的祖训。(四)笔者并不否认"余先生率先指出,宋代是中国历史上第一个将国是体制化、法制化,并给予政治制度的保障,以及为政治争论涂抹上道德的色彩,使党派分极化的王朝",并"说明皇帝和大臣怎样以操纵'国是'的修辞权压制其他士大夫的异议。质疑'国是',最终会被顽冥不化的官员视为犯罪或不忠"[①]。但是笔者强调的是,这种将"国是"体制化、法制化的做法始于宋神宗元丰以后,而不是王安石执政的熙宁年间。以"国是"作为党同伐异的政治工具,则更是宋哲宗、宋徽宗,乃至宋高宗朝的事。

(原载《文史哲》2008 年第 1 期)

---

① 田浩:《余英时:〈朱熹的历史世界〉》,《湖南大学学报》2004 年第 5 期。

殷墟王陵年代探论

范毓周

自1934年秋中央研究院历史语言研究所对殷墟王陵区发掘以来,已有不少学者对殷墟王陵区的大墓之间的相互关系和相对年代进行过种种探讨。由于这些大墓自西周以来曾遭多次盗掘,对殷墟进行科学发掘时,王陵中遗留的文化遗物已经很少,因而很难用系统的器物类型对比分析方法来研究其相对年代。尽管如此,学者们还是根据发掘资料对这些大墓间的相互关系和年代问题提出了很有价值的意见。但是由于各家探讨的角度和方法各异,其意见和看法也互有不同,迄无定说。为了有助于这一问题的深入研究,本文不揣谫陋,在前人研究的基础上提出一得之见,供大家参考。

殷墟的王陵位于洹河北岸的侯家庄西北冈,与宫室、宗庙区隔河遥遥相对,其所在地地势较高,自成一个独立的区域。1934年秋和1935年春秋两季,中央研究院历史语言研究所在这里进行了大规模的发掘[1],1950年春中国科学院考古研究所又对这里的武官村大墓进行了发掘[2]。

---

[1] 参见胡厚宣:《殷墟发掘》,学习生活出版社1955年版,第111页。
[2] 参见郭宝钧:《一九五〇年春殷墟发掘报告》,《中国考古学报》第5册,1951年。

根据发掘资料，王陵区东西长约450米，南北宽约250米，总面积约为112500平方米。在这一范围内集中分布有12座大型墓葬，依照分布情况可以分为东、西两个墓区。东区的大墓较少，分别为HPKM1129、HPKM1443、HPKM1400和旧称武官村大墓的50WGKM1四座大墓。西区大墓较多，除HPKM1567是一座尚未完成的所谓"假大墓"外，共有HPKM1001、HPKM1002、HPKM1003、HPKM1004、HPKM1217、HPKM1500和HPKM1550等7座大墓。

笔者认为，殷墟的王陵区在总体营造上具有一定的规律性，在当初营造时应遵循一定的规划。

首先，我们看到，王陵区在侯家庄西北冈被明显分为东、西两个区域，东区除了王陵HPKM1400为带有4个墓道的大墓外，HPKM1443、HPKM1129和武官村大墓50HPKM1等均为带有2个墓道的申字形大墓；而在西区则集中了8座王陵，除了HPKM1567未完成而未开挖墓道外，其余7座王陵均为四面皆有墓道的带有4个墓道的大墓，而且大体上两两成为一组，呈现出一南一北分布的迹象，其中位于北面的大墓大多早于南面的大墓（图1）。

值得注意的是，殷墟王陵区共有12座规模巨大的大墓，除了HPKM1567未完成而未开挖墓道外，其余11座大墓均为带有4个墓道或2个墓道的大墓，在殷墟墓葬中规模和形制都比较特殊，是其他墓葬所无法比拟的。它们与传世文献记载和甲骨文资料记录的以殷墟为都城的商代自盘庚迁殷以后至帝辛灭亡的12位商王适相吻合。因而讨论这些王陵间的相互关系，具有一种特殊的意义。

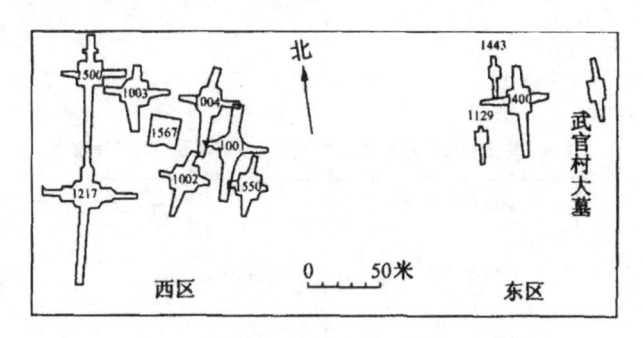

图 1　殷墟西北冈王陵区大墓分布图

殷墟西北冈王陵的上述规律性分布特点为我们探讨各座王陵间的先后顺序和相对年代提供了一定的方便。这方面已有不少学者作过有益的研究，提出过许多颇具启发性的看法。

最早对西北冈王陵区诸王陵的相互关系进行推断的是当时主持这些王陵发掘工作的梁思永先生。李济先生曾根据梁氏未发表的遗稿提出看法，他指出："侯家庄西北冈西区大墓的埋葬次序为：（1）HPKM1001 及其附坑最早，以下的次序为：（2）HPKM1550、（3）HPKM1004、（4）HPKM1003 及其附坑，（5）HPKM1002 及其附坑，（6）HPKM1550 及其附坑，（7）HPKM1217。东区……M1129 大墓晚于第一组小墓……M1400 大墓晚于第一组小墓……M1400 大墓晚于第五组小墓……M1400 大墓晚于 M1443 大墓。"①

梁氏在这里除了未讨论到东区后来发掘的武官村大墓 50WGKM1 和西区的所谓假大墓 HPKM1567 外，东、西两区的 10 座王陵均已论及。根据他的论述，东、西两区的这 10 座大墓间的相互关系，我们大

---

① 参见李济：《殷墟出土青铜觚形器之研究：花纹的比较》，《殷墟青铜器研究》，上海人民出版社 2008 年版，第 32 页。

体可以归纳如下（表1）：

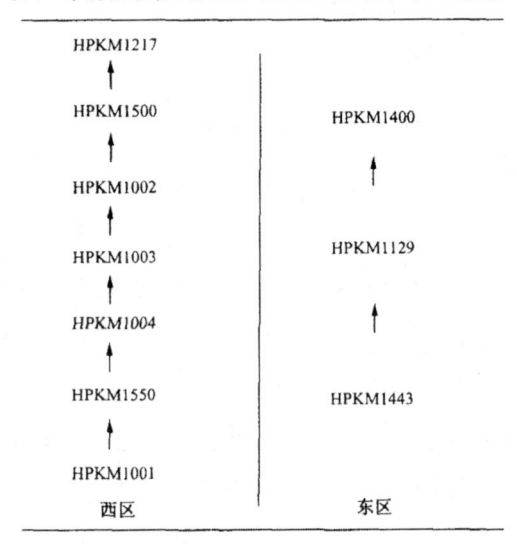

表1 李济根据梁思永遗稿对殷墟王陵间相互关系的看法

西区	东区
HPKM1217 ↑	
HPKM1500 ↑	HPKM1400 ↑
HPKM1002 ↑	
HPKM1003 ↑	HPKM1129 ↑
HPKM1004 ↑	
HPKM1550 ↑	HPKM1443
HPKM1001	

对梁思永先生的这一意见，李济先生在基本肯定的基础上作了适当调整。他在讨论殷墟出土的骨笄头形式演变的基础上，把殷墟文化分为五期：殷商初期、殷商早期、殷商中期、殷商晚期和殷商末期。他认为殷墟西北冈的西区诸王陵中 HPKM1001 属于殷商早期，HPKM1002 为殷商中期，HPKM1217 和西北冈的小墓 M1174 属殷商晚期，HPKM1550 和 HPKM1004 在殷商早期和殷商中期之间，而 HPKM1003 和 HPKM1500 则在殷商中期和殷商晚期之间[①]。他并把殷墟

---

① 参见李济:《由笄形演变所见的小屯遗址与侯家庄墓葬之关系》，《历史语言研究所集刊》第二十九本（下），台湾"中央研究院"历史语言研究所，1958年;《笄形八类及其纹饰之演变》，《历史语言研究所集刊》第三十本（上），台湾"中央研究院"历史语言研究所，1959年。

小屯附近的宫室、宗庙建筑基址与西北冈王陵区墓葬的考古分期资料进行系统的比较，指出："殷商时代前期的墓葬并不在侯家庄西北冈；或者说，侯家庄西北冈大墓开始时，已近于小屯版筑中期了。"因而他认为HPKM1001与小屯殷商文化中期同时，而HPKM1217则与小屯殷商文化晚期同时[①]。综合李济先生的上述看法，我们看到，他所讨论的殷墟西北冈西区的7座王陵间大体呈现下述关系（表2）：

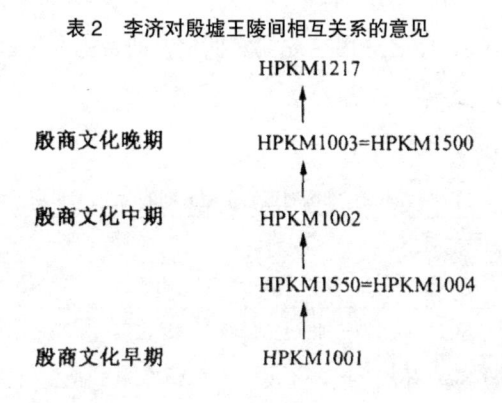

表2 李济对殷墟王陵间相互关系的意见

	HPKM1217
	↑
殷商文化晚期	HPKM1003=HPKM1500
	↑
殷商文化中期	HPKM1002
	↑
	HPKM1550=HPKM1004
	↑
殷商文化早期	HPKM1001

邹衡先生在研究殷墟文化分期问题时，也注意到侯家庄西北冈诸王陵间的相互关系及其与其他考古资料间的对应关系。他曾根据20世纪30年代和50年代积累的殷墟发掘资料，对殷墟文化进行全面分析，将包括侯家庄西北冈王陵在内的殷墟文化分为四期七组，其中第一期第一组相当于甲骨文分期中的零期，他推定该期为盘庚、小辛与小乙一世三王；第二期第二组相当于甲骨文分期的一期，为武丁时期；第二期第

[①] 参见李济：《由笄形演变所见的小屯遗址与侯家庄墓葬之关系》，《历史语言研究所集刊》第二十九本（下）。

三组相当于甲骨文分期的二期,为祖庚、祖甲时期;第三期第四组相当于甲骨文分期的三期,为廪辛、康丁时期;第四期第五组相当于甲骨文分期的四期,为武乙、文丁时期;第四期第六组、第七组相当于甲骨文分期的五期,为帝乙、帝辛时期。根据这一分期框架,他将侯家庄西北冈的王陵 HPKM 1001 和武官村大墓 50WGKM 1 定为第二期,即武丁至祖庚、祖甲时期的墓葬;而将 HPKM 1217、HPKM 1004 和 HPKM 1550 定为第三期,即廪辛、康丁至武乙、文丁时期的墓葬;同时将 HPKM 1400、HPKM 1003 定为第四期,即帝乙、帝辛时期①。他的意见可以大体列表如下(表3):

表3 邹衡对殷墟王陵分期的看法

考古分期	第一期	第二期		第三期		第四期	
	第一组	第二组	第三组	第四组	第五组	第六组	第七组
甲骨文分期	零期	第一期	第二期	第三期	第四期	第五期	
殷代王世	盘庚、小辛、小乙	武丁	祖庚、祖甲	廪辛、康丁	武乙、文丁	帝乙	帝辛
殷墟王陵	无	HPKM 1001、50WGKM 1		HPKM 1217、1004、1550		HPKM 1400、1003	

在这里,邹衡没有讨论到殷墟王陵东区的 HPKM 1129、HPKM 1443 和西区的 HPKM 1002 与所谓假大墓 HPKM 1567。实际上,他后来对殷墟文化分期问题提出新意见时,对上述意见又作了调整和补充。如他在北京大学《商周考古》教材中,就殷墟西北冈王陵区的王陵间相互关系提出过一些看法。他曾指出:"西区共发掘了8个大墓,靠西

---

① 参见邹衡:《试论殷墟文化分期》,《北京大学学报》1964年第4、5期。

边的两座属于商代前期,中间无墓道的 HPKM 1567,营造以后并未埋人,考古工作者称之为'假大墓'。其余 5 座,HPKM 1001 最早,HPKM 1004、HPKM 1550 次之,HPKM 1002 又次之,HPKM 1003 最晚。"[1] 考虑到 HPKM 1500 和 HPKM 1217 间的墓道打破关系,HPKM 1500 应当早于 HPKM 1217。对于东区,他也指出:"东区以武官村大墓最早,未发掘的《司母戊鼎》墓次之,HPKM 1400 最晚。另外,HPKM 1443 也早于 HPKM 1400。"[2] 由于出土《后母戊鼎》的大墓属后妃墓[3],不是王陵,就王陵而言,他的看法可以表述如下(表 4):

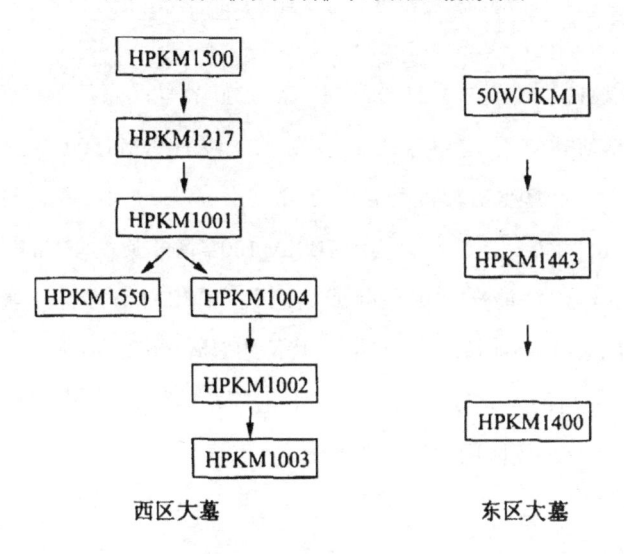

表 4　邹衡在《商周考古》中对殷墟王陵的看法

```
西区大墓:
HPKM1500 → HPKM1217 → HPKM1001 → {HPKM1550, HPKM1004} 
HPKM1004 → HPKM1002 → HPKM1003

东区大墓:
50WGKM1 → HPKM1443 → HPKM1400
```

---

[1] 北京大学历史系考古教研室商周组编:《商周考古》,北京文物出版社 1979 年版,第 93 页。
[2] 北京大学历史系考古教研室商周组编:《商周考古》,第 93 页。
[3] 《后母戊鼎》,原称《司母戊鼎》,本文采用今称,下同。

后来，他又提出HPKM1217和HPKM1500属殷墟文化一期[①]，可以说是对他原有看法的补充。

20世纪70年代，国外也有学者对殷墟王陵区王陵间的相互关系进行研究。例如美国密西根大学的凯恩（V. Kane）就曾根据殷墟西北冈王陵区的墓道叠压关系和各个墓葬内随葬青铜器的形态变化，对王陵间的相互关系进行推断。她结合文献记载把商代后期自盘庚到帝辛的十二位商王分为八代，并把西北冈的王陵和他们对应起来。依照她的推断，殷墟西北冈王陵区大墓的先后次序为：

HPKM1443 → HPKM1129 → HPKM1500 → HPKM1217 → 50WGKM1 → HPKM1001 → HPKM1550 → HPKM1400 → HPKM1004 → HPKM1002 → HPKM1003

王陵HPKM1443、HPKM1129和HPKM1500最早，可能属于第一代；其中HPKM1443可能为盘庚的陵墓，王陵HPKM1500可能为小乙的陵墓；王陵HPKM1217可能属于第二代或第三代，武官村大墓和HPKM1001可能为第二代，其中HPKM1001有可能为武丁的陵墓；王陵HPKM1550可能属于第三代或第四代，HPKM1400可能属于第四代，而HPKM1004可能属于第五代；HPKM1002可能属于第六代；HPKM1003可能属于第七代，该墓可能是帝乙的陵墓[②]。依照她的看法，西北冈王陵区的王陵间大体呈现下述关系（表5）：

[①] 参见邹衡：《试论殷墟文化分期》（修订稿），《夏商周考古学论文集》，北京文物出版社1980年版，第73页。

[②] V. Kane, "A Re-examination of Anyang Archaeology", *Arts Orientalis* vol. X（1975）.

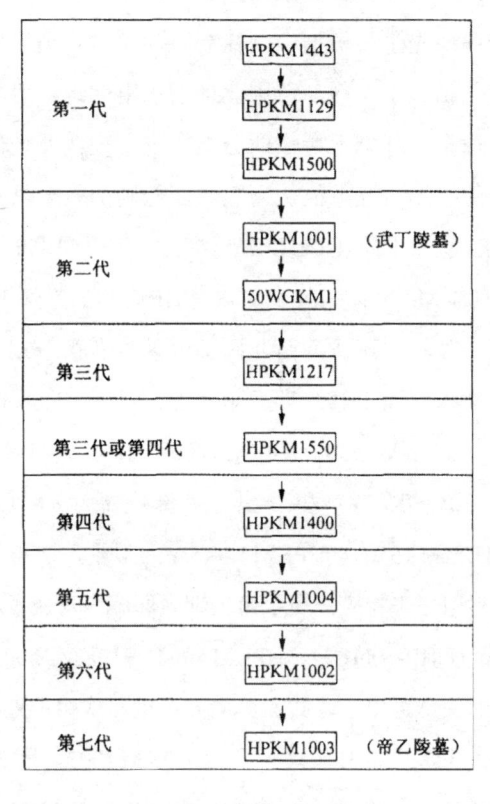

表 5　凯恩对于殷墟王陵间关系的看法

世代	墓葬	备注
第一代	HPKM1443 ↓ HPKM1129 ↓ HPKM1500	
第二代	HPKM1001 ↓ 50WGKM1	（武丁陵墓）
第三代	HPKM1217	
第三代或第四代	HPKM1550	
第四代	HPKM1400	
第五代	HPKM1004	
第六代	HPKM1002	
第七代	HPKM1003	（帝乙陵墓）

尽管她的结论还有一些可商榷之处，但这些探讨性意见还是很有启发意义的。

20世纪70年代后期，胡厚宣师对于殷墟诸王陵的先后关系也提出看法，他指出："东区大墓三个，1129、1400、1443，一般比早期的人祭小坑为晚。西区大墓……其先后次序是：1001、1550、1004、1003、1002、1500、1217；而1001时代为早。"[①] 显然，他的看法与上述各家看

---

① 参见《安阳殷墟五号墓座谈纪要》，《考古》1977年第5期。

法不同。

此后，杨锡璋先生又根据中国社会科学院考古研究所安阳工作队对殷墟范围内包括大司空村、苗圃北地、小屯北地、殷墟西区等处的遗址和墓葬发掘资料基础上所作的分期标准，把西北冈的各个王陵进行了比较系统的分期研究。他认为殷墟西北冈的大墓冢只有四个墓道的大墓才是王陵，因而只有 HPKM1001、HPKM1550、HPKM1400、HPKM1004、HPKM1002、HPKM1500、HPKM1217 和 HPKM1003 等八座大墓应为王陵。他还认为西北冈王陵区没有第一期（即武丁时期及其以前）的大墓，属于第二期（即武丁、祖庚、祖甲时期）的大墓有 HPKM1001、HPKM1550、HPKM1400、HPKM1443、HPKM1129、武官村大墓（50WGKM1）和传出《后母戊鼎》的 M260 等，其中 HPKM1001、HPKM1550 与 HPKM1400 应为王陵，恰与第二期的商王武丁、祖庚、祖甲三王相应。属于第三期（即廪辛、康丁、武乙、文丁时期）的大墓有 HPKM1004、HPKM1002、HPKM1500、HPKM1217 等，也与该期的廪辛、康丁、武乙、文丁三世四王相一致。至于第四期（即帝乙、帝辛时期）的大墓只有一座 HPKM1003，因为帝辛自焚而亡，又被周武王斩首，未埋入王陵区，故 HPKM1003 也与该期的帝乙相应[1]。随后，他又提出西北冈王陵区西区的所谓假大墓 HPKM1567 是尚未修成的大墓，应属第四期，应为墓未成而身亡的帝辛之墓[2]。综合上述看法，他关于王陵的意见可以表述如下（表6）：

---

[1] 参见杨锡璋：《安阳西北冈大墓的分歧及其有关问题》，《中原文物》1981年第3期。
[2] 参见杨锡璋：《殷代墓地制度》，《考古》1983年第10期。

表6　杨锡璋关于殷墟王陵的意见

第二期	HPKM1001	HPKM1550	HPKM1400		武丁、祖庚、祖甲陵墓
第三期	HPKM1004	HPKM1002	HPKM1500	HPKM1217	廪辛、康丁、武乙、文丁陵墓
第四期	HPKM1003				帝乙陵墓

对于上述八座王陵，杨锡璋指出，它们在分布上有一定规律，大体南北对应分成四排，每排两座，一般是南边墓的墓道压在北边墓的墓道上，呈现北边大墓早于南边大墓的现象。HPKM1567虽然没有墓道，但也应遵循这一分布规律[①]。他的这一看法是颇有见地的。

殷墟西北冈王陵区是一个有一定规划和依一定原则安排的墓区，在这个墓区内，除了传出《后母戊鼎》的M260已由该墓出土的《后母戊鼎》铭文证明应为商王武丁的配偶妣戊之墓外，东、西两区的大墓应当都是商王的陵墓。包括所谓"假大墓"HPKM1567在内的这12座大墓恰恰与商代后期盘庚迁殷以后的12位商王若合符契，显然不是一种偶然的巧合。

由于殷墟王陵都曾遭受多次盗掘，墓中遗留文化遗物很少，单纯从文化遗物进行分析已很困难。如从墓葬的形态分析，东区的三座带有两个墓道的"申"字形大墓，应是王陵中较早的几座。根据杨锡璋的分析，王陵HPKM1400应为殷墟文化二期的墓葬，而王陵HPKM1443的南墓道被HPKM1400所打破，其时代应为早于殷墟文化二期的第一期，其时代应为盘庚、小辛、小乙三位商王时期。王陵HPKM1129和武官村大墓50WGKM1都是和HPKM1443一样的两墓道"申"字形大

---

① 参见杨锡璋：《殷代墓地制度》，《考古》1983年第10期。

墓，而且 HPKM1129 的南、北墓道与 HPKM1443 相比明显较短，而 50WGKM1 与 HPKM1443 相比，其规模较大，北墓道较长。如从殷墟王陵早期形态发展的逐步成熟看，殷墟东区的这三座"申"字形大墓有可能呈现一种先后关系。如果上述推断不误，则它们之间的关系可能为：

$$\boxed{\text{HPKM1129}} \rightarrow \boxed{\text{HPKM1443}} \rightarrow \boxed{\text{50WGKM1}}$$

恰与盘庚迁殷后第一代三位商王盘庚、小辛、小乙相应，因而它们有可能分别是盘庚、小辛和小乙的王陵。殷墟西北冈王陵区的东区有可能是王陵区最早开拓的王陵区域，它们的开拓时代应在武丁之前，因而成为殷墟文化所包纳的商代后期八代十二位商王中最早一代商王盘庚、小辛和小乙的陵墓集中区域。

至于王陵区东区带有四墓道的 HPKM1400，依照杨锡璋的分析，属殷墟文化二期墓葬，略晚于 HPKM1001，有可能是武丁时虽未继位但已入"周祭"祀谱的"小王祖己"的陵墓，故其陵墓葬于王陵区的东区，以示其未继位，而廪辛未入"周祭"祀谱，殷墟王陵区不应有他的墓葬[①]。

殷墟王陵区的西区，包括所谓"假大墓"HPKM1567 在内，共有七座大型墓葬，加上东区的 HPKM1400 共有八座，其中除了 HPKM1567 尚未完成外，其他七座均带有四个墓道。这在殷墟的墓葬中不仅是规制最为特殊，而且也是规模最大的。HPKM1567 无疑应是原来为帝辛准备的陵墓墓圹，由于他死于非命，还未来得及修好且并未安葬于该墓，

---

① 参见范毓周：《说小王》，《中国文字》（台北）新廿七期，艺文印书馆 2002 年版。

故成一座既无墓道又未使用的"假大墓"。其余七座大墓显然应是其他七位商王的陵墓当无疑问。

我们看到，无论梁思永、李济，还是邹衡、凯恩和杨锡璋，均论定 HPKM1001 在西区诸王陵中是时代最早的，并都认为它可能是商王武丁的陵墓[①]，他们的看法应当说是可信的。武丁在商代后期诸王中最有影响，据文献记载，他在位长达 59 年，殷墟发现的甲骨文资料约有一半是他在位期间遗留下来的。根据甲骨文记载，他曾广开疆域，同周边方国、部族进行过 60 多次战争，使商王朝成为当时广大国土范围内的统一王朝，是商代后期最为繁盛的时期[②]。而 HPKM1001 无论就规模还是从其墓室内外的殉人和人祭现象看，都是殷墟王陵中最为引人注目的，这与武丁的上述情况适相吻合。

殷墟西北冈王陵区的西区的各大墓的墓道间存在一些打破关系，杨锡璋曾经作过总结，大体可以归纳为几组[③]：

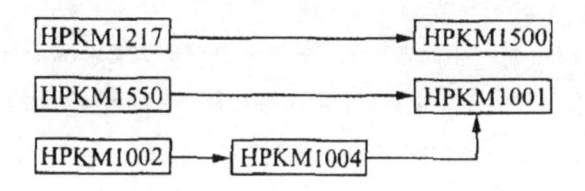

```
HPKM1217 ──────→ HPKM1500
HPKM1550 ──────────→ HPKM1001
HPKM1002 ──→ HPKM1004 ────↑
```

[①] 曹定云也认为 PHKM1001 是武丁之墓，参见曹定云：《论殷墟侯家庄 M1001 号墓墓主》，《考古与文物》1986 年第 2 期。

[②] 参见范毓周：《殷代武丁时期的战争》，《甲骨文与殷商史》第三辑，上海古籍出版社 1986 年版；Fan Yuzhou, "Military Campaign Inscriptions from YH 127", *Bulletin of the School of Oriental and African Studies of University of London*, vol.LII part (1989)。

[③] 杨锡璋：《安阳殷墟西北冈大墓的分期及有关问题》，《中原文物》1981 年第 3 期。

我们从中可以得出以下先后顺序：

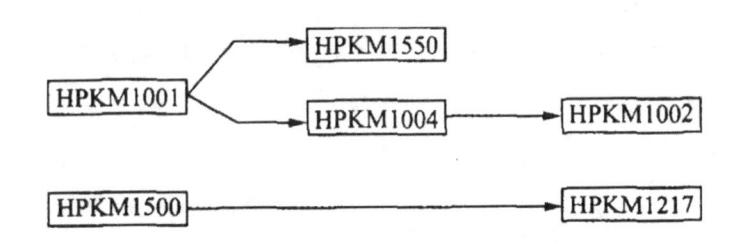

```
HPKM1001 ──┬──► HPKM1550
           └──► HPKM1004 ──► HPKM1002

HPKM1500 ─────────────────► HPKM1217
```

考虑到这些大墓在分布上有一定规律，大体南北对应分成四排，每排两座，一般是南边墓的墓道压在北边墓的墓道上，呈现北边大墓早于南边大墓的现象，笔者认为殷墟西北冈王陵区西区各大墓之间的先后关系可能为：

HPKM1001 → HPKM1550 → HPKM1004 → HPKM1002 → HPKM1500 → HPKM1217 → HPKM1003 → HPKM1567（未葬假大墓）

而 HPKM1567 是一座尚未完成和并未入葬的假大墓，应是帝辛在商代末年因周武王伐灭而非正常死亡尚未来得及葬入的结果。如果这一推断不误，上述各大墓显然有可能分别是武丁、祖庚、祖甲、康丁、武乙、文丁、帝乙和帝辛的陵墓。

通过以上讨论，可以看出，殷墟王陵区发现的十二座大型墓葬应为商代后期八代十二位商王的陵墓，它们之间的先后关系大体如下：

HPKM1129 → HPKM1443 → 50WGKM1 → HPKM1001 → HPKM1400 → HPKM1550 → HPKM1004 → HPKM1002 → HPKM1500 → HPKM1217 → HPKM1003 → HPKM1567

（未葬假大墓）

它们依次应是盘庚、小辛、小乙、武丁、祖己、祖庚、祖甲、康丁、武乙、文丁、帝乙和帝辛等人的陵墓，其年代应当说还是比较清晰的。

（原载《文史哲》2010 年第 1 期）

北魏末年镇民暴动新探
——以六镇豪强酋帅为中心

薛海波

对于北魏末年六镇镇民暴动及由此引发的河北暴动的研究，仍然存在着一些值得深入挖掘的空间。如学界往往认为，孝文帝迁都洛阳导致六镇镇民社会地位的下降是六镇暴动的主要原因。如果六镇镇民的社会地位原本就不高，那么六镇暴动的原因又是什么？又如以往研究强调六镇暴动的阶级斗争性质，将其主要归结为镇民与六镇豪强酋帅、北魏朝廷之间的阶级斗争[1]，而忽视了有些六镇豪强酋帅通常是以镇民身份出现在暴动队伍中，成为暴动的领导者。或是从社会阶层的视角，将六镇暴动归结为六镇豪强酋帅与镇民联合为摆脱自身贱民化，争取自由身份的群体性反抗军镇体制的军事斗争[2]，而忽略了在暴动中始终存在的六镇豪强酋帅之间及其群体与镇民的严重矛盾。基于此，本文拟以主导六镇社

---

[1] 唐长孺：《试论魏末北镇镇民暴动的性质》，《山居存稿》，中华书局1989年版，第26—59页。
[2] 谷川道雄：《北魏末期的内乱与城民》，《隋唐帝国形成史论》，李济沧译，上海古籍出版社2004年版，第132—150页。

会秩序的豪强酋帅为中心,探究其群体的来源与内部矛盾,重新考察六镇暴动的主要原因,六镇豪强酋帅在镇民暴动中的政治动向、所起作用等问题,以使对北魏末年镇民暴动有更深入的认识。

一、六镇豪强酋帅的来源及其群体的内部矛盾

学界一般认为六镇镇民主要来源于鲜卑贵族、汉族豪族、徙边罪犯、高车和柔然等部落降民。就六镇豪强酋帅而言,由于其群体被编入军籍,因此同样具有镇民的身份。但六镇豪强酋帅与普通镇民却有着很大不同,如其群体有一部分能够担任军镇官职,具有官僚身份,又大多拥有部落组织、依附武装,具有较强的经济实力。现列《北魏后期六镇豪强酋帅简表》(以下称《简表》)如下①:

编号	姓氏	所属军镇	原籍	民族	出身	父祖迁徙至六镇的途径	出处
1	窦泰	怀朔	代(四方诸姓)	鲜卑	良家子	祖罗魏统万镇将,因居北边	《北齐书·窦泰传》、《窦泰墓志》、《汇编》p395

---

① 表中《汇编》指赵超:《汉魏南北朝墓志汇编》,天津古籍出版社 1990 年版;《疏证》指罗新、叶炜:《新出魏晋南北朝墓志疏证》,中华书局 2004 年版;《姓纂》指林宝撰,岑仲勉校记:《元和姓纂》(附四校记),中华书局 1994 年版;《集注》指庾信撰,倪璠注,许逸民校点:《庾子山集注》,中华书局 1980 年版。本表有关六镇豪强酋帅民族的确定,主要是参看姚薇元:《北朝胡姓考》(修订本),中华书局 2007 年版;陈连庆:《中国古代少数民族姓氏研究——秦汉魏晋南北朝少数民族姓氏研究》,吉林文史出版社 1993 年版。由于本表主要是统计北魏后期六镇豪强酋帅各家的大致情况,因此,统计时仅选一人作为其宗族的代表。

续表

编号	姓氏	所属军镇	原籍	民族	出身	父祖迁徙至六镇的途径	出处
2	鲜于世荣	怀朔	渔阳	高车	良家子	父宝业怀朔镇将，因家焉	《北齐书·鲜于世荣传》
3	潘乐	怀朔	代（四方诸姓）	鲜卑	良家子	祖潘长怀朔镇将，镇北边	《北齐书·潘乐传》、《姓纂》p515
4	斛律羌举	怀朔	代	高车	酋长	父谨武川镇将，因家焉	《北齐书·斛律羌举传》、《姓纂》p1476
5	可朱浑元	怀朔	代（四方诸姓）	鲜卑	渠帅	曾祖护野肱终于怀朔镇将，遂家焉	《北齐书·可朱浑元传》、《姓纂》p965
6	徐远	怀朔	广平	汉	良家子	曾祖定云中军将，因家于朔	《北齐书·徐远传》
7	侯莫陈崇	武川	代（四方诸姓）	鲜卑	良家子	祖允武川镇将，因家焉	《周书·侯莫陈崇传》、《姓纂》p734
8	梁御	武川	安定（内入诸姓）	匈奴	酋长	先祖因官北边，遂家武川	《周书·梁御传》
9	刘亮	武川	代	匈奴	酋长	父少舆武川镇将，因家焉	《侯莫陈道生墓志》、《集注》p947
10	李虎	武川		汉	良家子	祖李熙金门镇将，镇武川	《旧唐书·高祖本纪》
11	杨忠	武川	弘农华阴	汉	良家子	高祖元寿武川镇司马，因家焉	《周书·杨忠传》
12	徐显秀	怀荒		汉	良家子	祖安怀荒镇将，因家焉	《徐显秀墓志》、《疏证》p211
13	宇文盛	武川	代（四方诸姓）	鲜卑		曾祖伊为沃野镇军主	《周书·宇文盛传》

续表

编号	姓氏	所属军镇	原籍	民族	出身	父祖迁徙至六镇的途径	出处
14	尉景	怀朔	代（四方诸姓）	吐谷浑		选拔	《北齐书·尉景传》
15	韩轨	怀朔	代（内入诸姓）	匈奴		选拔	《北齐书·韩轨传》
16	侯景	怀朔	代（内入诸姓）	羯	良家子	选为北镇戍兵	《梁书·侯景传》
17	韩贤	怀朔	代（内入诸姓）	匈奴		选拔	《北齐书·韩贤传》
18	葛荣	怀朔	代（内入诸姓）	鲜卑		选拔	《梁书·侯景传》
19	尉长命	怀朔	代（四方诸姓）	吐谷浑		选拔	《北齐书·尉长命传》、《姓纂》p1515
20	莫多娄贷文	怀朔	代（内入诸姓）	鲜卑		选拔	《北齐书·莫多娄贷文传》
21	库狄干	怀朔	代（四方诸姓）	鲜卑	酋长	曾祖越豆眷率部落选拔出镇	《北齐书·库狄干传》
22	库狄盛	怀朔	代（四方诸姓）	高车	酋长	选拔	《北齐书·库狄盛传》
23	库狄回洛	怀朔	代（四方诸姓）	高车	酋长	选拔	《北齐书·库狄回洛传》、《库狄回洛墓志》、《汇编》p414
24	库狄业	怀朔	代（四方诸姓）	高车	酋长	选拔	《库狄业墓志》，《疏证》p187
25	步大汗萨	怀朔	代（内入诸姓）	匈奴	酋长	选拔	《北齐书·步大汗萨传》

续表

编号	姓氏	所属军镇	原籍	民族	出身	父祖迁徙至六镇的途径	出处
26	斛律金	怀朔		高车	酋长	选拔	《北齐书·斛律金传》
27	娄昭	怀朔	代（内入诸姓）	鲜卑	酋长	选拔	《北齐书·娄昭传》、《娄睿墓志》，《汇编》p440
28	王基	怀朔		乌丸	酋长	选拔	《北齐书·王纮传》
29	破六韩常	怀朔	代（内入诸姓）	匈奴	酋长	选拔	《北齐书·破六韩常传》
30	刘悦	怀朔		匈奴	领民酋长	选拔	《刘悦墓志》，《汇编》p445
31	侯渊	武川	代人（内入诸姓）	羯	良家子	选拔	《魏书·侯渊传》、《侯刚传》
32	宇文泰	武川	代（四方诸姓）	匈奴	豪杰	四世祖宇文陵随例选拔迁武川	《周书·文帝本纪》
33	贺拔胜	武川	代（内入诸姓）	高车	良家子	祖尔头以良家子镇武川	《周书·贺拔胜传》、《姓纂》p1314
34	舆珍	武川	代（内入诸姓）	鲜卑	豪杰	选拔	《周书·贺拔胜传》
35	念贤	武川	金城枹罕	吐谷浑	大家子	父求就以大家子戍武川镇	《周书·念贤传》
36	乙弗库根	武川	代人（内入诸姓）	吐谷浑	豪杰	选拔	《周书·贺拔胜传》
37	尉迟真檀	武川	代人（四方诸姓）	吐谷浑	豪杰	选拔	《周书·贺拔胜传》

续表

编号	姓氏	所属军镇	原籍	民族	出身	父祖迁徙至六镇的途径	出处
38	若干惠	武川	代（内入诸姓）	鲜卑		选拔	《周书·若干惠传》
39	王德	武川	代（东胡诸姓）	乌丸		选拔	《周书·王德传》
40	王盟	武川	乐浪（东夷诸姓）	高丽	良家子	父黑以良家子镇武川	《周书·王盟传》
41	贺兰祥	武川	代（勋臣八姓）	匈奴	良家子	祖以良家子镇武川	《周书·贺兰祥传》
42	韩果	武川	代（内入诸姓）	匈奴		选拔	《周书·韩果传》
43	厍狄昌	武川	代（四方诸姓）	鲜卑		选拔	《周书·厍狄昌传》
44	王勇	武川	代（东夷诸姓）	高丽		选拔	《周书·王勇传》
45	宇文虯	武川	代（四方诸姓）	匈奴		选拔	《周书·宇文虯传》
46	独孤信	武川	代（勋臣八姓）	匈奴	良家子	祖俟尼和平中镇武川	《周书·独孤信传》
47	雷绍	武川		羌	大姓	选拔	《北史·雷绍传》
48	耿豪	武川	巨鹿	汉		曾祖超由后燕归魏选拔出镇	《周书·耿豪传》
49	寇洛	武川	上谷	汉	累世将吏	父延寿以良家子镇武川	《周书·寇洛传》
50	赵贵	武川	天水南安	汉	良家子	祖仁以良家子镇武川，因家焉	《周书·赵贵传》

续表

编号	姓氏	所属军镇	原籍	民族	出身	父祖迁徙至六镇的途径	出处
51	王兴	武川		汉	豪侠	选拔	《若干云墓志》,《疏证》p289
52	郇珍	武川	中山	汉		选拔徙居武川镇	《北史·郇珍传》
53	常善	沃野	高阳	汉	豪族	选拔	《周书·常善传》
54	蔡儁	怀朔	陈留	汉		选拔	《北齐书·蔡儁传》
55	赵猛	怀朔		汉		选拔	《北齐书·赵猛传》
56	傅元兴	怀朔		汉		选拔	《北齐书·傅伏传》
57	独孤永业		中山	匈奴		选拔	《北齐书·独孤永业传》、《姓纂》p1461
58	王怀			乌丸	酋长	选拔	《北齐书·王怀传》
59	乜列河	怀朔		高车	酋长	太武帝时被征服徙居	《周书·于谨传》
60	斛律野谷禄	怀朔		高车	酋长	太武帝时被征服徙居	《魏书·肃宗本纪》
61	树者	怀朔		高车	酋长	太武帝时被征服徙居	《魏书·京兆王继传》
62	万俟普	怀朔		匈奴	酋长	太武帝时被征服徙居	《北齐书·万俟普传》
63	破六韩拔陵	怀朔		匈奴	酋长	太武帝时被征服徙居	《北齐书·破六韩常传》

续表

编号	姓氏	所属军镇	原籍	民族	出身	父祖迁徙至六镇的途径	出处
64	鲜于修礼	怀朔		丁零	酋长	北魏前期被征服徙居	《魏书·孝明帝本纪》
65	杜洛周	柔玄		鲜卑	酋长	北魏前期被征服徙居	《魏书·孝明帝本纪》
66	段荣	怀朔	武威姑臧	汉	豪族	祖信仕沮渠氏,入魏徙北边	《北齐书·段荣传》
67	孙腾	怀朔	咸阳石安	汉		祖通仕沮渠氏,入魏徙北边	《北齐书·孙腾传》
68	史遵	抚宁	建康袁氏	汉		祖灌仕沮渠氏,迁抚宁镇	《周书·史宁传》
69	皮景和	怀朔	琅邪	汉		父庆宾使怀朔遇世乱,因家焉	《北齐书·皮景和传》
70	高欢	怀朔	渤海	汉	罪犯	祖谧坐法徙居怀朔镇	《北齐书·神武帝纪》

根据《简表》显示,其群体来源主要有三种途径①:(一)有13家(编号1~13)豪强酋帅是因父祖任官北边军镇而定居六镇。其群体父祖担任的不是军镇镇将,就是司马、戍主、军主等军镇的中高级官职。史籍往往用"良家子"来记载其父祖定居六镇时的出身。如侯莫陈崇祖父侯莫陈允,"世为渠帅。祖允,以良家子镇武川,因家焉"②。军镇官员和"良家子"的

---

① 虽然罪犯是六镇民的来源之一,但其群体在配徙到六镇后世代处于被管制的普通镇民地位,仅有极少数熟悉官法条例和政府运作规则的奸吏,通过交接军镇官员成为豪强,如怀朔镇豪强高欢家族就是如此。
② 《周书》卷一六《侯莫陈崇传》,中华书局1971年版,第268页。

出身，使其家族子弟在身份上高于普通镇民。如怀朔镇豪强窦泰凭借着"良家子"的出身，获得襄威将军（从六品上）、帐内都将的起家官①。

（二）有 45 家（编号 14~58）豪强酋帅是因父祖被北魏国家"盛简亲贤"，即通过选拔戍守六镇的途径而定居六镇。如《北史》卷一六《广阳王深传》："昔皇始以移防为重，盛简亲贤，拥麾作镇，配以高门子弟，以死防遏。"据《简表》统计，在这 45 家中有 8 家的父祖具有代人身份，占此种途径定居六镇 45 家的 62%。康乐曾指出镇民大多是来自于北魏统治阶层即"代人集团"②。但康乐侧重于论述代人和镇民的密切关系，并没有指出北魏国家将代人中的哪些姓氏选拔到六镇。从《简表》所列六镇豪强酋帅所属的代人姓氏看，没有拓跋鲜卑的宗族十姓，勋臣八姓只有独孤、贺兰两姓（共 2 家）。而这两姓在道武帝离散部落措施的打击下，在北魏前期就退出北魏国家的核心权力圈③。因此，较多的主要是内入诸姓（14 家），四方诸姓（10 家），可知，北魏国家实际上主要是选拔统治集团中的中下层代人出镇六镇。

学界多认为中原强宗是六镇镇民的主要来源之一。但据《简表》统计，仅有 9 家汉族豪强是通过父祖被选拔戍守六镇而定居当地的。其中父祖迁徙六镇时身份可以确定的有 5 家。寇洛、赵贵、王兴、蔡儁 4 家的父祖是"良家子"或"豪侠"的身份，只有常善 1 家的父祖是以近似于中原

---

① 《窦泰墓志》，赵超：《汉魏南北朝墓志汇编》，第 395 页。
② "代人集团"的含义，参看康乐：《代人集团的形成与发展——拓跋魏的国家基础》，《"中央研究院"历史语言研究所集刊》（台北）第六十一本第三分册，1992 年，第 585 页。
③ 田余庆：《贺兰部落离散问题——北魏"离散部落"个案考察之一》《独孤部落离散问题——北魏"离散部落"个案考察之二》，《拓跋史探》，生活·读书·新知三联书店 2003 年版，第 6—91 页。

强宗的"豪族"身份迁到六镇的①。北魏末年的魏兰根认为,北魏国家选调中原强宗戍守六镇的主要原因是六镇"昔时初置,地广人稀"②。然而北魏前期大规模从包括中原在内的被征服地区迁徙强宗,主要是要削弱当地的豪强势力。由于六镇需要大量善于骑兵作战的鲜卑高车等胡族军士③,因此,北魏国家基本不会将不善于骑兵作战的中原强宗迁到六镇。魏兰根所提的理由显然无法成立。从魏兰根所说北魏国家主要是通过给以中原强宗仕宦和经济上复除的待遇,来"征发"他们出镇六镇。但在北魏前期胡汉矛盾尖锐的条件下,汉族士大夫宁愿在家乡担任地方僚佐,也不想到胡风盛行的平城去担任中央官。产业和势力都在乡里的豪强就更不愿离开家乡④。因此,在这种社会环境下,究竟有多少中原强宗为了不高的武职,抛弃经营多年的产业,戍守生存条件恶劣的六镇,是十分值得怀疑的。

被北魏国家选拔迁徙到六镇的中下层代人、部落酋长、汉族豪强的子弟,也能凭借其父祖"良家子"的出身出任官职。如怀朔镇侯景为怀朔镇外兵史⑤,武川镇宇文盛曾祖伊与敦、祖长寿、父文孤三代并为沃野镇军主⑥。通过选拔迁徙到六镇的胡族部落酋长,往往带领其部落组织一同定居六镇。为保证这些酋长成为北魏国家在六镇可以依靠的军事力量,北魏给其群体世代享有领民酋长的政治待遇。如鲜卑酋帅厙狄业

---

① 《周书》卷二七《常善传》,第446页。唐长孺先生在《魏晋南北朝隋唐史三论:中国封建社会的形成和前期的变化》第二篇《论南北朝的差异·南北兵制的差异》中指出了六镇罕见有中原强宗的后裔这一点(武汉大学出版社1993年版,第196页)。
② 《北齐书》卷二三《魏兰根传》,中华书局1972年版,第329页。
③ 何兹全:《府兵制前的北朝兵制》,《读史集》,上海人民出版社1982年版,第330、334页。
④ 《魏书》卷二四《崔玄伯传》,第622页。
⑤ 《梁书》卷五六《侯景传》,中华书局1973年版,第833页。
⑥ 《周书》卷二九《宇文盛传》,第493页。

"世居莫北,家传酋长之官"①。

（三）有10家（编号59~68）豪强酋帅是因父祖被北魏国家征服而徙居六镇。北魏设置六镇的主要职能之一,就是要用军镇管理被征服的数十万落高车人②。据《简表》统计,在父祖以被征服者的身份迁到六镇的豪强酋帅中,高车、匈奴等胡族部落酋长有7家③。由于高车人游牧的生活方式,加之六镇辽阔的地理环境,如果就地解散其部落,单依靠人口处于绝对少数的军镇官吏,根本无法管理。因而,北魏不得不保持其部落组织,通过部落酋长对各部的部落成员进行控制。由此,大小高车酋长及其子弟仍然可以通过所控制的部落组织,保持一定的武装势力,从而世代成为酋帅。如在六镇暴动中的怀朔西部高车酋帅乜列河在向北魏朝廷投降时,其部众就多达三万余户④。然而,与具有"良家子"出身的豪强酋帅相比,高车酋帅却毫无政治位置,而是被军镇管制、奴役的镇民。北魏对于高车部落毫无节制的征兵、经济勒索,往往就是要通过高车酋帅去向统辖的部民征调。而长此以往,高车酋长就会失去部众的支持。高车酋帅为了保住酋长位置,只能是率领部落反抗。那么,军镇官员也自然就将高车酋帅列为镇压的首要对象⑤。北魏国家也将征服的匈奴等其他胡族部落酋帅迁到六镇,这些酋帅也是被管制的镇民。如领导六镇镇民暴动的匈奴酋帅破六韩拔陵,相关史书将其身份记载为"镇

---

① 《库狄业墓志》,罗新、叶炜:《新出魏晋南北朝墓志疏证》,第187页。
② 《魏书》卷一〇三《高车传》,第2309页。
③ 北魏国家除将征服的胡族部落酋长迁到六镇外,也在消灭敌对政权后,将降附的汉族豪强迁徙到六镇。据《简表》统计,怀朔镇豪强段荣、孙腾,抚宁镇史遵三人的父祖,就是以原北凉官吏的身份徙到六镇的。
④ 《资治通鉴》卷一五〇《梁纪六》"武帝普通六年",中华书局1956年版,第4705页。
⑤ 参看唐长孺:《北魏末期的山胡勒勒起义——北魏末期人民大起义研究之二》,《山居存稿》,第77—78页。

人""镇兵"或"镇民"①。怀朔镇匈奴酋长万俟普的儿子受洛干的政治地位②,《周书》卷一四《贺拔胜传》记载为"费也头"。而"费也头"是受军镇镇将官吏奴役的牧子。因此,相近的政治地位和处境,使高车酋帅和匈奴酋帅在日后的六镇暴动中得以很快联合在一起。

总之,北魏后期六镇豪强酋帅群体,主要由两类不同政治地位的豪强酋帅构成。一类是定居在六镇的军镇官员子弟,在北魏国家选拔政策下徙居六镇的中下层代人、部落酋长、汉族豪强的子弟,另一类是被北魏国家征服迁徙六镇的高车、匈奴等胡族酋长及其子弟。后一类的胡族酋长虽然可以凭借部落组织成为酋帅,但在军镇内部却世代处于受军镇官员压迫的地位。而军镇官员大体由前一类豪强酋帅所担任,因此,六镇豪强酋帅群体之间有着无法调和的社会矛盾。

二、六镇豪强酋帅的社会地位与六镇镇民暴动的主要原因

孝文帝迁都洛阳后,某一家族能否被北魏国家定为"姓族",获得担任清官的资格,关键是在于其父祖三代在皇始之后的官爵是否达到了正五品的标准③。因此,六镇豪强酋帅社会地位的决定性因素,在于其群体父祖三代官爵的高低。现列《北魏六镇豪强酋帅父祖官爵表》(以下

---

① 参看康乐:《代人与镇人》,《"中央研究院"历史语言研究所集刊》(台北)第六十一本第四分册,1992年,第902页。
② 《北齐书》卷二七《万俟普传》,第375页。
③ 《魏书》卷一一三《官氏志》;毛汉光:《两晋南北朝士族政治之研究(上)》,台湾商务印书馆1966年版,第5、8页。

简称《官爵表》)如下[1]：

编号	姓氏	曾祖官爵	祖官爵	父官爵
1	高欢	宁西将军、凉州镇都大将⊙，赐东阿侯	治书侍御史⊙	假镇远将军、都将
2	窦泰		统万镇将⊙	
3	潘乐		怀朔镇将⊙，广宗男	广宗（散）男
4	段荣			立节将军、安北府司马、建康晋昌二郡太守，赐爵姑臧（散）子
5	斛律金		殿中尚书⊙	光禄大夫⊙
6	蔡俊			宁朔将军⊙，安上县开国男
7	韩贤			玄菟太守、冠军将军⊙
8	尉长命			镇远将军、代郡太守
9	斛律羌举	武川公		龙骧将军、武川镇将
10	步大汗萨	金门、化正二郡太守⊙		龙骧将军、领民别将
11	徐远	云中军将、平朔戍主		
12	可朱浑元	怀朔镇将⊙		朔夏二州诸军事，朔州刺史、都官尚书⊙，乐陵郡开国公
13	鲜于世荣			怀朔镇将⊙
14	刘悦			司农卿
15	皮景和			淮南王开府中兵参军
16	侯渊	镇南将军、平原镇将⊙	内小⊙	车骑将军⊙，开国县侯后进爵为公

[1] 本表所列人物父祖官爵出处请参看笔者所制《简表》，⊙表示任官品级在正五品及之上。

续表

编号	姓氏	曾祖官爵	祖官爵	父官爵
17	贺拔胜		镇军主，赐爵龙城男	镇军主，袭爵龙城（散）男
18	寇洛	累世为将吏		
19	赵贵	库部尚书⊙，临晋子		
20	侯莫陈崇	相州刺史⊙，北平王	武川镇将⊙	殿中将军、羽林监，清河郡开国公
21	杨忠		龙骧将军太原郡守⊙	建远将军
22	王盟		黄门侍郎⊙	伏波将军
23	宇文盛	镇军主	镇军主	镇军主
24	刘亮		蔚州刺史⊙	镇远将军、武川镇将⊙
25	李虎	弘农太守⊙	金门镇将	幢主
26	徐显秀		怀荒镇将⊙	
27	娄昭		真定侯	
28	独孤永业			武安公

从《官爵表》可知，六镇豪强酋帅群体中共有28人（家）的父祖有官职爵位的记载，占70家的40%，可见其群体官僚化程度不高。父祖任官三世的有高欢、侯渊、寇洛、宇文盛、侯莫陈崇、李虎6人（家），占28家的21%。其中只有武川镇侯渊、侯莫陈崇两家的父祖有三世官爵，且品级在正五品之上，能够被列入孝文帝所定的"姓族"之列。那么，其他父祖有一、二世官爵的六镇豪强酋帅能否进入北魏门阀体制之内呢？毛汉光曾提出以任官和官品划分社会等级的标准，即累官三代以上及居官五品之上，同时符合这两个条件者为"士族"。父祖有一代在五品之上或父祖皆为六品或七品者，或累世低品、累世校尉的家

族为"小姓"①。依此标准,据《官爵表》可知,绝大多数父祖有官爵经历的六镇豪强酋帅社会地位,仅属于"小姓"或者连"小姓"都达不到。由此可见,孝文帝迁都汉化、建立门阀体制,并不是如正光五年广阳王元深所说的,是造成其群体"一生推迁,不过军主。然其往世房分,留居京者,得上品通官;在镇者,便为清途所隔"的真正原因②。既然六镇豪强酋帅群体的社会地位本来就不高,那么孝文帝迁都洛阳导致其群体社会地位下降的说法就无从谈起。由此,孝文帝迁都洛阳后建立门阀体制就更不应是导致六镇暴动的主要原因。

既然如此,那么六镇暴动的原因又是什么?如前所述,父祖以"良家子"的出身、通过任官和选拔途径定居六镇的豪强酋帅,其群体政治地位和经济权益完全系于北魏国家对待六镇的政策。孝文帝迁都洛阳后战略重心南移,六镇在北魏战略体系中的地位随之下降。反映在镇将的选任上则是"自定鼎伊洛,边任益轻,唯底滞凡才,出为镇将"③。北魏迁洛阳后,作为北魏朝廷禁卫军来源的十余万南迁代人仕宦十分艰难。《魏书》卷八一《山伟传》:"时天下无事,进仕路难,代迁之人,多不沾预。"由此,北魏国家就更无法顾及不在门阀体制之内,但有一定政治地位的六镇豪强酋帅了。由于六镇防御柔然南侵的军事职能还在,因此,北魏国家非但不能提高其群体的社会地位,反而还要强化军镇体制。《北史》卷一六《广阳王深传》:"自非得罪当世,莫肯与之为伍。……乃峻边兵之格,镇人浮游在外,皆听流兵捉之",从而使其群

---

① 毛汉光:《两晋南北朝士族政治之研究(上)》,第5、8页。
② 《北史》卷一六《广阳王深传》,第617页。
③ 《北史》卷一六《广阳王深传》,第617页。

体对北魏朝廷有着"顾瞻彼此,理当愤怨"的心态①。

《北齐书》卷二三《魏兰根传》:"(兰根)因说崇曰:'缘边诸镇,控摄长远。昔时初置,地广人稀,或征发中原强宗子弟,或国之肺腑,寄以爪牙。中年以来,有司乖实,号曰府户,役同厮养。'"谷川道雄认为:"所谓府户,就是隶属镇将军府的特殊户口。镇兵的府户化意味着他们对镇将的隶属化,即国家把镇将置于府户之上,而府户同国家的对立,通过同镇将的对立具体化了。"②谷川道雄指出了北魏后期镇民对镇将的隶属化。然而他并没有指出"役同厮养"的"府户",是否包括在六镇拥有一定政治地位的豪强酋帅。六镇豪强酋帅大多拥有一定的部落成员或依附部众。这些依附势力,并不会因为其群体在北魏统治集团中社会地位没有提高而解散,反而仍然会为其维持在军镇中的豪强酋帅地位,提供强有力的武力支持。孝文帝迁都洛阳后,朝廷委派的镇将在六镇缺少可以用来镇压暴动的武装力量。如孝明帝时担任怀荒镇将的鲜卑门阀于景,就曾因不开仓赈恤镇民,而被反叛的镇民杀死。《魏书》卷三一《于栗䃂传附于景传》:"镇民固请粮廪,而景不给。镇民不胜其忿,遂反叛。执缚景及其妻,拘守别室,皆去其衣服,令景着皮裘,妻着故绛袄。其被毁辱如此。月余,乃杀之。"可见,这次镇民暴动很可能是得到了当地豪强酋帅的一致支持,否则不会如此顺利。又如在六镇暴动后,时任怀朔镇镇将的杨钧主要是靠当地和武川镇的豪强酋帅与六镇叛军对抗③。这说明孝文帝迁都洛阳后,拥有一定政治地位的豪强酋帅已是镇将依靠的主要军事力量。该群体虽然在北魏统治集团中的社会地

---

① 《北齐书》卷二三《魏兰根传》,第 330 页。
② 谷川道雄:《北魏末期的内乱与城民》,《隋唐帝国形成史论》,第 155 页。
③ 《北齐书》卷一五《窦泰传》,第 193 页;《周书》卷一四《贺拔胜传》,第 215 页。

位不高，但主导六镇社会秩序的能力却大大增强，因此该群体不可能沦为毫无军事实力的镇将的"府户"。就北魏后期军镇官员的选拔来看，除了镇将大多是北魏国家委派外，由于"边任益轻"，很少有南迁的门阀士族愿意任职六镇。因此，六镇军镇的大部分大小官吏，必然要由拥有"良家子"出身的豪强酋帅担任，军镇的权力主要是由他们来行使。那么隶属于镇将军府"役同厮养"的府户应当理解为：在北魏后期，由于具有一定政治地位、担任军镇官员的豪强酋帅，主导六镇社会秩序能力的增强，众多没有政治地位的普通镇民和被奴役的胡族酋帅，开始依附于前者。这势必加剧六镇拥有政治地位和处于被奴役状态下两类豪强酋帅之间的内部矛盾。

由于六镇处于干旱、半干旱的漠南草原，当地经济主要以结构单一的游牧业为主，因此，需要北魏国家经常向六镇转输大量的生活生产物资。孝文帝迁都后，由于物资调动开始以洛阳为中心，六镇在北魏国家边防体系中的地位下降，流入到六镇的物资只会更少。加之北魏后期六镇地区大规模的自然灾害频发，北魏国家又不能进行有效的赈济[①]，这就造成了六镇经济"自京师迁洛，边朔遥远，加连年旱俭，百姓困弊"的局面[②]。

由于军镇官员对当地军政具有绝对的支配权，拥有一定政治地位的六镇豪强酋帅为维护自家产业，就必须取得军镇官僚的身份，利用权力来占有有限的经济资源，"景明以来……然主将参僚，专擅腴美，瘠

[①] 张敏：《自然环境变迁与北魏的兴衰——兼论十六国割据局面的出现》，首都师范大学博士学位论文，2002年，第83—95、95—100页。
[②] 《魏书》卷四一《源贺传附源怀传》，第926页。

土荒畴给百姓……日月滋甚"①。由此，必然会使六镇官吏人数迅速增长。在宣武帝派源怀巡视六镇时，仅沃野一镇自镇将以下大小官吏就达八百余人②。而官僚体系臃肿的北齐，上上州的州府属官佐史一共才三百九十三人③，超出其两倍多。具有军镇官员身份的豪强酋帅，为了获得更多的经济利益，还利用手中的权力欺压毫无权势的镇民。《魏书》卷四一《源贺传附源怀传》："时细民为豪强陵压，积年枉滞，一朝见申者，日有百数。"而大批豪强酋帅进入军镇官僚体系，种种不法行为往往都要得到镇将的许可，为了达到上述目的就只能贿赂镇将，由此只会使这些豪强酋帅在取得官位之后，变本加厉地贪污勒索，使六镇成为北魏后期最为腐败的地区。《北史》卷一六《广阳王深传》："自定鼎伊洛，边任益轻，唯底滞凡才，出为镇将。转相模习，专事聚敛。……政以贿立，莫能自改。咸言奸吏为此，无不切齿增怒。"而这无疑会将本就濒临破产的普通镇民和胡族酋帅推向绝境。此时没有政治权势的胡族酋帅，仍然要被军镇征发无休止的兵役、"贡献"、战马等物资，这严重损害了胡酋们的利益④。正光四年（523），在六镇北边的柔然阿那瑰可汗"入塞寇抄，肃宗诏尚书左丞元孚兼行台尚书持节喻之。孚见阿那瑰，为其所执。以孚自随，驱掠良口二千，公私驿马牛羊数十万北遁"⑤，这使以畜牧经济为主的部落酋帅和所统的部民损失惨重，"然獯虐所过，多离其祸。……遭寇之处，饥馁不粒"⑥。因此，毫无政治地位，

---

① 《魏书》卷四一《源贺传附源怀传》，第 926 页。
② 《魏书》卷四一《源贺传附源怀传》，第 926 页。
③ 《隋书》卷二七《百官志中》，中华书局 1973 年版，第 762 页。
④ 唐长孺：《北魏末期的山胡勅勒起义》，《山居存稿》，第 63、77 页。
⑤ 《魏书》卷一〇三《蠕蠕传》，第 2302 页。
⑥ 《魏书》卷九《肃宗本纪》，第 235 页。

备受欺压,在经济上遭到严重损失,却得不到丝毫救助,面临生存危机的高车、匈奴等胡族酋帅只能为求生存,掀起反抗担任军镇官员的豪强酋帅及军镇压迫的暴动。总之,孝文帝迁都洛阳,使六镇在北魏国家战略体系中的地位迅速下降,造成六镇不同政治地位豪强酋帅之间政治、经济矛盾的迅速激化,进而引发了六镇暴动。

三、六镇豪强酋帅在北魏末年六镇镇民暴动中的政治动向

正光五年(524),沃野镇匈奴酋帅破六韩拔陵掀起六镇暴动后,除段荣、寇洛、赵贵、尉长命、可朱浑元、史遵、孙腾、步大汗萨等少数人率部落部众避难南逃外,出于在军镇中政治地位和经济利益的考虑,六镇豪强酋帅明显分为加入到镇民暴动队伍和站在北魏朝廷一边镇压暴动两类。在破六韩拔陵的暴动队伍之中,与破六韩拔陵同一部落的酋帅破洛汗听明、出六斤被其任命为将帅[1]。与破六韩拔陵有宗亲关系的匈奴酋帅破六韩孔雀为大都督、司徒、平南王[2]。匈奴酋帅万俟普则被授予太尉[3]。鲜卑酋帅卫可孤被任命为别帅,并被封为王[4]。破六韩拔陵在怀朔、武川击败魏军后,高车酋帅纷纷归附于破六韩拔陵[5],并被委以

---

[1] 姚薇元:《北朝胡姓考》(修订本),第136—137页;《魏书》卷三一《于栗䃅附于昕传》,第747页。
[2] 《北齐书》卷二七《破六韩常传》,第378页。
[3] 《北齐书》卷二七《万俟普传》,第375页。
[4] 陈连庆:《中国古代少数民族姓氏研究——秦汉魏晋南北朝少数民族姓氏研究》,第66页;《周书》卷一四《贺拔胜传》,第215页。
[5] 《资治通鉴》卷一五〇《梁纪六》"武帝普通四年",第4683页。

要职。如酋长斛律金,"初为军主……正光末,破六韩拔陵构逆,金拥众属焉,陵假金王号"①,斛律野谷禄也被封王②。以上所列酋帅,除卫可孤为鲜卑人,其他均为匈奴和高车人。除斛律金1人担任过军主外,其他不是"镇民"就是没有记载。可见六镇暴动武装的领导权基本掌握在以破六韩拔陵为首、毫无政治地位的匈奴和高车部落酋帅手中。据《北史》卷一六《广阳王深传》记载,孝昌元年(525)破六韩拔陵率领的六镇叛军前后降附共二十万人。其中有明确记载的是斛律金率所部万户诣云州请降③,西部铁勒酋长乜列河等率三万余户向广阳王元深投降④。如果一户按照5口估算,仅高车部众就能达到十余万人。当然依此进行简单估算存在很大缺陷,但这至少说明高车酋帅所统领的部众在破六韩拔陵所领导的六镇叛军中占主导地位。

由于破六韩拔陵率领的镇民武装是基于生存和反抗军镇压迫而暴动,因此仓廪、军镇力量集中的沃野、武川、怀朔等镇城就首先成为其主要的进攻目标。这就使处于被叛军进攻的地区、拥有一定权势的豪强酋帅,为了保住身家性命和经济利益只能站在北魏朝廷、军镇一边。如时任沃野镇统军的豪强常安成不受破六韩拔陵的胁逼,"乃率所部讨陵。以功授伏波将军。给鼓节。后与拔陵连战,卒于阵"⑤。由于武川镇城地处白道岭,控制着塞北进入云中代地的咽喉⑥,是六镇叛军进攻的重点地

---

① 《北齐书》卷一七《斛律金传》,第219页。
② 《魏书》卷九《肃宗本纪》,第240页;朱大渭主编:《中国农民战争史(魏晋南北朝史卷)》,人民出版社1985年版,第219页。
③ 《北齐书》卷一七《斛律金传》,第219页。
④ 《资治通鉴》卷一五〇《梁纪六》"武帝普通六年",第4705页。
⑤ 《周书》卷二七《常善传》,第446页。
⑥ 严耕望:《唐代交通图考》第五卷河东河北区,《"中央研究院"历史语言研究所专刊》(台北)之八三,1986年,第1777页。

区，因此武川镇豪强酋帅出于保家守土的考虑，成为与六镇叛军作战最坚决的群体。他们一方面在武川与叛军激战，如宇文泰长兄宇文颢及其父宇文肱与叛军首领卫可孤战于武川南河[①]。另一方面，宇文肱、舆珍、念贤、乙弗库根、尉迟真檀、独孤信等人，又在贺拔度拔的带领下协助怀朔镇将杨钧固守怀朔。在怀朔镇被叛军攻下后，贺拔度拔和宇文泰等人袭杀了卫可孤，并一度占领怀朔。随后在叛军反击下，贺拔度拔被杀，贺拔胜、念贤等人投奔平城统领北魏军队的广阳王元深[②]。而宇文肱妻兄高丽酋长王盟则被迫加入叛军[③]。因此，六镇暴动又是六镇地区处于不同政治地位的豪强酋帅之间为政治经济利益而进行的争夺战。

四、六镇豪强酋帅在河北暴动中的地位及作用

六镇暴动被镇压后，由于连年战祸使北魏国家财政破产。《魏书》卷一一〇《食货志》："正光后，四方多事，加以水旱，国用不足，预折天下六年租调而征之。百姓怨苦，民不堪命。"这使北魏国家无法去赈济家业毁于战祸的六镇豪强酋帅和二十万六镇降户。如果任镇民继续留在已成废墟的六镇，镇民无疑又会揭竿而起，因而只能将其群体迁往他地。此时关陇地区北魏官军仍然在与高平、秦州暴动的胡氏城民激战。恒代地区在六镇暴动时"悉皆沦没"而遭受到严重破坏[④]。因此，只能将其

---

① 《周书》卷一〇《邵惠公颢传》，第153页。
② 《周书》卷一四《贺拔胜传》，第216、226页。
③ 《周书》卷二〇《王盟传》，第333页。
④ 《魏书》卷四四《费穆传》，第1004页。

群体迁往尚在北魏国家控制之下，较为安定的河北冀、定、瀛三州"就食"①。对于六镇豪强酋帅来说，迁徙河北是一次在极短时间内就要完成的强制性"大移民"。在迁徙过程中，六镇豪强酋帅不仅带领着自己的家属、依附部众、部落组织，如怀朔镇鲜卑酋长可朱浑元"北边扰乱，遂将家属赴定州"②，又如武川赵贵"魏孝昌中，天下兵起，贵率乡里避难南迁。属葛荣陷中山，遂被拘逼"③。六镇豪强酋帅还携带着大量的生产资料，《魏书》卷九《肃宗本纪》："常景又破洛周，斩其武川王贺拔文兴、别帅侯莫陈升，生擒男女四百口，牛驴五千余头。"其群体来到河北后，必然需要广大的土地建立家园和牧场，安置家族成员和部属。此时河北也是"饥荒多年，户口流散"④，而且北魏末年腐败的官僚体系，根本无法协调河北大族进行安置六镇降户这一庞大细碎的社会工作。因此，六镇豪强酋帅、镇民与河北地方官和当地大族围绕着土地、粮食资源的矛盾被迅速激化。北魏国家在衡量利弊后做出的迁徙之举，只能是将原先支持北魏朝廷、拥有一定政治地位的豪强酋帅，全部推向了与之对抗的反面。

那么，六镇豪强酋帅在随之而来的由杜洛周、鲜于修礼、葛荣领导的河北镇民暴动队伍中的地位和作用如何呢？杜洛周虽然史载为柔玄镇兵，但《魏书》卷八二《常景传》："景命统军梁仲礼率兵士邀击，破之，获（杜洛周）贼将御夷镇军主孙念恒。"御夷镇军主孙念恒能成为杜洛周的部将，这至少证明杜洛周在柔玄镇中是拥有一定实力的酋帅，

---

① 《魏书》卷五八《杨播传附杨昱传》，第1293页。
② 《北齐书》卷二七《可朱浑元传》，第376页。
③ 《周书》卷一六《赵贵传》，第261页。
④ 《魏书》卷一五《元晖传》，第380页。

否则无法统领数万镇民。史书记载杜洛周所任用的主要将领有：武川王贺拔文兴、别帅侯莫陈升、都督曹纥真、马叱斤，及武川镇豪强侯渊、念贤、邸珍[1]。由此可见，武川镇豪强是杜洛周集团的重要组成部分。《魏书》卷三六《李顺传附李裔传》："洛周僭窃，特无纲纪，至于市令驿帅，咸以为王，呼曰市王、驿王，乃封裔为定州王。"可见在杜洛周集团中封王绝非难事。而怀朔镇豪强高欢、段荣、蔡儁、尉景等人虽然也在杜洛周军中，但不见有任何官职，可知怀朔镇豪强群体在杜洛周集团中的地位较低。这很可能就是高欢等人"丑其行事"，密谋袭杀杜洛周而失败逃亡的原因[2]。

鲜于修礼史载为怀朔镇镇兵[3]，由于其同族丁零人多聚居在定州附近，因此鲜于氏在定州具有较大的势力。这一点很可能是鲜于修礼成为河北镇民暴动首领的主要原因[4]。由于其暴动地区是六镇豪强酋帅和恒代豪强安置的主要地区，从而使其集团内部构成较为复杂。在其集团内部，有曾身居高位的怀朔镇镇将葛荣、怀朔镇鲜卑酋帅可朱浑元[5]、与六镇叛军激战过的武川豪强宇文肱及其三子[6]、镇压过六镇暴动的北魏政府军统军毛普贤、尚书令元叉的从弟元洪业。而鲜于修礼的督将汉人程杀鬼、潘法显及鲜卑人尉灵根的身份和来历则无法考证[7]。由于鲜于修礼集

---

[1] 《魏书》卷九《肃宗本纪》，第245页；《魏书》卷八二《常景传》，第1804页；《魏书》卷八〇《侯渊传》，第1786页；《北史》卷八七《邸珍传》，第2899页。
[2] 《北齐书》卷一《神武帝纪》，第2页。
[3] 《梁书》卷五六《侯景传》，第833页。
[4] 陈连庆：《中国古代少数民族姓氏研究——秦汉魏晋南北朝少数民族姓氏研究》，第170页。
[5] 《北齐书》卷二七《可朱浑元传》，第376页。
[6] 《周书》卷一《文帝纪》，第2页。
[7] 《魏书》卷一八《广阳王深传》，第433页；《魏书》卷一六《元叉传》，第408页；《魏书》卷五八《杨播传》，第1298页。

团内部将领之间的地域、出身乃至政治立场差异极大,一方面使其集团内部在权力上矛盾重重。《北史》卷一六《广阳王深传》:"贼修礼常与葛荣谋,后稍信朔州人毛普贤,荣常衔之。"另一方面又使其集团内部,在北魏官军的拉拢下很容易地就出现了内讧。《北史》卷一六《广阳王深传》:"普贤昔为深统军,及在交津,深传人谕之,普贤乃有降意。又使录事参军元晏说贼程杀鬼,果相猜贰。"最终元洪业斩鲜于修礼,葛荣又杀元洪业掌握了鲜于修礼的部众。武泰元年(528)二月葛荣又兼并了杜洛周部属,彻底掌握了分布在河北的六镇降户[1]。

那么,六镇豪强酋帅在葛荣集团中处于怎样的地位呢?我们先来看一下其集团内部的权力结构。任褒为葛荣尚书仆射,代人张保洛"为领左右",燕州任延敬"荣署为王,甚见委任"[2]。除任褒籍贯无法确定外,张保洛和任延敬均不属于六镇。可见,六镇豪强酋帅群体并没有被葛荣纳入其权力的核心圈。葛荣曾委任怀朔镇乌丸酋帅王基为济北王、宁州刺史,季虎为清河太守,河北大族杜纂为常山太守,代人田怙为广州刺史[3]。可见在葛荣集团中的六镇豪强酋帅很少有人担任占领区的地方官。史籍记载葛荣所封诸王姓氏可考者如下:怀朔镇豪强潘乐"授京兆王",王基为济北王,可朱浑元"葛荣并修礼,复以元为梁王",武川宇文洛生为渔阳王,葛荣叔葛苌为乐陵王,河北大族卢勇为燕王[4]。可见六镇豪

---

[1] 《魏书》卷九《肃宗本纪》,第244页;《梁书》卷五六《侯景传》,第833页。
[2] 《魏书》卷一〇《孝庄帝本纪》,第258页;《北齐书》卷一九《张保洛传》,第257页;《北齐书》卷一九《任延敬传》,第251页。
[3] 《北齐书》卷二五《王纮传》,第365页;《魏书》卷七二《路恃庆传》,第1620页;《魏书》卷八八《良吏·杜纂传》,第1906页;《北齐书》卷二二《李元忠传附李愍传》,第317页。
[4] 《北齐书》卷一五《潘乐传》,第201页;《北齐书》卷二五《王纮传》,第365页;《北齐书》卷二七《可朱浑元传》,第376页;《周书》卷一〇《莒庄公洛生传》,第159页;《北齐书》卷二二《李元忠传附李愍传》,第317页;《北齐书》卷二二《卢文伟传附卢勇传》,第322页。

强酋帅在葛荣所封诸王中占有重要地位。那么，这是否意味着其群体掌握了大量的六镇降户呢？《魏书》卷一〇《孝庄帝纪》："齐献武王于邺西北慰喻葛荣别帅称王者七人，众万余，降之。"从高欢所慰喻的七王所统才万余人来看，在葛荣集团中被封为王的六镇豪强酋帅，所统降户数量也应该不会太多。而葛荣曾经命其叔乐陵王葛苌率精骑一万进攻河北大族李憨，又命其仆射任褒率车三万乘南下沁水①，说明葛荣并不轻易向六镇豪强酋帅群体授予重兵。究其原因，葛荣很可能是害怕六镇豪强酋帅掌握过多的武装势力对其首领地位构成威胁。

葛荣出于提高其集团政治号召力的考虑，需要胡汉士族群体的政治支持，因此主动授予胡汉士族高官②。如葛荣曾以司徒游说弘农士族杨津加入其集团。又如窦略"累世仕魏，皆至大官。……避地定州，因没于葛荣。荣欲官略"③。葛荣虏获博陵崔巨伦后，"欲用为黄门侍郎"④。对于俘获的汉族士族杨愔，葛荣不仅逼其担任高官，而且出于提高自身地位的考虑，还提出要与杨愔联姻⑤。由于葛荣的社会地位与上述胡汉士族相差太大，因此上述诸人不是消极应付就是干脆拒绝。而葛荣对人数最多、力量最强的六镇豪强酋帅，则不见有此优待。除上列少数人有封王的记载外，大多数人仅是委以将帅，如武川宇文泰被葛荣"任以将帅"，有的甚至没有官职，如怀朔韩贤"随葛荣作逆"⑥。此外，葛荣还任用恒

---

① 《北齐书》卷二二《李元忠传附李憨传》，第317页；《魏书》卷一〇《孝庄帝本纪》，第258页。
② 黄惠贤注意到葛荣吸纳优待胡汉士族这一政策，但将其简单地归结为"推行着违背农民起义方向的政策"。见朱大渭主编：《中国农民战争史（魏晋南北朝史卷）》，第253页。
③ 《周书》卷三〇《窦炽传》，第517页。
④ 《魏书》卷五六《崔辩传》，第1251页。
⑤ 《北齐书》卷三四《杨愔传》，第454页。
⑥ 《周书》卷一《文帝本纪》，第2页；《北齐书》卷一九《韩贤传》，第247页。

代豪强和有军事实力的河北大族为将帅。如代人张琼"随葛荣为乱",代人贺若统也被葛荣任为将帅。河北大族渤海高乾兄弟也被葛荣授予官爵,赵郡李裔、范阳卢文伟也为其所用[①]。

由此可知,六镇豪强酋帅仅是跟随葛荣征战四方的统军将帅而已,其群体在葛荣集团的核心层中并不占主要地位,更不是葛荣优待的对象,因此葛荣就很难得到六镇豪强酋帅的效忠,更无法与其群体结合为一个联系紧密的政治军事集团。对此弱点,尔朱荣看得十分清楚。《魏书》卷七四《尔朱荣传》:"葛荣虽并洛周,威恩未著,人类差异,形势可分。"此时,六镇豪强酋帅各自仍然统领着隶属于自己的部众。如武川宇文泰兄宇文洛生投靠葛荣后,仍领其父宇文肱的余众[②]。这就使葛荣很难对其属下进行有效的控制。在高欢对六镇镇民的训话中就指出了这一点:"尔乡里难制,不见葛荣乎,虽百万众,无刑法,终自灰灭。"[③]因此,这就成为滏口之战中,葛荣集团一败即溃的重要原因。

由于河北连年灾荒,六镇豪强酋帅在河北暴动后,粮食供应一直是影响其集团战略行动的重要因素。如《魏书》卷八二《常景传》:"(孝昌元年)洛周遣其都督王曹纥真、马叱斤等率众蓟南,以掠人谷。"又如建义元年六月"葛荣饥,使其仆射任褒率车三万余乘南寇"[④]。二十万镇民对于粮食的需求无疑是十分庞大的,这往往会给所经之地的经济造成灾难性的打击。如赵郡"经葛荣离乱之后,民户丧亡,六畜无遗,斗

---

① 《北齐书》卷二〇《张琼传》,第 265 页;《周书》卷二八《贺若敦传》,第 473 页;《北齐书》卷二一《高乾传》,第 290 页;《魏书》卷三六《李顺传》,第 843 页;《北齐书》卷二二《卢文伟传》,第 319 页。
② 《周书》卷一〇《莒庄公洛生传》,第 159 页。
③ 《北齐书》卷一《神武帝纪上》,第 7 页。
④ 《魏书》卷一〇《孝庄帝本纪》,第 258 页。

粟乃至数缣"①。不仅如此，数十万镇民也需要大量的房屋来安置，葛荣只能在攻下一地后通过暴力驱逐当地的居民来解决。《魏书》卷九《孝明帝本纪》："（孝昌三年）葛荣攻陷冀州，执刺史元孚，逐出居民，冻死者十六七。"而围绕着粮食和田宅的争夺，只能加剧六镇豪强酋帅与河北大族、百姓的经济矛盾。如《魏书》卷九《孝明帝本纪》："（武泰元年）三月癸未，葛荣攻陷沧州，执刺史薛庆之，居民死者十八九。"这就使河北当地的汉族民众不可能支持葛荣，成为葛荣所率领的六镇降户虽然具有极强的战斗力，能够不断打败北魏官军和河北大族武装，却始终无法在河北立足、无法解决粮食和田宅问题的根本原因。对于六镇豪强酋帅来说，既然无法解决"温饱问题"，再辉煌的战果也毫无意义。这应是高欢、蔡儁等六镇豪强酋帅在葛荣军事力量达到顶峰时，反而背叛葛荣投奔尔朱荣的主要原因，同时这也是葛荣集团崩溃的主要原因。

综上所述，北魏后期六镇豪强酋帅群体，主要由拥有一定政治地位、担任军镇官员的豪强酋帅和被北魏国家征服迁徙六镇、世代受军镇官员压迫的高车、匈奴等胡族酋帅构成。因此，六镇豪强酋帅群体内部有着无法调和的矛盾。由于大多数六镇豪强酋帅无法凭借父祖的三世官爵进入到门阀体制，所以，他们的社会地位原本并不高。孝文帝迁都洛阳，使六镇在北魏国家战略体系中的地位迅速下降，造成六镇豪强酋帅之间政治、经济矛盾的迅速激化，进而导致了六镇暴动。因此，六镇暴动的性质主要是由在六镇内部没有政治地位、面临生存危机的匈奴、高车部落酋帅所发动的反抗军镇压迫和谋求生存的抗暴斗争，没有反对北魏门阀统治、反汉化的政治意义。而拥有一定权势的豪强酋帅，为保护

---

① 《魏书》卷五七《崔挺传》，第1270页。

自身利益，则成为北魏镇压六镇暴动的主要力量。两类豪强酋帅在被北魏国家强迁到河北后，都面临着同河北大族争夺生存资源的难题，故而得以联合掀起河北暴动。虽然其群体最终聚集在葛荣统帅之下，形成一股强大的军事势力，但由于其群体作战主要以掠夺生存资源为目标，使六镇豪强酋帅与河北大族、当地民众的矛盾无法调和，无法在河北立足。加之葛荣集团内部组织松散、矛盾重重，最终在尔朱荣的进攻下旋即崩溃。

（原载《文史哲》2011 年第 2 期）

东海的"琅邪"和南海的"琅邪"

王子今

据《史记》卷二八《封禅书》记载,秦始皇即帝位不久,即出巡远方,曾经"东游海上,行礼祠名山大川及八神,求仙人羡门之属"。这里所说的"八神",即一曰"天主",祠天齐;二曰"地主",祠泰山梁父;三曰"兵主",祠蚩尤;四曰"阴主",祠三山;五曰"阳主",祠之罘;六曰"月主",祠之莱山;七曰"日主",祠成山;第八处,则祀所在"琅邪":"八曰'四时主',祠琅邪。琅邪在齐东方,盖岁之所始。"司马贞《索隐》:"案:《山海经》云'琅邪台在勃海间'。案:是山如台。《地理志》:琅邪县有四时祠也。"①汉武帝东巡海上,同样"行

---

① 所谓"琅邪台在勃海间",《汉书》卷五七上《司马相如传上》颜师古注引张揖曰也有同样的说法:"琅邪,台名也,在勃海间。"(中华书局1962年版,第2546页)不仅"'四时主'祠琅邪",在滨海方术文化体系中,琅邪还另有特殊地位。《史记》卷二八《封禅书》:"公玊带曰:'黄帝时虽封泰山,然风后、封巨、岐伯令黄帝封东泰山,禅凡山,合符,然后不死焉。'天子既令设祠具,至东泰山,[东]泰山卑小,不称其声,乃令祠官礼之,而不封禅焉。"《史记》卷一二《孝武本纪》有相同的记载,对于"东泰山",裴骃《集解》:"徐广曰:'在琅邪朱虚县,汶水所出。'"对于"凡山",裴骃《集解》引徐广曰:"凡山亦在朱虚。"(中华书局1982年版,第1403、485页)《汉书》卷二五下《郊祀志下》颜师古注:"臣瓒曰:'东泰山在琅邪朱虚界,中有小泰山是。'"(第1247页)据《汉书》卷

礼祠八神"。这样的仪式似不止一次:"至如他名山川诸鬼及八神之属,上过则祠。"① 这一行为,体现出来自西部高原的帝王对东方神学传统的全面承认和充分尊重②。而"琅邪"受到特殊重视,不仅在于作为"四时主"祀所,"在齐东方,盖岁之所始",还由于作为"东海"大港的地位。"琅邪"被看作"东海"重要的出航起点。南海海港以"琅邪"地名为称的说法如得到证实,亦可以指示当时海上航路开拓的路径,应当看作早期中外文化交流的纪念。

一、越王勾践"治琅邪"

《汉书》卷二八上《地理志上》"琅邪郡"条关于属县"琅邪"写道:"琅邪,越王句践尝治此,起馆台。有四时祠。"《史记》卷六《秦始皇本纪》说到"琅邪台",张守节《正义》引《括地志》云:"密州诸城县东南百七十里有琅邪台,越王句践观台也。台西北十里有琅邪故城。《吴越春秋》云:'越王句践二十五年,徙都琅琊,立观台以望东海,遂号令秦、晋、齐、楚,以尊辅周室,歃血盟。'即句践起台处。"所引《吴越春秋》,《太平御览》卷一六○引异文:"越王句践二十五年,

---

（接上页）二八上《地理志上》"琅邪郡"条,琅邪郡有多处祠所:"不其,有太一、仙人祠九所,及明堂,武帝所起","朱虚,凡山,丹水所出,东北至寿光入海。东泰山,汶水所出,东至安丘入维。有三山、五帝祠","琅邪,越王句践尝治此,起馆台。有四时祠","长广,有莱山莱王祠","昌,有环山祠"。颜师古注:"五帝祠在汶水之上","《山海经》云琅邪台在琅邪之东"（第1585—1587页）。又《汉书》卷二五下《郊祀志下》:"祠四时于琅邪。"第1250页。

① 《史记》卷二八《封禅书》,第1397、1377页。
② 王子今:《泰山:秦汉时期的文化制高点》,《光明日报》2010年12月2日。

徙都琅琊，立观台，周旋七里，以望东海。"

今本《吴越春秋》卷一〇《勾践伐吴外传》有"越王既已诛忠臣，霸于关东，从琅邪起观台，周七里，以望东海"的记载，又写道："越王使人如木客山，取元常之丧，欲徙葬琅邪。三穿元常之墓，墓中生飘风，飞砂石以射人，人莫能入。勾践曰：'吾前君其不徙乎！'遂置而去。"勾践以后的权力继承关系是：勾践—兴夷—翁—不扬—无强—玉—尊—亲。"自勾践至于亲，共历八主，皆称霸，积年二百二十四年。亲众皆失，而去琅邪，徙于吴矣"，"尊、亲失琅邪，为楚所灭"。可知"琅邪"确实曾经是越国后期的政治中心。

历史文献所见勾践都琅邪事，又有《竹书纪年》卷下："（周）贞定王元年癸酉，于越徙都琅琊。"《越绝书》卷八《外传记地传》："亲以上至句践凡八君，都琅琊，二百二十四岁。"《后汉书》卷八五《东夷列传》："越迁琅邪。"《水经注》卷二六《潍水》："琅邪，山名也。越王句践之故国也。句践并吴，欲霸中国，徙都琅邪。"又卷四〇《渐江水》："句践都琅邪。"顾颉刚予相关历史记录以特殊重视①。辛德勇《越王句践徙都琅邪事析义》就越"徙都琅邪"事有具体考论②。

其实，早在越王勾践活动于吴越地方时，相关历史记录已经透露出

---

① 顾颉刚《林下清言》写道："琅邪发展为齐之商业都市，奠基于勾践迁都时"，"《孟子·梁惠王下》：'昔者齐景公问于孟子曰：吾欲观于转附、朝儛，遵海而南，放于琅邪。吾何修而可以比于先王观也？'以齐手工业之盛，'冠带衣履天下'，又加以海道之通（《左》哀十年，'徐承帅舟师，将自海入齐'，吴既能自海入齐，齐亦必能自海入吴），故滨海之转附（之罘之转音）、朝儛、琅邪均为其商业都会，而为齐君所愿游观。《史记》，始皇二十六年'南登琅邪，大乐之，留三月，乃徙黔（今按：应为黔）首三万户琅邪台下'，正以有此大都市之基础，故乐于发展也。司马迁作《越世家》乃不言勾践迁都于此，太疏矣！"（《顾颉刚读书笔记》第十卷，台北联经出版事业公司1990年版，第8045—8046页）

② 辛德勇：《越王句践徙都琅邪事析义》，《文史》2010年第1辑。

勾践身边的执政重臣对"琅邪"的特殊关注。《吴越春秋》卷八《勾践归国外传》有范蠡帮助越王勾践"树都"也就是规划建设都城的故事:"越王曰:'寡人之计,未有决定,欲筑城立郭,分设里闾,欲委属于相国。'于是范蠡乃观天文拟法,于紫宫筑作小城,周千一百二十一步,一圆三方。西北立龙飞翼之楼,以象天门。东南伏漏石窦,以象地户。陵门四达,以象八风。外郭筑城而缺西北,示服事吴也,不敢壅塞。内以取吴,故缺西北,而吴不知也。北向称臣,委命吴国,左右易处,不得其位,明臣属也。城既成,而怪山自生者,琅邪东武海中山也。一夕自来,故名怪山。""范蠡曰:'臣之筑城也,其应天矣。'"徐天祐注:"昆仑即龟山也,在府东南二里。一名飞来,一名宝林一名怪山。《越绝》曰:'龟山,勾践所起游台也。'《寰宇记》:'龟山即琅邪东武山,一夕移于此。'"①

越国建设都城的工程中,传说"琅邪东武海中山""一夕自来",这一神异故事的生成和传播,暗示当时勾践、范蠡谋划的复国工程,是对"琅邪"予以特别关注的。而后来不仅勾践有"琅邪"经营,《史记》卷四一《越王勾践世家》记载:"范蠡浮海出齐,变姓名,自谓鸱夷子皮,耕于海畔,苦身戮力,父子治产。居无几何,致产数十万。齐人闻其贤,以为相。范蠡喟然叹曰:'居家则致千金,居官则至卿相,此布衣之极也。久受尊名,不祥。'乃归相印,尽散其财,以分与知友乡党,而怀其重宝,间行以去,止于陶,以为此天下之中,交易有无之路通,为生可以致富矣。"②虽然史籍记录没有明确指出范蠡"浮海出齐""耕于

---

① 周生春:《〈吴越春秋〉辑校汇考》,上海古籍出版社1997年版,第176—179、131页。
② 参看王子今:《关于"范蠡之学"》,《光明日报》2007年12月15日;《"千古一陶朱":范蠡兵战与商战的成功》,《河南科技大学学报》2008年第1期;《范蠡"浮海出齐"事迹考》,《齐鲁文化研究》第八辑,泰山出版社2009年版。

海畔"的具体地点,但是可以看到,他北上的基本方向和勾践控制"琅邪"的努力,其思路可以说是大体一致的。

二、秦皇汉武"琅邪"之行

秦实现统一,"琅邪"列为"三十六郡"之一①。秦始皇二十八年(前219)"东行郡县","上泰山"、"禅梁父"之后,"于是乃并勃海以东,过黄、腄,穷成山,登之罘,立石颂秦德焉而去"。随后,"南登琅邪,大乐之,留三月。乃徙黔首三万户琅邪台下,复十二岁。作琅邪台,立石刻,颂秦德,明得意"。刻石内容明确说到"琅邪":"维秦王兼有天下,立名为皇帝,乃抚东土,至于琅邪。"②秦始皇"南登琅邪,大乐之,留三月",是在咸阳以外地方居留最久的记录,在远程出巡途中尤其异常。"徙黔首三万户琅邪台下,复十二岁",在秦强制移民的行为中,是组织向东方迁徙的唯一一例。其规模,也仅次于"徙天下豪富于咸阳十二万户"。而"复十二岁"者③,也是仅见于秦史的优遇。

秦始皇二十九年(前218),"始皇东游",于"登之罘,刻石"之

---

① 《史记》卷六《秦始皇本纪》"分天下以为三十六郡"裴骃《集解》,第239—240页。据辛德勇《秦始皇三十六郡新考》,"综合诸家考证,得到大多数人认同的","确实可信"的"三十六郡"名单中,都包括"琅邪"。见辛德勇:《秦汉政区与边界地理研究》,中华书局2009年版,第5、59页。
② 《史记》卷六《秦始皇本纪》,第243—246页。《史记》卷一五《六国年表》:"(二十八年)帝之琅邪,道南郡入。"(第757页)
③ 《史记》卷六《秦始皇本纪》,第239页。《史记》卷一五《六国年表》:"(二十九年)帝之琅邪,道上党入。"(第757页)《史记》卷二八《封禅书》:"始皇复游海上,至琅邪,过恒山,从上党归。"(第1370页)

后,"旋,遂之琅邪,道上党入"①,再一次来到琅邪。

秦始皇三十七年(前210),"还过吴,从江乘渡。并海上,北至琅邪②。方士徐市等入海求神药,数岁不得,费多,恐谴,乃诈曰:'蓬莱药可得,然常为大鲛鱼所苦,故不得至,愿请善射与俱,见则以连弩射之。'始皇梦与海神战,如人状。问占梦,博士曰:'水神不可见,以大鱼蛟龙为候。今上祷祠备谨,而有此恶神,当除去,而善神可致。'乃令入海者赍捕巨鱼具,而自以连弩候大鱼出射之。自琅邪北至荣成山,弗见。至之罘,见巨鱼,射杀一鱼。遂并海西。"③这是秦始皇最后一次出行,也是他海洋探索的热忱和海洋挑战的意志体现最充分的表演。"自琅邪北至荣成山",似可理解为航海记录。"琅邪"作为出发点,是值得重视的。

《史记》卷二八《封禅书》记载汉武帝六次行至海滨的经历,除了《封禅书》的记录外,《汉书》卷六《武帝纪》还记载了晚年汉武帝四次出行至于海滨的情形。秦始皇统一天下后凡五次出巡,其中四次行至海滨。汉武帝则远远超过这一纪录,一生中至少十次至于海上。他最后一次行临东海,已经是六十八岁的高龄。其中两次:(一)元封五年(前106),"北至琅邪,并海上"④;(二)太始三年(前94),"行幸东海,获赤雁,作《朱雁之歌》。幸琅邪,礼日成山。登之罘,浮大海"⑤。是明

---

① 《史记》卷六《秦始皇本纪》,第249页。
② 《史记》卷一五《六国年表》:"(三十七年)十月,帝之会稽、琅邪,还至沙丘崩。"(第758页)《史记》卷八七《李斯列传》:"始皇三十七年十月,行出游会稽,并海上,北抵琅邪。"(第2547页)《史记》卷八八《蒙恬列传》:"始皇三十七年冬,行出游会稽,并海上,北走琅邪。"(第2567页)
③ 《史记》卷六《秦始皇本纪》,第263页。
④ 《史记》卷二八《封禅书》,第1400页。
⑤ 《汉书》卷六《武帝纪》,第206—207页。

确地到达"琅邪"的记录。另外尚有一次：(三)"(太始四年)夏四月，幸不其，祠神人于交门宫，若有乡坐拜者。作《交门之歌》。"对于"祠神人于交门宫"，颜师古注："应劭曰：'神人，蓬莱仙人之属也。'晋灼曰：'琅邪县有交门宫，武帝所造。'"①如果晋灼曰不误，则又是一条汉武帝来到琅邪的记录。而汉武帝在琅邪造交门宫，亦体现了对这一地方的特殊重视。

三、"填夷"命名与"亶洲""东夷"航路

秦始皇二十八年（前219）第一次东巡时来到琅邪，有一非常特殊的举动，即与随行权臣"与议于海上"。琅邪刻石记录："维秦王兼有天下，立名为皇帝，乃抚东土，至于琅邪。列侯武城侯王离、列侯通武侯王贲、伦侯建成侯赵亥、伦侯昌武侯成、伦侯武信侯冯毋择、丞相隗林、丞相王绾、卿李斯、卿王戊、五大夫赵婴、五大夫杨樛从，与议于海上。曰：'古之帝者，地不过千里，诸侯各守其封域，或朝或否，相侵暴乱，残伐不止，犹刻金石，以自为纪。古之五帝三王，知教不同，法度不明，假威鬼神，以欺远方，实不称名，故不久长。其身未殁，诸侯倍叛，法令不行。今皇帝并一海内，以为郡县，天下和平。昭明宗庙，体道行德，尊号大成。群臣相与诵皇帝功德，刻于金石，以为表经。'"②张守节《正义》："言王离以下十人从始皇，咸与始皇议功德于海

---

① 《汉书》卷六《武帝纪》，第207页。
② 《史记》卷六《秦始皇本纪》，第246—247页。

上，立石于琅邪台下，十人名字并刻颂。"秦始皇为什么集合十数名文武权臣"与议于海上"，发表陈明国体与政体的政治宣言呢？对照《史记》卷二八《封禅书》汉武帝"宿留海上"的记载[①]，可以推测这里"与议于海上"之所谓"海上"，很可能并不是指海滨，而是指海面上。"海上"与"琅邪台下"并说，应当也可以支持此"海上"是指海面上的意见。这里所谓"与议于海上"，已经显现出"琅邪"作为海港的意义。秦始皇三十七年（前210）"北至琅邪。方士徐市等人海求神药，数岁不得，费多，恐谴"，以"大鲛鱼"诈语相欺，于是"始皇梦与海神战"，又"自以连弩候大鱼出射之"，然而，"自琅邪北至荣成山，弗见。至之罘，见巨鱼，射杀一鱼"[②]。所谓"射杀""巨鱼"情节发生于海上，"自琅邪北至荣成山"又"至之罘"，应是秦始皇亲行航路，"琅邪"则是起航的港口。

据《史记》卷二八《封禅书》："自威、宣、燕昭使人入海求蓬莱、方丈、瀛洲。此三神山者，其傅在勃海中，去人不远；患且至，则船风引而去。盖尝有至者，诸仙人及不死之药皆在焉。其物禽兽尽白，而黄金银为宫阙。未至，望之如云；及到，三神山反居水下。临之，风辄引去，终莫能至云。世主莫不甘心焉。及至秦始皇并天下，至海上，则方士言之不可胜数。始皇自以为至海上而恐不及矣，使人乃赍童男女入海求之。船交海中，皆以风为解，曰未能至，望见之焉。其明年，始皇复游海上，至琅邪，过恒山，从上党归。后三年，游碣石，考入海方士，从上郡归。后五年，始皇南至湘山，遂登会稽，并海上，冀遇海

---

① 《史记》卷二八《封禅书》，第1397页。
② 《史记》卷六《秦始皇本纪》，第263页。

中三神山之奇药。不得,还至沙丘崩。"①《史记》卷一五《六国年表》:"(三十七年)十月,帝之会稽、琅邪,还至沙丘崩。"②可知始皇"冀遇海中三神山之奇药"的最后一次出行,也经过琅邪。方士们对海上"蓬莱、方丈、瀛洲""三神山"情状和"且至,则船风引而去","临之,风辄引去,终莫能至"的描述,以及得秦始皇指令"船交海中,皆以风为解,曰未能至,望见之焉"的新的探索,都体现方士群体可以称作海上航行事业的先行者。而"琅邪",应是自齐威王、齐宣王至秦始皇时代人海寻求"三神山"的出发港之一。《史记》卷二八《封禅书》:"少君言上曰:'祠灶则致物,致物而丹沙可化为黄金,黄金成以为饮食器则益寿,益寿而海中蓬莱仙者乃可见,见之以封禅则不死,黄帝是也。臣尝游海上,见安期生,安期生食巨枣,大如瓜。安期生仙者,通蓬莱中,合则见人,不合则隐。'于是天子始亲祠灶,遣方士入海求蓬莱安期生之属,而事化丹沙诸药齐为黄金矣。"③而记述相同史事的《史记》卷一二《孝武本纪》,司马贞《索隐》:"服虔曰:'古之真人。'案:《列仙传》云:'安期生,琅邪人,卖药东海边,时人皆言千岁也。'"张守节《正义》引《列仙传》:"安期生,琅邪阜乡亭人也。卖药海边。秦始皇请语三夜,赐金数千万,出,于阜乡亭,皆置去,留书,以赤玉舄一量为报,曰'后千岁求我于蓬莱山下'。"④可以"通蓬莱中"的"海上""真人""仙者"安期生传说出身"琅邪",也暗示"琅邪"在当时

---

① 《史记》卷二八《封禅书》,第1369—1379页。
② 《史记》卷一五《六国年表》,第758页。
③ 《史记》卷二八《封禅书》,第1385页。又记载:"居久之,李少君病死。天子以为化去不死,而使黄锤史宽舒受其方。求蓬莱安期生莫能得,而海上燕齐怪迂之方士多更来言神事矣。"(第1386页)
④ 《史记》卷一二《孝武本纪》,第455页。

滨海地区方术文化中的地位,以及"琅邪"是此类航海行为重要出发点之一的事实。

又《史记》卷六《秦始皇本纪》张守节《正义》引《括地志》:"亶洲在东海中,秦始皇使徐福将童男女入海求仙人,止在此洲,共数万家,至今洲上人有至会稽市易者。吴人《外国图》云亶洲去琅邪万里。"①也说往"亶洲"的航路自"琅邪"启始②。又《汉书》卷二八上《地理志上》:"琅邪郡,秦置。莽曰填夷。"而关于琅邪郡属县临原,又有这样的文字:"临原,侯国。莽曰填夷亭。"③以所谓"填夷"即"镇夷"命名地方,亦体现其联系外洋的交通地理地位。

《后汉书》卷八五《东夷列传》说到"东夷""君子、不死之国"。对于"君子"国,李贤注引《外国图》曰:"去琅邪三万里。"④也指出了"琅邪"往"东夷"航路开通,已经有相关里程记录。

对于"琅邪"与朝鲜半岛之间的航线,《后汉书》卷七六《循吏列传·王景》提供了"琅邪不其人"王仲"浮海"故事的线索:"王景字仲通,乐浪誹人也。八世祖仲,本琅邪不其人。好道术,明天文。诸吕作乱,齐哀王襄谋发兵,而数问于仲。及济北王兴居反,欲委兵师仲,仲惧祸及,乃浮海东奔乐浪山中,因而家焉。"⑤王仲"浮海东奔乐浪山中",不排除自"琅邪"直航"乐浪"的可能。

---

① 《史记》卷六《秦始皇本纪》,第248页。
② 《史记》卷六《秦始皇本纪》,第247页。
③ 《汉书》卷二八上《地理志上》,第1586页。
④ 《后汉书》卷七六《循吏列传·王景》,中华书局1965年版,第2464页。
⑤ 《后汉书》卷八五《东夷列传》,第2807页。

四、南洋"琅邪"记忆的可能性

《左传·昭公十二年》说到周穆王"周行天下"的事迹。《竹书纪年》也有周穆王西征的明确记载。司马迁在《史记》卷五《秦本纪》和卷四三《赵世家》中,也记述了造父为周穆王驾车西行巡狩,见西王母,乐而忘归的故事。关于周穆王西行事迹记录最详尽、最生动的,是《穆天子传》。《穆天子传》记载周穆王率领有关官员和七萃之士,驾乘八骏,由最出色的驭手造父等御车,由伯夭担任向导,从处于河洛之地的宗周出发,经由河宗、阳纡之山、西夏氏、河首、群玉山等地,西行来到西王母的邦国,与西王母互致友好之辞,宴饮唱和,并一同登山刻石纪念,又继续向西北行进,在大旷原围猎,然后千里驰行,返回宗周的事迹。许多研究者认为,周穆王西巡行程的终极,按照这部书的记述,大致已经到达中亚吉尔吉斯斯坦的草原地区。有的学者甚至认为,穆天子西行可能已经在欧洲中部留下了足迹[①]。

顾实先生研究《穆天子传》,在论证"上古东西亚欧大陆交通之孔道"时,提到孙中山与他涉及"琅邪"的交谈:"犹忆先总理孙公告余曰:'中国山东滨海之名胜,有曰琅邪者,而南洋群岛有地曰琅琊(Langa),波斯湾有地亦曰琅琊(Linga),此即东西海道交通之残迹,故三地同名也。"他回忆说,孙中山当时"并手一册英文地图,一一指示余"。顾实感叹道:"煌煌遗言,今犹在耳,勿能一日忘。"他说:"上

---

① 顾实《穆天子传西行讲疏》写道,《穆天子传》记述周穆王西行至于"羽岭","惟此羽岭以下文东归所经今地而证之,当在今波兰 Poland 华沙 Warsaw 之间乎?穆王逾春山而西,有两大都会,第一都会在鄄韩氏,今中亚细亚也。第二都会在此,今欧洲大平原也。此亦天然之形势,古今不变者也"(中国书店 1990 年版,第 175 页)。

古东西陆路之交通，见于《穆传》者，既已昭彰若是。则今言东西民族交通史者，可不郑重宝视之乎哉！"顾实随即又指出："然上古东西海道之交通，尚待考证。"①

关于"琅邪"地名体现的"东西海道交通之残迹"，确实值得注意。

印度尼西亚的林加港（Lingga），或有可能是孙中山与顾实说到的"南洋群岛有地曰琅玡（Langa）"。而菲律宾又有林加延港（Lingayen），或许也有可能是"琅玡（Langa）"的音转。

"大约写于 9 世纪中叶到 10 世纪初"的"阿拉伯作家关于中国的最早著作之一"《中国印度见闻录》说到"朗迦婆鲁斯岛（Langabalous）"。中译者注："Langabalous 中前半部 Langa 一词，在《梁书》卷五四作狼牙修；《续高僧传·拘那罗陀传》作棱加修；《隋书·赤土传》作狼牙须；义静《大唐西域求法高僧传》作朗迦戍；《岛夷志略》作龙牙犀角，印度尼西亚古代碑铭中作 Langacogam，或 Lengkasuka Balus 即贾耽书中的婆露国。"②有学者说，"《梁书》之狼牙修，自为此国见于我国著录最早之译名。次为《续高僧传·拘那罗陀传》（Gunarata）之棱加修。次为《隋书》狼牙须，义静书之朗迦戍，《诸蕃志》之凌牙斯加，《事林广记》与《大德南海志》之凌牙苏家。《苏莱曼东游记》作 Langsakā，则为此国之阿拉伯名。"这就是《岛夷志略》作"龙牙犀角"者。然而《岛夷志略》又有"龙牙门"。苏继庼《岛夷志略校释》写道："《诸蕃志》与《事林广记》二书三佛齐条皆有凌牙门一名。格伦维尔以其指林加海峡（Notes, p. 99, n. 2）。夏德与柔克义亦以其指林加海峡与林加岛

---

① 顾实：《穆天子传西行讲疏》，第 24 页。
② 《中国印度见闻录》，穆根来、汶江、黄倬汉译，中华书局 1983 年版，第 1、5、36 页。

（Chao Ju-kua, p. 63, n. 2）。案：林加岛，《东西洋考》作龙雅山，以凌牙当于Lingga，对音自极合。惟鄙意凌牙门或亦一汉语名，而非音译。疑龙牙门一名，宋代即已有之，讹作凌牙门也。"又说："龙牙门一名在元明时又成为新加坡岛与其南之广阔海峡称。至于本书龙牙门一名，殆指新嘉坡岛。"论者以为"凌牙犀角"地名有可能与《马可波罗行纪》"载有Locac一名"或"Lochac"，及《武备志·航海图》之狼西加"有关[①]，也是值得注意的意见。论者以为"凌牙门或亦一汉语名，而非音译"，其来自"汉语"的推想，或许比较接近历史真实，

有学者解释《西洋朝贡典录》卷上《满剌加国》之"龙牙山门"："《岛夷志略》作龙牙门，云：'门以单马锡番两山相交若龙牙状，中有水道以间之。'龙牙门在今新加坡南海峡入口处，今称石叻门，此为沿马来半岛东部至马六甲海峡所必经，故曰'入由龙牙山门'。"[②]所谓"两山相交若龙牙状"，"龙牙"是神话传说境象，无有确定形式，以"龙牙"拟状似不合乎情理。"龙牙"来自汉地地名的可能性，似未可排除。

也许"林加"地名是我们考虑南洋地方与"琅玡（Langa）"或"琅玡（Linga）"之对应关系时首先想到的。陈佳荣、谢方、陆峻岭《古代南海地名汇释》"Lingga"条写道："名见《Pasey诸王史》，谓为满者伯夷之诸国。《南海志》龙牙山，《东西洋考》两洋针路条之龙雅山、龙雅大山，《顺风相送》龙雅大山，《指南正法》之龙牙大山，皆其对音，即今印度尼西亚之林加岛（Lingga I.）。《海路》之龙牙国，亦指

[①] 汪大渊著，苏继庼校释：《岛夷志略校释》，中华书局1981年版，第181—182、184、215页。

[②] 黄省曾著，谢方校注：《西洋朝贡典录》，中华书局1982年版，第38页。

此岛。"① 冯承钧《中国南洋交通史》说："龙牙门，《诸蕃志》作凌牙门（Linga），星加坡之旧海岬也。"又《诸蕃志》卷上"三佛齐国"条所见"凌牙门"，冯承钧又写作"凌牙（Linga）门"②。关于其国情，《诸蕃志》说，"经商三分之一"，"累甓为城，周数十里。国王出入乘船"，其情形似与古"琅邪"颇类似。

向达整理《郑和航海图》就"狼西加"言："据图，狼西加在孙姑那与吉兰丹之间，或谓此应作狼牙西加，为 Langka-suka 对音，即为大泥地方。"③ 所谓"狼牙西加"之"狼牙"，确实与"琅邪"音近。

另一能够引起我们联想的是《隋书》卷八二《南蛮传·真腊》的记载："近都有陵伽钵婆山，上有神祠，每以兵五千人守卫之。城东有神名婆多利，祭用人肉。其王年别杀人，以夜祀祷，亦有守卫者千人。其敬鬼如此。多奉佛法，尤信道士，佛及道士并立像于馆。"④ 冯承钧《中国南洋交通史》引文作"每以兵二千人守卫之"，"陵伽钵婆山"作"陵伽钵婆（Lingaparvata）山"⑤。其中关于"神祠"及"信道士"等信息，也使人想到与战国秦汉"琅邪"的相近之处。

寻找波斯湾地区的"Linga"或"Langa"，只有伊朗的伦格港（Lingah）或称作林格港（Lingoh）比较接近。这一港口，有的地图上标注的名称是"Bandar lengeh"。Bandar 即波斯语"港口"。然而这处海港是否孙中山所指"琅玡（Linga）"，同样尚不能确定。

宋人王应麟《通鉴地理通释自序》说，古来往往有"二地而一名"

---

① 陈佳荣、谢方、陆峻岭：《古代南洋地名汇释》，中华书局1986年版，第983页。
② 冯承钧：《中国南洋交通史》，谢方导读，上海古籍出版社2005年版，第62、118页。
③ 向达整理：《郑和航海图》，中华书局1961年版，第30页。
④ 《隋书》卷八二《南蛮传·真腊》，中华书局1973年版，第1837页。
⑤ 冯承钧：《中国南洋交通史》，第90页。

的现象。其中往往有迁徙之后移用旧地名的情形。人们熟知刘邦为"太上皇"营建"新丰"的著名故事①。《容斋随笔》五笔卷三"州县名同"条说:"先是中原陷胡、羯,本土遗民,或侨寓南方,故即其所聚为立郡。而方伯所治之州,亦仍旧名。"即如陈芳绩《历代地理沿革表自序》所谓"袭其名而迁其地"。钱穆亦曾明确指出,"古史地名""往往有异地同名者","异地同名,绝非同时而起,亦非偶然巧合。古人迁居不常,由此及彼,往往以故地名新邑,如殷人所都皆曰'亳'之类是也。故鄙论谓探索古史地名,有可以推见古代民族迁徙之遗迹者。在此,异地同名既有先后,则必其地人文开发最早者得名在先,人文开发较迟者得名在后"。"此虽古人无一语说及此事,而古今人不相远,后世如魏晋南迁,及近代如西洋殖民之历史,及以情理推知,居可信也。"②地名史学者肯定钱说"注意到了""人口迁徙引起的同名异地现象"的意义③。而钱穆《史记地名考》还将"地名迁徙"与"地名原始""地名沿革"并列,以为地名学研究三个原则之一。许多迹象表明,移民将家乡的地名带到新居住地,是很普遍的情形④。

  航海者也往往习惯以旧有知识中的地名为新的地理发现命名。其

---

① 《汉书》卷二八上《地理志上》"新丰"条颜师古注引应劭曰:"太上皇思东归,于是高祖改筑城寺街里以象丰,徙丰民以实,故号'新丰'。"(第1544页)《史记》卷八《高祖本纪》张守节《正义》:"《括地志》云:'新丰故城在雍州新丰县东南四里,汉新丰宫也。太上皇时凄怆不乐,高祖窃因左右问故,答以平生所好皆屠贩少年,酤酒卖饼,斗鸡蹴鞠,以此为欢,今皆无此,故不乐。高祖乃作新丰,徙诸故人实之,太上皇乃悦。'按:前于丽邑筑城寺,徙其民实之,未改其名,太上皇崩后,命曰新丰。"(第387页)
② 钱穆:《再论楚辞地名答方君》,《禹贡》半月刊第7卷第1—3合期(1937年)。
③ 孙冬虎、李汝雯:《中国地名学史》,中国环境科学出版社1996年版,第189页。
④ 参看王子今、高大伦:《说"鲜水":康巴草原民族交通考古札记》,《中华文化论坛》2006年4期;王子今:《客家史迹与地名移用现象——由杨万里〈竹枝词〉"大郎滩""小郎滩""大姑山""小姑山"说起》,潘昌昆主编:《客家摇篮赣州》,江西人民出版社2004年版。

中亦有复杂因素,如"包括地名在内的名称的感情色彩对人们心理的影响"①,即乡土意识和故国情结的作用。我们不能因近代"西洋殖民之历史"中有这类现象,就否认历史真实的客观存在。在殖民主义背景下移用至"人文开发较迟者"的地名,其实也以看作地理符号为宜,不必生硬地理解为"欧洲中心主义"或者其他的什么"主义"的表现。"琅邪"地名在秦代已经十分响亮,不能排除"琅邪"地名在秦代起就因这里启航的船队传播至于远方的可能。对于南海"琅邪"的讨论虽然因语言学、考古学、地理学等多方面条件的欠缺,尚未能提出确定的结论,但还是应当肯定相关探索对于说明自秦汉时期形成重要影响的海上航运和中外文化交流之历史进步的意义。

(原载《文史哲》2012 年第 1 期)

---

① 孙冬虎、李汝雯:《中国地名学史》,第 39 页。

匈奴"发殉"新探

马利清

在蒙古和外贝加尔地区已发掘的匈奴墓葬中普遍发现以殉葬发辫代替殉人的现象,笔者曾就此撰文作过一些探讨[①]。作为匈奴人的一种葬俗,发殉有其独特性,但作为一种文化现象,其存在却是普遍的。不同文化传统的民族,都赋予头发某种共通的宗教、文化、情感与礼制的意义。深入研究中国古代历史上有关头发在葬礼、宗教、礼仪活动中的特殊用途和寓意,不难发现,断发现象有着极其深刻的文化内涵,在许多民族中对于断发的情感表达有着共同的理解。匈奴人的发殉现象,只是这一共同思想基础上的一种特殊的表现形式。其他民族也普遍存在着以断发誓天、祈福、祭祀、代表人牲、象征死刑,表达爱情、思念、忠诚、悲痛、决心、冤屈等文化现象。匈奴人的断发殉葬,显然是与汉民族以对头发的珍视作为满足传统孝道的儒家伦理观念相冲突的,但不可否认的是:中原的礼制多少对匈奴人的丧葬礼仪也有所影响,特别是匈奴在具体的对头发的处理形式上,竟与《礼记》的相关记述有不谋而合

---

① 马利清:《匈奴人的发型与发殉考》,《内蒙古社会科学》2008年第5期。

之处。其渊源绝不仅仅是出于萨满教的某些观念，还包含着世界上许多民族共同的情感表达，以及中原礼制、习俗的某些影响。

一、发殉的宗教意义

匈奴发殉现象最集中的发现，是在蒙古国诺音乌拉出土的匈奴贵族墓中，该墓出土了大约一百多件保存完好的发辫以及分缕发束实物，其中一些和剪下的指甲一起，置于丝绸锦囊之中。这些资料，都记录在俄罗斯考古学家鲁金科所著《匈奴文化与诺音乌拉巨冢》一书的《附录》当中①。从该书《附录》的随葬品清单可见发现：发辫放置的位置各不相同，有的在棺椁内，有的在回廊里，有的在甬道中，有的在墓道里，甚至还有在墓顶上、墓葬填土中。显然应是分别在入殓盖棺、下葬过程中甚或是回填过程中举行的各种祭奠仪式时放入的②。除此之外，高勒毛

---

① 鲁金科：《匈奴文化与诺音乌拉巨冢》，莫斯科-列宁格勒，1962 年。
② 例如：M1 总共发现不下 20 条发辫和发套，其中在棺外发现 1 个包裹发辫的丝绸套子，在内椁里发现 1 束头发和 1 件包发辫的套子，在墓道当中出土有 21 条装在绸布口袋中的辫发；M6 出土 85 条发辫和发束以及 10 个丝绸的发套，其中内椁角落里有 3 条装在丝绸发套里的发辫，2 根黑色发束，在内椁北部有 14 根装在套子里的辫发，其中一根用丝绸线绳扎系，在回廊的一根立柱旁有 21 根放在丝绸套子里的辫发，发套上还缝着两种颜色丝绸做的锯齿形的花边装饰和类似护身符样的东西，附近还有 1 根发辫，装在相同的发套里，甬道里有 2 个发套和 23 束辫发，甬道东部有 18 根装在带有锯齿形花边的丝绸套子里的辫发，墓道里有 8 件丝绸发套，另外的 3 根发辫不明出处，此外还在内椁角落里发现 2 根由毛和头发编成的线绳；M24 墓室出土 1 个丝绸发套和一些人发；M25 棺的周围有 1 束黑色的短头发；巴洛多夫墓内椁底部有 1 束头发；科尼德拉奇耶夫墓发现 14 条发辫，其中墓顶发现 2 根发辫，棺西侧泥土中发现 5 根辫发，内椁里有 1 根发辫，东墓道 1 根黑色发辫，西墓道有 4 根夹杂着淡褐色头发的黑色发辫，北回廊有 1 根黑色发辫。其中一些发辫是常见的三股辫，还有两股辫以及未经编结的发束。有的缚以红绳，一般以为是妇女的发辫。有的

都M15出土一束发辫①，德列斯图依墓地M10死者右肩上有一条发辫，M33头骨下有两边分开的头发②。有记载说外贝加尔地区的匈奴墓葬中也曾发现有经过修剪的人的头发③。

据鲁金科记载，匈奴普通民众墓葬中出土的发辫一般很短，而贵族墓葬出土发辫一般较长，M6、M24、M25所出发辫基本都在20～25厘米。从发殉的位置来看，似有亲疏之别、等级之分或先后之序，内椁之中一般数量较少，墓室和墓道之中数量较多。鲁金科认为这些头发可能是墓主人的头发，并用民俗学的资料解释：在实行巫术时，一些民族是要把死者的头发剪下来一些，而后要将头发与死者一起放到墓中去。继而又认为剪下发辫用于陪葬者必定是女性，原因是匈奴男人是不留发辫的，它们是与单于合葬的"近幸臣妾从死者"的代替品，他由此判断凡殉发辫的墓均为男性墓。

日本学者梅原末治也详细描述了这些墓葬中的头发及其包裹物："其中的一些发辫被用长条形口袋包缠着，长口袋由绢绸制成，绢绸口袋的外表装饰着被剪裁成三角形的绢绸饰物……包缠着这些发辫的绢绸材料，其上可以明显看到因长期服用而渗透沾留着的油污脂垢痕迹。有关专家据此主张，当然应该将这些发辫认定为，是当时的那些与死者（墓主人）有某种密切关系的人们，把自己的头发剪割下来留献给死者

（接上页）装在丝绸锦囊或发套中，M6出土的带有丝织物垂饰的十根发辫中有几根在头发里面发现了经过修剪的指甲，更有一些发套上端还缝有小袋，里面装有指甲，或有的将指甲放在特制的小筐里，将小筐和和发辫系在一起。该文资料承蒙孙危翻译，谨致谢忱。

① 鲁金科：《匈奴文化与诺音乌拉巨冢》，莫斯科-列宁格勒，1962年。
② 米尼亚耶夫：《德列斯图依墓地》，圣彼得堡，1998年。承蒙孙危翻译资料。
③ 科兹洛夫：《外蒙古调查记》，列宁格勒，1925年。转引自于右任：《考察外蒙古土谢图汗部诺颜山下苏珠克图地方二百十二古墓记》，《新亚细亚》1932年第5期；林幹：《匈奴史论文集》，中华书局1983年版，第596—597页。

而形成的。"① 俄罗斯学者科兹洛夫在《外蒙古调查报告》《外蒙考古发见纪略》相关发掘记录中也说：墓中"女有辫者髻者"，"尚有截耳割发，填之墓中，以表哀忱者"，应该是象征着大批"奴隶殉葬"②。另一俄罗斯学者伯恩施坦则认为："这是被匈奴征服的部落送给匈奴单于的很特别的礼物。"③

笔者在《匈奴人的发型与发殉考》一文中，曾就匈奴墓葬中出土的发束发辫所反映的独特丧葬习俗作了初步的探讨，认为发殉的习俗源于萨满信仰的"发为藏魂之所"，以及对鬼神和祖先崇拜的宗教观念。萨满教认为：人死形灭后，灵魂可以继续存在于死后的人身上最具有灵性的器官，如骨骼、牙齿和头发之中。因头发在萨满教中被视为具有灵性之物，并具有可以不断再生、耐久不腐的特性，故被信仰万物有灵的匈奴人当作"近幸臣妾"的象征和代替品，用于陪葬和祭祀仪式之中表达悲痛哀思之情。目前所见的匈奴墓葬里，只发现了这些发辫，而不存在所谓的"近幸臣妾"从死者多至数千（十）百人的骨骸，就是最好的证明。在匈奴以及后世的信仰萨满教的民族中，都曾存在以头发作为生命或人的灵魂的象征，用于埋葬仪式或祭祀仪式当中的宗教现象。文章还详细考证了匈奴人的发型，断定这些发辫的主人既有女性也有男性。

发殉现象其实并不仅限于信仰萨满教的匈奴人，在世界各地的殡葬、祭祀、宗教礼仪活动中，用头发象征生命、象征完整的活人，作为

---

① 梅原末治：《蒙古・ノイン・ウラ发现の遗物》，东京便利堂1960年版，第22页，图版82、83。
② 科兹洛夫：《外蒙古调查记》，列宁格勒，1925年。转引自于右任：《考察外蒙古土谢图汗部诺颜山下苏珠克图地方二百十二古墓记》，《新亚细亚》1932年第5期；林幹：《匈奴史论文集》，第596—597页。
③ 伯恩施坦：《匈奴历史概述》，列宁格勒，1951年，第46—47页。

祭祀贡品的现象，都是普遍存在的，类似的礼仪在世界文化史上亦曾出现过。中国古代文献中就常见断腕、断指、剪发、断爪以代替生命、代替人殉的宗教文化记录。一般认为，在祭祀中奉献的贡品以部分来代替全体，是人类文明进步的表现，只有当人类的认知水平发展到一定阶段的时候，才能从仪式符号的角度理性地认识牺牲品的意义，认识到象征牺牲与真正的牺牲可以达到同样的目的，在献祭仪式中可以最经济的方式获取最大化的利益，既能使作为牺牲的人类个体生命得以存活，同时又可获得神灵的佑护①。

查我国古史，商周时期就有以须发、指甲代替人殉的宗教行为，"昔者汤克夏而正天下。天大旱，五年不收。汤乃以身祷于桑林曰：'余一人有罪，无及万夫！万夫有罪，在余一人！无以一人之不敏，使上帝鬼神伤民之命！'于是剪其发，酈其手，以身为牺牲，用祈福于上帝。民乃甚说，雨乃大至"②。同一史实，也出现在其他文献记载中："（汤）剪发断爪，以己为牲，祷于桑林之社。"③今天看来商汤剪掉一些头发、指甲不过是无关痛痒的举动，但在当时人的观念里，却是以身为民的自我牺牲，遂成为流传千古的佳话，直到宋时尚有记述④。周公也曾以同样的方式为成王的病向神祈祷，《史记》记载：西周"初，成王少时，病，周公乃自揃其蚤（爪，手指甲）沉之河，以祝于神曰：'王少未有识，奸神命者乃旦也。'亦藏其策于府。成王病有瘳"⑤。有学者指出：剪发断

---

① 段友文、刘彦：《晋东南成汤崇拜的巫觋文化意蕴考论》，《中国文化研究》2008 年第 3 期。
② 《吕氏春秋·顺民》，中华书局 2009 年版。
③ 《帝王世纪》卷四，《二十五别史》第 1 册，齐鲁书社 2000 年版，第 31 页。
④ 郑樵：《通志》卷三上《三王纪第三》，中华书局 1987 年版，第 42 页。
⑤ 《史记》卷三三《鲁周公世家》，中华书局 1982 年版，第 1520 页。

爪,是人祭仪式的原始遗留①。

人类学学者记录了国外一些土著民族的此类习俗,弗雷泽在《金枝》中就记录了一些关于发爪的信仰、巫术和禁忌。欧洲人常常以为男女巫者的邪恶力量寄存在他们的头发中;托儿杰人和卡罗·巴塔克人都剪去小孩的头发以免生虱,但总要在头顶上留下一绺头发作为小孩魂魄隐蔽之所,否则魂魄无处可依,孩子便要生病②。事实上,我国一些地区也有同样的民俗。

与此相关的,以身体的某一部位象征或取代完整的人,在原始宗教文化记录中比比皆是。人们常以断指、割耳等行为祈神以重新获得力量和延长生命。南非的博茨瓦纳卡拉哈里布须曼人,当家中有近亲去世时,女人们会割掉一个小指关节;新几内亚西部伊利安加中央高地人,家中如有人死亡,妇女们就得砍下一节手指以示哀悼;某家死亡的人愈多,妇女们的手指就愈少;访问过那里的人说,没有一个高地女人的手是十指齐全的③。加拿大的印第安土著居民也有类似的风俗,每当有瘟疫流行时,人们通常会采用这种方法"切断死亡"。汤加居民有"图图尼马"习俗,"用斧头或锐利的石头砍掉一节小手指作为贡献给神的祭品,为的是治好主要的亲属们的疾病"④。尼科巴群岛的岛民的殡葬仪式,"以一节手指代替整个人";而"以身体的某一小部分相殉之俗,亦见于古

---

① 段友文、刘彦:《晋东南成汤崇拜的巫觋文华意蕴考论》,《中国文化研究》2008年第3期。
② J. G. 弗雷泽:《金枝》,徐育新、汪培基、张泽石译,新世界出版社2006年版,第228—232、633—634页。
③ 日本学习研究社:《世界民族大观》第1册《大洋洲》,王志远等译,自然科学文化事业公司1978年版,第75页。
④ 爱德华·泰勒:《原始文化:神话、哲学、宗教、语言、艺术和习俗发展之研究》,连树声译,上海文艺出版社1992年版,第828页。

代欧亚大陆北方的Scythian族"①；美洲印第安人克劳部"若是某人赠送一件礼物予其友人后而死，其友人必须举行某种为公众所公认的哀悼行为，如当举行葬仪之际，切断手指一节，不然需将礼物归还于死的赠送者之氏族"②。在世界民族志资料中，断指是献祭最常见的形式之一，就他们所处的社会而言，因断指而保全了性命，是一件好事。在盖尔人的传说中，也有提到"断指"的内容。传说中的英雄们在完成他们的壮举——奋勇击退魔鬼与其他敌人之后（或之前），便进入沉沉的睡眠。而女英雄们只有割下一个手指关节、一块耳朵儿或者头顶部的一块头皮，才能把他们唤醒③。

英国学者泰勒认为：在上古人的观念当中，奉献给神的祭品、牺牲，其价值和合意性是由损失的重大性来测定的，所以古史中常常记录重大仪式中，总是挑选最美丽的处女和童男作为牺牲，或从贵族家庭中挑选牺牲，以增大这种牺牲的价值。最原始的牺牲是不惜代价虔诚奉献的，但此后随着社会的进步，"在祭祀的历史上，我们看到许多民族都想到这样一种意见：缩减祭品的开支而对祭品的实际没有损害"，"贡献部分代替全体，献给神的一部分，其价值与全体已经完全不相称，于是完全的祭祀开始逐渐变成代用品"④。断指、断腕、剪发、断爪以送葬或祭神，则所断之指与腕，所剪之发与爪，均具有象征意义，即象征牺牲，象征人殉，象征以己身为牺牲。可见，人类的娱神、媚神、祭神活

---

① 谢剑：《匈奴宗教信仰及其流变》，《"中央研究院"历史语言研究所集刊》（台北）第四十二本，第601页。
② 摩尔根：《古代社会》，杨东莼等译，商务印书馆1977年版，第181页。
③ 唐纳德·A.麦肯奇：《克里特岛迷宫：希腊罗马神话起源之谜》，余瀛波译，新世界出版社2006年版。
④ 爱德华·泰勒：《原始文化：神话、哲学、语言、艺术和习俗发展之研究》，第826—827页。

动随着文明的进程,也在不断进步。如何既表达对神的虔诚,又在实质上把牺牲的代价降到最小,人于神前是做了许多聪明的铺排设计的,即在观念上赋予牺牲以最大的价值,比如将头发、指甲的寓意上升到代替人的生命与灵魂的位置,而实质上则尽力将损害减到最小.选择头发、指甲这些并不伤及人身,且可以不断再生的人体部分来代替人的整体。

我们看到在许多民族中确实出现了异常重视发、须、爪并赋予其特殊涵义的文化现象。前辈学者江绍原在《发须爪——关于它们的迷信》一书中就探讨了我国民间对于发、须、爪的特殊的民俗信仰,如本主与其发爪被认为有同感的关系,头发和指甲"即使已经同本主分离,所受的待遇,所处的境况,仍被认为能影响到本主的寿命,健康,心情"。伤害头发和指甲,就可同时伤害到其主人。这实际上就是原始巫术中的所谓接触巫术,即可"通过一个物体来对一个人施加影响,只要该物体曾被那个人接触过,不论该物体是否为该人身体之一部分","物体一经互相接触,在中断实体接触后还会继续远距离地互相作用"[1]。于是,在民间施行巫术和诅咒时发须爪常被用为本人的替代品,有时它们则在巫术仪式、祭礼或刑罚中代替主人作为牺牲或接受惩罚,"它们还可以做本人的替代品,代他入井,代他送命,代他受人或鬼神的惩罚。本人能做到但一做到就莫想再活着的事,可以用它们去代替;本人绝对做不到的事,也可以用它们去代替"[2]。在这种观念的驱使下,人们开始十分谨慎地处理剪下的头发、指甲等物,以防止其被人利用而伤及自身。《礼记》中有"君、大夫鬊、爪实于绿中,士埋之"的记载。而新西兰的毛

---

[1] J. G. 弗雷泽:《金枝》,第15页。
[2] 江绍原:《发须爪——关于它们的迷信》,中华书局2007年版,第100、76—77页。

利人酋长，也将剪下的头发收集起来存放在邻近的墓地里①。江绍原说："行丧礼者割下自己的发放在坟上、墓内或尸体上，在全世界中是常见的事。"②但颇令人费解的是，迄今为止在墓葬中出土殉发及指甲实物的现象，却仅仅见于匈奴墓。匈奴墓当中不仅殉发的数量众多，而且以精美的丝绸锦囊隆重地包裹，并依照等级和亲疏，分别地葬于墓葬的不同部位。这在某种程度上印证了《礼记》相关记载的准确性。

从断腕、断指代替人殉、代替自身生命，到断发、断爪（指甲），甚至完全地符号化，这是古人在神灵面前的偷工减料，不断将贡品减少，但又要使神灵相信和感到这牺牲的价值和虔诚依旧，就需在观念上不断强化这种牺牲符号的价值。这是人类历史上一个漫长的过程，最早可追溯到考古发现的史前时代。考古出土资料中非盗扰的肢体分离和残缺的现象也很常见，有学者亦曾对此加以探讨。如半坡遗址发现一些死者的体骨缺指少趾，而墓坑填土或随葬陶器中有其断指割趾；姜寨遗址也发现一具中年男性人骨，其右足的四节趾骨另盛于一陶罐内。很可能当时已有割断手指足趾祀神之俗，不仅施于生者，也施于死者③。淅川下王岗遗址发现一座男子双人合葬墓，其中一位青年腰椎明显左移，可能因外伤使脊髓受侵，生前截瘫，另一位中年男子右下肢被割断④。在西班牙、法国、意大利等地发现的许多旧石器时代晚期洞窟绘画中残留人类断指印记，"很多指印清楚地表明，有一个或更多的指关节被除掉了，

---

① J. G. 弗雷泽：《金枝》，第 230 页。
② 江绍原：《发须爪——关于它们的迷信》，第 146 页。
③ 李健民：《我国新石器时代断指习俗试探》，《考古与文物》1982 年第 6 期。
④ 河南省文物研究所、长江流域规划办公室考古队河南分队：《淅川下王岗》，文物出版社 1989 年版，第 426 页。

只是我们不知道这是出于偶然还是故意留下的"①。其年代可以追溯到大约公元前3~2.5万年。据记载,欧洲史前墓葬中还存在寡妇在丧夫时斩断自己的手指节的习俗②。在我国的一些少数民族中,类似的情况也长期存在,例如:"(辽)太祖崩,(述律)后称制,摄军国事。及葬,欲以身殉,亲戚百官力谏,因断右腕纳于柩"③,"太祖之崩也,后屡欲以身为殉,诸子泣告,惟截其右腕,置太祖柩中,朝野因号为'断腕太后'"④。

在北方民族的丧葬文化中,除了生人为死人毁器、殉牲之外,还普遍存在生人为死人断腕、断指、割须、割发之俗。祭品的象征意义和符号化的特点,表现得十分突出。匈奴墓葬中的殉牲,已经是象征性的用马牛羊的头和蹄子来代替整个动物。而墓葬中发现的大量使用头发和指甲随葬的现象,或亦反映了用头发和指甲代替整个人作为殉葬的事实。而为了增加这些祭品符号的精美性、合意性,匈奴人的做法,就是在马的头上装饰马具,在人的断发上扎上丝绸或线绳,用丝绸锦囊来盛放。虽然这些丝绸布料可能是身上旧衣裁制的,但显然不是随意的,而是经过仔细的加工,缝制成窄长的小口袋,有的上面还缝着两种颜色做的锯齿形的花边装饰,以及类似护身符样的东西。这样做的目的,无非是为了增加牺牲的价值、显示祭祀的隆重,以最大程度地求得神灵的护佑。满族及其先民也有一种与发辫相关的习俗,不同的是他们将战死他乡的族人就地安葬,而在入殓前将死者的辫发剪下,用红布包裹,送回死者生前的氏族,由家人供奉,表明魂归故里⑤。

---

① 唐纳德·A.麦肯奇:《克里特岛迷宫:希腊罗马神话起源之谜》。
② 安德烈·勒鲁瓦-古昂:《史前宗教》,余灏敏译,上海文艺出版社1990年版,第115页。
③ 《辽史》卷七一《后妃传》,中华书局1974年版,第1200页。
④ 《契丹国志》卷一三《后妃传》,《二十五别史》第16册,第113页。
⑤ 郭淑云:《原始活态文化——萨满教透视》,上海人民出版社2001年版,第87页。

二、发殇的情感表达

匈奴墓葬中的发殇不仅仅是出于宗教观念，而且包含着人类共有的生者对死者的极度思念、哀悼与悲痛之情。割发致哀这种情感表达在许多民族中存在，不惟匈奴，在中国古代历史上的记录屡见不鲜。由于人们赋予头发深刻的文化内涵，断发常常是人们表达和宣泄极端情绪的一种方式，如主动地断发往往用以表达极度的悲痛、冤屈、效忠、决心和绝望等等，而被动地断发则是极大的人格侮辱，甚至要以命相抵。

在一些民族中，断发、劓面、割耳，常常表达着同样的情感，在一些场合中并用，特别在北方草原信仰萨满教的民族中，已成为一种独特的具有浓厚萨满文化色彩的文化符号。孙家洲、白岩在《劓面古俗与阴山岩画补说》一文中，就探讨了劓面习俗所表达的"无法表达的痛苦"与"不可更改的决心"，"并且带有某种请神人共同监督的自律、约束作用"[①]，文中并列举了东汉时期"匈奴闻秉卒，举国号哭，或至黎面流血"；北魏时期清河文献王元怿遭人诬陷被害之后，"胡夷为之劓面者数百人"；突厥人在葬礼上"以刀劓面，见哭，血泪俱流"等多处关于劓面的历史记载。而实际上，断发与劓面在北方民族中常常是同时并用的具有相同意义的行为方式，共同表达内心无比强烈的感情，如《洛阳伽蓝记》记载：北魏神龟二年（519），敦煌人宋云行经于阗，见到"居者剪发劓面，以为哀戚，发长四寸，即就平常"[②]。又，唐太宗驾崩的消息传出，"四夷之人入仕于朝及来朝贡者数百人，闻丧皆恸哭，剪发、

---

① 孙家洲、白岩：《劓面古俗与阴山岩画补说》，"2007 中国·河套文化研讨会"会议论文。
② 杨衒之：《洛阳伽蓝记》卷五，北京古籍出版社 1958 年版，第 270 页。

劙面、割耳，流血洒地"①。玄奘在《大唐西域记·序》中，也描述了西域民族的丧葬习俗："劙面截耳，断发裂裳，屠杀群畜，祀祭幽魂。"② 约丹内斯整理东罗马史家 Priscus《出使匈奴王阿提拉汗庭记行》描述了阿提拉时代匈奴人贵族的葬俗，"男子们剪下自己的辫子，在自己原先已令人害怕的脸上刻下深深刀痕，用鲜血哀悼其领袖"③。在汉民族中，断发习俗似乎使用得更广泛，且源远流长，前述商汤、周公断发祈雨治病即是早期的实例，它更多地反映出纯朴的宗教情感。其后在儒家文化的深刻浸润下，断发逐渐被赋予了更为多重的、复杂的、夸张的甚至畸形的含义，已完全失去其原有的宗教意味。随着北方民族习俗的传播，断发、劙面在汉民族中也常常被使用，起到强化感情的效果。如《史记》记载周太王有长子太伯与次子仲雍，但太王想将王位传给第三子季历及季历之子姬昌，因此，太伯、仲雍二人"乃犇荆蛮，文身断发，示不可用，以避季历"④。在这里，断发既有模仿荆蛮少数民族发型的意思，也有表达放弃王位的坚定决心之意。《后汉书》记载："小人有怨，不远千里，断发刻肌，诣阙告诉。"⑤ 又有表达无法申诉的冤屈的含义。《新五代史·伶官传序》则记述五代的后唐庄宗在叛军作乱后仓皇出逃，走投无路之际，"君臣相顾，不知所归，至于誓天断发，泣下沾襟，何其衰也"⑥，则是表达了以死相报的忠诚与决心。

民间女子馈赠丈夫、情人一缕青丝，则意味着至死不渝的爱情和

---

① 《资治通鉴》卷一九九"贞观二十三年五月壬申"，中华书局1956年版，第6268页。
② 玄奘：《大唐西域记·序》，上海人民出版社1977年版，第3—4页。
③ 朱学渊：《中国北方诸族的源流》，中华书局2002年版。
④ 《史记》卷三一《吴太伯世家》，第1445页。
⑤ 《后汉书》卷五八《虞傅盖臧列传》，中华书局1965年版，第1872页。
⑥ 《新五代史》卷三七《伶官传序》，中华书局1974年版，第397页。

生死不弃的忠贞。中国人对初次结合、命运相连的夫妻称之为"结发夫妻"，一些地方还有取新郎头发编结在新娘发髻上的"结发"婚俗；人们祈愿夫妻恩爱，地久天长，则以"白头偕老"来祝愿。而断发被儒家文化的纲常伦理异化之后则表现为贞妇烈女拒绝婚嫁（包括再婚）时为表达决绝的自残自戕。这样的记载在历代史书中不可胜数，《元史·列女传》就有如下数例："畏吾氏三女，家钱塘。诸兄远仕不归，母思之疾，三女欲慰母意，乃共断发誓天，终身不嫁以养母，同力侍护四十余年"；"王氏，成都李世安妻也。年十九，世安卒，夫弟世显欲收继之。王氏不从，引刃断发，复自割其耳，创甚"；"白氏，太原人。夫慕释氏道，弃家为僧。白氏年二十，留养姑不去，服勤绩纴，以供租赋。夫一日还，迫使他适，白断发誓不从，夫不能夺，乃去"；"李智贞……父尝许为郑全妻，未嫁，从父客邵武。邵武豪陈良悦其慧，强纳采求聘，智贞断发拒之，且数自求死，良不能夺，卒归全。事舅姑父母皆有道。泰定间，全病殁，智贞悲泣不食，数日而死"[①]。在官场上和政治斗争中，也有以剺面断发作为要挟手段[②]，把纯朴神圣的情感表达演化为谋取政治利益的虚假表演。如曹操割发代首的举动，就带有很浓厚的表演性质。

就匈奴墓葬中的殉发现象而言，我们可以推断，在棺椁之中的发辫很可能属于死者最亲密的家人，最有可能是夫妻。其数量的多寡，就男性墓而言与其妻妾的人数有关，一般棺椁内的发辫数量没有墓道中的多，而且地位越高的贵族墓，棺椁中的殉发也越多，这与匈奴人的一夫

---

① 《元史》卷二〇〇《列女传》，中华书局 1976 年版，第 4493—4497 页。
② 孙家洲、白岩：《剺面古俗与阴山岩画补说》，"2008 中国·河套文化研讨会"会议论文。

多妻制密切相关。假如说这些殉发者的确是女性，匈奴妇女以断发殉葬代替了以身殉葬，较之一些民族中存在的以妻妾殉葬的习俗，本身已经是一种进步，但仍然反映出妇女地位的低下。至于这其中是否也包含了某种断发誓天以表示忠贞节烈的成分，就很难说了，因为匈奴妇女中是没有汉人妇女的贞节观念的，父死，子可以妻其后母，兄死，弟可以娶其寡嫂。再婚是常见的、正常的、符合道德的事。根据笔者对匈奴男性发型的考证，认为殉发者也可能包括男性。那么，在发殉这一仪式中，就不存在所谓男女不平等的问题了，也不能以有无殉发来判断墓主人的性别。鲁金科认为诺音乌拉M24是女性墓，原因是该墓一根发辫也没有发现。然笔者查阅其随葬品清单，发现M24的墓室中其实是出土有1个丝绸发套和一些人发的，当然这一细节未必能证明该墓主人不是女性，因为匈奴男性并非像鲁金科认为的那样不梳发辫，但如果在性别判断不错的前提下，或者说明它可能是死者丈夫奉献的发辫，正因为墓主是女性，在一夫多妻制下其发殉数量少，也就合情合理了。而墓道中的殉发数量往往较多，可能是更为疏远的亲人或亲信近臣的奉献，这就与死者身份地位相关了。普通墓葬的发殉很少或者不见，或可说明其家庭结构的相对简单和身份地位不高。

  从发殉所见头发的颜色推断，几乎所有的发辫全是黑色的，仅有一例是夹杂着淡褐色头发的黑色发辫，说明殉发者的年龄普遍较年轻，似乎没有老年人参与殉发，很可能父母不为子女殉发，发殉大约只存在地位较低者对地位高者和年轻者对年长者的祭奠活动中，地位高者和年长者不为地位低者和年幼者殉发。但根据文献记载匈奴习俗"贵壮贱老"，子女是否为年老的父母殉发也很难讲，因为匈奴人在生活中"壮者食肥美，老者食其余"，他们的文化是没有"孝"的伦理观念的，老年人并不像汉人那样受到尊重和孝敬，弑父的冒顿单于并不因此受到多少谴责。

三、发殉的礼制意义

匈奴的发殉源于萨满教的原始信仰，但在葬礼或祭奠仪式上进行发殉的过程和具体形式，则很可能受到中原礼制的影响。匈奴人将头发与指甲作为人的肉体与灵魂的象征，用来自中原的丝绸将其包裹，既非其他人体部位，也不用其他的什么布料，然后将其埋葬在死者棺椁的角落，这些细节和采用的形式应该不是偶然的。无独有偶，相同的对头发和指甲的处理细节与形式，曾经在汉文献当中被明确地记录下来。儒家文化对丧葬仪式规定了一套细致入微的繁文缛节，其细腻的程度就涉及每一丝脱落的头发和剪下的指甲，《礼记·丧大记》即曰："君、大夫鬊、爪实于绿中，士埋之。"著名的三礼学研究专家杨天宇先生解释说："鬊"（chǔn），是为死者生前梳头梳下的乱发，"爪"为其剪下来的手脚指甲。"绿"读为"角"，是"角"的通假字，二字古音同韵部，读音相近，意指棺内的四角。这句话的大意是：国君、大夫日常梳头掉落的乱发和剪下来的手脚指甲在其死后放在棺内四角，士的就埋掉[①]。中原贵族对于头发和指甲这些日常生活中的自然代谢物，"积而不弃"，要小心收集起来，等死后"盛以小囊"置于棺椁四角同遗体一起埋葬，"盖身体发肤受之父母，鬊、爪有所不遗，亦犹是全归之意也"[②]。这是由生者帮

[①] 杨天宇：《礼记译注》下册，上海古籍出版社 2004 年版，第 593 页。
[②] 张廷玉等纂：《日讲礼记解义》卷四八，文渊阁《四库全书》本。

助死者实践儒家文化"身体发肤，受之父母，不敢毁伤"的训诫的最终完成。其与匈奴的发殉不同的是：后者头发指甲的主人是死者的亲人，而前者则来自死者自身。

这种礼仪的痕迹，在中原地区墓葬中尚未有明确的发现，只是有资料提到：慈禧太后定东陵被盗后的重殓过程中在墓室中找到其一包指甲，用丝绸包裹后装入棺中。可见，直到20世纪前半期，这种礼仪还有延续。中原地区的土壤、地下水、气候环境很难保存丝绸、头发之类的实物，过去的发掘记录中也未见关注到这些细节，但并不等于其不存在。有趣的是大漠以北的匈奴墓葬中大量的包裹在丝绸锦囊中的头发、指甲埋藏在棺椁内外，虽然与最初的起源、寓意和观念可能完全不同，头发的来源也不是死者而是死者的近幸臣妾，但其处理的细节竟然与中原礼制如此的相似，相同的内容、相同的组合与相同的包装，不能简单地认为纯属偶然或巧合。丝绸也不是匈奴人自产的物品，而是来自中原的奢侈品，在对头发、指甲采取的具体的包裹和处理形式上，不用匈奴人特产的毛织物或其他材料，而专门以中原产的丝绸锦囊，可见效仿中原礼仪的痕迹十分明显。我们知道，匈奴人特别是匈奴上层接触汉文化的机会很多，在墓葬的埋葬礼仪、棺椁制度、随葬品中到处可以看到来自中原地区的强烈影响，在发殉的仪节上，将萨满宗教观念与具体的汉民族的礼仪形式相结合，出现这种特殊的丧葬习俗也是不难理解的。

儒家伦理观念的核心是孝，《孝经》曰："身体发肤，受之父母，不敢毁伤，孝之始也。"将身体发肤的价值无限放大，毁伤头发之类的事被上升到不孝这样的道德层面，不仅是辱身而且是辱亲，动辄牵涉到人格、节操、精神，故而古代惩戒犯人就有剃其须发的。如秦汉时的"髡耐之刑"，髡即剃去罪犯的头发，耐，则是剃去颊须。剃发在肉体上并不痛苦，但它是一种人格的侮辱，一种精神的打击。明了这一点才能理解为什么在中国古代常有因头发之事而酿成杀身之祸的。《左传·哀公十七年》记卫庄公见己氏之妻长了一头秀发，就迫令其剪下来给自己的夫人吕姜作了假发。后来卫庄公逃难至己氏处请求其救助，但最终被己氏所杀，只因己氏为报当年妻子被剃发之辱。清朝满族统治者的薙发令，更在汉民族中遭到了广泛而激烈的抵制和反抗，演变成"留发不留头，留头不留发"的生死之争。正如顾炎武《断发》诗所云："华人髡为夷，苟活不如死！"它所反映的，已然不仅仅是头发的去留问题，而是捍卫民族尊严和民族精神的文化内涵。正因为头发对中国人的特殊意义，以致超越了宗教的教义，连佛教徒剃除"烦恼丝"的行为也常常受到儒家士人的诟病，不断引发儒释之争，理由之一便是佛教的毁发行为有违孝道。可见，《礼记·丧大记》中对君、大夫、士的头发指甲所规定的礼仪，表面上反映的是每一个汉人（包括死者）对待自身和他人发肤的小心翼翼、极度珍视的态度，以致死后也要毫发无损地全而葬之，其实质则是儒家"孝"伦理观念的反映。

相比于汉人，少数民族因为对剪发、断发没有如此沉重的道德负担，毁伤发肤的行为完全无关孝道，无关道德评判。匈奴人的发殉，就表现出对待自己头发的态度上与汉人伦理观念的相互冲突，它更多地折射出原始的、纯真的宗教感情，表达的是更为纯粹的、自然的真情实感。《北史·匈奴宇文莫槐传》记载：鲜卑的宇文部"其先，南单于之远属也。世为东部大人。其语与鲜卑颇异，人皆翦发，而留其顶上以为首饰，长过数寸则截短之"。在日常生活中，剪发也是自然的行为，明显不同于汉人。但在特定的殡葬仪式中，殉发的意义是神圣的。匈奴墓葬中对头发的隆重装饰，放置位置的次第安排，恐怕都是有讲究的，这其中未必没有某种约定俗成的强制成分，难保每一个人都甘心剪掉自己漂亮的发辫，但与其以身试法，匈奴人无疑是乐得以发替代自身殉葬的。从这个角度讲，殉发者必定是心甘情愿、主动奉献的了。

墓葬出土的大量经过精心装饰的发辫，可以肯定，这不是葬礼过程中突发的激情下的断发行为，而是事先有所准备的。首先要缝制一个专为盛装头发而特制的细长的丝绸口袋，而不是简单草率地包裹，剪下的头发也是需要经过处理的，它们被整齐地梳理、编辫，或两股或三股或不编结，不知是否与性别抑或其他原因有关？然后在发根处用线绳紧紧扎系，有的还与锦囊绑在一起，从其大体一致的装饰来看，像是按照某种程序统一地处理，但从梅原末治对丝绸材料的描述看，又像是每个人用自身旧衣改制。那么，这应该是个体的行为而非丧主家的集体行为。从它们的放置位置来看，有的在椁内，有的在回廊，有的在甬道，还有的在墓道，甚至个别的在墓顶，或许是按照个体身份地位所应该处在的位置来安置的。

这一过程的隆重、庄严程度，丝毫不亚于汉人士大夫对自己乱发、指甲的处理仪式。它既包含了宗教的观念，又表达了情感，并且在一定程度上遵守和效仿了中原儒家文化的礼制仪式。当然，其中也不排除个别的属于墓主人的头发，但剪下的整齐的发辫完全不同于《礼记》所述的脱落和梳理下来的乱发，这其中的缘故，恐怕也不是中原汉人礼制所能解释的。或许更符合鲁金科提到的民俗学线索：在一些民族的巫术活动中，要将死者的一些头发剪下，然后要与尸体一同埋葬。考古实践也显示，发殉也并非在所有的匈奴墓葬中都有，有的墓中并未见到发殉现象，并不是因为其墓主身份低下，如诺音乌拉 M23 也是一座高级贵族墓，有大量的黄金饰物、漆器、殉牲等出土，但未见殉发。安德烈和巴洛多夫墓均有漆器、青铜、黄金饰物随葬，但也未见殉发。这些墓葬被盗扰严重，然头发被盗去的可能性不大，何故没有发殉尚待探讨，但若因此认定墓主人是女性恐难成立，因为匈奴人男性同样梳大辫子，这一点不仅匈奴的青铜饰牌的纹饰中多有发现，西方文献中更有明确记载。

何以不同时代和不同民族的人们在祭祀天地鬼神、祖先亲人时不约而同地选择了头发和指甲呢？在人的身体各部位中，头发、指甲在肉体上本是最无关痛痒的，最不怕损伤的，并且是可以再生的。当人们认识到这一点并且从发与头之间紧密依存的关系、头发的浓密绵长、指甲的韧性坚固等等特点，看到了将其当作人体精华、灵魂所在的象征价值的时候，它便自然而然地成为代价最小、价值最高的牺牲符号，将其作为人本身的象征和替代品贡献给天地鬼神，既表达了虔诚又保全了人的性命，避免了浪费。头颅是人体的最为重要、最为核心、最具生命力量的部位，《金枝》中说"许多民族都把头部看得特别神圣"[①]。头是人的灵魂栖居之所。对头颅、骷髅等的信仰和崇拜在世界上许多民族中普遍存在，常见于历史和人类学记录的猎头习俗、食人取髓、以头为饮器等习俗都是这一原始崇拜的具体表现，而须发最直接地与头颅所具有的象征生命的力量联系在一起，在原始人的观念中它们就具有了同样的神秘力量。人们把头发看作是身体的精华，认为颅顶是灵魂出入的地方，头发便是隐藏灵魂的所在，是生命、灵魂、精气、财气的象征。而剪下的头发与指甲同本人身体具有交感关系，对它们施加作用和影响和对其主人的施加有着同样的效果。正如江绍原先生所说的本主与其身上弃去的部分，二者仍然可以产生交感作用。在原始信仰中，以发爪作为其本主的

[①] J. G. 弗雷泽：《金枝》，第226页。

象征用于祈祷、献祭或殉葬,是一种常见的现象,其所反映的文化内涵即发爪与主人本身具有同一性。

萨满教有对鬼神、偶像、人以及肢体某些部位的崇拜,认为人死形灭后,灵魂可以继续存在于死后的人的相应器官内,主要是居于骨骼、牙齿和头发之中,牙、骨和头发最具有灵性①。再则,头发和指甲都是耐久不腐的物质,历经两千年而保存完好,的确是代替肉体伴随死去的亲人到另一个世界的最好寄托物。《汉书·匈奴传》记载:呼韩邪病且死,欲立且莫车,其母颛渠阏氏曰:"匈奴乱十余年,不绝如发,赖蒙汉力,故得复安。今平定未久,人民创艾战斗,且莫车年少,百姓未附,恐复危国。我与大阏氏一家共子,不如立雕陶莫皋。""不绝如发"的形容,极其生动,表达出了在匈奴人的观念里,头发确有生生不息、持久不绝的意味。而"手是又一个得到充分开掘的主题。旧石器时代的人可能将手,一般是左手的手心,贴在岩壁上,用红色的赭石颜料或锰的二氧化物勾勒出手的轮廓。在加尔加斯洞穴中,这样的手印计有百余个,其中有许多似乎残缺了一个或几个手指"②。这种手足印在世界各国包括中国境内的早期岩画中大量存在,其宗教意义十分突出。指甲无疑是人们后来认识到的对手足的最好的、最节约成本的替代品,其对人体的伤害更是微乎其微,甚至连美观都不致影响。作为一种宗教文化符号,头发和指甲,已经超越了本身的物质的表层的意义和价值,人们赋予头发、指甲以深刻的象征意义。

据记载,至今一些地方和少数民族对于在什么时间梳头、在什么地

---

① 郭淑云:《原始活态文化——萨满教透视》,第63页;富育光:《萨满教与神话》,辽宁大学出版社1990年版。

② 安德烈·勒鲁瓦-古昂:《史前宗教》,第115页。

方梳头都有严格的规定，山西雁北一带就流行有"一夜梳头百夜愁"的民谚。头发成了身体的代表，奉献了一个人的头发就是奉献了他的生命，控制了一个人的头发也就控制了他的精神。正因为有了生命、灵魂的象征意义，对头发的珍重爱护也就十分自然了。对头发的损伤，在一些人群中就变成无法忍受的精神痛苦甚至是耻辱。反之，主动地断发所代表的牺牲、奉献就变得意义非凡了。事实上，汉民族早期的信仰中对于无处不在的鬼神的态度是敬而远之，是谨慎而灵活的，远不像一些游牧民族那么虔诚，在祭祀礼仪中如何以最小的牺牲实现利益的最大化，汉民族远远走在前面。商汤只不过是剪掉头发指甲就仿佛付出了极大的牺牲，可以赢得上天的垂青与万民的拥戴；曹操可以在军法面前割发代首，理所当然地逃脱了应有的死刑，都是这一文化内涵的具体体现。匈奴人的发殉，无疑具有大致同等的意义。

（原载《文史哲》2012 年第 2 期）

北魏后期散爵制度考

张鹤泉

北魏后期,当时国家承袭孝文帝爵位改革后的做法,实行散爵与开国爵两种不同的爵位制度。开国爵是可以领有食邑的实封爵,而散爵则是对北魏前期实行的虚封爵的沿袭。尽管散爵是虚封爵,但北魏国家仍然继续向立有功劳的官员赐授这种爵位,因而,散爵也就成为一种维护国家统治的很重要的爵制。虽然前人对北魏后期国家实行的散爵制有所提及,但深入的考察尚不多见,因此,也就有必要对这种爵位制度作一些探讨。本文拟对与北魏后期实行的散爵制度相关的诸问题作一些研究,希望能够有益于认识北魏后期实行的散爵制的特点。

一、散爵的爵位等级

考察北魏后期散爵的爵位等级问题,需要提及太和十六年(492)孝文帝的爵位改革以及太和二十三年(499)由孝文帝制定、并在宣武帝登基后开始实行的后《职员令》。从北魏孝文帝的爵位改革来看,他改变了北魏前期实行的单一的虚封爵制[①]，而推行了虚封爵与实封爵并行的制度。虽然孝文帝继续实行虚封爵制，但对虚封爵还是作了一些调整。《魏书》卷七下《高祖孝文帝纪下》："（太和十六年）制诸远属非太祖子孙及异姓为王，皆降为公，公为侯，侯为伯，子男仍旧，皆除将军之号。"《南齐书》卷五七《魏虏传》："王爵非庶姓所僭，伯号是五等常秩。烈祖之胄，仍本王爵，其余王皆为公，公转为侯，侯即为伯，子男如旧。虽名易于本，而品不异昔。公第一品，侯第二品，伯第三品，子第四品，男第五品。"依据这两条记载可以明确，在太和十六年，孝文帝对有王、公、侯虚封爵者进行了降爵。同时，对虚封爵的等级也作了重新规定，就是将王爵从虚封爵位系统中分离出去，将公爵的等级定为一品，取代了原来的王爵，并明确了侯、伯、子、男的爵位品级。由于孝文帝对虚封爵作了调整，也就确定了虚封爵为公、侯、伯、子、男五品级的制度。孝文帝在调整虚封爵的同时，他还开始实行开国爵制，确定封授了开国爵，就可以领有食邑，因此，这种爵位就是一种实封爵制。因为虚封爵与开国爵是两种性质不同的爵制，所以在后《职员令》制定之前，虚封爵与开国爵各有本身的品级规定，也就是要分别实行两种不同的爵位等级。

可是，太和二十三年（499）孝文帝制定了后《职员令》，开始将虚封爵与开国爵的等级整合在一起，实现了虚封爵与开国爵爵位等级的一体化。并且，在一体化的爵位等级中，为了区分虚封爵与开国爵的

[①] 《文献通考》卷二七三《封建考十四》马端临按语："其时虽有受封之名，而未尝与之食邑。又道武以来，有受封为建业公、丹阳侯、会稽侯、苍梧伯之类，此皆江南土地，未尝为魏所有。可见当时五等之爵多为虚封。"（中华书局1986年版）马端临所说，指出了北魏前期五等爵的特点。

不同，明确将虚封爵称为散爵。后《职员令》规定：王、开国郡公，第一品；散公，从第一品；开国县侯，第二品；散侯，从第二品；开国县伯，第三品；散伯，从第三品；开国县子，第四品；散子，从第四品；开国县男，第五品；散男，从第五品[①]。后《职员令》这种将散爵与开国爵整合在一起的爵位等级，在孝文帝驾崩后，"世宗初班行之，以为永制"[②]，实际上成为北魏后期官制、爵制品级规定的依据。正如《通典》卷一九《职官一》说："后魏有王、开国郡公、散公、侯、散侯、伯、散伯、子、散子、男、散男，凡十一等。"唐人杜佑已经将后《职员令》中对爵位等级的规定，完全视为北魏国家的爵位等级。

在后《职员令》中，不仅将开国爵与散爵爵位等级一体化，并且，还将职官与爵位结合在一起，使职官品级与爵位品级相比照，规定了职官与爵位相对应的品级序列。实际上，后《职员令》中的规定，实现了爵位与职官品级的合一。孝文帝将爵位与职官编制在一起，其目的是要将爵位与职官等同起来，以便使爵位能够更好地服务于国家的官僚制度。所以孝文帝在后《职员令》中，将爵位与职官密切结合在一起，也就使北魏国家实行的官本位体制更加强化了。由此来看，在北魏后期，后《职员令》对散爵制度的实行产生了重要的影响，应该是毫无疑问的。其中最明显的就是，后《职员令》已经使不同等级的散爵，在官本位体制中具有了明确的品级，因而，在赐授散爵后也就使有爵者的身份地位可以得到更明确的体现。

然而，后《职员令》对爵位的品级规定，是将开国爵与散爵相互交

---

① 《魏书》卷一一三《官氏志》，中华书局1965年版，第2993—2998页。
② 《魏书》卷一一三《官氏志》，第2993页。

错编制在一起的，并且，开国爵与散爵还是两种性质不同的爵位，所以要将这种爵位等级规定付诸实施是很困难的。实际上，尽管北魏国家使散爵与开国爵的爵位等级序列化，可是，在具体实行上，却仍然使散爵与开国爵保持独立性。在《魏书》卷一一一《刑罚志》中，就明确将散爵称为"五等爵"，而将开国爵则视为"五等封爵"。正因为如此，北魏后期的散爵与开国爵就有各自的等级规定。《魏书》卷一一一《刑罚志》：

> 诏议律之制，与八坐门下参论。皆以为："官人若罪本除名；以职当刑，犹有余资，复降阶而叙。至于五等封爵，除刑若尽，永即甄削，便同之除名，于例实爽。愚谓自王公以下，有封邑，罪除名；三年之后，宜各降本爵一等，王及郡公降为县公，公为侯，侯为伯，伯为子，子为男，至于县男，则降为乡男。五等爵者，亦依此而降，至于散男。其乡男无可降授者，三年之后，听依其本品之资出身。"诏从之。

虽然这条记载说明的是北魏国家对有开国爵与散爵的犯罪者实行的降爵规定，但由此可以看出，北魏后期的开国爵与散爵的等级是分属两个序列，并且，开国爵与散爵的等级并不相同。在有封邑的爵位中，王爵处于特殊地位，而开国爵可分为郡公、县公、县侯、县伯、县子、县男、乡男七等级。散爵则可以分为散公、散侯、散伯、散子、散男五等级。实际上，散爵的这种等级区分，承袭的正是孝文帝爵位改革后确定的虚封爵的等级序列。

从当时爵位的授予情况来看，北魏国家是将散爵与开国爵截然分开的。当时国家一般将授予散爵称为"赐爵"。例如，李育"以拒葛荣之勋，赐爵赵郡公"①，崔元珍"以破胡勋，赐爵凉城侯"②。北魏国家将授散爵称为"赐爵"，是沿袭北魏前期的做法。当时国家授予虚封爵时，都称为"赐爵"。例如，燕凤"世祖初，以旧勋赐爵平舒侯，加镇远将军"③。因此，可以说北魏后期，国家将授散爵称为"赐爵"，正是要表现这种爵位的虚封性质。当然，更重要的是，当时国家要使散爵与实封的开国爵明显地区别开。因为当时国家授予开国爵，一般称为"封爵"。例如，宣武帝下诏，使邢峦"持节率羽林精骑以讨之。封平舒县开国伯，食邑五百户，赏宿豫之功也"④。显然在后《职员令》实行后，北魏国家并没有将授予开国爵与散爵合二为一，仍然明确分为两个爵位序列。因为北魏国家授予爵位采取这种做法，也就决定了散爵的赐授、晋升及贬降要遵循的不是后《职员令》中对爵位等级的规定，而是要按照本爵位的品级序列来进行。

在《魏书》中，多见北魏后期赐授散爵的记载。《魏书》卷六八《甄琛传》附《甄宣轨传》："（甄宣轨）永安中，以功赐中山公。"《魏书》卷五七《崔挺传》："（崔元珍）武泰初，改郡为唐州，仍除元珍为刺史，加右将军。以破胡勋，赐爵凉城侯。"《魏书》卷一四《神元平文诸帝子孙·河间公齐传》附《元志传》："（元志）肃宗初，兼廷尉卿。后除扬州刺史，赐爵建忠伯。"《魏书》卷八二《祖莹传》："（祖莹）以参议律历，赐爵容城县子。"《魏书》卷四九《崔鉴传》："（崔季良）风

---

① 《魏书》卷三六《李顺传附李秀林传》，第846页。
② 《魏书》卷五七《崔挺传附崔元珍传》，第1273页。
③ 《魏书》卷二四《燕凤传》，第610页。
④ 《魏书》卷六五《邢峦传》，第1446页。

望闲雅。自太学博士从都督李神轨征讨有功,赐爵蒲阴县男。"这些记载说明,北魏国家显然是按照散爵的公、侯、伯、子、男等级序列,将爵位赐授给立有功劳者的。

北魏国家对有散爵者爵位等级的晋升与贬降,也在散爵的品级序列中进行。《魏书》卷六四《郭祚传》:"(郭祚)以赞迁洛之规,赐爵东光子。……乘舆南讨,祚以兼侍中从,拜尚书,进爵为伯。"《魏书》卷五八《杨播传》附《杨椿传》:"(杨仲宣)有风度才学。自奉朝请,稍迁太尉掾、中书舍人、通直散骑侍郎,加镇远将军,赐爵弘农男。建义初,迁通直常侍。出为平西将军、正平太守,进爵为伯。"郭祚进爵一级,而杨仲宣则进爵二级,虽然北魏国家使他们进爵的等级存在差别,但爵位的晋升都是在散爵的品级序列中进行的。

北魏国家对有散爵者爵位等级的贬降也是如此。前引《魏书》卷一一一《刑罚志》:"愚谓自王公以下,有封邑,罪除名;三年之后,宜各降本爵一等,王及郡公降为县公,公为侯,侯为伯,伯为子,子为男,至于县男,则降为乡男。五等爵者,亦依此而降,至于散男。"可见贬降散爵者的爵位等级与开国爵一样,都遵守各自的等级序列。不仅如此,北魏后期,国家实行与散爵有关的事务,散爵的等级也是依据的标准。《魏书》卷一一〇《食货志》:"庄帝初,承丧乱之后,仓廪虚罄,遂班入粟之制。输粟八千石,赏散侯;六千石,散伯;四千石,散子;三千石,散男。职人输七百石,赏一大阶,授以实官。"这就是说,孝庄帝实行的"入粟之制",是根据散爵的等级来加以赏赐的。由此可见,北魏国家不仅使散爵保持独立性,并且,散爵的等级也是自成序列的。事实上,散爵的等级序列与开国爵的等级序列是自成系统的。因此,可以说后《职员令》规定的开国爵与散爵一体化的等级标准,不是在授予爵位过程中可以具体实行的序列，因而，北魏国家在实行散爵制时，更多的是依据散爵本身的等级标准。

总之，北魏后期国家实行的散爵制度具有双重等级序列：一是后《职员令》规定的散爵与开国爵一体化的等级序列；二是具体实行散爵制时，所依据的爵位本身的等级序列。后《职员令》规定的等级序列是国家使爵位与职官结合的品级体现，因而，能够表现不同等级的散爵在北魏国家官僚体系中所处的品级位置，进而使有散爵者的身份地位在官本位体制中获得明显的展示。在北魏国家赐授和晋升、贬降散爵时，则要依据散爵本身的等级序列来进行。这正是由北魏国家在具体实行爵位制度时，将虚封的散爵与实封的开国爵明确分离的措施所决定的。因为散爵的等级标准具有双重性，也就使北魏后期实行的散爵，一方面与北魏前期实行的虚封爵具有联系；另一方面又与北魏前期虚封爵与职官品级明确分离的情况不同，它已经编制到国家的官僚体制中，因而，基本上实现了爵位与职官的合一，成为当时官本位体制的重要组成部分。

二、传承的散爵与赐授的散爵

北魏后期国家实行的散爵，实际沿袭的是北魏前期的虚封爵制。因为北魏后期的散爵与北魏前期的虚封爵具有承袭关系，并且，在宣武帝以后，国家还继续赐授散爵，所以当时拥有散爵者所获得的爵位方式是并不相同的。大体说来，可以分为通过传承获得的散爵与通过赐授获得的散爵，也可称为传承的散爵和赐授的散爵。

先说传承的散爵。这类散爵是通过继承先世的爵位而使虚封性质的爵位保留至北魏后期的。《魏书》卷三七《司马楚之传》："（太武帝）以楚之为使持节、安南大将军，封琅邪王，屯颍川以拒之。……生子金龙……后袭爵。……生子延宗，次纂，次悦。后娶沮渠氏，生徽亮，即河西王沮渠牧犍女，世祖妹武威公主所生也。有宠于文明太后，故以徽亮袭，例降为公。……延宗，父亡后数年卒。子裔……世宗时，悦等为裔理嫡，还袭祖爵。"《魏书》卷四四《费于传》："费于，代人也。……于少有节操，起家内三郎。世祖南伐，从驾至江。以宿卫之勤，除宁远将军，赐爵松杨男。……子万，袭。太和初，除平南将军、梁国镇将。……子穆……世宗初，袭男爵。后除夏州别驾，寻加宁远将军，转泾州平西府长史。"很明显，这两条记载中提到的司马裔、费穆，不是由国家赐授而是通过爵位的传承才在北魏后期拥有了散爵。

其实，在北魏建国后，由道武帝确立的爵位制度，不仅为有功者赐授爵位，并且，还允许获得爵位者的爵位可以为后世继承。这正是北魏前期虚封爵能够传承至北魏后期的重要条件。除此之外，孝文帝爵位改革，继续保留虚封爵制，因而，这也就成为北魏前期的虚封爵可以为后世继承的保证。正因为如此，北魏后期通过继承获得散爵者的爵位都经历较长的传承世代。例如，道武帝时，张法的先祖张衮"听入八议，拜衮奋武将军、幽州刺史，赐爵临渭侯。……衮次子度，少有志尚，袭爵临渭侯。……子陵，袭爵。……子状，袭。……子法，袭。太和中，例降为伯。世宗时，除怀荒镇金城戍将"①。显然，张衮的爵位传至张法已经有五世之久。统计《魏书》、墓志铭中的记载，在北魏后期通过爵位传承获得散爵者总共有 55 人之多，足见当时以这种方式而拥有散爵

---

① 《魏书》卷二四《张衮传》，第 613—615 页。

者是占有相当数量的。

北魏后期通过爵位的继承而使社会中拥有相当数量的散爵者，除了北魏国家实行爵位可以为后世继承的措施之外，还实行了一些保证爵位稳定传承的做法。当时国家对一些有散爵者出现渎职，甚至违反国家法令的行为，一般采取免官而不免爵的做法。史载，房伯祖袭爵"例降为伯。历齐郡内史。伯祖闇弱，委事于功曹张僧皓，僧皓大有受纳，伯祖衣食不充。……坐公事免官。卒。子翼，袭"[1]。显然国家免除有爵者的官职后，并不影响爵位为后世继承。当然，还有一些有爵者的爵位被废除，可是，北魏国家却经常实行复爵措施。《魏书》卷九三《恩倖·王睿传》："（王亮）承明初，擢为中散。告沙门法秀反，迁冠军将军，赐爵永宁侯，加给事中。出为安西将军、泰州刺史。后转陕州刺史，坐事免。卒于家。亮子洪寿，早卒。……子元景，正光中，许复先爵，降为伯。"《魏书》卷二四《崔玄伯传》附《崔宽传》："（崔敞）袭爵，例降为侯。自谒者仆射出为平原相。敞性狷急，与刺史杨椿迭相表列，敞坐免官。世宗初，为巨鹿太守。弟朏之逆，敞为黄木军主韩文殊所藏。其家悉见籍没，唯敞妻李氏，以公主之甥，自随奴婢田宅二百余口得免。正光中，普释禁锢，敞复爵齐郡侯，拜龙骧将军、中散大夫。"这说明，北魏后期一些拥有散爵者因不同原因而被夺爵，但当时国家却可以恢复他们的爵位，使他们的爵位能够继续传承。因为北魏国家对有爵者采取这种优待措施，就使得在北魏前期所受的爵位，一般都能够比较稳定地传承至北魏后期，进而保证散爵的存续。

北魏后期，爵位继承的规定不仅使虚封爵可以保留至北魏后期，并

---

[1] 《魏书》卷四三《房法寿传》，第971页。

且,也是使散爵可以长期存在的保证。因为北魏后期,大部分有散爵者的爵位都通过继承而延续至北魏末年,甚至直到北齐时期。例如,宣武帝时,司马裔"还袭祖爵。……子藏,袭。齐受禅,例降"①,许廓"袭爵。除奉朝请,累迁顿丘、东太原二郡太守。卒,年二十八。子子躬,袭。……齐受禅,爵例降"②,李宪"清粹,善风仪,好学,有器度。太和初,袭爵,又降为伯。拜秘书中散,雅为高祖所赏。稍迁散骑侍郎,接对萧衍使萧琛、范云。以母老乞归养,拜赵郡太守。……子祖悛,袭祖爵。齐受禅,例降"③。由此可见,北魏国家对虚封爵继承的规定,就使北魏后期的散爵的传承不仅具有稳定性,并且在存续的时间上,也明显具有长期性。

不过,应该看到,北魏后期一些通过继承而存续下来的散爵的爵称,与北魏前期并不完全一致。如前所述,北魏孝文帝爵位改革,对有王、公、侯者实行降爵措施,因而,也就造成北魏后期有散爵者的爵称与北魏前期的不同。《魏书》卷四〇《陆俟传》附《陆昕之传》:"(陆丽)兴安初,封平原王,加抚军将军。……太和初,复除侍中、镇南将军、秦益二州刺史,复王爵。……子昕之,……风望端雅。袭爵,例降为公。……景明中……寻以主婿,除通直散骑常侍。未几,迁司徒司马,加辅国将军,出为兖州刺史。"《魏书》卷四三《唐和传》:"正平元年,(唐)和诣阙。世祖优宠之,待以上客。高宗以和归诚先朝,拜镇南将军、酒泉公。……子钦……中书学生,袭爵。太和中,拜镇南将军、长安镇副将。……后降爵为侯。二十年卒。子景宣,袭爵。"

---

① 《魏书》卷三七《司马楚之传》,第857页。
② 《魏书》卷四六《许彦传》,第1039页。
③ 《魏书》卷三六《李顺传》附《李宪传》,第835—836页。

很明显，继承先世爵位的陆昕之、唐钦的爵称，都与孝文帝爵位改革前不同。从表面来看，似乎北魏后期传承的散爵等级已经与北魏前期的虚封爵表现出差异，实际上，孝文帝爵位改革的降爵措施，并没有改变虚封爵的品级。正如前引《南齐书》卷五七《魏虏传》说："虽名易于本，而品不异昔。公第一品，侯第二品，伯第三品，子第四品，男第五品。"因此，北魏后期传承的散公、散侯，只是与爵位改革前的称号不同，爵位的品级并没有降低，因而散爵所体现的有爵者的身份地位也就没有改变。

北魏后期这种传承的散爵对社会上层家族地位的影响，应该说是重大的。太和十九年（495），孝文帝规定了确定世族制的标准。《魏书》卷一一三《官氏志》：

> 原出朔土，旧为部落大人，而自皇始已来，有三世官在给事已上，及州刺史、镇大将，及品登王公者为姓。若本非大人，而皇始已来，职官三世尚书已上，及品登王公而中间不降官绪，亦为姓。诸部落大人之后，而皇始已来官不及前列，而有三世为中散、监已上，外为太守、子都，品登子男者为族。若本非大人，而皇始已来，三世有令已上，外为副将、子都、太守，品登侯已上者，亦为族。

孝文帝确定的这个标准，既考虑到鲜卑贵族家族三世所担任职官的情况，也顾及三世所拥有的爵位。北魏后期，传承的散爵经历三世，或者三世以上的，并不在少数。《魏书》记载，北魏后期，三世有公、侯、伯、子、男爵位者，就有二十多人。也就是说，他们先世拥有的虚封爵，都可以影响他们家族的现实地位。因为孝文帝将长期传承的虚封爵与世族制联系在一起，因而，也就使人们对北魏后期的散爵以及散爵的传承更加重视。这也正是虚封的散爵与实封的开国爵可以一并受到重视，并加以实行的一个重要的原因。

此外，尚要指出的是，北魏后期的散爵，不仅有孝文帝爵位改革前传承下来的，也有爵位改革后赐授的虚封爵延续至北魏后期的。实际上，孝文帝爵位改革后，依据官员的军功、事功赐授了一些虚封爵。如慕容契"（太和末）赐爵定陶男"①，崔延伯"太和中入国，高祖深嘉之，赐爵定陵男"②，秦松"太和末，为中尹，迁长秋卿，赐爵高都子"③。孝文帝赐授的虚封爵的对象有诸王之子、宗室、勋臣、宦官和归降的南朝官员，这些人都属于社会的上层成员。这些在孝文帝爵位改革后获得虚封爵者，在宣武帝以后，依然保留所获爵位。《魏书》卷五八《杨播传》："（杨播）高祖甚壮之，赐爵华阴子，寻除右卫将军。……从到悬瓠，除太府卿，进爵为伯。景明初，兼侍中，使恒州，赡恤寒乏。转左卫将军。出除安北将军、并州刺史，固辞，乃授安西将军、华州刺史。"显然杨播是以华阴伯的身份，在北魏后期担任中央和地方的重要职官的。当然，与孝文帝爵位改革时情况不同的是，杨播拥有的华阴伯已经与开国爵编制在一起，在后《职员令》具有统一的品级，成为具有双重等级标准的散爵。

孝文帝赐授的虚封爵不仅保留至北魏后期，并且，一些有爵者的爵位还为后世所继承。《魏书》卷五二《赵逸传》附《赵超宗传》："（赵超宗）太和末，为豫州平南府长史，带汝南太守，加建威将军，赐爵寻

---

① 《魏书》卷五〇《慕容白曜传》，第1123页。
② 《魏书》卷七三《崔延伯传》，第1636页。
③ 《魏书》卷九四《阉官·秦松传》，第2026页。

阳伯。……子懿，袭爵。"《魏书》卷四三《刘休宾传》："（孝文帝）既而赐文晔爵都昌子，深见待遇。……世宗世，除高阳太守。……子元，袭。"因此，可以说孝文帝爵位改革后对虚封爵的赐授，自然也是北魏后期散爵可以长期存续的重要保证。

再说北魏后期国家赐授的散爵。一如前述，在孝文帝爵位改革后，实行实封爵与虚封爵并行的制度。北魏后期国家仍然继续赐授虚封爵，也就是散爵。统计《魏书》中的记载，北魏后期有明确记载赐授散爵的事例，就有39例，其中北魏国家赐授的散公3人、散侯2人、散伯12人、散子11人、散男11人。这说明，北魏后期，由国家直接赐授，仍然是社会中一些人获得散爵者的重要方式。不过，这种赐授的散爵与传承的散爵具有一些差别。最明显不同的是，当时国家赐授散爵具有很明确的目的性。《魏书》卷六六《李崇传》："（李思韶）从亮征硖石，以军功赐爵武城子，为冀州别驾。"是对受爵者所立军功的奖励。《魏书》卷八二《祖莹传》："（祖莹）后除秘书监，中正如故。以参议律历，赐爵容城县子。"则是对受爵者所立事功的表彰。这就是说，北魏后期国家是要通过赐授散爵，来实现彰显一些官员功劳的目的。

北魏后期国家确定赐授散爵的对象，并不是无条件的。一般说来，当时能够受赐散爵者必须是担任中央、地方的官员。《魏书》卷五八《杨播传》附《杨谧传》："（杨谧）辟太尉行参军，历员外散骑常侍，以功赐爵弘农伯。"《魏书》卷四五《韦阆传》附《韦融传》："（韦融）解褐员外散骑侍郎。以军功，赐爵长安伯。"杨谧所任的员外散骑常侍和韦融的起家官员外散骑侍郎，无疑都属于中央职官。《魏书》卷五七《崔挺传》："（崔元珍）武泰初，改郡为唐州，仍除元珍为刺史，加右将军。以破胡勋，赐爵凉城侯。"《魏书》卷三六《李顺传》附《李秀林传》:"(李育)稍迁扬烈将军、奉车都尉、都督相州防城别将。以拒葛荣之勋,赐爵赵郡公。"崔元珍所任的唐州刺史和李育所任的都督相州防城别将则为地方职官。显然在北魏后期,只有担任国家职官者,才有可能被赐授散爵。北魏国家采取这种做法的目的,正是为了要使散爵的赐授服务于国家的官本位制度。不过,北魏国家向归降的南朝降臣赐授散爵,就与一般官员的条件不同。《魏书》卷七〇《刘藻传》:"(刘藻)永安中,与姊夫李巎俱来归国,赐爵易阳子。擢拜南部主书,号为称职。"可见北魏国家赐授南朝降臣散爵就不需要以担任官职作为前提条件,因而采取这种措施,自然是出于笼络南朝降臣的需要。

不过,还需要指出的是,北魏后期实行的后《职员令》已经将职官与爵位相对应,实现了爵位品级与职官品级一体化。可是,北魏国家赐授散爵,却并没有受到后《职员令》中爵位与职官品级对应规定的影响。下面列举数例说明:

《魏书》卷三六《李顺传》附《李晔传》:"(李孝怡)永安初,除左将军、太中大夫,仍为防城都督。以拒葛荣之勋,赐爵赵郡公,拜抚军将军、光禄大夫。"李孝怡受爵前担任的太中大夫的品级在后《职员令》中为从三品,受爵后所任光禄大夫在后《职员令》为三品。散公在后《职员令》中则为从一品,可见李孝怡受赐散爵的品级要高于受爵前、后所任实职官的品级。

《魏书》卷四五《杜铨传》:"(杜长文)肃宗挽郎、员外散骑侍郎,稍迁尚书郎。以随叔颙守岐州勋,赐爵始平伯,加平东将军。"杜长文受散伯前所任尚书郎在后《职员令》中为六品,受散伯后为他所加的平东将军为三品。散伯在后《职员令》中则为从三品。这就是说,杜长文受散伯前的实职官的品级低于爵位的品级,受爵后为他所加将军号则高于爵位的品级。

《魏书》卷七八《孙绍传》："（孙绍）建义初，除卫尉少卿，将军如故。转金紫光禄大夫。永安中，拜太府卿。以前参议《正光壬子历》，赐爵新昌子。太昌初，迁左卫将军、右光禄大夫。"孙绍受散子爵位前所任金紫光禄大夫在后《职员令》中为从二品，受爵后所任右光禄大夫为二品。孙绍所受散子爵在后《职员令》中则为从四品。他所受散爵品级明显低于受爵前、后担任的实职官的品级。

上述事例说明，北魏后期，国家赐授散爵与任命职官，二者是没有联系的。也就是说，国家使散爵赐授与职官的任命分属两个系统，散爵的品级与职官的品级是截然分开的。在后《职员令》中，虽然将爵位与职官按品级相互对应编制在一起，但这只是北魏国家使爵位与职官品级做到形式上的一致，以此体现国家实现爵位为官僚制度服务的意图。由此可见，尽管后《职员令》中将不同等级的散爵与品级相同的职官相对应，但是并不能改变国家赐授散爵的独立性，这样也就使得当时赐授散爵不为受爵者所任职官的品级所影响，因而，受爵者的爵位品级与所任职官的品级也就存在很大差异，表现为两个完全不同的品级序列。因此，可以说在北魏国家赐授散爵与任命有散爵者担任职官时，爵品与官品是完全分离的。

三、散爵与开国爵的双授

如前所述，北魏后期，国家是将散爵与开国爵这两种性质不同的爵制一并实行的。尽管散爵与开国爵性质不同，但是北魏国家在授予爵位时,并没有使这两种不同的爵位完全分离。实际上,孝文帝爵位改革后,就使授予虚封爵与实封的开国爵具有联系。《魏故乐安王妃冯氏墓志铭》:"(冯氏)父熙,和平四年蒙授冠军将军、肥如侯。六年,进爵昌黎王。……后以异姓绝王,改封扶风郡开国公,食邑三千户。"①《魏书》卷二七《穆崇传》附《穆罴传》:"(穆罴)后征为光禄勋。随例降王为魏郡开国公,邑五百户。"这说明,孝文帝在对异姓王采取降低措施时,就直接为一些降爵的诸王封授开国爵,使他们可以领有食邑。孝文帝不仅在调整爵位时,使虚封爵与实封的开国爵联系在一起,并且实行了使有虚封爵者可以继续封授开国爵的做法。《魏书》卷六一《薛安都传》附《薛真度传》:"(薛真度)从安都来降,为上客。太和初,赐爵河北侯,加安远将军。……后降侯为伯,除冠军将军。随驾南讨,假平南将军。……初,迁洛后,真度每献计于高祖,劝先取樊、邓,后攻南阳。故为高祖所赏,赐帛一百匹,又加持节,正号冠军,改封临晋县开国公,食邑三百户。"可见薛真度正是以河北侯的身份,被封授开国爵的。孝文帝对有虚封爵者再封授开国爵,不仅提高了他们的身份地位,还使他们领有了食邑,也就使他们在经济上获得了更多的利益。

北魏后期,国家继续实行孝文帝爵位改革后的做法,为一些有散爵者封授开国爵。史载,宣武帝时,陇西公源怀上书,提出:"窃惟先臣远则援立高宗,宝历不坠;近则陈力显祖,神器有归。如斯之勋,超世之事。丽以父功而获河山之赏,臣有家勋,不露茅社之赐。得否相悬,请垂裁处。"②后来宣武帝下诏:"可依比授冯翊郡开国公,邑百户。"③据

---

① 赵超:《汉魏南北朝墓志汇编》,天津人民出版社2008年版,第155页。
② 《魏书》卷四一《源贺传》附《源怀传》,第926页。
③ 《魏书》卷四一《源贺传》附《源怀传》,第926页。

此，当时有散爵者对国家再封授开国爵被视为非常重要的事情。因为对于有散爵者来说，获得了开国爵，实际上就可以获得政治与经济上的双重利益，因而，也就是他们需要尽力争取的大事。

北魏后期国家为有散爵者封授开国爵，也是有条件的。其中最重要的，是国家依据有散爵者的功劳来封授开国爵。例如，冯翊公长孙稚"以定策功，更封开国子"①，须昌伯毕祖朽"以功封南城县开国男，食邑二百户"②。当然，先辈的功绩，也可以成为受封开国爵的条件。前引源怀上书宣武帝陈述先父功绩，而被封授开国爵，就是一例。除此之外，对有散爵者再封授开国爵，尚有一些特殊情况。《魏书》卷八三下《外戚下·胡国珍传》："（胡国珍）太和十五年袭爵，例降为伯。女以选入掖庭，生肃宗，即灵太后也。肃宗践阼，以国珍为光禄大夫。灵太后临朝，加侍中，封安定郡公，给甲第，赐帛布绵縠奴婢车马牛甚厚。"胡国珍被再封授开国爵，自然是由他外戚的特殊地位决定的。

北魏国家对有散爵者再封授开国爵，并不只是在他们生前可以进行，也可以实行追封的做法。《魏书》卷三九《李宝传》附《李韶传》："（李韶）袭爵姑臧侯，除仪曹令。时修改车服及羽仪制度，皆令韶典焉。迁给事黄门侍郎。后例降侯为伯。……正光五年四月，卒于官，年七十二。……初，韶克定秦陇，永安中追封安城县开国伯，邑四百户。长子玙……袭。"可见北魏国家以追封方式授予李韶的开国爵，不仅体现对他所立功劳的表彰，也使追授他的爵位可以继续为后世继承。

北魏国家对有散爵者封授开国爵，一般依据所立功劳的大小而授

---

① 《魏书》卷二五《长孙道生传》附《长孙稚传》，第648页。
② 《魏书》卷六一《毕众敬传》附《毕祖朽传》，第1362页。

予等级不同的爵位。统计《魏书》和墓志铭中的记载,北魏国家为有散爵者封授的开国爵就有开国郡公、开国县公、开国县侯、开国县伯、开国县子、开国县男。《魏书》卷五八《杨播传》:"(杨侃)年三十一,袭爵华阴伯。释褐太尉、汝南王悦骑兵参军。扬州刺史长孙稚请为录事参军。……于是除镇军将军、度支尚书、兼给事黄门侍郎,敷西县开国公,食邑一千户。"杨侃受封开国爵的品级,要高于他的散爵的品级。《魏书》卷一四《神元平文诸帝子孙·高凉王孤传》附《元苌传》:"(元苌)高祖时,袭爵松滋侯,例降侯,赐艾陵伯。……高祖迁都,苌以代尹留镇。……苌子子华……袭爵。孝庄初,除齐州刺史。……元颢之败,封安定县子。"元苌受封开国爵的品级,则明显低于他的散爵品级。这些情况说明,北魏国家为有散爵者再封授开国爵,是按照开国爵的品级序列进行的,他们原来的散爵品级对受封的开国爵的品级是没有影响的。也就是说,受封的开国爵的爵位品级可以高于散爵的品级,也可以低于散爵的品级。由此也可以看出,后《职员令》确定的开国爵与散爵一体化的爵位品级,在北魏国家为有散爵者再封授开国爵时,也是不能够实行的品级规定。

当时有散爵者受封开国爵后,原来的散爵并没有被开国爵取代。可是,北魏国家却并不希望使有散爵者可以长期兼有开国爵。为了要使获得散爵与开国爵者的爵位分离,北魏国家实行了爵位转授的做法。《魏书》卷八八《良吏·窦瑗传》:"(窦瑗)以军功赐爵阳洛男,除员外散骑常侍。瑗以拜荣官,赏新昌男。因从荣东讨葛荣,事平,封容城县开国伯,食邑五百户。后除征虏将军、通直散骑常侍,仍左丞。瑗乞以容城伯让兄叔珍,诏听以新昌男转授之。"这说明,北魏国家允许同时有散爵与开国爵者,可以在家族内部转授所受爵位,但转授的只是散爵，对开国爵的转授在文献记载中却不曾见。《魏书》卷六七《崔光传》："（崔光）以参赞迁都之谋，赐爵朝阳子，……以谋谟之功，进爵为伯。……更封光平恩县开国侯，食邑一千户，以朝阳伯转授第二子勔。"崔光将散爵转授给第二子的做法表明了他的目的。因为当时开国爵要重于散爵，所以他要将所受开国爵作为嫡系传承的爵位。散爵的这种转授，并不只限于在家族内部实行。《魏书》卷二五《长孙道生传》附《长孙稚传》："（长孙稚）出帝初，转太傅，录尚书事。以定策功，更封开国子。稚表请回授其姨兄廷尉卿元洪超次子恽。"这里提到的散爵"回授"也就是转授。很明显，有散爵者可以通过"回授"的方式，将原来的散爵出让给有亲属关系者，当然，有散爵兼有开国爵者要实现散爵的转授，并不是随意的，必须要获得皇帝的恩准。由此来看，北魏国家不限制有散爵兼有开国爵者对爵位的转授，自然是要改变一人兼有两种不同性质爵位的情况。

  北魏国家为了改变一人兼有散爵和开国爵的情况，还在爵位的传承上，实行了分别继承的做法。《魏书》卷五五《游明根传》附《游肇传》："（游肇）子祥……袭爵新泰伯。迁通直郎、国子博士，领尚书郎中。肃宗以肇昔辞文安之封，复欲封祥，祥守其父意，卒亦不受。又追论肇前议清河，守正不屈，乃封祥高邑县开国侯，邑七百户。孝昌元年卒，年三十六。……子皓，字宾多，袭。侍御史。早卒。皓弟安居，袭爵新泰伯。"说明在爵位继承上，游祥长子继承的是开国爵，而次子继承的则为散爵。这种继承方式表明，尽管北魏国家可以使有散爵者再受封开国爵，却并不是要使一人长期兼有两种爵位，因而实行了有散爵与开国爵者的后世分别继承爵位的做法，这样，也就在爵位的传承上，实现了散爵与开国爵的分离。

北魏国家对一些有散爵兼有开国爵的宦官，在爵位传承上，则采取限制继承的措施。《魏书》卷九四《阉官·成轨传》："（成轨）延昌末，迁中常侍、中尝食典御、光禄大夫，赐始平伯。……孝昌二年，以勤旧封始平县开国伯，食邑三百户。肃宗所幸潘嫔，以轨为假父，颇为中官之所敬惮。建义初，轨迎于河阴，诏令安慰宫内，进爵为侯，增户三百，并前六百户，迁卫将军。其年八月卒。……养弟子仲庆，袭。……卒。子胐，袭。"《魏书》卷九四《阉官·王温传》："（王温）灵太后临朝，征还为中常侍、光禄大夫，赐爵栾城伯，安东将军，领崇训太仆少卿。……孝昌二年，封栾城县开国侯，邑六百户。温后自陈本阳平武阳人，于是改封武阳县开国侯，邑如故。建义初，于河阴遇害，年六十六。……养子冏哲，袭。齐受禅，例降。"宦官成轨、王温都有散爵又受封开国爵，但他们亡故后，只有一种爵位为养子继承。可以说他们的养子继承的，只能是开国爵，而不是散爵。因为从当时有爵家族的爵位继承情况来看，一般都将开国爵作为嫡系传承的爵位。显然在有散爵兼有开国爵的宦官的爵位传承上，实际上北魏国家只允许他们的养子继承开国爵。这样，也就中断了其散爵的传承。虽然宦官爵位的传承是一种特殊情况，但却反映出北魏国家是严格限制同时继承两种性质不同的爵位的。

综上所述，北魏后期，国家允许有散爵者受封开国爵。北魏国家采取这种做法的目的，是要进一步提高他们的身份地位，并且，还可以使他们具有享有食邑的权力，所以对有散爵者的这种爵位封授，无疑是当时国家对他们进行笼络与汲引的一种措施。可是，北魏国家为了利用爵位为其统治服务，并不希望官员有散爵兼有开国爵的情况长期存在，因而鼓励有两种爵位者出让爵位，并且在爵位的传承上，还实行分别继承的做法，所以，有散爵者兼有开国爵情况的出现，只能是短时间的；散爵与开国爵双授的做法，也就不能使这两种不同性质的爵位长期结合在一起。

四、结语

北魏后期，国家实行的散爵制承袭了北魏前期的虚封爵制。但是，与北魏前期的虚封爵不同的是，散爵被编制在由孝文帝制定、并由宣武帝开始实行的后《职员令》中。后《职员令》使散爵与开国爵品级一体化，并且，还使爵品与官品实现一体化，从而使散爵可以更好地为北魏国家的官本位体制服务。虽然后《职员令》使散爵与开国爵的品级一体化，也使爵位与职官品级合二为一，但后《职员令》的这种规定只是形式上的，并没有取消散爵与开国爵的差别，也没有真正实现爵品与官品的一致。在北魏国家具体实行散爵制度时，仍然使散爵保留本身的爵位等级系统。在国家赐授散爵以及晋升与贬降散爵时，都要遵守散爵本身的等级序列。

北魏国家在实行散爵制时，是将赐授散爵与封授开国爵分别进行的。可是，当时国家并没有完全取消散爵与开国爵的联系，对一些有散爵者可以再封授开国爵。这正是当时国家实行的散爵与开国爵的双授措施。不过，北魏国家对有散爵同时兼有开国爵者提倡爵位的转授，并且也不允许后世同时继承散爵与开国爵，所以散爵与开国爵的结合也就不具有长期性。北魏国家赐授散爵以受爵者担任职官为前提条件，但是受爵者所任职官的品级与所受散爵的品级是没有联系的。国家在赐授散爵时，是要使散爵爵品与官品明显分离的。后《职员令》中将散爵的品级与职官品级相比照，只是表明不同品级的散爵在官本位体制中所处的位置，并不是散爵与职官真正结合的标准。

（原载《文史哲》2012年第6期）

先清时期国号新考

卢正恒　黄一农

皇太极称帝前国号为何,学界目前仍无完整共识。查相关的考证论文均完成于 20 世纪(参见下表),论点可分为三种:一是"金国说",主张"金"是唯一国号;二是"后金说",认为"后金"为唯一国号;三为"混合说",不否定"金",但主张某段时期曾以"后金"为国号。此分歧实因先前所能掌握的史料不够全面与具体,以致存在各自表述的空间。

有关先清时期国号之研究

年份	学者	对国号之观点	对"后金"之看法
1909	市村瓒次郎	金	明人或明遗民所用
1914	稻叶岩吉	金	作者为区隔完颜金所用
1923	萧一山	金	作者为区隔完颜金所用
1966	黄彰健	女直→女真→建州→后金→金	先清的正式国号之一
1987	蔡美彪	金	朝鲜用以区隔完颜金
1997	高庆仁	后金	先清唯一的正式国号

近年来，随着出版业的蓬勃发展以及数字化时代的来临，文史学界的研究环境正发生空前巨变，诸如《朝鲜实录》、《明实录》、《清实录》、《满文老档》（简称《老档》）、《满文原档》（简称《原档》）①、《内阁大库档》等多可全文检索或已影印出版，故我们现在或比前辈学者有更好的条件，能够系统地全面搜找相关文献与文物。

近代首位撰文探讨先清时期国号议题者是日本学者市村瓒次郎，他运用朝鲜与金国往来文书、崇谟阁稿簿、金国汗致皮岛将领函，并辅以《大金喇嘛法师宝记》碑文，论证先清国号为"金"②。其后的1914年，稻叶岩吉添补抚近门门额、辽阳喇嘛坟、大石桥娘娘庙等刻有"大金"字样之文物，进一步印证"金国说"③。继而，萧一山1923年指出《内阁大库档》中的《皇太极谕军民人等知悉》亦以"金"为国号（见图二编号⑦），再度支持"金国说"④。然而，为行文方便，后两位学者均在著作中统称完颜金为"前金"，以努尔哈赤政权为"后金"。

近半个世纪后，黄彰健于1966年始倡"混合说"。其文的主要佐证有三：一是朝鲜光海君十一年（1619，万历四十七年，天命己未年）之《朝鲜实录》曾载努尔哈赤国书上有"后金天命皇帝"印文；二是《原档》或《老档》中皆记载的"amaga aisin（后金）"孤证；三是《朝鲜

---

① 本文所称的《原档》，指原藏于内阁的底本，目前收藏在台北故宫博物院，2006年已重新高清影印出版；而《老档》则指乾隆四十三重抄的《加圈点老档》，2010年由辽宁民族出版社以《内阁藏本满文老档》之名重新出版。参见吴元丰：《〈满文老档〉刍议》，《故宫学术季刊》2010年第2期。

② 市村瓒次郎：《清朝国号考》，《东洋协会调查部学术报告》第1册，东京东洋协会1909年版，第129—139页。

③ 稻叶岩吉：《清朝全史》，但焘译，中华书局1924年版，上册之一，第105—106页；上册之二，第55—61页。

④ 萧一山：《清代通史》卷上，台湾商务印书馆1963年修订本，第48—53页。

实录》《明实录》及诸文集中的"后金"称谓。黄氏认为努尔哈赤于万历四十七年将国号从"建州"改为"后金",天启元年(1621)左右再改成"金"①。稍后,李学智1973年发现被黄彰健视为主要证据之一的努尔哈赤印玺,其实为一老满文印,且屡钤盖于内阁大库的档案上,实应读作 abkai fulingga aisin gurun han i doron,汉译"天命金国汗之印",也就是说,《朝鲜实录》中的记载并非直译,而是意译②。蔡美彪先生1987年也以此印为基础反驳"混合说",并指出该印亦曾用于沈阳故宫所藏的印牌上。蔡氏认为"后金"一词之所以出现在各文集和题本,乃是从朝鲜传至明朝的通俗用法,且从《老档》的记录推论,"金"其实是北方民族以族名作为国名的惯例,因此主张"金国说"③。

此后历经十年沉寂,再有高庆仁先生于1997年提出"后金说"。除重申《老档》孤证外,另认为收录在《清入关前史料选辑》中的《后金檄明万历皇帝文》,即万历四十八年(1620)明辽东经略熊廷弼(1569—1625)得自努尔哈赤的榜文,且依《光海君日记》《明实录》及《栅中日录》(作者为萨尔浒之役被俘之朝鲜人李民寏)等书的用法,推论国号为"后金",而"大金"及"金"仅是褒称与简称④。

本文因此将首先重新省视主张"后金"之三项主要证据的可信度,进而罗列、分析目前能查找到的所有一手史料,以厘清先清时期之国

---

① 黄彰健:《努尔哈赤所建国号考》,《明清史研究丛稿》,台湾商务印书馆1977年版,第481—519页。
② 李光涛、李学智编:《明清档案存真选辑》第二集,"中央研究院"史语所1959—1973年版,第42—43页。本文中之满语转写均依学界惯用的穆麟德夫(Paul Georg von Mollendorff)音译法。
③ 蔡美彪:《大清国建号前的国号、族名与纪年》,《历史研究》1987年第3期。
④ 高庆仁:《1616年上尊号后努尔哈赤政权名称考辨》,《满族研究》1997年第1期。

号，并探讨"天命"是否为年号等问题。

一、"后金"用法之可信度

在深入分析前，我们或许该先厘清相关诸国的正式国名。查朱元璋在即位诏书中有云：

> 今文武大臣、百司众庶合辞劝进，尊朕为皇帝，以主黔黎。俯徇舆情，于吴二年正月初四告祭天地于钟山之阳，即皇帝位于南郊，定有天下之号"大明"，以吴二年为洪武元年。①

又，明天启朝大学士朱国祯（？—1632）尝称："国号上加大字，始于胡元，我朝因之。盖返左衽之旧，自合如此，且以别于小明王也。其言大汉、大唐、大宋者，乃臣子及外夷尊称之词。"② 知明朝国号应是"大明"，满文转写该为 daiming。

元末明初自称高丽权知国事的李成桂曾遣使明朝希望改国号以"顺天道，合人心"，朱元璋于是自"和宁"与"朝鲜"两拟名中选定后者③，以满文转写该作 coohiyan。因此，努尔哈赤若致书朝鲜，以满文

---

① 佚名编：《皇明诏令》卷一，上海古籍出版社 1995 年《续修四库全书》影印明嘉靖二十八年（1549）刊本，第 4 页。
② 朱国祯：《涌幢小品》卷二，台南庄严文化公司 1997 年《四库全书存目丛书》影印明天启二年（1622）刊本，第 1 页。
③ 《朝鲜太祖实录》卷二，汉城国史编纂委员会 1984 年版，第 15—16 页（朝鲜其他朝实录均同此本），《明太祖实录》卷二二三，"中央研究院"史语所 1962 年影印旧钞本，第 3267 页（明代其他朝实录均同此本）。

表示理应称 coohiyan gurun i wang（朝鲜国的王）。《原档》或《老档》记努尔哈赤于天命辛酉年（1621）三月二十一日致朝鲜的国书中自称 amaga aisin gurun i han（后金国的汗），称朝鲜国王为 solho han（首尔汗）[①]，此有违常理，因目前尚存的约 91 份涉及国号之满、汉文国书与信件（见后文），均从未称朝鲜为 solho（首尔），而是称以正式国号 coohiyan，故疑《原档》中的 amaga aisin gurun（后金国）亦非正式国名。更有甚者，倘若"后金（amaga aisin）"是国号，理应屡出现于清代的一手史料中。但"后金"一词在入关后纂修的太祖、太宗两朝《实录》中从未被记载，仅见于前述之《原档》或《老档》一次。由于《原档》是研究清前期历史最重要的一手史料，故下文将全面分析此文献中所有其他涉及国号的用语。

先前若要从事相关查索，将是一旷日废时的大工程。幸运的是，近年哈佛大学满洲研究群已将《老档》以拼音转写的方式逐字输成可供全文检索的电子档[②]，遂使翻检的工作十分便捷。笔者因此先查阅此转写文件，再对照《原档》，即可在较短时间内获得最精确的资讯。

据此，我们发现《原档》中自称"金国（aisin gurun）"87 次；"金汗（aisin han）"或"金的汗（aisin i han）"19 次；"大金汗（amba aisin han）"或"大金的汗（amba aisin i han）"3 次；仅称"大金（amba aisin）"而无 han 或 gurun 者，则有 7 次。另外还有 17 处将 aisin gurun（金国）删改成 manju gurun（满洲国）。至于 jušen（可译为"诸申"或"诸伸"）共出现 460 次，但仅 20 次以 jušen 称呼国号，称 jušen han（诸

---

① 冯明珠主编：《满文原档》第 1 册，沉香亭文化公司 2006 年版，第 53 页。
② http://www.courses.fas.harvard.edu/~mnch210a/index.cgi?t = Home.

申汗）则共 4 次①。由于《原档》在同一年内曾以 manju（满洲）及 jušen（诸申）作为国号，也同时自称 aisin gurun（金国），甚至同月或同日亦尝出现两种国号的称谓，知《原档》对相关用语并无严格的体例规范。

除了《原档》的孤证外，"后金"用法亦见于《朝鲜实录》。为求通彻了解朝鲜官方用法的演变，笔者乃透过韩国国史编纂委员会所提供的电子资料库，全面检索《朝鲜实录》中的相关用辞②。发现最早论及努尔哈赤政权国号者，是太白山本的《光海君日记》，在"六年（1614）六月二十五日"条有云：

> 建州夷酋，佟奴儿哈赤，本名东□，我国讹称其国为奴可赤，此本酋名，非国名。酋本姓佟，其后或称金，以女真种故也。或称雀者，以其母吞雀卵而生酋故也。今者，国号僭称"金"，中原人通谓之"建州"。③

知朝鲜人尝称努尔哈赤政权为奴可赤、金或雀者。

《光海君日记》"十一年四月十九日"条载努尔哈赤遣郑应井（萨尔浒之役被俘之朝鲜将军）出使朝鲜，其国书上写有"后金国汗谕朝鲜国王"等字④。朝鲜当时曾聘懂蒙文的通事翻译该国书上之印玺，该通事

---

① 先前学者之统计可参见薛红、刘厚生：《〈旧满洲档〉所记大清建号前的国号》，《社会科学辑刊》1990 年第 2 期；赵志强：《清代中央决策机制研究》，北京科学出版社 2007 年版，第 38—39 页。
② http://www.history.go.kr/.
③ 春秋馆编：《光海君日记》卷七九，京城帝国大学法文学部影印《李朝实录》太白山本，第 209 页。《光海君日记》有太白山本与鼎足山本二种，鼎足山本为太白山本写定后删削修正之版本，以下所引版本若无特别说明均为鼎足山本。
④ 春秋馆编：《光海君日记》卷一三九，第 10 页。

称："俱是'后金天命皇帝'七个字。"① 然该译文仅六字，所谓的七字，当指原文 abkai fulingga aisin gurun han i doron（天命金国汗之印），而此翻译之误已由李学智撰文厘清了。

朝鲜在几经讨论如何复书后，决议由平安道观察使朴烨挂名回信，依边境女真人与朝鲜书信往来的旧例，修书称努尔哈赤为"建州卫马法"②。《原档》亦记此信中称金方为 giyan jeo ui mafa（建州卫马法）。金国对"建州""马法"之称谓及国书由平安道观察使挂名一事颇感愤怒，称"文书无一句好话"③。光海君十三年（1621），金国即就此次答书斥责当时的朝鲜使臣郑忠信曰："此不过欲书'建州卫马法'，则恐见怪，欲书'后金国汗'则以为辱，故以游辞玩我。"④

由于递交国书兹事体大，朝鲜遂在遣使宗主国明朝时报告此事。《明实录》在"万历四十八年五月戊戌"条（1620，天命庚申年，光海君十二年）转述朝鲜使臣之言称：

> 伊以"后金"为号，而边臣书中却谓"建州"云者，本其受命于天朝之部名也。伊以"汗"自称，而边臣书中却为"马法"云者，待之以番头也。⑤

---

① 春秋馆编：《光海君日记》卷一三九，第 15 页。
② 春秋馆编：《光海君日记》卷一三九，第 2—14 页。
③ 李民寏：《栅中日录》，辽宁大学历史系《清初史料丛刊》影印民国时期抄本，第 14—15 页；冯明珠主编：《满文原档》第 1 册，第 241—243 页；《满洲实录》卷五，第 256—258 页。
④ 春秋馆编：《光海君日记》卷一六六，第 4—9 页；卷一六八，第 14 页；卷一六九，第 5—10 页。并见冯明珠主编：《满文原档》第 3 册，第 59—60 页。
⑤ 《明神宗实录》卷五九四，第 11397—11400 页。

朝鲜应是希望区别完颜金，才以"后金"称呼该新兴政权。此外，《明实录》"万历四十八年六月戊申"条记载，熊廷弼曾得到一纸来自"后金国汗"的榜文①。有学者认为此一榜文即目前存于北京故宫博物院的《后金檄明万历皇帝文》。然经调阅后，发现该榜文原件上实无任何"后金"字样②。

光海君十四年（1622）八月，朝鲜欲致书金国，右相赵挺谓："前日贼书有曰：'后金国可汗'，今若没其国号于始面，则虏之怒必倍于前。"此处所提及的"前日贼书"，应即指的是光海君十一年（1619）所收到之国书。最后乃决定依递交日本的国书格式回复，页首则折中写为"建州卫后金国可汗"③。值得注意的是，自此之后朝鲜官方史料中即再未见"后金"一词。

朝鲜在与金国政权接触之初，一方面希望顾及自身尊严，另一方面又不愿开罪努尔哈赤，遂以各式称呼试探努尔哈赤对其国号称谓的底线。然而，待皇太极天聪元年（1627，朝鲜仁祖五年）丁卯岁金国进军朝鲜，并签订兄弟之盟后，此一情形不再。据《朝鲜实录》"仁祖五年三月三日"条所记朝鲜之誓文为：

> 朝鲜国以今丁卯年甲辰月庚午日与金国立誓，我两国已讲定和好，今后两国，各遵约誓，各守封疆，若我国与金国计仇，违背和好，兴兵侵伐，则皇天降祸；若金国因起不良之心，违背和好，兴兵侵伐，则亦皇天降祸。两国君臣，各守善心，共享太平，皇天后

---

① 《明神宗实录》卷五九五，第11409—11412页。
② 感谢中国社会科学院丘嫄源博士代为查阅。
③ 春秋馆编：《光海君日记》卷一八〇，第18—19页。

土，岳渎神祇，鉴听此誓。①

誓文属于官方正式文本，当中的称谓理应无误，从中可知朝鲜明确地称对方国号为"金国"。

又，仁祖五年朝鲜欲致书金国，《朝鲜实录》中记曰：

> 胡书自称"大金国汗"，答书皮封依渠所书，书以"大金国汗"乎？只书"金国汗"乎？我国因用"大"字，恐未妥当。上曰："去'大'字似可矣。"②

虽然已经过一段时间，但可知朝鲜仍在拿捏国号之用法。此外，仁祖十四年（1636）之《朝鲜实录》曾记皇太极称帝一事曰："'金'是称汗时号，'清'是僭号后号。"夹在两强权当中的朝鲜因仍视大明为宗主国，遂称："我守丁卯时誓天之约，称以旧称之号，于理有据，于言为顺。"③

从天聪元年（1627）到崇德元年（1636），经统计《朝鲜实录》中以"金"或"大金"直接表示国家者凡48次，称金人、金汗或金使者，则有121处。再者，朝鲜另一重要史料《承政院日记》中从未有"后金"的记载，9次涉及金国之事皆以"金"称呼。综上所论，"后金"之所以仅一见于朝鲜的官方史料，或因通事为区辨完颜金所致，稍后，此用语更传入明朝，而朝鲜官方应只使用到天聪元年双方订丁卯和约为止，但朝鲜民间及明朝则仍沿用。

---

① 《承政院日记》第17册，汉城国史编纂委员会1961—1977年版，第811页。
② 《朝鲜仁祖实录》卷一六，第39—40页。
③ 《朝鲜仁祖实录》卷三三，第37页。

二、文物上的坚实证据

虽然文物上的国号用语是最直接且坚实的证据，但因先前所整理出的国书、门额、碑刻、印信等文物上的用法共仅约 23 件，数量仍不足以提供有效论证。下文因此尽可能图文并茂地整理出皇太极改国号为"大清"之前，书有国号的文物（见图一）。

辽阳博物馆现藏四块东京城门额：德盛门门额，左旁竖写"大金天命壬戌年仲夏吉□□"一行汉文小字；天佑门门额，左旁竖写"大金天命壬戌年吉辰立"一行汉文小字；内治门门额，边款有"大金天命壬戌年"等汉字；抚近门老满文门额，小字之意略同前①。又，日本东京都调布市乡土博物馆收藏原辽阳东京城天佑门之老满文门额，左旁之小字释为"金国天命壬（aisin gurun i abkai fulingga sahaliyan）"，右旁释为"戌年夏月建（indahūn aniya juwari biyade ilibuha）"②。

沈阳故宫博物院则藏四件相关文物：（1）牛庄城（今属海城市）外攘门之门额，其右旁有汉文书写的"大金天命癸亥年十月吉旦立"等字。（2）牛庄德盛门之老满文门额，两旁书有小字，左方释为"金国天命癸"，右方释为"亥年夏月建"，与东京天佑门之门额类似③。（3）盛京抚近门汉文门额石刻，左右边款分别以汉文题有"大金国天聪五""年

---

① 邹宝库：《辽阳东京城发现满汉文石刻门额》，《文物》1982 年第 4 期；高庆仁：《论后金天命纪元之不存在》，《满族研究》1997 年第 2 期；任万平编：《清史图典：太祖太宗朝》，紫禁城出版社 2002 年版，第 144—145 页。
② 松树润：《关于牛庄城老满文门额》，李贤淑译，《满族研究》1996 年第 3 期。
③ 李宝田、金毓黻：《牛庄城老满文石刻考释》，《考古通讯》1957 年第 1 期；松村润：《关于牛庄城老满文门额》，《满族研究》1996 年第 3 期。

孟夏吉旦立"等小字①。(4) 报警时用来敲击之铁制云版, 其上铸有"大金天命癸亥年铸牛庄城"之铭文②。

至于皇太极称帝前之碑刻或拓片现存并不多, 已知辽阳博物馆所藏《大金喇嘛法师宝记》碑之系年为"大金天聪四年岁次庚午孟夏吉旦", 对应之老满文亦称国号为 aisin gurun（金国）, 此外,《奉天通志》还收录一些已佚石刻之碑文, 如铁岭《重修永宁庵碑序》之系年为"大金岁次乙丑中秋月朔有一日吉旦", 铁岭《重修火神庙碑序》为"大金岁次乙丑季夏月廿有三日吉旦", 海城《新建保安寺碑》为"大金天聪三年岁次己巳孟夏月吉旦", 耀州《敕建重修娘娘庙碑记》为"大金天聪九年岁次乙亥孟冬吉日"③。

此外, 先清时期曾使用过两方宝玺: 其一为前文所述的六行老满文 abkai fulingga aisin gurun han i doron, 汉译为"天命金国汗之印", "中研院"史语所之《内阁大库档》中即数见此印, 沈阳故宫记天聪六年事的蒙文信牌上亦钤盖此印; 另一方为天聪朝所用的四行老满文金印, 汉译为"金国汗之印"④。至于汉文之国书、敕谕、书信等文物证据, 迄今所见亦均以"金国"称呼国号（参见图二）。

---

① 王树楠、吴廷燮、金毓黻等纂:《奉天通志》卷二五九, 东北文史编辑委员会 1983 年版, 第 11 页; 内藤湖南:《增补满洲写真帖》,《内藤湖南全集》第六卷, 东京筑摩书店 1970 年版, 第 627 页。
② 李理、于颖:《后金云板纵横谈》,《寻根》2009 年第 4 期。
③ 王树楠、吴廷燮、金毓黻等纂:《奉天通志》卷二五九, 第 1—4、12—13 页。
④ 铁玉钦:《信牌印牌再考释》,《社会科学辑刊》1980 年第 5 期; 王明琦:《对后金信牌的两点辨正》,《社会科学辑刊》1981 年第 4 期; 任万平编:《清史图典·太祖太宗朝》, 第 138、227 页; 李光涛、李学智编:《明清档案存真选辑》第二集, 第 42—43 页, 附图 2。

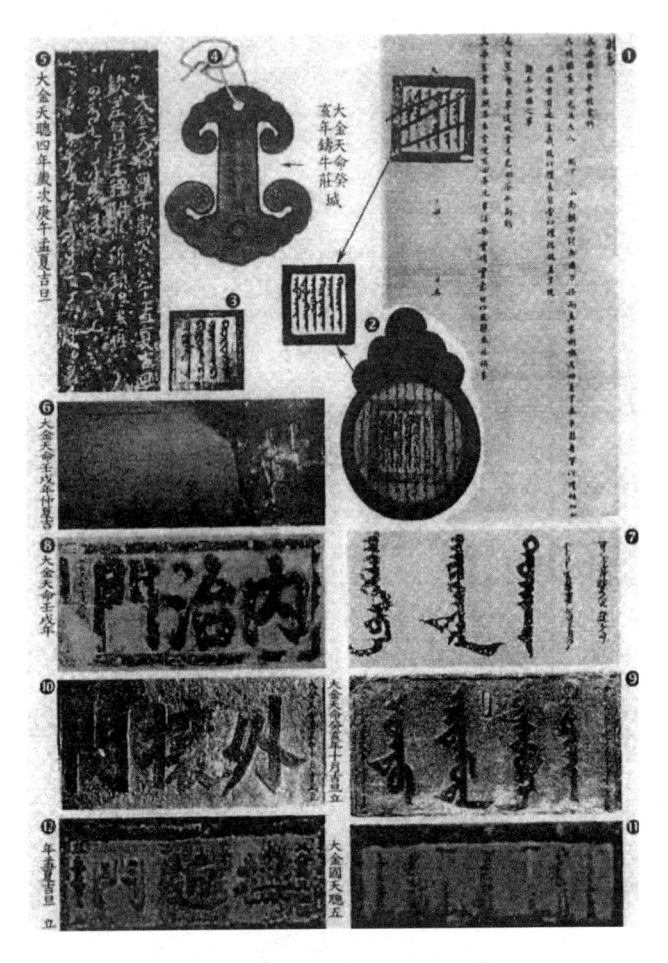

图一 先清时期涉及国号之文物

依编号顺序分别是：①皇太极致袁崇焕信；②天聪六年的蒙文信牌（图①及图②上之印记即为其旁小图的"天命金国汗之印"）；③老满文的"金国汗之印"；④牛庄城铁制云版；⑤辽阳大金喇嘛法师宝记碑；⑥～⑧东京城汉字德盛门、满文抚近门、汉文内治门之门额或拓片；⑨～⑩牛庄城满文德盛门以及汉字外攘门门额；⑪～⑫沈阳城满、汉字抚近门之门额

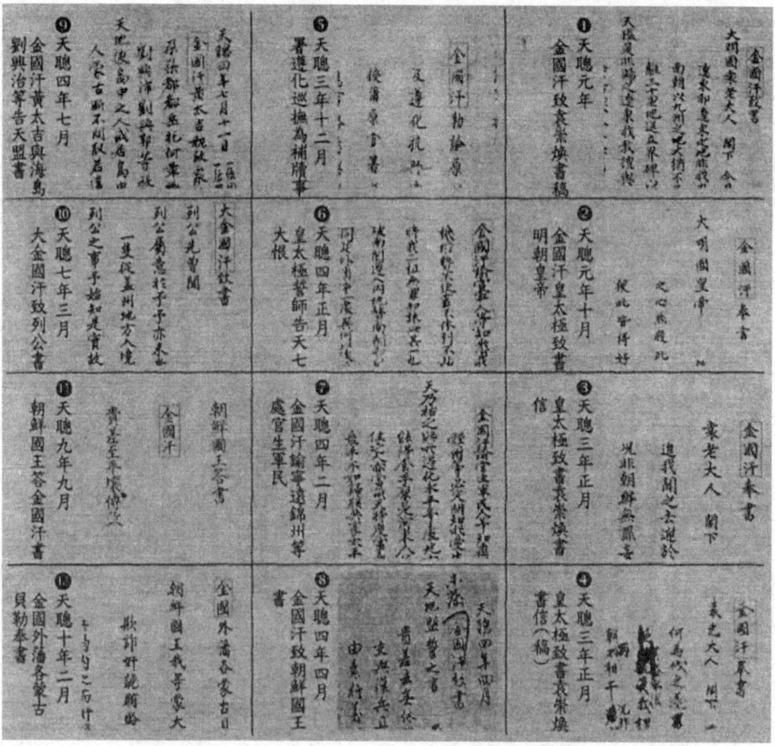

图二　各汉文之国书、敕谕、书信中的国号用语①

另，罗振玉所辑的《天聪朝臣工奏议》共收录97份档案，涉及国号者8件，全称"金"。又，《太宗文皇帝招抚皮岛诸将谕帖》收录21封书信或谕帖，提到国号时一概称"金国"，凡13封。此外，《太宗文皇帝致朝鲜国王书》收录天聪二年到四年共15封国书，全

---

① 编号⑧、⑨、⑫之图出自吕章申主编：《明清档案卷（清代）》，上海古籍出版社2007年版，第3、5—9页；⑥出自中国第一历史档案馆：《清代文书档案图鉴》，岳麓书社2004年版，图1-1-1。其余则出自台北"中央研究院"史语所《内阁大库档》，特此志谢。

自称"金国"①。上述共 133 份的天聪朝文书中,从未出现过任何一次"后金"。

再者,韩国首尔大学奎章阁图书馆藏有《朝鲜国来书簿》,记载天聪朝朝鲜国王致金国的国书共 52 封,其题名或内文皆称"金国汗""金汗"或"金国",确实记下"金国"二字者共 40 份,完全未见"后金"②。

最后,图三也整理出四份天聪八、九年以满文书写的国书档案:编号①之首句为 aisin gurun i han i bithe daiming gurun i ambasa de unggihe,汉译作"金国的汗致大明国的诸臣的信",此处既然以明朝的正式国号"大明"称呼对方,对于己方自然也应称以正式全衔国号。编号②称己方为 aisin gurun i han(金国的汗),称崇祯帝为 daiming gurun i hūwangdi(大明国的皇帝)。编号③是译为满文的朝鲜回信,编号④则是金国致朝鲜国书之满文本,皆互称作 aisin gurun i han(金国的汗)及 coohiyan gurun i wang(朝鲜国的王)。以上诸例都是国号和头衔连用:称朝鲜为王(wang),大明为皇帝(hūwangdi),"金(aisin)"之统治者为"汗(han)"。

---

① 罗振玉辑:《天聪朝臣工奏议》卷中,台北艺文印书馆 1970 年《四部分类丛书集成续编》影印民国间排印本,第 24 页;罗振玉辑:《太宗文皇帝招抚皮岛诸将谕帖》,《四部分类丛书集成续编》影印民国排印本,第 1—25 页;罗振玉辑:《太宗文皇帝致朝鲜国王书》,《四部分类丛书集成续编》影印民国间排印本,第 1—18 页。
② 张存武、叶泉宏:《清入关前与朝鲜往来国书汇编(1619—1643)》,台北"国史馆"2000 年版,第 1—9、32—188 页。

图三 《内阁大库档》中之满文档案,全称作 aisin gurun i han(金国的汗)

三、"天命"是否为年号?

《清实录》称努尔哈赤于明万历四十四年(1616)丙辰岁即大汗位,"建元天命",但"天命"是否为年号,历来黄彰健、蔡美彪、赵志强及高庆仁诸先生已有过不少讨论,但亦如国号议题一直无清楚共识。黄彰健发现《光海君日记》中,曾将努尔哈赤之国书系为"天命二年",且《乱中续录》亦将一份写于万历四十七年的奏疏系于"天命三十六年□月□日",故黄氏推论"天命"为年号,并称"努尔哈赤是在万历四十七年称汗时,兼追认万历十二年为天命元年,因此万历四十七年即为天命三十六年;惟在天命三十六年后不久,又于天命年号下,改以干支纪年"[1]。

---

[1] 黄彰健:《清太祖建元天命考》,《明清史研究丛稿》,第 552—578 页。

蔡美彪先生则因东京城内治门门额、牛庄城云版以及三份奏稿上皆在干支之前加以"天命"二字，故主张"天命"为年号①。赵志强先生也认为努尔哈赤在万历十二年即建元"天命"，对仅用干支而无数字以标年序的事实，则认为是因满族传统惯以干支所代表的颜色纪年之故②。但高庆仁先生持相反意见，他以天命汗钱、满蒙文信牌、云版、天命金国汗之印、东京城德盛门、天佑门汉文门额、赫图阿拉的尊号台等实物证据，主张"天命"是尊号"天命汗"之简称，意指"天所任命的汗"而非年号③。

依常理判断，若"天命"确为年号，我们应可从文物或文献中屡见"天命元年""天命二年""天命三年"等纪年方式，方可称为年号。查《光海君日记》十一年己未岁所载，由郑应井携回的国书中有"天命二年"之语④，此遂成为黄彰健主张"天命"乃年号说的力证。然依《清实录》中的纪年推算，是年当为"天命四年"，故笔者怀疑此很可能是朝鲜擅将努尔哈赤以七大恨起兵反明的万历四十六年戊午岁（即《清实录》所谓的"天命三年"）视为"天命元年"，并以此为基准点推算⑤。亦即，此应非努尔哈赤政权的正式纪年用法。

事实上，迄今所见如东京城及牛庄城各门之满、汉文门额等文物，其铭刻皆是以"天命"加干支作为纪年，无一用数字者。查《内阁大库档》中藏有一份未曾公开出版的老满文敕谕（登录号163607-

---

① 蔡美彪：《大清国建号前的国号、族名与纪年》，《历史研究》1987年第3期。
② 赵志强：《清代中央决策机制研究》，第37、46—50页。
③ 高庆仁：《论后金天命纪元之不存在》，《满族研究》1997年第2期。
④ 春秋馆编：《光海君日记》卷一三九，汉城国史编纂委员会1984年版，第10页。
⑤ 《清太祖实录》卷五，第69—70页；戴逸、李文海主编：《清通鉴》，山西人民出版社2000年版，卷七，第149页；卷八，第155—161页。

001），其后系年即记 abkai fulingga han i sahaliyan ulgiyan，汉译为"天命汗的壬亥"；虽干支当中无壬亥，然收于内阁大库档的另一份诰命，其满、汉文纪年均作"天命丙寅年（abkai fulingga fuligiyan tasha aniya）"①。两相对照，疑当时之纪年乃用干支，但指明是"天命（汗）"统治期间。

再者，采编年形式修纂的《满文原档》，每年的正月初一日条，往往会将系年写于先头。查天聪朝的系年均是数字与干支并列，如三年正月即写作 sure han ni ilanci aniya sohon meihe aniya（淑勒汗的第三年己巳年）②。因此知满人或惯以干支纪年，但亦会辅以数字以示年号。而《原档》中总共有 13 次"天命"时期正月条目，故若"天命"是年号，理应如天聪朝在逐年正月记下"天命"加上干支或是数字纪年。但经查阅后发现，全是以干支纪年，且从不曾将"天命"一词书于干支之前。

鉴于前文所整理出的 6 个实物、2 份文件以及《原档》中 13 次天命朝的记录，全是以干支纪年，或在其前加上"天命"，却无一出现"天命 X 年（X 为数字）"的描述，疑努尔哈赤或因不愿奉明正朔，遂以干支配合尊号"天命汗（abkai fulingga han）"以纪年。若"天命"乃年号，不可能如此巧合，在这许多的文献或文物中从未见"天命 X 年"的记法。

---

① 李光涛、李学智：《明清档案存真选辑》初集，第 62 页。
② 冯明珠主编：《满文原档》第 5 册，第 138 页。淑勒汗乃努尔哈赤的尊号，满语之"淑勒"意指"聪睿"。

四、小结

虽在天聪元年（1627）之前，朝鲜确因误译或便于与完颜金区隔等理由，称努尔哈赤政权为"后金"，此用法并屡见于《朝鲜实录》及《原档》等官书。唯经浏览近百件的档案文书后，知《原档》的孤证中称朝鲜国王为 solho han（首尔汗）并不符合惯例，因此对于同一文献自称 amaga aisin（后金）的这一说法，或许仅是记录者偶依朝鲜人之习惯所致[①]。丁卯兄弟之盟后，朝鲜官方即不再称呼对方为"后金"，但此称谓仍存于民间，并且影响到明朝，当时的文集中就仍多见"后金"之用语。

为了研究此议题，本文除将以往所仰赖的文献证据作更细致的分析省视外，更首次有系统地爬梳满、汉文的第一手文献与文物，以减少过去因材料局限所导致的偏颇。所获得的相关佐证共包括满、汉文门额8份、碑刻5份、印信2份、云版1份、档案信件等文书91笔，不仅数目超过以往学者四倍之多，更涵盖大部分的时间区段（见图四），这些具有统计意义的数据全都支持"金国说"，且未见任何严整的实物证据以"后金"称呼国号；同时，亦显示"天命"乃尊号而非年号。亦即，自努尔哈赤称汗到皇太极称帝建立"大清"之前，此政权的国号应始终是"金"，满文转写则为 aisin。

[①] 赵志强：《清代中央决策机制研究》，第39页。

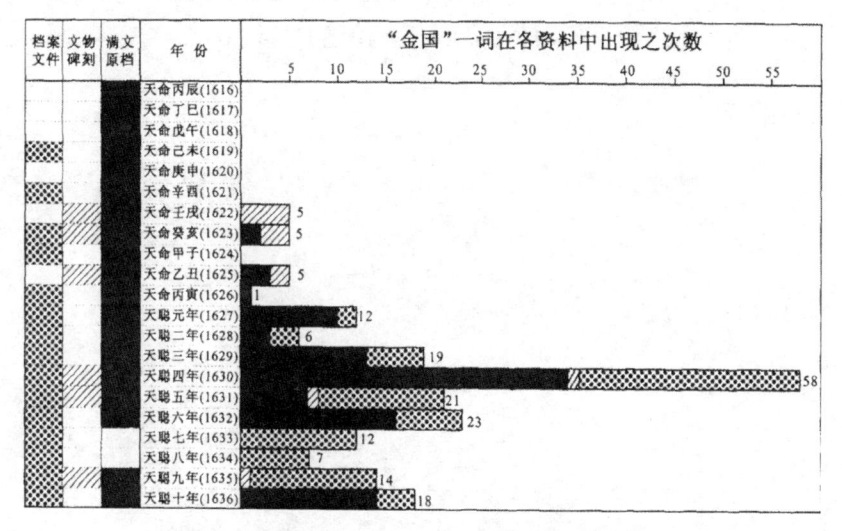

图四 "金国"一词在各资料中出现次数之统计图①

（原载《文史哲》2014年第1期）

---

① 图中左方三栏位为目前尚存之各式资料所涵盖的时间区块，分档案信件（含《内阁大库档》及往来文书）、文物碑刻以及《满文原档》（含原载"金国"后被修改者）三种类型，空白表示该年份无此类资料。逐年之统计以长条图显示，该年出现次数之总则写于后，以天聪六年为例，《满文原档》及档案信件均涵盖此年，其中"金国"一词出现在《原档》16次，见于档案信件中7次，该年无任何碑刻文物，因此总计23次。

金代度僧制度初探

王德朋

所谓度僧,是指通过特定仪式、活动、程序等令俗人出家为僧尼。自佛教东传以来,度僧制度逐渐完善:信众出家为僧,不仅要本人自愿,父母允许,寺院接纳,还必须取得政府的批准,这种由政府批准为僧的制度最晚在南北朝时期就已形成[①]。由于度僧事关国家对佛教势力的管控,因此,近年来,度僧制度受到学术界的广泛重视,产生了一批颇有见地的研究成果[②]。遗憾的是,金代佛教作为中国佛教的重要组成部分,其度僧制度迄今尚无专文研究,因此,本文拟对金代度僧制度作初步探讨,希望以此就教于方家。

[①] 参见李富华:《中国古代僧人生活》,商务印书馆 1996 年版,第 19 页。
[②] 历代度僧制度研究的主要成果有:湛如:《汉地佛教度僧制度辨析——以唐—五代的童行为中心》,《法音》1998 年第 12 期;明杰:《唐代佛教度僧制度探讨》,《佛学研究》2003 年;何孝荣:《试论元朝的度僧》,《内蒙古大学学报》2006 年第 5 期;何孝荣:《论明代的度僧》,《世界宗教研究》2004 年第 1 期。

一、遇恩度僧

所谓遇恩度僧，是指逢国家重要庆典或重大喜庆节日时，由皇帝特别颁发诏旨给予度僧名额的一种制度，学术界有时将其简称为"恩度"。恩度之法对中国佛教影响颇大：辽代，特别是辽朝后期，有大量僧尼遇恩得度，有时一次即达三千多名[1]。宋代的恩度也颇为盛行，包括圣节剃度、褒奖给牒剃度、特恩剃度等不同形式[2]，西夏的恩度也比较常见[3]。佛教发展到金代，恩度已经成为僧人剃度的重要途径之一。金代的恩度可以分为以下几种情况：

1. 为庆祝诞育皇子而恩度。金代为诞育皇子而恩度的确切次数不详，但从现有史料来看，至少有两次：一次发生在金熙宗皇统二年（1142）。据《金史》记载，皇统二年二月"皇子济安生"[4]，熙宗为这位皇长子的降生而欣喜万分，"五日命名，大赦天下"[5]。随大赦一并而来的就是普度僧尼。洪皓《松漠纪闻》云："金主以生子赦，令燕、云、汴三台普度，凡有师者，皆落发。"[6]敕令一出，普沾法雨，许多金代僧人因此得度，翁同山院圆覆和尚就于"皇统二年二月间，遇恩具戒，给得度牒"[7]，三泉寺祥英禅师亦于"皇统二年蒙恩具戒"[8]，灵岩寺惠才禅师

---

[1] 张国庆：《佛教文化与辽代社会》，辽宁民族出版社2011年版，第11—13页。
[2] 白文固：《宋代僧籍管理制度管见》，《世界宗教研究》2002年第2期。
[3] 文志勇、崔红芬：《西夏僧人的管理及义务》，《宁夏社会科学》2006年第1期。
[4] 《金史》卷四《熙宗纪》，中华书局1975年版，第78页。
[5] 《金史》卷八〇《熙宗二子传》，第1797页。
[6] 洪皓：《松漠纪闻》卷上，辽沈书社1985年版，第207页。
[7] 张金吾编纂：《金文最》卷一一〇《翁同山院舍利塔记》，中华书局1990年版，第1589页。
[8] 张金吾编纂：《金文最》卷一一二《三泉寺英上人禅师塔记》，第1613页。

"皇统壬戌，恩赉普席，师乃依昭祝发，受具戒"①，滱阴县延庆院照公禅师亦于皇统二年蒙恩受具戒②。

　　皇统二年的这次恩度究竟有多大规模，各史记载不一。《松漠纪闻》云："得度者，亡虑三十万。"③《佛祖历代通载》云："普度僧尼百万。"④《嘉祥县洪福院碑》云："故闵宗（熙宗）下普度之诏，天下男女削发为僧尼者，不啻数万。"⑤上述三说中，普度人数以《佛祖历代通载》所记为最，有百万之巨。但从洪皓的记载来看，皇统二年普度仅限于"燕、云、汴三台"，即燕京、云中、汴京，这三地均在金初女真对辽、宋战争中遭受过严重破坏，其中汴京所在的河南直到大定二十九年（1189）仍然是"地广人稀"⑥，云中所在的河东亦因"地狭，稍凶荒则流亡相继"⑦，大定末年尚且如此，则熙宗年间的人口和经济情况更应等而下之。以此推量，皇统二年在燕、云、汴三地度僧百万显然不现实，因此，《佛祖历代通载》所记度僧人数不足为据。至于《嘉祥县洪福院碑》记为"不啻数万"，似乎也与实际情况不符。据《甘泉普济寺赐紫严肃大师塔铭》记载，普济寺法律大师"皇统二年，奉宣开启普度，檀度僧尼二众约十万余人"⑧，仅法律大师所度之众就达十万余人，则燕、云、汴三地所度之僧的总数更应在十万人以上，可见《嘉祥县洪福院碑》的记

---

① 张金吾编纂：《金文最》卷一一一《惠才禅师塔铭》，第1595页。
② 北京辽金城垣博物馆编：《北京辽金史迹图志》（下）《滱阴县清善村延庆院照公寿塔铭并序》，北京燕山出版社2003年版，第98页。
③ 洪皓：《松漠纪闻》卷上，第2017页。
④ 释念常：《佛祖历代通载》卷二〇，文渊阁《四库全书》本。
⑤ 张金吾编纂：《金文最》卷七九《嘉祥县洪福院碑》，第1150页。
⑥ 《金史》卷四七《食货志二》，第1049页。
⑦ 《金史》卷四七《食货志二》，第1049页。
⑧ 张金吾编纂：《金文最》卷一一〇《甘泉普济寺赐紫严肃大师塔铭》，第1588页。

载亦不足凭信。相较之下，洪皓《松漠纪闻》记载这次恩度人数"亡虑三十万"可能与真实情况相距不远。洪皓使金被留，辗转金朝达十五年之久，最后因"金主亶以生子大赦"，"于是始许皓等南归"[1]。洪皓既在金朝长期生活，了解金朝政情，又因熙宗生子而遇赦南归，故其所记度僧之数应当较为准确，至少比较接近事实。

金代另外一次因诞育皇子而恩度僧尼发生在金章宗时期。《金史·章宗纪》载，泰和二年（1202）十二月，"以皇子晬日，放僧道戒牒三千"[2]。这段史料中的"皇子"，指生于泰和二年八月的忒邻。此前，章宗皇后及后妃先后诞育洪裕、洪靖、洪熙、洪衍、洪辉五位皇子，但年寿不永，大者二三岁，小者仅数月，均遭夭折，继嗣不立的现实令章宗非常焦急，只好祈求于神灵，"上久无皇嗣，祈祷于郊、庙、衍庆宫、亳州太清宫"[3]。忒邻的出生既慰藉了章宗连失五位皇子的痛楚心境，同时也解决了继嗣不立的问题，因此，章宗高兴至极，一面"亲谢南北郊"[4]，一面"诏平章政事徒单镒报谢太庙，右丞完颜匡报谢山陵，使使亳州报谢太清宫"[5]，其兴奋之情不问可知。忒邻生满三月时，章宗又敕放度牒三千为皇子祈福。泰和二年的这次恩度与皇统二年相比，在数量上要逊色很多，但毕竟是相隔一甲子后的又一次恩度，因此，堪称金代佛教史上的一件大事。

2. 为创立皇家寺院而恩度。本文所指皇家寺院是指奉皇帝特旨修

---

[1] 李心传：《建炎以来系年要录》卷一四九"绍兴十三年五月庚戌"，上海古籍出版社1992年版，第327页。
[2] 《金史》卷一一《章宗纪三》，第259页。
[3] 《金史》卷九三《章宗诸子传》，第2059页。
[4] 《金史》卷一一《章宗纪三》，第259页。
[5] 《金史》卷六四《后妃传下》，第1528页。

建的佛教寺院以及由皇室成员出资创建或修复的寺院。前者如大定八年（1168）创立的东京清安禅寺、大定二十二年（1182）敕建的仰山栖隐禅寺，后者如大定二十四年（1184）由大长公主降钱创建的昊天寺。这类寺院落成时，常常由皇帝特旨度僧，大定八年十月一日，"诏颛禅师于东京创清安禅寺，度僧五百"[1]；大定十年（1170），"金国世宗真仪皇后出家为尼，建垂庆寺，度尼百人"[2]；大定二十年（1180）正月，"敕建仰山栖隐禅寺，命玄冥颛公开山，赐田设会，度僧万人"[3]；大定二十四年二月，大长公主降钱建昊天寺成，"每岁度僧尼十人"[4]。上述皇家寺院落成时，度僧规模不一，多者万人，少者百人。需要注意的是，昊天寺落成时并非采取一次性恩度僧尼的办法，而是规定"每岁度僧尼十人"。昊天寺由大长公主个人捐资修建，应属功德寺一类。自唐代以来，兴建功德寺是皇室勋贵的特权，例如，唐睿宗景云二年（711）"敕贵妃、公主家，始建功德院"[5]，北宋仁宗时期规定"应乞坟寺名额，非亲王、长公主及见任中书、枢密院并入内侍省都知、押班，毋得施行"[6]。金世宗大长公主以皇室之尊出资创置昊天寺，看来是对唐宋以来有关功德寺规定的延续。值得注意的是，这类功德寺享有一些特权，特别在度僧方面常有优遇。例如，熙宁十年（1077），宋神宗颁赐故宣庆使、昭州防御使李神福坟寺一所，并特诏"每二年度一僧"[7]；元丰六年（1083）八月，

---

[1] 释念常：《佛祖历代通载》卷二〇，文渊阁《四库全书》本。
[2] 释念常：《佛祖历代通载》卷二〇，文渊阁《四库全书》本。
[3] 释念常：《佛祖历代通载》卷二〇，文渊阁《四库全书》本。
[4] 释念常：《佛祖历代通载》卷二〇，文渊阁《四库全书》本。
[5] 志磐：《佛祖统纪》卷四一《法运通塞志第十七之七》，上海古籍出版社 2012 年版，第 941 页。
[6] 李焘：《续资治通鉴长编》卷一八九"嘉祐四年六月乙丑"，中华书局 2004 年版，第 4567 页。
[7] 李焘：《续资治通鉴长编》卷二八六"熙宁十年十二月戊子"，第 6998 页。

神宗在诏赐崇信军节度使任泽坟寺的同时,准其"岁度僧二人"[1];元丰七年(1084)正月,"诏贤妃邢氏于奉先资福院侧修佛寺,赐名多庆禅院,岁度僧一人"[2]。从北宋的上述实例中可以看出,功德寺的敕度名额是以年为单位逐年拨赐的。从昊天寺的情况来看,金代的功德寺显然是延续了北宋的这一做法,但昊天寺"每岁度僧尼十人"的规定则大大突破了北宋时期一岁甚至两岁才恩度一两人的成例。

3. 为改元而恩度。《释氏稽古略》云:章宗改元承安时,"大赦,度僧千员"[3]。据石刻史料记载,卫绍王崇庆年间也曾因改元而度僧。《华严寂大士墓铭》记惠寂和尚于"崇庆初,以恩例得僧服"[4],此处的"恩例"究竟应作何解,含糊不清,《大蒙古燕京大庆寿寺西堂海云禅师碑》的发现为我们提供了答案。该碑云,海云和尚"崇庆改元,壬申,受金朝卫绍王恩赐,纳具足戒,时年始十一"[5]。这则石刻史料清晰地说明卫绍王改元崇庆时,确曾度僧,《华严寂大士墓铭》中的"以恩例得僧服"即指此事。此外,《中都显庆院故萧苍严灵塔记》载,妙敬和尚于"皇统元年就于上京楞严院再礼弘远戒师为师,其当年,遇恩得度"[6]。从妙敬于皇统元年(1141)遇恩得度的情况来看,应该也与改元度僧有关。至于金代其他皇帝在改元时是否也曾度僧,因史料所限,尚不敢断言。

---

[1] 徐松辑:《宋会要辑稿》道释一之二九,中华书局1957年版,第7883页。
[2] 徐松辑:《宋会要辑稿》道释一之三〇,第7883页。
[3] 释觉岸:《释氏稽古略》卷四,文渊阁《四库全书》本。
[4] 姚奠中主编:《元好问全集》卷三一《华严寂大士塞铭》,山西人民出版社1990年版,第640页。
[5] 引自苏天钧:《燕京双塔庆寿寺与海云和尚》,北京市文物研究所编:《北京文物与考古》第一辑,北京燕山出版社1983年版,第261页。
[6] 北京辽金城垣博物馆编:《北京辽金史迹图志》(下)《中都显庆院故萧苍严灵塔记》,第104页。

4. 史料所反映的其他恩度。《通州潞县马驹里崇教院前本州都纲大德塔铭》记载马行贵于"皇统三年遇恩得□"①。如该条石刻记载属实,则皇统三年(1143)恩度的原因有待进一步考查。《中都右街紫金寺故僧行臻灵塔记》记载,臻公于"承安三年遇恩具戒"②,该年恩度的原因可能与边事有关。查《金史·章宗纪》,承安三年(1198)十一月,"以边事定,诏中外,减死罪,徒已下释之"③,此处的"减死罪,徒已下释之"实际上就是大赦。既实行大赦,也就有可能特旨度僧,因此,承安三年恩度的原因很可能是由于庆祝边事底定之故。

二、试经度僧

所谓试经度僧,就是政府以测试经业的办法来剃度僧尼。该制度始于唐高宗、中宗朝,成于开元以后,至唐末、北宋前期更趋成熟和完善④。金代继承了这一制度,试经度僧成为金代剃度僧尼的重要途径。

金代的试经度僧始于何时正史无载,我们只能从石刻史料中寻找蛛丝马迹。在笔者搜集到的金代试经史料中,时间最早的一条在天眷三年(1140)。据《长清县灵岩寺宝公禅师塔铭》记载,灵岩寺法宝禅师

---

① 北京辽金城垣博物馆编:《北京辽金史迹图志》(下)《通州潞县马驹里崇教院前本州都纲大德塔铭》,第 108 页。
② 张金吾编纂:《金文最》卷一一二《中都右街紫金寺故僧行臻灵塔记》,第 1617 页。
③ 《金史》卷一一《章宗纪三》,第 249 页。
④ 唐宋试经度僧制度的演变过程,参见白文固:《唐宋试经剃度制度探究》,《史学月刊》2005 年第 8 期。

"至天眷三年，试经具戒"①。其次为皇统元年（1141），宝胜寺宝严大师"至皇统元年试经，受具大戒"②。这些史料说明，最晚到熙宗皇统年间，金朝已经开始推行试经度僧制度。但考虑到熙宗时期曾经大量恩度，因此，试经度僧在这一时期可能并未产生重要影响。

相比于熙宗，世宗时代的试经更为频繁，"至大定年间治平日久，大阐真风，使天下僧员试其经典"③。据史料记载，大定十年（1170），通玄大师李大方"以诵经通得度"④。该年既有试道，亦应试僧。此外，大定十三年（1173）勋公和尚"试经中选"⑤。不久，"大定十六年，朝廷普试僧道"⑥。大定二十二年（1182），灵岩院胜公法师秋试中选⑦。大定二十七年（1187），少林寺崇公禅师"诵《法华经》中选"⑧，从上述史料来看，大定年间的试僧已经常态化，并大致呈现出三年一试的格局。

章宗朝是金代试经制度的定型期，明昌元年（1190）六月，"敕僧、道三年一试"⑨，从石刻史料的情况看，这道敕令颁布的当年就开展了试经，广公禅师即"于明昌元年比试，受具足戒"⑩。试经制度更详尽的规定，载于《金史·百官志》：

---

① 张金吾编纂：《金文最》卷一一一《长清县灵岩寺宝公禅师塔铭》，第1597页。
② 《宝严大师塔铭志》，王新英编：《金代石刻辑校》，吉林人民出版社2009年版，第133页。
③ 国家图书馆善本金石组编：《辽金元石刻文献全编》（二）《普显和尚经幢》，北京图书馆出版社2003年版，第937页。
④ 姚奠中主编：《元好问全集》卷三一《通玄大师李君墓碑》，第651页。
⑤ 国家图书馆善本金石组编：《辽金元石刻文献全编》（三）《勋公和尚塔铭》，第238页。
⑥ 王若虚撰，胡传志、李定乾校注：《滹南遗老集校注》卷四二《太一三代度师萧公墓表》，辽海书社2006年版，第509页。
⑦ 国家图书馆善本金石组编：《辽金元石刻文献全编》（三）《灵岩院胜公法师塔铭》，第241页。
⑧ 国家图书馆善本金石组编：《辽金元石刻文献全编》（一）《少林寺兴崇塔铭》，第93页。
⑨ 《金史》卷九《章宗纪一》，第215页。
⑩ 北京辽金城垣博物馆编：《北京辽金史迹图志》（下）《广公禅师塔记》，第113页。

凡试僧、尼、道、女冠，三年一次，限度八十人，差京府幕职或节镇防御佐贰官二员、僧官二人、道官一人、司吏一名、从人各一人、厨子二人、把门官一名、杂役三人。僧童能读《法华》、《心地观》、《金光明》、《报恩》、《华严》等经共五部，计八帙。《华严经》分为四帙。每帙取二卷，卷举四题，读百字为限。尼童试经半部，与僧童同。道士、女冠童行念《道德》、《救苦》、《玉京山》、《消灾》、《灵宝度人》等经，皆以诵成句、依音释为通。中选者试官给据，以名报有司。凡僧尼官见管人及八十、道士女冠及三十人者放度一名，死者令监坛以度牒申部毁之。①

从该条史料可以看出，金代的试经制度包含以下内容：

第一，就考试周期来看，实行三年一试。

第二，就主试差官的人员构成来看，主试官既包括京府幕职或节镇防御佐贰之官，也包括僧道官，其事务班子还包括司吏、从人、厨子、把门官、杂役等人。

第三，就考试内容来看，共包括《法华》《心地观》《金光明》《报恩》《华严》五部佛经，其中，《华严经》取四帙，其余佛经各取一帙，合为八帙，考试即于八帙内出题。

第四，就试经的量化考核来看，分为成人与尼童、僧童两部分。成人于八帙佛经中，每帙取两卷，每卷出四题，每题读百字为限。此处的"读"为诵读之意。诵读的方法，参考宋代的规定，大约是举经中某卷

---

① 《金史》卷五五《百官志一》，第1234页。

卷首几个字，下面的由应试者接诵①，凡接诵成句，依音释为通者即为合格；尼童、僧童考试内容与成人同，只不过在试经的数量上减半而行。

第五，关于放度数量，规定为"凡僧尼官见管人及八十、道士女冠及三十人者放度一名"，这实际上是把现有僧尼数量同放度数量按 80∶1 的比例挂钩，以此决定放度人数，其目的在于控制僧尼数量。

第六，僧尼去世后，其度牒应由监坛申礼部销毁，其目的是防止冒滥，强化对僧人的控制。金代拘收亡僧度牒的做法与宋、西夏相类②。

金代佛教是在此前历代佛教的基础上发展起来的，其试经度僧的规定也是承袭唐代以来试经度僧制度的结果，只不过金代在唐宋制度的基础上有所损益而已。以试经方式为例，宋代有念（背诵佛经）、读（念诵佛经）两种方式。关于念、读的具体数量，因时代不同而有所差异。《庆元条法事类》规定，行者"念经一百纸，或读经五百纸"，尼童"念经七十纸，或读经三百纸"③，按当代学者的研究，一纸应为425字④，则宋代的试经，行者应背诵经文42500字，尼童背诵2975字，背诵如此数量的佛经实属不易，没有良好的文化修养和刻苦精神恐难过关。可见，宋代试经制度的"念"比较困难，而到了金代，在念、诵两种考试方式中，较难的"念"被取消，只剩下相对容易的"诵"。之所以有如此变化，具体原因不明，但估计与金代僧人文化水平不高有关。

从史料特别是石刻史料的记载来看，金代试经制度虽然在章宗时期得以规范，但此后并未认真执行，今天在卫绍王、宣宗、哀宗三朝的史

---

① 白文固：《唐宋试经剃度制度探究》，《史学月刊》2005年第8期。
② 崔红芬：《〈天盛律令〉与西夏佛教》，《宗教学研究》2005年第2期。
③ 谢深甫监修：《庆元条法事类》卷五〇《道释门·试经拔度》，中国书店出版社1985年版。
④ 朱正胜：《宋代试经剃度制度述略》，《重庆科技学院学报》2010年第8期。

料中很少看到僧人试经得度的事例就是一个明显的证据。究其原因，金代后期为拯救濒临崩溃的国家财政，政府大量出售度牒，这一举措必将严重破坏试经制度，甚至可能导致试经制度名存实亡，因此，史料中极少看到金代后期的试经实例也就不足为怪。

金代试经制度是政权强化对教权控制的产物。试经制度的实施，一方面有效地控制了僧人数量，避免了类似辽代的僧人队伍无序扩张的混乱局面，另一方面有助于提高僧人的佛学修养和文化素质，优化僧侣队伍结构，从而为金代佛教的健康发展提供了重要保证。

三、鬻牒度僧

度牒是指由政府颁发，确认僧人身份的证明文件，其初授年代应在唐玄宗天宝六载（747）以前[①]，此后被两宋继承。金代佛教深受唐宋影响，鬻牒之事亦然。

金代首次大规模鬻卖度牒是在世宗大定时期，《齐东镇行香院碑》详细记载了大定年间官卖度牒的缘起：

> 至大定二载，以边戍未靖，□勤戎□而兆民方□□隆之弊，天子不忍复取于民。乃诏有司，凡天下之都邑、山川，若寺若院，而名籍未正额非旧赐者，悉许佐助县官，皆得锡以新命。及四众之

---

① 湛如：《汉地佛教度僧制度辨析——以唐—五代的童行为中心》，《法音》1998年第12期。

人，愿祝发求度者，亦如之①。

从这则史料披露的情况来看，大定初年官卖度牒的原因在于"边戍未靖"，这与大定五年（1165）世宗"顷以边事未定，财用阙乏，自东、南两京外，命民进纳补官，及卖僧、道、尼、女冠度牒，紫、褐衣师号，寺观名额"②的表述基本一致。

大定初年，金世宗"承正隆凋弊之余，府库空虚，人民憔悴"③，不得不发卖度牒以渡过财政难关。经过五年的休养生息，到大定五年时，社会经济已经有所恢复，对宋战争也告一段落，鉴于"边鄙已宁"的实际情况，世宗召见宰臣，要求将进纳补官及出卖僧道度牒及寺观名额之法，"其悉罢之"④，这样，世宗年间的官卖度牒就此结束。

金章宗承安年间，随着社会经济渐露颓势，财政支出捉襟见肘，出卖度牒再次成为政府的敛财之术。承安二年（1197）四月，尚书省以"比岁北边调度颇多，请降僧道空名度牒、紫褐师德号以助军储"⑤，章宗从之。以度牒之费弥补财政不足不过是继承世宗时期的成例而已，但章宗朝出卖度牒的目的却不仅限于应付军储，还增加了赈济灾荒的功能。据《金史》记载，承安三年（1198），"西京饥，诏卖度牒以济之"⑥；泰和六年（1206），山东连年旱蝗，民不聊生，沂、密等五州尤甚，国家无力赈济，为防止饥民作乱，章宗应山东路安抚使张万公之请，"将僧

---

① 张金吾编纂：《金文最》卷六九《齐东镇行香院碑》，第 1011 页。
② 《金史》卷五〇《食货志五》，第 1124—1125 页。
③ 张金吾编纂：《金文最》卷七九《嘉祥县洪福院碑》，第 1150 页。
④ 《金史》卷五〇《食货志五》，第 1125 页。
⑤ 《金史》卷一〇《章宗纪二》，第 241 页。
⑥ 《金史》卷五〇《食货志五》，第 1125 页。

道度牒、师德号、寺院名额并盐引，付山东行部，于五州给卖"[①]。以度牒救灾，根本原因在于国家财力不足，但客观上也起到了救济百姓的作用。

卫绍王以后，金朝外患孔急，内乱愈炽，社会经济危机日益加深，朝廷对度牒的依赖超过以往任何一个时期。这从接连不断地出卖度牒诏令中可以得到证明。崇庆元年（1212）五月，"诏卖空白敕牒"[②]。宣宗贞祐初，中都被围时，"诏忠孝搜括民间积粟，存两月食用，悉令输官，酬以银钞或僧道戒牒"[③]。贞祐三年（1215）四月，胥鼎因"战御有期，储积未备"，遂上书宣宗，"乞降空名宣敕一千、紫衣师德号度牒三千，以补军储"，宣宗诏谕有司，"其如数亟给之"[④]；同年五月，"降空名宣敕、紫衣师德号度牒，以补军储"[⑤]。兴定三年（1219），宣宗接受高汝砺的建议，凡内外四品以下杂正班散官及承应人，"或僧道官师德号度牒、寺观院额等，并听买之"[⑥]。从上述史料可以看出，金代后期的官卖度牒有三个突出特点：一是出卖目的在于弥补军储；二是数量庞大，贞祐三年四月竟然一次降卖度牒三千；三是空名敕牒增多，其目的在于简化审批手续，提高发卖效率。

官卖度牒并非金朝独创，考诸史籍，前有唐宋，后有元明，金代不过是这一特殊政策的节点而已。官卖度牒的本意是为挽救政府财政危机，但僧尼得牒出家后，于国家既无赋税之奉，亦无劳役之给，实为得

[①] 《金史》卷九五《张万公传》，第2105页。
[②] 《金史》卷一三《卫绍王纪》，第295页。
[③] 《金史》卷一〇四《奥屯忠孝传》，第2298页。
[④] 《金史》卷一〇八《胥鼎传》，第2374页。
[⑤] 《金史》卷一四《宣宗纪上》，第309页。
[⑥] 《金史》卷一〇七《高汝砺传》，第2359页。

之一时而失之永久，对国家财政而言，不过是饮鸩止渴而已。

四、私度

金代僧人由恩度、试经、鬻度三种方式获得合法身份。由于具体历史情况不同，每一时期占主导地位的度僧途径也有所不同。除以上三种合法方式外，民间还有未经官方许可，私自披剃为僧道者，此即私度。由于度僧权关乎国家对佛教事务的管理，关乎国家财政收入，所以，历代对私度都予以严厉打击。北魏熙平二年（517）规定，"僧尼多养亲识及他人奴婢子，年大私度为弟子，自今断之"[①]。唐太宗贞观三年（629），"天下大括义宁私度，不出者斩"[②]。北宋至道元年（995）诏谕江南、两浙、福建等地，"应衷私剃度及买伪滥文书为僧者，所在官司点检，许人陈告，犯者刺面，决配牢城，尼即决还俗"[③]。

金代私度的具体情况未见详细史料记载，因而难以就私度的数量等问题展开研究。但从金代颁布的诏令来看，私度的存在是确定无疑的。见于《金史》记载的严禁私度诏令有两次，一次是在太宗天会年间，天会八年（1130）五月，"禁私度僧尼及继父继母之男女无相嫁娶"[④]，这道禁令发布的背景可能与当时的社会形势有关。彼时辽亡未久，辽末佞佛之风对社会的影响不会立即消除，而大金初立，战事方殷，各项佛教

---

① 《魏书》卷一一四《释老志》，中华书局1974年版，第3043页。
② 释道宣：《续高僧传》卷二一《扬州海陵正见寺释法向传》，慧皎等撰：《高僧传合集》，上海古籍出版社1991年版，第283页。
③ 徐松辑：《宋会要辑稿》道释一之一五，第7876页。
④ 《金史》卷三《太宗纪》，第61页。

管理制度未必健全，私度可能借此机会大行其道，太宗正是鉴于这种情况才颁布禁止私度的诏令。另外一次是在章宗明昌年间，明昌元年（1190）正月下令，"禁自披剃为僧、道者"①。这道禁令的颁布源于大臣的谏言，有上封事者云："自古以农桑为本，今商贾之外又有佛、老与他游食，浮费百倍。农岁不登，流殍相望，此末作伤农者多故也。"② 在以农桑立国的封建社会，该大臣的建议并非虚文。僧尼享有诸多的特权容易引发劳动力流失、国家财政收入减少、服役人数不足等一系列社会问题，进而威胁国家政权，"辽以释废"便是先例。章宗这样一位博通经史、熟知历代成败的皇帝对私度的危害了如指掌，因此，即位伊始即下令禁断私度是完全可以理解的。

五、数量规定与受戒年龄问题

除了严禁私度，金代对僧人剃度沙弥的数量也加以限制，章宗承安元年（1196）六月，"敕自今长老、大师、大德不限年甲，长老、大师许度弟子三人，大德二人，戒僧年四十以上者度一人。其大定十五年附籍沙弥年六十以上并令受戒，仍不许度弟子。尼、道士、女冠亦如之"③。这道敕令主要明确了两个问题，其一，剃度师的资格。根据这道敕令，只有长老、大师、大德以及虽未有以上名号而戒僧年满四十以上者才有资格剃度沙弥。而世宗大定十五年（1175）的附籍沙

---

① 《金史》卷四六《食货志一》，第1035页。
② 《金史》卷四六《食货志一》，第1035页。
③ 《金史》卷一〇《章宗纪二》，第239页。

弥年六十以上者，虽可受戒，但不许剃度弟子。之所以如此规定，是为了保证剃度师本身具有足够的佛学修养和传法能力，从而能够担当度化他人，绍隆佛种的重任。其二，剃度人数。按照名号的不同，剃度人数从三人到一人不等。需要特别强调的是，承安元年之前，沙弥的剃度数量偏多，例如，逝于天会十二年（1134）的白瀑院圆正法师"度门人崇贵、崇行四十余人"①；逝于大定二年（1162）的回銮寺远公和尚"度门人智彦、智德、智□、智辩、智义、□□、智心"②等七人；明昌时期，普安院希公戒师"度门人五"③。可能正是鉴于此前剃度人数过多，才有了承安元年的限度敕令。不过，从相关史料披露的情况来看，承安元年的这道敕令并未得到严格执行，甚至执行一段时间后很快废止。活动于金朝末期的澄徽禅师"度弟子于内得法者十有一人"④，祖朗大师于贞祐间"度门徒凡十有一人"⑤，贞祐之后，崇庆院印公大师"度僧六人"⑥，这些实例都说明承安元年的限度敕令并未执行多久就被突破或废止，其原因可能与金末急于出卖度牒以增加财政收入有关。

关于佛教戒律所规定的受戒年龄，《四分律》等佛教律典以年满二十为受戒的最低年龄，金代大体遵行了这一规定。例如，定州崇

---

① 国家图书馆善本金石组编：《辽金元石刻文献全编》（二）《白瀑院灵塔记》，第461页。
② 陈尹述：《重修回銮寺记》，阎凤梧主编：《全辽金文》，山西古籍出版社2002年版，第1858页。
③ 棋峰虚缘道人：《登州福山县侧立普安院希公戒师灵塔》，阎凤梧主编：《全辽金文》，第524页。
④ 姚奠中主编：《元好问全集》卷三一《徽公塔铭》，第657页。
⑤ 耶律楚材：《湛然居士文集》卷八《燕京崇寿禅院故圆通大师朗公碑铭》，中华书局1986年版，第193—194页。
⑥ 国家图书馆善本金石组编：《辽金元石刻文献全编》（一）《增修云岩山崇庆院记》，第243页。

教院崇遐禅师"至大定初始受具，时年二十有七也"①，清凉院惠润和尚"至二十五岁，传持大戒"②，广宁性圆和尚"二十九岁受具"③，朔州普照禅寺慧浃禅师"于皇统壬戌岁遇恩，始具戒，时年二十二矣"④，南阳灵山僧法云"二十五具戒"⑤。上述僧人受具足戒时都已年满二十岁，但文献中也偶见不满二十而受具戒者，如大庆寿寺海云和尚受卫绍王恩赐，纳具足戒，"时年始十一"⑥，北京北净修院僧人智辩"十八试经具戒"⑦，济州崇觉院虚明禅师"十三受具足戒"⑧，兴教院寂照禅师"十二受其戒"⑨。上述史料说明，金代僧人大多遵行了受具足戒之年当在二十岁以上的戒律，但因一些特殊原因，也会偶有突破，特别是在国家对佛教无暇管理或管理不严时，这种情况可能相对更多一些。

综上所述，金代度僧制度是唐宋以来度僧制度的继承和发展。就度僧的具体途径来看，不同时期的度僧方式各有侧重：熙宗时期的恩度非常突出，世宗前期的鬻度开金代官卖度牒的先河，章宗时期规范了试经制度，宣宗以后，鬻度再次大行其道。就度僧的数量来看，虽然承安年间颁有限令，但实际未能得到严格遵行；就受戒年龄来看，金代虽大体

---

① 张金吾编纂：《金文最》卷七八《定州创建圆教院碑》，第1135页。
② 张金吾编纂：《金文最》卷六九《平阴县清凉院碑》，第1013页。
③ 张天佑：《圆公马山主塔记》，阎凤梧主编：《全辽金文》，第1771页。
④ 引自李树云：《〈大金普照禅寺浃公长老灵塔〉及金代大同佛教》，《五台山》2008年第3期。
⑤ 姚奠中主编：《元好问全集》卷三一《坟云墓铭》，第641页。
⑥ 引自苏天钧：《燕京双塔庆寿寺与海云和尚》，北京文物研究所编：《北京文物与考古》第一辑，第261页。
⑦ 引自梁姝丹、赵振生：《辽宁阜新市发现一座金代墓葬》，《考古》2004年第9期。
⑧ 张金吾编纂：《金文最》卷一一二《虚明禅师塔志》，第1608页。
⑨ 熊梦祥：《析津志辑佚》，《寺观》，北京古籍出版社1983年版，第85页。

遵守了戒律的相关规定，但违反戒律者也并不少见。上述情况充分反映了金代佛教发展进程的连续性、复杂性、独特性。

（原载《文史哲》2014年第2期）

宋代御药院探秘

程民生

何谓御药院？若顾名思义，就是宫中的御用药房，皇帝的医药保健机构。研读宋代历史者，通常不会对这一非常具体而明确的职官产生疑问，而研究宋代的医药也不会予以关注[①]。那么为何要特别关注御药院呢？因为笔者发现，像皇城司实际是宋朝的特务机构一样[②]，御药院这一毫不引人注目的机构，也名不副实，其职能的重要性和广泛性出人意料，远远超出了本职。国内学术界业已零星关注到其接待外国使者的职能和传递奏章的作用，但并未给予深入的论述或介绍[③]，也未引起更多的

[①] 事实上，即使研究宋代医药行政机构者也关注不多。如朱德明《南宋医药行政管理机构研究》(《史林》2010 年第 1 期）言："南宋时期，纯属医政机构的有翰林医官院、尚药局、御药院、太平惠民局、惠民和剂局、惠民（药）局、施药局及其他保健慈善医药机构等。"既认作纯粹的医政机构，也未作任何介绍。胡玉《宋代医政研究》(河北大学 2005 年硕士学位论文）则对御药院有两段简单但比较全面专门的介绍。

[②] 程民生：《宋代的情报机构 —— 皇城司》，《河南大学学报》1984 年第 4 期。

[③] 曹家齐《宋朝对外国使客的接待制度 —— 以〈参天台五台山记〉为中心之考察》(《中国史研究》2011 年第 3 期)、《北宋熙宁内诸司及其行政秩序 —— 以参与接待成寻的御药院和客省为中心之考察》(《北京大学学报》2011 年第 2 期）对御药院的外事接待等职能有进一步探讨；王化雨《宋朝宦官与章奏通进》(《历史研究》2008 年第 3 期）一文提及，"其他的一些内侍机构，如御药院、入内内侍省等，往往也会承担文书通进的职能"，但未作

注意。本文试揭示其真相,并由此曲径通幽,了解宋代政治制度设计的微妙。

一、御药院的建制与变迁

与宋朝大多数职官沿袭前代不同,御药院是建国三十七年后新设置的机构。高承载道:"唐尚药局有内药院,宋朝太宗至道三年,又置御药院于禁中也。《东京记》曰:'掌合和御药,至道三年置,在崇政殿后;祥符八年徙外廊南;宝元二年复移殿后东廊'。"① 宋太宗于至道三年(997)二月病重,三月病故,那么在生命的最后一两个月内创建御药院,当与其病情需要有关。更何况他早就十分喜爱医药:"初,太宗在藩邸,暇日多留意医术,藏名方千余首,皆尝有验者。"太平兴国三年又"诏翰林医官院各具家传经验方以献,又万余首,命(翰林医官使王)怀隐与副使王祐、郑奇、医官陈昭遇参对编类。每部以隋太医令巢元方《病源候论》冠其首,而方药次之,成一百卷。太宗御制序,赐名曰《太平圣惠方》,仍令镂板颁行天下,诸州各置医博士掌之"②。背景情况表明,御药院的初建主要是为了医疗。仅从表面上看,宋朝御

(接上页)论述,龚延明《宋代官制词典》中"御药院"的条目有简要介绍,并称"实为皇帝近习亲信"(中华书局1997年版,第64页),可谓中的;远藤隆俊《宋代的外国使节与文书传递:以成寻〈参天台五台山记〉为线索》(《历史研究》2008年第3期)言:"御药就是御药院,由入内内侍省的宦官管理,主要在皇帝的身边照顾,并负责寝食、医务、传达圣旨。"

① 高承:《事物纪原》卷六《御药院》,中华书局1989年版,第334页。
② 《宋史》卷四六一《王怀隐传》,中华书局1977年版,第13507—13508页。

药院与唐朝内药院相比,改变的不但是名称,还有地点:由宫外迁入皇宫主殿旁,地位自然也不同。李焘进一步记载了其人员配置:天圣四年,"置上御药供奉四人。御药院掌按验秘方、和剂药品以进御,及供奉禁中之用。至道三年,始置,以入内供奉官三人掌之,或参用士人。于是,别置上御药供奉,其品秩比内殿崇班,专用内侍。其后多至九人"①。主管官员原来是入内供奉官或者士人三人,至此另设宦官四人专任上御药供奉,后来增加到九人。其主管官员后来也由三人增加为四人:"御药院,勾当官四人,以入内内侍省充,掌按验方书,修合药剂,以待进御及供奉禁中之用。"②从至道三年至天圣四年的近三十年间,尽管地址、人员时有变化,但负责皇帝及皇宫医疗的职能始终如一,即研究、审查秘方,制作药品。不过如果细究不免有疑问:皇室的医疗理应由医药师负责,为何主管官员无一专业人士?加大力度增加的却是宦官?答案是御药院还有其他职能。

南宋学者程大昌指出:"御药院,本以按验秘方、合和御药为职,今兼受行典礼及贡举事,虽《会要》亦不言所自。"③他提到了南宋御药院的其他职能,但明确说即使官方史册《会要》也没有记载这个变化的源头,事实确实如此。但《宋会要》有记载如下:

> 《两朝国史志》:御药院勾当官无常员,以入内内侍充,掌按验秘方、以时剂和药品,以进御及供奉禁中之用。勾当御药院迁官

---

① 李焘:《续资治通鉴长编》卷一〇四"天圣四年二月戊申",中华书局2004年版,第2401页。
② 马端临:《文献通考》卷五七《职官考十一》,中华书局2011年版,第1702页。
③ 程大昌:《考古编》卷七《御药院掌礼文》,《景印文渊阁四库全书》第852册,台湾商务印书馆1986年版,第41页。

至遥领团练、防御者，谓之阁转，干冒恩泽，寖不可止。嘉祐五年，诏御药院内臣如当转出而特留者，俟其出，计所留岁月优迁之，更不许累寄所迁资序。非勾当御药院而留者，其出更不推恩。典八人，药童十一人，匠七人。旧置干办官四员，以入内内侍充，今置同。旧置典事二人，局史二人，书史四人，贴书七人，守阙贴书不限人数，今置同，惟是守阙贴书一十五人，分掌职事。生熟药案〔掌〕日常承准应奉御前取索汤药，排办赐臣僚夏、腊药，供奉宣赐宫禁、生日、节序物色等。杂事案掌行差取排办御试举人，殿内应干一行合用人物等，并郊祀大礼、使人到阙筵宴，取会诸处合用礼仪节次等，书写御览，修写排办崇奉祖宗香表，斋僧、设浴、看经。制造供进御服、御裹腰、束带等，并日常应奉。本院常程诸般事务，开拆司承受诸处投下应干文字，付合行案分行移发放。①

虽然没有交代御药院从何时衍生出众多职能，但所引《两朝国史志》是记载宋仁宗和英宗史事的史书，也即至少在宋仁宗朝就是如此了。记载表明：（一）御药院工作人员大约分两部分：一部分是典事 8 人、药童 11 人、匠 7 人；一部分是典事 2 人、局史 2 人、书史 4 人、贴书 7 人、守阙贴书 15 人；共 56 人，加上主管官员共约 60 人，是一比较庞大的机构。有史料表明，在每次南郊赏赐时，"御药院自药童副指挥使至裹幞头子祇应，自二两、五匹至二匹、二千为差"②。可见药童还有指挥使、副指挥使的职官，御药院还有裹幞头子祇应等职名，也即御药院人数最

---

① 徐松辑：《宋会要辑稿·职官》一九之一三，中华书局 1957 年版，第 2817 页。
② 徐松辑：《宋会要辑稿·礼》二五之一〇至一一，第 959—960 页。

多时不止60人。（二）下设部门大约四个：生熟药案、杂事案、开拆司、合行案。职能有炮制药品供应皇帝等宫廷皇室人员、赏赐臣僚，掌握节日、生日等礼品，操办科举考试，操办重大典礼、外交使者的宴会、礼节，书写祭祀祖先的文字，举行宗教活动，制造管理皇帝服饰，接收各处的表章文字并交由有关部门执行等等，至少有八九项。仅由此比例看来，名副其实的本职工作只是很小一部分。（三）主管宦官升迁不按常规且速度较快，多享受到皇帝的恩惠。至宋神宗朝又有新记载：

《神宗正史·职官志》：御药院勾当官四人，以入内内侍充，掌制药以进御，又供禁中之用，凡药尝而后进。有奏方书，则集国医按验以闻。馈进膳羞、祭祀朝会、燕飨行幸，则扶侍左右。廷试进士，则主行其禁令，封印卷首而给纳之。岁时酌献陵园、春夏颁中外药及元日、生辰致契丹国礼币，则前期为之办具，宫省庆赐亦如之。凡五年进一官，分案三，设吏八。①

与前不同之处是：本职工作进一步明确；皇帝重大活动服侍身边；下设三案，有8名吏人。职能有增减，吏人却大大减少，下文该时期御药院活动频繁的事实证明，这一记载不确切。

宋徽宗改革官制，一度撤销了御药院。崇宁二年诏："御药院可候殿中省六尚建局日，除供到汤药事厘归尚药局，及供应御衣等厘归尚衣局外，其崇恩宫等处供应及排办香表、国信礼物、御试举人、臣僚夏药并自来应干事务，并依旧主行，仍改名内药局。其见勾当官已系六尚职

---

① 徐松辑：《宋会要辑稿·职官》一九之一四，第2817页。

事者，令兼勾当，依旧禁中（共）［供］职，今后新差到官准此。"① 御药院职能分别转归新建殿中省的尚药局、尚衣局，在元符皇后崇恩宫的职能和其他职能依旧，但改名内药局。虽然如此，仍是名不副实，因为除了发放福利保健性质的臣僚夏药外，该局与药并无多大关系。之所以如此，恐怕像以前一样是以此来掩饰什么。

宋钦宗靖康元年撤销六尚局，恢复御药院，"诏六尚局并依祖宗法"②。南宋御药院属于内诸司，与入内内侍省、皇城司等同类并列③，"御药院掌应奉礼仪、衣服、汤药"④。大致依然是以前的职能。

御药院的建制与变迁，显示了其职能的增长变化和名称的诡异，初步证明御药院绝不只是皇帝的医疗机构，还有许多其他主要功能。事实上，上文史料以及相关学者研究显示的仍不是其全部职能，因此有必要对其职能作全面考察。

二、御药院的医药本职

御药院在正史中的职能是："掌按验秘方、以时剂和药品，以进御及供奉禁中之用。"⑤ 这是其公开的本职工作，包括以下五个方面。

其一，搜集、研究、保管药方。如前所引："有奏方书，则集国医按验以闻。"得到新药方后，要召集朝廷的医生研究实验，并将结果报

---

① 徐松辑：《宋会要辑稿·职官》一九之一四，第2817页。
② 《宋史》卷一六四《职官志四》，第3881页。
③ 潜说友：《咸淳临安志》卷一〇《内诸司》，《景印文渊阁四库全书》第490册，第108页。
④ 李心传：《建炎以来朝野杂记·甲集》卷一〇《内侍两省》，中华书局2000年版，第210页。
⑤ 《宋史》卷一六四《职官志四》，第3881页。

告皇帝。对于皇帝服用的药方要严格保密,以防皇帝的健康状况外泄。绍兴二十年诏:"御药院供进汤药方书不许传录出外。如违,徒二年。干办官不觉察同罪,许人告捉,赏钱五百贯。"① 处罚可谓严厉。因有绝对的皇家优势,在药方的收集整理方面贡献很大,流传至今的《御药院方》,就是以宋代御药院药方为主的我国第一部皇家御用药方集②。

其二,制作药剂。即"掌制药以进御",所谓典 8 人、药童 11 人、匠 7 人以及"生熟药案"掌"日常承准应奉御前取索汤药",即是这一职能的人员和机构。不仅供应皇宫药品,还有支赐全国高级官员福利性质的药品,所谓"排办赐臣僚夏、腊药",即冬夏两季的常用或保健药品。比如"腊日赐宰执、亲王、三衙、从官、内侍省官并外阃、前宰执等腊药,系和剂局进造及御药院特旨制造银合……伏日赐暑药亦同"③,所以其制药量比较大。

其三,收集药材。药材一般于市场购买,个别短缺者要求产地上供。如元丰元年御药院请示:"药材有市贩所无,乞下诸路转运司具出产州军。如阙,本院以所须名色科置上供。"从之④。每年立春皇宫鞭春牛仪式上,"内官皆用五色丝彩杖鞭牛。御药院例取牛睛以充眼药"⑤。土制春牛的眼睛传说能治眼病。

其四,组织医疗。皇帝有病,不是医官院而是御药院组织医疗,不仅"凡药尝而后进",明确所进药品必须先尝过,防止毒药或炮制不当、副作用等事故,所有事务也都由御药院安排。元丰三年有诏:"医官使

---

① 徐松辑:《宋会要辑稿·职官》一九之一五,第 2818 页。
② 许国桢编:《御药院方》卷一一,人民卫生出版社 1995 年版。
③ 周密:《武林旧事》卷三《岁晚节物》,浙江人民出版社 1984 年版,第 47 页。
④ 李焘:《续资治通鉴长编》卷二八八"元丰元年二月癸丑",第 7045 页。
⑤ 周密:《武林旧事》卷二《立春》,第 29 页。

以下诊御脉,并御药院祗应者隶御药院。"① 典型事例是元符三年初对宋哲宗的医治:

> 是日御药刘友端传宣三省、枢密院,罢初五日紫宸宴。……巳午间得御药院申,上吐泻未已,脉气微弱。仍云因大病后失将理,积久伤气。即时驰白三省,约聚都堂,……遂来都堂,同赴东门,请入问圣体。御药刘瑗、刘友端、苏珪同传宣,云服药渐安,十一日决于内东门小殿中相见。……御药又申,上脉气小弱。……是日四御药皆来传宣云:"夜来达旦,灸百壮,脏腑减一次,亦累进粥。然初灸二十五壮方知痛,五十壮已后痛甚。医者云脉气未生,舌强微喘。"……御药院又申:"即日已进朱砂七返丹,及其他补助阳气药不少,然自汗促喘,未得脉顺。"遂促三省上马驰诣都堂,至内东门……五鼓,得御药院申:"医官四更诊,脉气愈微细,自汗不止,不宜更有增加。"……是时都知、押班、御药以下百余人罗立帘外,莫不闻此语,议定遂退。②

在此非常时期,御药院几乎成了朝廷的主角。对皇太后、太皇太后的医治同样如此。元丰元年,诏"军器库使兼翰林医官使陈易简等五人,入内东头供奉官、勾当御药院李舜举等四人,各转一官",原因是"近太皇太后服药康复,医官、内侍供奉有劳,可推恩"故也③。元祐三年,"勾当御药院陈衍等三人","以太皇太后康复,推恩转官,减

---

① 李焘:《续资治通鉴长编》卷三〇五"元丰三年六月癸丑",第7428页。
② 李焘:《续资治通鉴长编》卷五二〇"元符三年正月己卯注文",第12362—12364页。
③ 李焘:《续资治通鉴长编》卷二八九"元丰元年四月庚戌",第7066页。

年有差"①。

其五，颁发有关药方。御药院掌管着大量宫廷秘方，必要时也会颁发给有关部门。如熙宁十年诏令：西北就粮诸军及汉蕃弓箭手蕃兵"常经召募赴安南行营，染有瘴疠者，御药院以安南军前治瘴药方下逐路经略司修合，随病证给赐"②。为表示皇帝的关怀，减轻瘴毒的危害，将御药院的秘方赐给在广南作战的西北将士。皇帝赐给官员冬夏药，有时并非成药而是御药院的药方和价钱。通常"以川峡路远，艰于时至，故乞止赐方书"，熙宁六年曾有旨"诸路冬夏岁赐药尽计直，及降方书下转运司，就合赐之"③。

由上可知，御药院是宋代皇宫医药主管和核心，也是全国高级官员的保健中心。

三、御药院的宫廷事务

御药院承担的宫廷事务很多也很重要，因为管理着皇帝、皇室的衣食住行，不同程度地参与皇帝、皇室的生老病死，是皇帝身边朝夕相伴、不可或缺的服侍者。

从衣食住行等角度，可了解其在宫廷的作用。

其一，皇帝及宫廷服饰设计、制作、保管。景祐二年，以"帝后及群臣冠服，多沿唐旧而循用之，久则有司寖为繁文，以失法度"，诏

---

① 李焘：《续资治通鉴长编》卷四一四"元祐三年九月丁巳"，第10061页。
② 李焘：《续资治通鉴长编》卷二八三"熙宁十年七月丙子"，第6941页。
③ 李焘：《续资治通鉴长编》卷二四二"熙宁六年正月庚午"，第5894页。

令"入内内侍省、御药院与太常礼院详典故,造冠冕,蠲减珍华,务从简约,俾图以进"。嘉祐元年王洙奏:"天子法服,冕旒形度重大,华饰稍繁,愿集礼官参定。"有诏:"礼院详典礼上闻,而礼院绘图以进。因敕御药院更造。"① 崇宁二年撤销御药院,有关职能归尚衣库:"并御药院供应御衣、帽子、幞头等厘入局","本库旧有裁缝匠二人,通御药院今增十二人为缝人",则是此前御药院有裁缝10人,"旧库有供御裹三人,及御药院有裹幞头帽子五人,造靴作一名,腰带作二人,靴履作、犀作各一人,今通作二十人为典功"②。则是御药院原有制作靴、帽、腰带等工匠10人。绍兴十五年准备籍田礼上皇帝的礼服,有关工匠来自御药院:"合用熨贴裁缝作二名,腰带、靴履、头冠、面花、棱道、杂钉、戎具、结条作各一名,乞下御药院差。"③ 淳熙九年,宋孝宗专门下诏不准其他部门借用御药院工匠:"御药院诸工匠系专一应奉乘舆、服御等物色,特与依制造御前军器处例,不得追呼于他处官司造作,并诸般科敷行役等";淳熙十三年精简机构,"诏御药院减缕金作、头冠作、戎具作各一人,腰带作、小木作各一人"④,共裁减5人。楼钥载:"兹奉圣旨,以御药院改易制造头冠、法服,依淳熙十六年体例,干办御药院四人并特与转行一官。"⑤ 是因制作礼服有功升官的例子。有时还保管有关礼服,如嘉定十三年皇太子薨,皇帝、皇后的丧葬礼服由文思院制

---

① 《宋史》卷一五一《舆服志三》,第3524—3525页。
② 徐松辑:《宋会要辑稿·职官》一九之六,第2813页。
③ 徐松辑:《宋会要辑稿·礼》六之一六,第485页。
④ 徐松辑:《宋会要辑稿·职官》一九之一五,第2818页。
⑤ 楼钥:《攻媿集》卷二九《缴冯辅之等转官》,中华书局1985年《丛书集成初编》本,第393页。

造,"赴御药院送纳"①。宫廷旧服装等,也由御药院组织拆洗。建炎元年"御药院奉圣旨,下开封府买拆洗女童,不计数","圣意将服浣濯之衣矣"②。

其二,皇帝饮食的进送。此即负责"馈进膳羞",保障皇帝的饮食安全。

其三,宫廷建筑的设计与建造。这一职能,前文有关史料的介绍都未提及。宋仁宗时,欧阳修报告:"臣所领太常礼院得御药院公文称,奉圣旨送画到景灵宫广孝殿后建盖郭皇后影殿图子一本,赴太常礼院详定者。其图子,已别具状缴奏讫。"③"影殿图子"就是御药院的设计图纸。元符三年,宋哲宗诏:"差干当御药院郝随,同修内司及宫闱令检视太庙室殿,有损漏去处,如法修造。"④修缮太庙也有御药院的责任。宋徽宗刚即位,就以"禁中营造过当"罪名处分了管勾御药院郝随、刘友端,"并与外任宫观"⑤,足见御药院是宫内日常营建的主管。绍圣四年,朝廷举行北郊祭地大典,工部侍郎王宗望等要求"北郊应缘祀事仪物及坛壝、道路、帷宫,遣官计度,画图闻奏",宋哲宗批示:"可并依拟定图状,疾速下将作监修盖。仍存留见役添修玉津园兵匠等,应副充役,及差元同相度入内东头供奉官、勾当御药院刘友端共管勾修盖。"⑥也派御药院参与。元符元年南郊祭天大礼的建筑同样如此。将作监报告

---

① 徐松辑:《宋会要辑稿·礼》四三之二,第1417页。
② 邓肃:《栟榈集》卷一二《辞免除左正言第九札子》,《景印文渊阁四库全书》第1133册,第320页。
③ 欧阳修:《欧阳修全集》卷一一一《论郭皇后影殿札子》,中华书局2001年版,第1684页。
④ 徐松辑:《宋会要辑稿·礼》一五之一三,第657页。
⑤ 徐松辑:《宋会要辑稿·职官》三六之二〇,第3081页。
⑥ 李焘:《续资治通鉴长编》卷四八七"绍圣四年五月丙辰",第11562页。

说："南郊青城，奉旨修建殿宇，仍画图闻奏。今具图样，未敢依图修建。"宋哲宗御批："差入内东头供奉官、勾当御药院刘友端，同将作监管勾修置。"① 都是皇帝指定要御药院共同负责修建。

其四，服侍皇帝、皇太后等参加重大典礼。此即前引"祭祀朝会、燕飨行幸，则扶侍左右"。如宋度宗参加郊祀时，"上登大安辇，左右二御药侍立"②。皇太后的仪卫中，有"入内都知、御药院官各一员"、"御药院使臣二员"；皇太妃出入仪卫中，有"御药院、内东门司各一员"③。

在皇室成员的生老病死等方面，也有御药院不同程度的参与。

其一，皇室生日赏赐。如绍兴三十二年御药院言："吴国长公主生日，合取赐酒壹拾硕，系下驻跸州军应副"，"诏令临安府依数支供"④。可知御药院负责有关事宜。

其二，皇帝婚姻。在宋仁宗选择皇后的问题上，御药院官员曾起到重要作用。起初皇太后确定立陈子城之女，虽然朝臣宋绶、王曾、吕夷简、蔡齐等都反对，但并未能制止。就在陈氏女"将进御"时，勾当御药院阎士良得到消息立即去见皇帝，见其正选择婚礼的日期便说："子城使，大臣家奴仆官名也。陛下若纳奴仆之女为后，岂不愧公卿大夫耶。"宋仁宗立即下令将该女放回⑤。阎士良力挽狂澜，起到了大臣起不到的作用。

其三，皇室教育。如南宋时设立的教育皇子的资善堂小学，就由御

---

① 李焘：《续资治通鉴长编》卷四九九"元符元年六月癸巳"，第11882页。
② 吴自牧：《梦粱录》卷五《郊祀年驾宿青城端成殿行郊祀礼》，三秦出版社2004年版，第80页。
③ 《宋史》卷一四四《仪卫志二》，第3393—3394页。
④ 徐松辑：《宋会要辑稿·帝系》八之三八，第181页。
⑤ 李焘：《续资治通鉴长编》卷一一五"景祐元年九月辛丑"，第2700页。

药院长官兼管。庆元六年诏:"资善堂小学主管官可就差干办御药、兼提点资善堂张延礼,手分、入内院子、把门亲事官,并就见今资善堂人相兼祗应。"①

其四,皇家的医疗、祈祷。其本职的医疗前已专论,此处要补充的是除了药物治疗外,御药院还负责精神治疗,即组织宗教法会祈祷。如元丰二年太皇太后病重,诏令普渡开封寺观童行为僧道,"令御药院于启圣院作大会,以度牒授之"②,代表官方发放度牒,为太皇太后积德消病。

其五,皇家丧葬。陵墓的选址、建造等以及葬礼,都有御药院参加。如至和元年张贵妃去世,皇帝命参知政事刘沆为监护使,入内押班石全斌及勾当御药院刘保信为监护都监③。元丰二年,诏"迁祔濮安懿王三夫人,给卤簿全仗,至国门外减半。以翰林学士章惇为迁护使,入内东头供奉官、勾当御药院李舜举为迁护都监"④。元祐元年宗室仲晔卒,朝廷追封为东阳郡王,"命入内省供奉官、勾当御药院梁惟简典治丧事"⑤。这些人都是皇室丧事的主办者之一。

其六,皇家祖先的祭祀。"国之大事,在祀与戎",这个祀的主要对象之一就是陵墓里、太庙里的皇家祖宗。而前引"修写排办崇奉祖宗香表"、"岁时酌献陵园"正是御药院的主要职能之一。他们负责仪式制定,如元丰七年诏:礼部员外郎何洵直,入内东头供奉官、勾当御药院

---

① 徐松辑:《宋会要辑稿·方域》三之二七至二八,第7357页。
② 李焘:《续资治通鉴长编》卷三〇〇"元丰二年九月壬子",第7312页。
③ 李焘:《续资治通鉴长编》卷一七六"至和元年正月癸酉",第4249页。
④ 李焘:《续资治通鉴长编》卷三〇一"元丰二年十一月辛卯",第7322—7323页。
⑤ 范祖禹:《范太史集》卷四六《定国军节度观察留后追封东阳郡王墓志铭》,《景印文渊阁四库全书》第1100册,第498页。

刘惟简"同参定诸陵荐献供奉式"①。有时还负责祭器的制造，如皇祐二年太常礼院报告确定明堂祭玉尺寸后开始制造，宋仁宗"仍令勾当御药内侍卢昭序领焉"②。至于有关祭祀的文字撰写，则是御药院的日常工作，即使崇宁二年撤销御药院改称内药局后仍予保留，北宋末恢复后一直延续到南宋。如宋仁宗曾"召辅臣观太庙七室题榜于御药院"③。建炎四年，"御药院见管书写崇奉祖宗表词待诏等八人"，其管理如"出职、请给等并依御书院条例施行。遇阙召收试补学生"④，按御书院条例施行，且招收学生补充缺员。绍兴十三年又诏御药院"书写崇奉祖宗表词等，在院已实及二十三年有余，特与依已降指挥递减一官，补授名目出职，今后封题学生转至书艺学祗应十年，依此补授出职"⑤。即使在战乱之际，其组织管理依然有条不紊。至于皇帝亲祠宗庙时，也有御药负责洗手礼的服侍："以御药院内臣一员沃盥，一员授巾。"⑥宋度宗祭祀太庙时，"左右各一内侍，名'御药'冠服执笏侍立"⑦。

其七，参与宫廷财务管理。包括削减费用、审查账目等。如宝元二年，韩琦提出"今欲减省浮费，莫如自宫掖始。请令三司取入内内侍省并御药院、内东门司先朝及今来赐予支费之目，比附酌中，皆从减省，无名者一切罢之"。宋仁宗不准三司涉及宫廷账目，诏"禁中支费，只令入内内侍省、御药院、内东门司同相度减省，报详定所"。数日后御

---

① 李焘：《续资治通鉴长编》卷三四六"元丰七年八月己丑"，第8350页。
② 徐松辑：《宋会要辑稿·礼》二四之八，第903页。
③ 李焘：《续资治通鉴长编》卷一六一"庆历七年十月丙寅"，第3889页。
④ 徐松辑：《宋会要辑稿·职官》一九之一四，第2817页。
⑤ 徐松辑：《宋会要辑稿·职官》一九之一五，第2818页。
⑥ 李焘：《续资治通鉴长编》卷三一八"元丰四年十月甲戌"，第7691页。
⑦ 吴自牧：《梦粱录》卷五《驾回太庙宿奉神主出室》，第68页。

药院报告:"今减定本院并内中看经道场大会钱绢,计万四千贯。"①庆历元年,又诏"御药院、内东门司取先帝时及天圣初帐籍,比较近年内中用度增损之数以闻"②,则是清查宫廷全部旧账。有时还管理内藏库,如宋神宗即位初认为"今守藏内臣,皆不晓帐籍关防之法。即命干当御药李舜举领其事"③。熙宁年间,"李舜举御药为林子中言:禁中墨无廷珪成挺者"④。御药知道宫廷文具等藏品的具体情况,说明至少是参与保管或检查等管理了。

四、御药院的朝廷事务

御药院作为宦官的一个机构,宫廷之内自然是主要活动范围,但宫廷以外的朝廷政务,其作用并不逊色。

首先,起着连接宫廷内外桥梁的作用。

其一,接受、整理并分析奏章。御药院接受多渠道的奏章。宋孝宗时翰林学士洪迈曾对皇帝说:"臣无由可与内臣相闻知,惟御药是学士院承受文字,寻常只是公家文书传达。"⑤可知学士院与皇帝的公文来往是由御药院传递的。臣僚奏章通常经通进司报送,有特殊情况者经由御药院。嘉祐五年侍御史陈经言:前宰相刘沆子刘瑾,"以张瓌撰父赠官告辞不当,五状诉理,朝廷已黜瓌知黄州,夺瑾校勘之职。风闻瑾所

---

① 李焘:《续资治通鉴长编》卷一二三"宝元二年五月己酉、乙卯",第2908页。
② 李焘:《续资治通鉴长编》卷一三三"庆历元年八月戊子",第3163页。
③ 《宋史》卷一七九《食货志下一》,第4371页。
④ 陆友:《墨史》卷上,中华书局1985年《丛书集成初编》本,第17页。
⑤ 洪迈:《容斋随笔·三笔》卷一〇《禁中文书》,上海古籍出版社1978年版,第534页。

奏状并于内东门进入。瑾身居草土，名落班籍，未知何缘得至于彼。虑瑾阴结左右内臣，谕令收接，并乞根鞫情倖，严行降责"。御药院随即解释说是皇帝有内部指示，比照前宰相晏殊的事例，凡是关于刘沆身后事的奏章一律于御药院投进。宋仁宗另下诏作有限制规定："今后臣僚乞于入内内侍省、御药院、内东门投进文字者，令逐处申中书，再取旨。"① 又如治平元年，复增置同知大宗正事一员，由宗室赵宗惠担任，"许条奏朝政，由御药院进入"②。都属于皇帝批准的特权。另有大臣个人要求者，如庆历三年宰相吕夷简致仕，谏官欧阳修上书说："风闻吕夷简近日频有密奏，仍闻自乞于御药院暗入文字，不知实有此事否？但外人相传，上下疑惧。"③ 事实如何且不论，可知的是通过御药院的奏章属于非正常的"暗入文字"，不被朝论认可。在宫廷内部，遇到皇帝紧急索取物品时也要经御药院。熙宁三年，入内内侍省言："自今应御前逐急取借官物等，令听唤使臣先将白札子经御药院覆奏。"④ 这些奏章当然都是御药直接进呈皇帝。宋徽宗初即位时，内侍裴彦臣被追五官勒停，送峡州羁管，原因是"坐勾当御药院阁守勤在御前进呈文字，而彦臣辄扣守勤之冠，靳侮不恭，侍御史陈次升弹奏，乞正典刑，故有是责"⑤。这些奏章，既由御药院传递，也由其整理。如元祐年间太皇太后垂帘听政时，"以内外臣僚所上章疏，令御药院缮写，各为一大册，用黄绫装背，标题姓名，置在哲宗御座左右，欲其时时省览"⑥。熙宁五年，司天

---

① 李焘：《续资治通鉴长编》卷一九一"嘉祐五年五月戊子"，第4622页。
② 李焘：《续资治通鉴长编》卷二〇二"治平元年六月丁未"，第4891页。
③ 李焘：《续资治通鉴长编》卷一四三"庆历三年九月丁卯"，第3446页。
④ 徐松辑：《宋会要辑稿·职官》一九之一四，第2817页。
⑤ 徐松辑：《宋会要辑稿·职官》三六之二一，第3081页。
⑥ 朱弁：《曲洧旧闻》卷二，中华书局2002年版，第105页。

监灵台郎亢瑛上书反对王安石变法："天久阴，星失度，宜罢免王安石，于西北召拜宰相。斥安石姓名，署字，引童谣证安石且为变。仍乞宣问西、南京留台张方平、司马光，并都知、押班、御药看详。"① 特别要求将其奏章交由御药等人分析研究，说明御药院有此职能。

其二，传达旨意。皇帝的许多旨意是由御药院传递的。康定元年，宋仁宗热衷于太常博士、国子监直讲林瑀的灾异论著，"上每读瑀书，有不解者，辄令御药院批问。瑀由御药院益得关说于上，大抵皆谄谀之词，缘饰以阴阳，上大好之"②。御药院是皇帝日常与大臣沟通的渠道，传递着有关事务的问答。在朝堂之上的正式场合，御药院更是当然的、专职的传达圣旨者。淳祐五年朝廷举行进孝宗、光宗两朝御集、《宁宗实录》及《理宗玉牒日历》礼仪中，群臣"两拜讫。赞各祗候直身立宣答，御药下殿宣答，提举官、礼仪使并敛身听宣答讫，（原注：御药升殿。）揖，躬身赞拜，两拜讫"③。在皇帝到太学视察的仪式中，"出崇化堂坐。宰臣已下宣名奏圣躬万福。御药传旨，宣升堂……宰臣以下降阶，讲书官当御前躬身致词，北向立，两拜，御药降阶宣答云：'有制，谒款将圣，肃尊视学之仪，讲绎中庸，爰命敷经之彦，茂明彝训，允当朕心。'再两拜。御药传旨宣坐……宰臣以下降阶，北向立，御药传旨不拜"④。日常事务更是御药传达。明道元年，"封天章阁待制范讽母万年县太君刘氏为永嘉郡太君，时上御药张怀德传宣中书而特封之"⑤。元符二年，宰相章惇要求罢相，宋哲宗坚决不准："已封还文字宣召矣"，

---

① 李焘：《续资治通鉴长编》卷二二九"熙宁五年正月辛丑"，第5571页。
② 李焘：《续资治通鉴长编》卷一二七"康定元年五月庚辰"，第3015页。
③ 《宋史》卷一一四《礼志十七》，第2717页。
④ 周密：《武林旧事》卷八《车驾幸学》，第127页。
⑤ 李焘：《续资治通鉴长编》卷一一一"明道元年七月乙酉"，第2584页。

"是日早，遣御药刘友端往"①。向本人宣布宰相任命的差使也是御药。"故事，拜相遣御药院内侍一员，赍诏宣押赴阙"②。熙宁八年，宋神宗再次任命王安石为相，"上遣勾当御药院刘有方赍诏往江宁召安石，安石不辞，倍道赴阙"③。元祐八年，宋哲宗以执政官缺员多，与吕大防商议想要范纯仁作右仆射，但担心人议论纷纷，"或得稳当，且先遣一御药院官赍诏书召赴阙，然后降麻，于是"遣勾当御药院李倬赍诏书赐观文殿大学士、大中大夫、知颍昌府范纯仁，令乘驿赴阙"④。淳祐年间郑清之、赵葵拜相时，"遂差右司陈梦斗宣赴都堂治事，而陈辞以此貂珰之职不行，遂改差御药谢昌祖往焉"⑤。说明这一差使按规定或惯例是御药院宦官的事，朝廷官员不耻担当。御药院还可以向地方政府发公文，如"神宗闻安石之贫，命中使甘师颜赐安石金五十两。安石好为诡激矫厉之行，即以金施之定林僧舍，师颜因不敢受常例，回具奏之。上谕御药院牒江宁府，于安石家取甘师颜常例"⑥。所谓常例，大概是受赐者答谢宦官的礼钱。

其三，督促、伴押大臣就职。在一些特殊时期，任命的宰执不愿就职或宰执要求辞去，皇帝就派御药强制执行赴任或挽留。富弼回顾他被任命为枢密副使时，宋仁宗"累遣都知御药院及诸中使督迫推拥……在中书为首相，丁母忧，归西京持服。仁宗五遣中贵人及御药院使臣诏

---

① 李焘：《续资治通鉴长编》卷五〇九"元符二年四月己亥"，第12127页。
② 蔡絛：《铁围山丛谈》卷二，中华书局1983年版，第36—37页。
③ 李焘：《续资治通鉴长编》卷二六〇"熙宁八年二月癸酉"，第6336页。
④ 李焘：《续资治通鉴长编》卷四八四"元祐八年六月戊午"，第11511—11512页。
⑤ 周密：《齐东野语》卷一八《赵信国辞相》，中华书局1983年版，第338页。
⑥ 晁以道：《景迂生集》卷三《论神庙配享札子》，《景印文渊阁四库全书》第1118册，第65页。

臣起复"①。绍兴三年，尚书左仆射吕颐浩引疾求去，宋高宗"诏干办御药院赵彻宣押赴都堂视事。……甲寅，吕颐浩再求去，诏干办御药院邵谔宣押视事"②。淳熙十六年正月己亥，周必大转特进、左丞相，进封许国公，加食邑一千户，食实封四百户，"壬寅，御药关礼宣押缀新班。是日，以制词不自安，乞祠，径过灵芝寺。关礼宣押赴堂，复出灵芝寺。癸卯，御药郑邦宪宣押赴国忌行香，出北关，泊仁和馆。御药张安仁宣押归私第。丙午，后殿奏事退，乞免从驾，御药黄迈就殿门传旨上马，相继行马从驾回，宣押至私第"③。在这几天内，一直有不同的御药关礼、郑邦宪、张安仁、黄迈陪伴，强制其行动。

其四，安排臣僚觐见。周必大曾上书，认为近来皇帝"延见文武臣僚殆无虚日，而起居注未尝一书，进奏院未尝报行，抑盛德而弗宣，坠故事而弗传"，要求："愿诏御药院，自今后凡阁门关到陛对班次，候内殿引讫，当日移文阁门，阁门即报所属，庶使四方万里之远，皆知陛下好问如虞舜，无逸如中宗，亦令史官不失厥职。"④即是御药院掌握着朝廷每天觐见皇帝的官员名单和顺序时间。绍兴二年诏："今后见任及出使，并前任宰臣、执政官路由国门及到阙，并前五日报御药院闻奏取旨，差官传宣抚问，并赐银合茶药。"⑤这些官员要提前五天报告御药院，等待皇帝的旨意。经筵官和学士院的夜间值班名单，也要报御药院

---

① 赵汝愚：《宋朝诸臣奏议》卷七五，富弼《上神宗叙述前后辞免恩命以辩馋谤》，上海古籍出版社1999年版，第817页。
② 李心传：《建炎以来系年要录》卷六八"绍兴三年九月癸亥、甲寅"，中华书局1956年版，第1143页。
③ 周必大：《文忠集》卷首《年谱》，《景印文渊阁四库全书》第1147册，第19—20页。
④ 周必大：《文忠集》卷一三九《乞诏御药院关报阁门陛对班次》，《景印文渊阁四库全书》第1148册，第543页。
⑤ 徐松辑：《宋会要辑稿·礼》六二之五六，第1722页。

备案。乾道八年有旨:"经筵官与学士院官每日通轮一员……如遇轮宿直,用簿子隔日书知押字,将书知宿官姓名便阙报御药院具奏。"① 如此还有些考勤的意味。

其五,外出慰问大臣。如熙宁七年,"遣勾当御药院李宪往相州赐韩琦诏书、汤药"②。次年韩琦去世,宋神宗又"遣勾当御药院李舜举特赐其家银绢各二千五百两匹"③。宋哲宗时,派入内内侍省内东头供奉官、勾当御药院李倬前往颍昌府慰问知府范纯仁:"赐卿诏书银合茶药,兼传宣抚问,想宜知悉。"④

如果说以上事务属于间接朝政的话,那么下列事务无疑是直接朝政了。

其一,监督起草重要文件。宋代起草重要文件均实行锁院制度,即将有关人员关闭一处,朝廷宣布文件后才放出。御药是这一制度中不可缺少的人物。如任命官员时,"但庙堂佥议进呈,事得允,然后中书入熟第,使御药院内侍一员,持中书熟状内降,封出宣押,当直学士院锁院竟,乃以内降付之,俾草制而已"⑤。御药携带任命的内容进入学士院,锁院后交给学士起草。凡锁院都有御药在场,他不仅是皇帝旨意的传递者,还是监督者。"凡锁院,御药、监门中官各一员,御药留宿其厅"⑥。即使学士在得到皇帝面授机宜的情况下,御药依然陪同锁院。如淳熙三

---

① 徐松辑:《宋会要辑稿·职官》六之五六,第2524页。
② 李焘:《续资治通鉴长编》卷二五五"熙宁七年八月己卯",第6236页。
③ 李焘:《续资治通鉴长编》卷二六五"熙宁八年六月戊午",第6517页。
④ 范祖禹:《范太史集》卷二九《赐观文殿大学士知颍昌府范纯仁茶药口宣》,《景印文渊阁四库全书》第1100册,第333页。
⑤ 蔡絛:《铁围山丛谈》卷一,第17—18页。
⑥ 周必大:《淳熙玉堂杂记》卷中,中华书局1991年《丛书集成初编》本,第23页。

年立翟贵妃为皇后并改回谢姓，周必大承担文件起草："乙酉晚，快行家来宣锁院，……酉时，出自东华门，入对选德殿。上曰：'太上有旨，立谢后，命卿草制。'必大奏：'合略及归姓否？'上曰：'不如此，四方何由知？明言幼随乳母可也。'宣坐赐茶讫，御药王蒙同入院，二鼓后，进草毕。"① 御药的作用显然是制度化的监督了。

其二，监督管理科举和考场并制定有关制度。此即前引"廷试进士，则主行其禁令，封印卷首而给纳之"。科举是国家大事，需要严格的管理，御药始终参与在场，起着重要的甚至是主导的作用。"每宣试官赴阁门授敕，值晚即降钥匙开门及留门放入，赴阁门授敕讫，勾当御药院使臣押赴试院。兼计会阁门称，自来差发降南省知举考试官等，系御药院密差人宣到阁门，伺候齐足，方将实封于众试官当面拆封给赐，与当直阁门祗候同押赴逐处锁宿。如值晚宣未齐足，御药与阁门祗候于东华门及左右掖门外齐候，给敕讫押赴逐处，乞更不开留在内门户"②。御药从宣布考官名单后，就开始押送其到试院封锁。考官集合完毕，御药当众拆开密封的考题转交考官，再将各考官一一押送至指定的住室。殿试时，连考生、考官等人的位次都是御药院划定并有图纸，其他事务也都由其负责。如熙宁三年诏："将来于集英殿御试举人，其臣僚及考校并诸司幕次，依今来御药院图子内相度贴定去处，应合行事件，令御药院检举施行。"当时又诏中书门下："令别定御试举人封弥式样送御药院，仍仰本院誊录两本，分送初、覆考官。"③ 御药院掌管试卷密封的样式，类似于现代高考的密封密码，由其誊录后分发给初考官、复试

---

① 周必大：《淳熙玉堂杂记》卷中，第26—27页。
② 徐松辑：《宋会要辑稿·职官》三四之二七，第3052页。
③ 徐松辑：《宋会要辑稿·职官》一九之一四，第2817页。

官。嘉祐六年科考,在考官赵抃日记中可看到御药忙碌的身影:"(二月)二十七日晴。上御崇政殿,试进士、明经诸科举人。……御药院公文二道,传宣精加考校……(三月)八日晴。……御药院录白中书札子进士以下等第云云……九日清明,雨。……御药院关奉圣旨看详定夺……"① 御药院不断传达着皇帝的指示,同时将贡院的情况转报皇帝。南宋周必大的记载更证明,所有科场的事务都由御药院传达皇帝:"臣近拟进御试进士策题,缘草本内有合题空之类,失于奏禀,并欲更改一字。今具下项:《祗承内禅》,'内禅'字合题起;……右欲望圣慈至期一并降付御药院,照应施行。"又有札子云:"臣适见御药院缴御试策问《赴中书省内躬行不息》,误雕作'躬行不迫',恐举人答策有害文义,欲望圣慈特令改正。"② 科举的考务、制度等,均有御药院直接参与管理或制定。例如:原来考生对考题不理解可以请示考官解答,至景祐元年,"始诏御药院,御试日进士题目,具经史所出,摹印给之,更不许上请"③。即不再允许上请,显然是由御药院执行。考试有规定的时间限制,如果天晚尚未答完需要点蜡烛,录取时则要降低等次。庆元年间御药院言:"故事,赐烛,正奏名降一甲,如在第五甲,降充本甲末名;特奏名降一等,如在第五等,与摄助教。"④ 属于执行考场纪律。北宋时,殿试的前十名卷子由御药院提交皇帝,由皇帝确定名次:"故事,廷试上十名,御药院先以文卷奏御定高下"。至建炎二年宋高宗指示"自今

---

① 刘昌诗:《芦浦笔记》卷五《赵清献公充御试官日记》,中华书局1986年版,第36—41页。
② 周必大:《文忠集》卷一二一《奏殿试策问题空札子》《奏改正策问内息字札子》,《景印文渊阁四库全书》第1148册,第340页。
③ 洪迈:《容斋随笔》卷三《进士试题》,第31—32页。
④ 佚名:《续编两朝纲目备要》卷五"庆元五年五月戊戌",中华书局1995年版,第92页。

勿先进卷子"才予以改变①。开禧二年,又增加了御药院核对殿试笔迹的事务。命"诸道漕司、州府、军监,凡发解举人,合格试卷姓名,类申礼部。候省试中,牒发御史台,同礼部长贰参对字画,关御药院内侍照应,廷试字画不同者,别榜驳放"②。殿试笔迹与省试、解试不同,定是替考作弊,要单独张榜公布。在新科明法考试中,绍兴十一年"始就诸路秋试,每五人解一名,省试七人取一名,皆不兼经"。次年御试时,"御药院请分为二等,第一等本科及第,第二等本科出身"③。充分说明御药院直接制定了有关科举的录取等级制度。

其三,参与编修国史、制造乐器和验证历法、翻译佛经。这些文化活动原本是文官和技术官的专业,但御药院不仅参与,在有些方面还起着重要作用。熙宁十年,诏令修仁宗、英宗两朝正史,组成人员中有:"命宰臣吴充提举;以龙图阁直学士、右谏议大夫宋敏求为修史;秘书监、集贤院学士苏颂同修史;秘书丞、集贤校理王存,太子中允、集贤校理、崇政殿说书黄履,著作佐郎、集贤校理林希并为编修官;勾当御药院李舜举管勾兼受奏事。"④勾当御药院李舜举的"管勾"兼"受奏事",一是主管行政事务,二是接受有关报告、请示的奏章转达皇帝。元祐六年诏:"右正议大夫、端明殿学士、礼部尚书邓温伯……入内内侍省内东头供奉官、管当御药院、寄供备库使陈衍,……各迁一官,内陈衍寄资。温伯等并以《神宗皇帝实录》书成赏功也。"⑤显然,管当御药院陈衍参与了《神宗皇帝实录》的编修并有功劳,所以与编修官一同

---

① 马端临:《文献通考》卷三二《选举考五》,第925页。
② 《宋史》卷一五六《选举志二》,第3635—3636页。
③ 马端临:《文献通考》卷三二《选举考五》,第935页。
④ 李焘:《续资治通鉴长编》卷二八二"熙宁十年五月戊午",第6903页。
⑤ 李焘:《续资治通鉴长编》卷四五六"元祐六年三月癸酉",第10921页。

受到奖励。绍兴五年,《重修神宗实录》成,有关官员晋级奖赏,"而承受入内东头供奉官、干办御药院张令亦进一官"①。曾在史院任职的曾布,为辨明一事对宋哲宗说:"如此事皆徇私变法及妨废职事,皆臣所不敢为。史院中有押班、御药等勾当,乞一询之,可知虚实。"②可知史院有御药常驻。古代儒家文明属于礼乐文明,乐曲和乐器是一代重要制度。宋代的乐器制造由御药院监管,如景祐二年四月,"命宰臣吕夷简、王曾都大管勾铸造大乐编钟,参知政事宋绶、蔡齐、盛度同都大管勾,集贤校理李照、勾当御药院邓保信专监铸造,仍以入内都知阎文应提举"③。至九月工程结束,朝廷按惯例予以奖赏:"祠部员外郎、集贤校理李照为刑部员外郎,赐三品服;入内供奉官、勾当御药院邓保信为理宾副使,以造新乐成也。自余修制官属诸工凡七百余人,悉迁补有差。"④值得注意的是奖励名单与前边任职名单不同,前言八人的领导班子,奖励时却只单独提到两人,说明不是按人头而是按功劳颁奖,勾当御药院邓保信也在其中,表明他起到了重要作用。涉及历法的检验,御药也要参加。熙宁二年,提举司天监钱象先报告:"乞今后每岁造《大衍》《宣明》《景福》《崇天》《明天》等历之时,其岁若有日月交蚀,令具注所蚀分数及亏初、蚀甚、复末时刻,或于岁首别立一项声说。遇交蚀,集算造历官于浑仪下对所差御药与两制监测验,浑仪官测验分数。"⑤在此,其作用是监督。熙宁初期翻译佛经,领导者中也有"入内内侍省内东头

---

① 李心传:《建炎以来系年要录》卷九三"绍兴五年九月乙酉",第 1547 页。
② 李焘:《续资治通鉴长编》卷五〇〇"元符元年七月甲子",第 11913 页。
③ 李焘:《续资治通鉴长编》卷一一六"景祐二年四月戊辰",第 2727 页。
④ 李焘:《续资治通鉴长编》卷一一七"景祐二年九月丁酉",第 2756 页。
⑤ 徐松辑:《宋会要辑稿·运历》一之八,第 2131 页。

供奉官、勾当御药院、监译经臣李舜举"①。

五、御药院的军事、外交、司法、抢险赈灾等事务

朝廷日常政务之外，御药院的事务另有很多方面。首先看其军事事务。

其一，参与军事行动及监军。康定元年宋夏战争期间，宋军屡遭败仗，知枢密事夏守赟"自请将兵击贼"，朝廷任命他为陕西都部署兼经略安抚等使，"仍以入内供奉官、勾当御药院张德明、黎用信为陕西都大管勾走马承受公事，掌御剑随之"②。任用两位御药院主管随行并担任西北边防具体职务，且携带上方宝剑，其意当是既为其壮行，又对他监督。有时，御药直接担任监军。熙宁六年，诏令"勾当御药院李宪为遥郡团练使寄资，给全俸。景思立攻下踏白城，宪监其军，故有是命"③。御药院长官李宪在景思立军中监军，因军队获胜而立功受奖。熙宁十年，入内东头供奉官、勾当御药院李舜举言："先差随安南行营大兵进讨，蒙改两官，今宣抚使、副皆被责，乞罢臣职任，重行黜责。"④则是他在征讨安南的宋军中担任某种职务，因军中主官被处分他却被奖励而不安，要求一同受处分。由此可以推知他在军中起到过很重要的作用。

其二，监督军官考核与检阅军队、民兵。按照宋朝军官的迁补制

---

① 成寻著，王丽萍校点：《新校参天台五台山记》卷六"熙宁六年二月廿五日"，上海古籍出版社2009年版，第558页。
② 李焘：《续资治通鉴长编》卷一二六"康定元年二月丁亥"，第2971—2972页。
③ 李焘：《续资治通鉴长编》卷二四七"熙宁六年十月辛巳"，第6024页。
④ 李焘：《续资治通鉴长编》卷二八四"熙宁十年八月辛巳"，第6946页。

度,军官迁补前要较试武艺,皇帝亲自检阅,而"前一日,命入内都知或押班一人、勾当御药院内侍一人,同军头引见司较定弓弩斗力标志之。凡弓弩艺等者,人占其一。至日,引见,弓弩列置殿前,命取一以射。军头引见司专视喝箭以奏。如喝失当,即奏改正。入内都知或押班同勾当御药院内侍殿上察视,如引见司不觉举,亦奏改正。枪刀手竭胜负,若喝不以实,并引见司失觉举,并劾其罪"①。在此,御药等人的任务有二:一是测试弓弩的强度做出标记,以防更换作弊;二是监督军头引见司所报的成绩,以防失误、作弊。御药院还负责巡视检查将兵训练情况和战斗力。如元丰六年,宋神宗诏令"客省使王渊,入内东头供奉官、勾当御药院梁从政按阅开封府界第一、第二将兵"②。同时,也巡视检查民兵组织保甲的训练情况。如元丰五年八月,"命枢密院副都承旨、客省副使张山甫,入内供奉官、勾当御药院刘惟简,案阅提举河北路保甲司所教大保长武艺"③。当年十一月,"就差案阅河北集教保甲、枢密副都承旨、客省副使张山甫,入内东头供奉官、勾当御药院刘惟简,案阅本路团教保甲"④。元丰七年,派员到河北、河东路依格按阅保甲,其中"枢密副都承旨张山甫,入内内侍省东头供奉官、勾当御药院刘惟简"到河东路⑤。

其三,检查、修缮兵器、工事及购买军粮。军队的后勤装备是战斗力的保证,与日常训练同样重要,御药院经常被派遣查看。如熙宁七

---

① 《宋史》卷一九六《兵志十》,第4878页。
② 李焘:《续资治通鉴长编》卷三三二"元丰六年正月己亥",第8005页。
③ 李焘:《续资治通鉴长编》卷三二九"元丰五年八月戊午",第7920页。
④ 李焘:《续资治通鉴长编》卷三三一"元丰五年十一月辛卯",第7973页。
⑤ 李焘:《续资治通鉴长编》卷三四七"元丰七年七月辛丑",第8322页。

年,"遣勾当御药院李宪往鄜延路按阅诸军,点检器甲"①。数天后又"遣勾当御药院李宪往熙河路勾当公事,兼照管修赞纳克城军马"②。元丰三年,"遣勾当御(医)[药]院窦仕宣往北京,勾当内东门司阎安往澶州编排、点检、封桩两九军军器什物,具析依样与否及可用不可用以闻"③。京城的城防建设更为重要,建中靖国元年,"诏管勾御药院阎守勤,以见存材植制造防城之具","初,元丰中城京师楼橹之类,咸极攻坚,所储莫非良材。至元祐尝罢之,以其材他用。上令守勤检校,犹不乏,故俾终其功"④。由其制造城防器材。有时直接出面采购军粮。至和元年,"出内府钱二百万,令入内供奉官、勾当御药院张茂则置司,以市河北入中军粮抄"⑤。

其四,慰问、表彰边防将士。元丰四年,宋神宗诏出师西夏作战返回延州的宋军主帅沈括:"本路行营之师,自出境以来,逢贼大小战斗,未尝伤沮,迄今保全南路并塞。其士卒适当凝寒之际,加之尝抱饥馁,其于勤劳忠荩,可嘉甚矣……已差勾当御药院刘惟简往来本路传宣抚问,出塞还将士已下并赐银合茶药,犒设支赐。"最早的规定是:"军士疾病先还者不赐。"刘惟简至庆州后感到不妥,遂报告说:"士卒去父母妻子,入万死一生之地,不幸将臣违圣略,失绥抚,粮食不继,逃生以归,其情可贷。今同立廷中,观彼受赐而己不预,小人无知,仓卒

---

① 李焘:《续资治通鉴长编》卷二五〇"熙宁七年二月丙子",第6087页。
② 李焘:《续资治通鉴长编》卷二五〇"熙宁七年二月壬午",第6094页。
③ 李焘:《续资治通鉴长编》卷三〇八"元丰三年九月乙酉",第7486页。原作"医",误。窦仕宣在本书中五出于元丰元年至四年,在此前后均为勾当御药院(见第7151、7553、7588页),不当于此忽为"御医院"。据《景印文渊阁四库全书》第319册第282页改。
④ 徐松辑:《宋会要辑稿·方域》一之一九,第7328页。
⑤ 徐松辑:《宋会要辑稿·食货》五一之四至五,第5676—5677页。

之际，恐未易制。"皇帝赞同他的建议，"即听均赐"①。御药不是简单地代表皇帝慰问赏赐，还可根据具体情况提出调整方案的建议，避免发生意外。绍兴三十一年，两浙西路马步军副总管兼提督海船李宝获得胶西大捷，宋高宗大喜，"即赐诏书奖谕。命干办御药院贾竑押赐金合茶药、金酒器数十事，且书'忠勇李宝'四字表其旗帜"②。不久，晋升李宝为靖海军节度使等职，又"遣干办御药院陈子常押赐旌节、官告、鞍马"③。

其五，搜集报告边防情报。天圣三年，入内供奉官、勾当御药院张怀德报告："体量环庆路蕃官巡检、三班奉职遇埋，杀牛犒蕃部，传箭欲寇山外。"宋仁宗立即诏令本路部署司"察其巨猾者，即加捕诛，若事有未便，且取酋豪禁之。"④则是御药院还有收集情报职能。应当引起高度关注的是，他的情报从何而来？可以肯定不是从环庆路部署司这一正常渠道来的，因为该司并不知此事。似是另有秘密渠道，可惜仅见此一条资料。

其六，惩治叛将。元丰四年进攻西夏的战争中，一支部队因供给断绝，天降大雪，饥寒交迫中，"左班殿直刘归仁率众南奔，相继而溃入塞者三万人，尘坌四起，居人骇散。"按宋代军法属于叛军行为，主帅沈括将刘归仁处斩，"既而上使勾当御药院刘惟简来治叛者，括对曰：'罪误士卒者刘归仁，已行军法。'惟简遂归"⑤。虽未经手惩治，但其任务就是惩治叛者的。

---

① 李焘：《续资治通鉴长编》卷三二〇"元丰四年十一月丙午"，第7727—7728页。
② 李心传：《建炎以来系年要录》卷一九四"绍兴三十一年十一月己丑"，第3276页。
③ 李心传：《建炎以来系年要录》卷一九五"绍兴三十一年十二月辛丑"，第3290页。
④ 李焘：《续资治通鉴长编》卷一〇三"天圣三年十月庚戌"，第2390页。
⑤ 李焘：《续资治通鉴长编》卷三一九"元丰四年十一月丁酉"，第7715—7716页。

同时，在国家外交活动中，御药院承担着许多职责。

其一，管理外交礼品。嘉祐八年学士院的报告中透露："当院窃见逐次入国礼物件段数目札子系御药院编排修写，自来直至看礼物讫，方送本院，多临日忽忙，书写不谨，窃恐差误。缘书录凡经四次进印，其书匣又于入国（史）[使]副未进发前给付。乞指挥御（医）[药]院，令每编排定入国礼物数目，先次抄写件段数目札子一本，仍于看礼物五七日以前关送本院，以凭预定修写比对。仍候看礼物讫，续次送进本赴院，再行校勘进呈，免至临日误事。"御药院解释道："除每年常程礼物亦俟后苑造作所供纳及内降到衣物等齐足，方始见得颜色花样、斤两数目，即于进呈前一二日可以先次具录，供赴学士院。其非泛国信礼物，系逐旋取旨，排办制造，或临时内降，名件不定，即难以预先供写。"宋仁宗诏："御药院于看礼物前三日供赴学士院。"① 由此可知，所有出使外国的礼品由御药院管理，包括保管和编排清单。具体的筹办仍是御药院的职责。如元丰八年，诏："太皇太后特送辽国生辰礼物，令御药院依章献太后与北朝皇太后礼物数排办。内：冠朵，缠以金玉；腰带，水晶；鞍辔，以玉；鞋袜，以靴代之。"② 元祐元年，御药院报告："将来坤成节回答北朝礼物，乞依同天节制造。"③ 坤成节是向太后生日，辽国自然派使者来贺并致礼品，宋朝回赠礼品也由御药院筹办。有关礼品的礼节等事务均由御药院操作。元符二年，馆伴辽国泛使所言："萧德崇等计会朝见交割礼物，称有玉带并小系腰，元无封印，馆伴蔡京等诘德崇不印封因依，德崇曰：'常礼是有司排办，金玉带珠子系腰是北

---

① 徐松辑：《宋会要辑稿·职官》六之五〇，第2521页。
② 李焘：《续资治通鉴长编》卷三五九"元丰八年八月乙酉"，第8586页。
③ 李焘：《续资治通鉴长编》卷三六七"元祐元年二月丁亥"，第8821页。

朝皇帝亲系者，临行时当面付授，所以无封印。'"诏："札与御药院取旨回答。"① 即对辽国该礼品没有封印这一具体情况究竟该怎样处理，交由御药院拿出方案。既说明御药院对此类事务经验丰富，似还说明御药院接受或保管外国使者的礼品。

其二，协助皇帝接见外国人。熙宁十年，注辇国王派使团来宋朝见，"使副以真珠、龙脑登陛，跪而散之，谓之撒殿。既降，诏遣御药宣劳之"②。即由御药上前慰劳一番。元符二年，环庆路押解生擒的西夏军官额伯尔上朝引见，此人"称罪者再三"，宋哲宗"遣勾当御药院刘友端宣谕释缚，贷死"③。由御药院官员上前解开捆绑，代表皇帝宣布免其死罪。

其三，接待外国人。熙宁年间日本僧人成寻来到开封，御药院是主要接待机构之一，对此，曹家齐教授已有专门研究："归纳起来，御药院宦官在接待成寻一行过程中主要发挥的作用有：迎接并协助办理在京诸项事务、安排日常生活、传递文书及相关信息、陪伴参观京城寺院、颁赐礼品等。"④ 元符元年，高丽使团来宋，向綝任引伴使，按惯例任务结束后"当得举一指使"。但由于宰相变动未能落实，向綝投诉于宰相曾布抱怨说："高丽一行，舟船事务极多，岂敢更望他管勾，但照管得他无言语，已为幸事。"宋哲宗听说后问："莫是得钱否？"意思是作为高丽使团的引伴使，是否收了高丽使者的钱物？曾布说："元丰中得

---

① 李焘：《续资治通鉴长编》卷五〇七"元符二年三月己未"，第 12079 页。
② 《宋史》卷四八九《注辇国传》，第 14099 页。
③ 李焘：《续资治通鉴长编》卷五一五"元符二年九月戊辰"，第 12260 页。
④ 曹家齐：《宋朝对外国使客的接待制度——以〈参天台五台山记〉为中心之考察》，《中国史研究》2011 年第 3 期。

五六百千，元祐才一二百千尔。"向綈说："押班御药辈亦多知之。"① 其事件具体情况不必细究，问题在于透露了引伴高丽使团者也有御药。这一情况在下列史料中得到充分证实。乾道九年诏："每遇人使到阙，干办御药院官与阁门官应奉事体一同，可特与依阁门等处体例每及十番转一官，仍自干办本院日为始。"② 阁门是南宋专门负责外事接待的职能部门，但凡有使者来到朝廷，御药院其实也都参与接待，而且工作量不少于阁门，所以应当与阁门一样按劳绩升迁。

其四，勘定边界。熙宁七年，辽国要求重新划定与宋朝河东路的边界，逼迫宋廷接受以分水岭土垄为界的条件。如此重大事件，皇帝两次派御药院官员前往处理。熙宁七年，"遣勾当御药院李舜举往太原府代州勾当公事"③。熙宁八年，又"遣勾当御药院李舜举往河东分画地界所勾当公事"④。最终割让土地七百里。

在司法领域，御药院同样发挥作用，经常受命审理案件或监督审理案件。

其一，审理案件。元丰元年宋神宗手诏："闻御史台勘相州法司，颇失直，遣知谏院黄履、勾当御药院李舜举据见禁人款状引问，证验有无不同，结罪保明以闻。"⑤ 派御药院官员与知谏院一同，重审御史台审理不实的案件。元丰四年，照河名将韩存宝在泸州平定乞弟时出现问题，宋神宗"命侍御史知杂事何正臣泸州体量公事，入内东头供奉官、

---

① 李焘：《续资治通鉴长编》卷五〇〇"元符元年七月甲子"，第11913—11914页。
② 徐松辑：《宋会要辑稿·职官》一九之一五，第2818页。
③ 李焘：《续资治通鉴长编》卷二五四"熙宁七年六月丙申"，第6217页。
④ 李焘：《续资治通鉴长编》卷二七〇"熙宁八年十一月甲申"，第6627页。
⑤ 李焘：《续资治通鉴长编》卷二八九"元丰元年四月乙巳"，第7060页。

勾当御药院梁从政同体量,劾韩存宝等也"①。结果是韩存宝被处死。九个月后,宋神宗有指示:"勾当御药梁从政可迁七资","以推鞫韩存宝狱故也"②。说明在审理该案中梁从政立有功劳。宋哲宗时,在废孟皇后之前有一重大案件成为导火索。孟皇后的养母和尼姑、供奉官"为后祷祠。事闻,诏入内押班梁从政、管当御药院苏珪,即皇城司鞫之,捕逮宦者、宫妾几三十人,榜掠备至,肢体毁折,至有断舌者。狱成,命侍御史董敦逸覆录,罪人过庭下,气息仅属,无一人能出声者"③。宦官的残忍性暴露无遗。建炎元年,审理宫女私侍伪楚皇帝张邦昌一案,宋高宗"命留守司同御药院官即内东门推治"④。可见,御药院参与的都是重大案件。

其二,监督审理案件。元丰元年,"命权同判刑部员外郎吕孝廉,司勋员外郎、权大理少卿韩晋卿,于同文馆置司,劾相国寺设粥院僧宗梵等事,令勾当御药院窦仕宣监之"⑤。此案涉及朝廷官员,案情复杂,虽然开封府已经审理,仍派员重审,并派御药院官员监督。

在抢险赈灾方面,御药院也四处奔波。

其一,河防工程。宋代黄河屡屡决口,御药院常出面考察、监督河防工程。如元丰四年,黄河在澶州小吴埽决口,朝廷在任命新的知州同时,任命御药院官员监督堵塞决口:"以权判军器监、朝请大夫李立之权知澶州,遣入内供奉官、勾当御药院窦仕宣监塞小吴埽决河。"⑥到

---

① 李焘:《续资治通鉴长编》卷三一一"元丰四年正月丁酉",第7535页。
② 李焘:《续资治通鉴长编》卷三一六"元丰四年九月辛丑",第7645页。
③ 《宋史》卷二四三《孟皇后传》,第8633页。
④ 李心传:《建炎以来系年要录》卷七"建炎元年七月丙辰",第192页。
⑤ 李焘:《续资治通鉴长编》卷二九三"元丰元年十月壬子",第7151页。
⑥ 李焘:《续资治通鉴长编》卷三一二"元丰四年五月己丑",第7573页。

任不久，窦仕宣就报告："小吴决口，下至乾宁军扑桩口。相视今河自乾宁军扑桩口以下，流行未成河道；又缘河东北流，自小吴向下，与御河、葫芦、滹沱三河合流，深恐涨水之际，堤防难限。乞令都水监定三河合黄河如何作堤防限隔，或不合黄河，其三河于何所归纳。"宋神宗"诏送李立之相度"。后来李立之言："三河别无回河归纳处，须当合黄河行流。"诏"从之"①。勾当御药院窦仕宣负责监塞决口，但有问题并不与知州商量，而是直接报告皇帝，皇帝指示他与知州商量。元丰八年，地方和朝廷在澶州黄河是否回归故道问题上一直犹豫不决，知澶州王令图曾建议"回复大河故道，未闻施行"。宋神宗先是诏令吏部侍郎陈安石与入内都知张茂则一同"相视利害以闻。寻命勾当御药院冯宗道代茂则"②。元祐元年，勾当御药院冯宗道再次奉命与吏部侍郎李常奔赴黄河考察堤防，然后联名报告了发现的河防问题、原因及对策，"欲乞添置使者"。宋神宗接受其建议，诏添置外都水使者、勾当公事各一员③。

其二，赈灾抚恤。明道二年四川发生饥荒，朝廷派遣使者分两路抚恤："天章阁待制王翺益利路，户部副使张宗象梓夔路，上御药杨承德、入内供奉官吕清分路走马承受公事。"④前两位是主官，上御药杨承德等两位宦官以走马承受公事身份将有关情况向皇帝报告。元丰七年西京、河北两地的水灾，均有御药与朝廷官员共同出使赈济。"诏户部员外郎张询、勾当御药院刘惟简赈济西京被水灾军民，并催督救护官物城壁等。其合行事如有违碍，从宜施行。"同时，河北大名府发生严重水

---

① 李焘：《续资治通鉴长编》卷三一三"元丰四年六月己巳"，第7588页。
② 李焘：《续资治通鉴长编》卷三六一"元丰八年十一月丙午"，第8647页。
③ 李焘：《续资治通鉴长编》卷三七四"元祐元年四月辛卯"，第9066—9067页。
④ 李焘：《续资治通鉴长编》卷一一二"明道二年二月壬子"，第2606页。

灾，朝廷遣金部员外郎井亮采、勾当御药院梁从政前往"按视，合赈济事，如西京指挥"①。熙宁年间西北多有战事，导致尸骨遍野，因而派遣勾当御药院李舜举"往收瘗吊祭之，仍设水陆斋，为死者营福焉"②。负责将暴露原野的尸骨收集掩埋并举行祭奠和佛教法会以超度死者。

为保证御药院外出的顺利快捷，在诸急脚马递铺中持有特别证件："急脚铺别给御前急递及尚书省、枢密院、入内内侍省、御药院往还小历。"可以享受最便捷的待遇③。

六、皇帝对御药院的亲信与控制

宦官是皇帝身边亲密的人，而御药院宦官无疑又是皇帝最亲密、最亲信者，从以下几个事例可见一斑。在宫中，皇帝自己承认御药是最亲密者。如宋高宗言："朕今在宫中，都知押班御药素号最亲密者。"④在朝廷同样如此。宋仁宗时，知谏院杨畋、司马光上书要求加强保密："故事，凡臣僚上殿奏事，悉屏左右，内臣不过去御座数步，君臣对问之言皆可听闻，恐漏泄机事非便。"宋仁宗诏："自今止令御药使臣及扶侍四人立殿角，以备宣唤，余悉屏之。"⑤御药是皇帝上朝时身边最贴近的人，不怕泄密也不能回避。而且关键时刻总是召唤御药院官员。如宋仁宗时的领御药院张茂则最受信任："仁宗不豫，中夜促召，茂则趋入扶卫，

---

① 李焘：《续资治通鉴长编》卷三四七"元丰七年七月丙午"，第8323页。
② 李焘：《续资治通鉴长编》卷二四七"熙宁六年十月丁酉"，第6032页。
③ 谢深甫：《庆元条法事类》卷一七《驿令》，黑龙江人民出版社2002年版，第360页。
④ 李心传：《建炎以来系年要录》卷一四六"绍兴十二年八月丙子"，第2344页。
⑤ 李焘：《续资治通鉴长编》卷一九五"嘉祐六年九月壬戌"，第4720页。

左右或欲掩宫门，茂则曰：'事无可虑，何至使中外生疑耶？'"①他不但勇于任事，而且敢于担当。宋代皇帝对御药院颇为满意，多有褒奖。如李舜举"在御药院十四年，神宗尝书'李舜举公忠奉上，恭勤检身，始终惟一，以安以荣'十九字赐之"②，简直是赞不绝口。李宪三次担任御药院长官，宋神宗曾予以特别赏赐，批示道："李宪见寄昭宣使，所有南郊支赐，缘宪勾当御药院三，昼夜执事，最为勤劳，难依散官例。"③可谓关怀备至。

特殊的地位及皇帝的宠信，一些御药不免利用权势谋取私利。宋哲宗时，刘安世曾揭发"御药李倬用内降请地事"："勾当内东门李倬得内降旨挥，欲置启圣院常住白地以为坟茔。朝廷既下所司施行，而寺僧遍诣执政台省，次第陈诉，以谓倬之所请，乃是竹木园圃，栽植有年，数逾万本，其中房舍仅三十间，而敢欺罔天聪，指为白地，诞谩暴横，一至于此。"④更有官员结交御药，谋求升迁或复职。天圣年间，范讽曾"以疾监舒州灵仙观，尚御药张怀德至观斋祠，讽颇要结之，怀德荐于章献太后，遂召还"⑤。

还有人利用御药院的权势招摇撞骗。庆历年间李觏揭露：同乡邹子房自京师寄书其家，"自言因奏封事，得恩为斋郎。乡人以其无行也，初未甚信。及见北来者，且问诸部吏，皆曰无之。于是乡人愈疑其诈矣。今兹来归，果无礼部补牒，独执御药院文书一纸以为符验，而沿路

---

① 《宋史》卷四六七《张茂则传》，第13641页。
② 《宋史》卷四六七《李舜举传》，第13645页。
③ 李焘：《续资治通鉴长编》卷二五八"熙宁七年十一月己巳"，第5297页。
④ 刘安世：《尽言集》卷六《御药李倬不合用内降请地乞付有司根治事》，中华书局1985年《丛书集成初编》本，第71—72页。
⑤ 《宋史》卷三〇四《范讽传》，第10061—10062页。

郡府佥以衣冠待之。本属转运不疑其欺,又给凭由,使兴置银铜坑冶,因缘形势,蒙蔽州闾,万目蚩蚩,无敢明辨。噫!可怪也。觊窃评之曰,以御药院文书可行耶?不可行耶?子房已受补牒而不以随身耶?且三者,皆可为之切齿也。御药院文书可行,则国家之祸耳;其不可行,或已受补牒而不以随身,皆子房之罪也。……今祗欲凭御药院文字,不必朝省指挥,则是宦者夺宰相之权,王命出小臣之手。祸乱之本,莫斯为大!"① 以所持御药院文书证明自己已是朝廷官员斋郎,居然也被一些地方官认可,可见御药院的权势。

对于御药院宦官的一些不法行为,朝廷官员进行了激烈的抨击。表面上针对的是御药,实际上面对的是皇帝,针对的是皇权。在皇太后垂帘听政的明道年间,殿中侍御史段少连揭发"上御药杨怀德至涟水军,称诏市民田三十顷给僧寺。按旧例,僧寺不得市民田。请下本军还所市民田,收其直入官。从之"②。违反制度的行径虽然得到纠正,但未见处分杨怀德。看来说其"称诏"恐怕不是空穴来风,很可能就是皇太后指使,否则"矫诏"的罪名难辞其咎。孔道辅在太后任命他为左正言的当天,即"论奏枢密使曹利用、尚御药罗崇勋窃弄威柄,宜早斥去,以清朝廷。立对移刻,太后可其言,乃退"③。宋神宗刚即位就任命司马光为御史中丞,司马光上任后首先弹劾御药院长官:"勾当御药院高居简,姿性奸回,工谗善佞,久处近职,罪恶甚多。"宋神宗表示等到宋英宗丧事结束就撤他,司马光说:"闺闼小臣,何系山陵先后!舜去四凶,不为不忠;仁宗贬丁谓,不为不孝。居简狡猾胆大,不惟离间君臣,恐

---

① 李觏:《李觏集》卷二八《上蔡学士书》,中华书局1981年版,第314页。
② 李焘:《续资治通鉴长编》卷一一三"明道二年八月庚子",第2632页。
③ 《宋史》卷二九七《孔道辅传》,第9884页。

陛下母子、兄弟、夫妇皆将不宁。"连续上书弹劾，表示与其势不两立："臣与居简难于两留，乞罢中丞与郡。"最终迫使宋神宗罢免了高居简勾当御药院的职务，改任供备库使①。

与御药院宦官斗争的目的，就是杜绝宦官专权及与大臣勾结造成祸害。"祖宗以来，择内臣谨信者勾当御药院。以其职任最为亲近，恐名位寖崇，岁月稍久，则权势太重，不可制御，故常用供奉官以下为之，转至内殿崇班，则出为外官。此乃祖宗深思远虑，防微杜渐，高出前古，诒谋万世者也"②。在制度设计上，就体现出防微杜渐的用心，御药院长官职位稍高即不可留在身边。至于结交朝臣更不为政坛所允许。嘉祐末，陈旭（即后来的陈升之）被任命为枢密副使，赵抃等人表示强烈反对，重要原因就是他交结御药王世宁："且今天下之人谁不知陈旭佞邪交结中贵之迹邪？天下之人谁不知陈旭是御药王世宁通家亲戚邪？天下之人谁不知自太祖开国，太宗、真宗三圣以来，迨陛下临御百有余年，未尝有御药中贵人亲戚入两府之人耶？"③最终将其拉下马。

对于御药院的使用，士大夫认为不应多派外出差遣。知谏院杨绘对刚即位的宋神宗指责道："近闻差勾当御药院王中正往陕西勾事，续又差勾当御药院李舜举继往，未几又差押班王昭明继往。御药院、押班最为亲近之职，祖宗已来，差出甚少。外之官吏苟奉上所亲近之人，不惟扰民，抑甚骇物。今乃旬月之中差御药院二人、押班者一人接迹而行。陛下以此辈为腹心乎？则馆阁台省之臣，乃朝廷所养以待用者，岂无一

---

① 陈均：《皇朝编年纲目备要》卷一七"治平四年四月"，中华书局2006年版，第402页。
② 赵汝愚编：《宋朝诸臣奏议》卷六二，司马光《上仁宗论御药院刘保信等与授外任不得暗理官资》，第682页。
③ 赵抃：《清献集》卷一〇《奏疏乞速行退罢陈旭以解天下之惑》，《景印文渊阁四库全书》第1094册，第889页。

人可为腹心,而必用此辈乎?"①指出御药院长官应当在宫内,外出既扰民,且意味着皇帝不信任士大夫。

御药院宦官的作为还曾激起民愤。靖康年间太学生陈东等率数万人伏阙请愿,要求朝廷恢复李纲、种师道的原职,宋钦宗被迫急忙传宣李纲。群众等急了,"奈其书为奸人蔽塞,不即通,军民因毁阙前栏楯,挝登闻鼓,其不逞者,愤宦官之前为奸也,乘势鼓噪,杀御药朱拱之等,至揉其肤发"②。这个御药就是被派去召见李纲的,因行动迟缓加以群众对他们长期的积怨被当场惨杀。

平心而论,宋代御药院宦官虽然职权十分广泛,但权势有限,并未酿成大患。士大夫政治及其对御药院的批评压制,显然起到不小的作用。且看范祖禹的威慑力:

> 元祐初,范公以著作佐郎兼侍讲,每造迩英,过押班御药阁子,都知已下列行致恭即退。顾子敦尝与都知梁惟简一言,公大以为失体。陈衍初管当御药院,来谢,宅门数步外下马,留榜子与阍者云:"烦呈覆,欲知曾到门下。"其后公为谏议大夫,僦居城西白家巷,东邻陈衍园也。衍每至园中,不敢高声。谓同列曰:"范谏议一言到上前,吾辈不知死所矣。"其畏惮如此。③

御药院宦官畏惧范祖禹,是怕遭他弹劾被皇帝惩治,归根结底还是处于

---

① 赵汝愚编:《宋朝诸臣奏议》卷六二,杨绘《上神宗论不当差王中正等往外干事》,第690—691页。
② 陈东:《少阳集》卷六《附录·行状》,《景印文渊阁四库全书》第1136册,第326页。
③ 晁说之:《晁氏客语》,《景印文渊阁四库全书》第863册,第167页。

皇权的镇伏之中。宋高宗认为金朝宦官干政和唐代宦官专权的原因，是"天子纵之所致。朕今在宫中，都知、押班、御药素号最亲密者，非时未尝见，见时未尝不正色"。既不多接触，也不给好脸色，目的是"庶使知惧"①。皇帝和士大夫共同努力，有效地控制着御药院宦官。

七、结语

总结全文可知，御药院职能包括政治、经济、军事、文化、卫生、外交等，几乎涉及宫廷所有事情和社会各个领域（受史料限制，估计其活动范围不止这些）。这是任何一个官员、职位或职能机构也做不到的，只有皇帝能做到：御药院是宋代特有的皇帝的御用工具。从时间角度看，宋初三十多年间并无其事，宋太宗临死前才设置；其超出医药的职能则是开始于宋仁宗朝；活动频繁以宋神宗、宋哲宗朝为高潮（对皇城司的滥用也以神宗朝为最）。虽说起初有"或参用士人"的记载，但并未见任何证例，可以说除了技术工匠外就是一个宦官机构。这些行为如果单纯是宦官所为也就罢了，历史上宦官做任何事情都不稀奇，问题在于挂羊头卖狗肉，以御药院为名做大量其他工作且远远超出了本职。其职能有的是制度，有的是惯例，更多的是随意指派。可以看到，御药院是皇权的具体体现。对内，御药院像是皇帝私人的办公室，御药像是皇帝的私人秘书；对外，如皇权细长的触角任意伸向任何一个地方和领域。御药是宋代宦官的佼佼者和代表。

---

① 李心传：《建炎以来系年要录》卷一四六"绍兴十二年八月丙子"，第2344页。

概括宋代御药院制度的特点，一是性质的隐蔽性，披着御药院的外衣很少引人注意，以至于千年之后才真相大白；二是职能的广泛性，几乎无所不能，说明皇权的无所不在；三是使用的任意性，一切依专制独裁者意愿行事，并无一定之规。加以皇帝对其亲信有度，控制有效，御药院制度是宋代皇帝对宦官制度的巧妙运用。在职官制度设计上，与名不副实的皇城司制度有异曲同工之妙。由此似可知，在士大夫政治的改造下，宋代皇权表面上不再强硬，实际上并未削弱，以御药院为代表的皇权新动向表明，只是换了新方式，走向细密化，即隐蔽、广泛、具体。

（原载《文史哲》2014 年第 6 期）

秦汉人身高考察

彭 卫

一、秦汉人身高推测

涉及古人身高的资料有三类，即传世资料、出土文字资料和考古人类学资料。传世和出土文字资料记录的是某个或某些个体的身高状况，也涉及对当时人一般身高的描述。考古人类学资料是对古人遗骸的鉴定，有两种测算方式：一是对完整肉体或骨骼的直接测量，一是对残存的上肢或下肢骨骼的测算。前者准确性较高，后者则因有不同测算方法而具有估算性质。就后者而言，目前古人类学使用的测量方法主要有 Pearson、Sterenson、Trotter and Glese、邵象清、陈世贤、张继宗等测量方法，其间存在不小差异。例如对内蒙古和林格尔土城子战国人骨骼身高用前不同推算方式所得结果都有差距，最大者近 5 厘米[①]。由于这三类资料都有某种不确定性，也都不够完整，因此对秦汉人身高进行复原只

[①] 顾玉才：《和林格尔土城子战国居民人口学及相关问题研究》表 6 "土城子居民身高与其他古代组的比较"、表 7 "土城子居民身高与其他古代组的比较"，北京大学考古文博学院编：《考古学研究》（七），科学出版社 2008 年版。

能是近似的。

"秉气有丰约,受形有短长。"① 与现代社会相似,秦汉人身高也存在着个体差异,这个时期中国人有着怎样的中常身高?这里有三类资料可以分析。

(一) 传世资料中的一般性描述

1.《灵枢经》云:

> 黄帝曰:"愿闻众人之度。人长七尺五寸者,其骨节之大小长短各几何?"②
> 若夫八尺之士,皮肉在此,外可度量切循而得之,其死可解剖而视之。(《经水》)

2.《淮南子》云:

> 吾生也有七尺之形。(《精神》)
> 自当以道术度量,食充虚,衣御寒,则足以养七尺之形矣。(《氾论》)
> 夫七尺之形,心知忧愁劳苦,肤知疾病寒暑,人情一也。(《修务》)

---

① 萧统编,李善注:《文选》卷五〇《宋书·谢灵运传论》注引汉诗《古猛虎行》,中华书局1977年版,第702页。
② 河北医学院:《灵枢经校释·骨度》,人民卫生出版社1982年版,第325页。

3.《论衡》云:

中人之体七八尺。(《祀义》)

人生长六七尺。(《齐世》)

今燕之身不过五寸,薏苡之茎不过数尺,二女吞其卵、实,安能成七尺之形乎?(《奇怪》)

人形长七尺。(《感虚》)

以七尺之细形,形中之微气,不过与一鼎之蒸火同,从下地上变皇天,何其高也?(《变虚》)

今人之形,不过七尺,以七尺形中精神,欲有所为,虽积锐意,犹筋撞钟、箄击鼓也,安能动天?(《感虚》)

夫通人犹富人,不通者犹贫人也。俱以七尺为形。(《别通》)

以七尺之细形,感皇天之大气,其无分铢之验,必也。(《变动》)

譬犹人形一丈,正形也,名男子为丈夫。(《气寿》)

4.《潜夫论·卜列》云:

夫人之所以为人者,非以此八尺之身也,乃以其有精神也。

以上所述对象均为男性。数据以"七尺"最多,凡9见。"八尺"凡2见。"六七尺""七八尺""七尺五寸"和"一丈"各一见①。"七尺"

---

① 根据出土实物,西汉和新莽时期1汉尺约等于23厘米,东汉1汉尺约等于23.4厘米。参

虽然出现率最高，但如我们下面讨论的其他资料所显示的那样，它至少不能反映黄河流域地区居民的中常身高状况。关于身高"七尺"的说法，先秦时期即已出现。如《吕氏春秋·上农》云："凡民自七尺以上，属诸三官。农攻粟，工攻器，贾攻货。"揆其文义，所谓"七尺"云云，应是将这个高度作为成年标志。但《论衡》每以"七尺"为身高常数，言之凿凿，似乎另有指向所在，对此后文还要讨论。"七尺"和"八尺""六七尺""七八尺"之间相差20多厘米，这种较为随意的描述表明这大约是一个约略的数字。与"七尺"相应，汉尺六尺（138厘米）是未成年人的身高，"六尺"即成为国家和民间对未成年人的指称①。故"六七尺"亦非的说。《说文》"夫部"云："夫，丈夫也。……周制以八寸为尺，十尺为丈。人长八尺，故曰丈夫。"则"八尺"之说与周制有关，即"人长八尺"乃是周尺。据吴承洛推算，周尺长19.9厘米②，则周"八尺"不足160厘米。这个数字是较为低矮的。据出土实物，东周尺度与秦汉接近，但此长度是否就符合汉代人对周尺的理解，还不明晰。因此以目前资料而言，"人形八尺"同样不宜作为秦汉成年男性一般身高的依据。"一丈"之说有其特定语境。《气寿》篇的这段文字是：

（接上页）见丘光明：《中国历代度量衡考》，科学出版社1992年版，第54—56页；白云翔：《汉代尺度的考古发现及相关问题研究》，《东南文化》2014年第2期。白文指出：出土的汉尺出土实物存在明显差异，不能僵死理解。所言是。故本文以23厘米作为1汉尺长度。

① 《汉书》卷四八《贾谊传》："可以寄六尺之孤。"颜师古注引应劭曰："六尺之孤，未能自立者也。"（中华书局1962年版，第2258、2259页）睡虎地秦简《秦律十八种·仓律》："隶臣、城旦，高不盈六尺五寸，隶妾、舂，高不盈六尺二寸，皆为小。"《法律答问》："甲盗牛，盗牛时高六尺，毂（系）一岁，复丈，高六尺七寸，问甲可（何）论？当完城旦。"（睡虎地秦墓竹简整理小组：《睡虎地秦墓竹简》，文物出版社1978年版，第49、153页）可知秦律规定，身高6.5尺（约150厘米）和6.2尺（143厘米）分别是男性和女性成年的标志。

② 吴承洛：《中国度量衡史》，商务印书馆1937年版，第57页。

> 百岁之命，是其正也。不能满百者，虽非正，犹为命也。譬犹人形一丈，正形也，名男子为丈夫，尊公妪为丈人。不满丈者，失其正也，虽失其正，犹乃为形也。夫形不可以不满丈之故谓之非形，犹命不可以不满百之故谓之非命也。

显然，王充所言男子高一丈为"正形"，并不是说一丈是成年男子身高的平均值，而是将之作为一个理想化的数字，犹如假设人寿百年。"七尺五寸"（约合172.5厘米）是一个具体可观的数字，后世医学著作亦多取此数。如晋王叔和《黄帝针灸甲乙经》卷二《骨度肠度肠胃所受》说"人长七尺五寸"；唐王焘《外台秘要》卷三九《明堂序》云："人长七尺五寸之身"；日人丹波康赖（912—995）《医心方》卷二《诸家取背输法》说"但人七尺五寸之躯虽小，法于天地，无一经不尽也"[1]。《灵枢经·骨度》和《黄帝针灸甲乙经》论人身高目的是解释身体结构，并及取穴精准，就此而言从理论上说应是以常人体高为据。明人马莳（元台）由此认为这个高度是"上古适中之人"[2]。因此，"七尺五寸"是一个应予考虑的平均身高数据。

还有一个特别的资料值得注意。《史记·三代世表》褚少孙引《黄帝终始传》云："汉兴百有余年，有人不短不长，出自燕之乡。""不短不长"指的显然是中等身高。《黄帝终始传》现仅存残文，著者不详。褚少孙能读此书，可知此书成书大致在元成时期。文中"不短不长"之

---

[1] 例外者只有《备急千金要方》卷二九《针灸上》云："若依明堂正经人是七尺六寸四分之身。今半之为图。人身长三尺八寸二分。"
[2] 马元台、张志聪：《合注〈素问〉〈灵枢〉》卷三，上海广益书局1910年印行（北京中西医学研究总会藏版）。

人,指的是西汉昭宣名臣霍光。据《汉书·霍光传》,霍光身高七尺三寸(168厘米)。

(二)传世文献和出土资料中的个案解说和统计

《后汉书·冯勤传》说冯勤祖父冯偃身高不足七尺,"常自耻短陋",遂为子娶高身材之妻,生冯勤,高八尺三寸。又汉代文献每以男性身高八尺以上入史,则不足七尺(约161厘米)是男性矮子和常人的界限,而八尺(约184厘米)以上则是高个子。大约正是由于这个缘由,身高八尺通常是《传》《纪》记录的一项内容。

文献记录的身高八尺以上者有46人①。其中籍贯在今河北(含北京)4人,即王商(8尺)、盖延(8尺)、卢植(8.2尺)、赵云(8尺余);籍贯在今山西1人,即郭太(8尺);籍贯在今河南13人,即陈平(8尺余)、韩王信(8.5尺)、张苍(8尺余)、张苍子某(8尺)、郦食其(8尺)、李守(9尺)、铫期(8.2尺)、冯勤(8.3尺)、刘苍(8尺余)、虞延(8.6尺)、何熙(8.5尺)、何夔(8.3尺)、司马儁(8.3尺);籍贯在今山东11人,即孔襄(9.6尺)、东方朔(9.3尺)、朱云(8尺余)、巨无霸(1丈)、郭凉(8尺)、郑玄(8尺余)、刘表(8尺余)、管宁(8尺)、程昱(8.3尺)、诸葛亮(8尺)、孙韶(8尺);籍贯在今苏北2人,即项羽(8.2尺)、韩信(8尺余);籍贯在今皖北1

---

① 《史记》卷九六《张丞相列传》说张苍高八尺余,"身长大"(中华书局1982年版,第2675、2682页)。"长大"应是对身高在八尺以上者的另一种表述。"长大"例有韩信(《史记》卷九二《淮阴侯列传》,第2610页),陈平(《史记》卷四〇《陈平传》,第2038页),武帝子昌邑王刘贺(《汉书》卷六三《武五子传》,第2767页),光武帝子东平宪王刘苍(《后汉纪·明帝纪》卷上)。统计中均考虑在内。

人，即许褚（8尺余）；籍贯在今陕西关中6人，即车千秋（8尺）、陈遵（8尺余）、昭帝（8.2尺）、刘贺（8尺余）、贾逵（8.2尺）、马腾（8尺余）；籍贯在今甘肃1人，即赵壹（9尺）；籍贯在今宁夏1人，即傅燮（8尺）；籍贯在今四川2人，即彭羕（8尺）、谯周（8尺）；籍贯在今苏南1人，即孙韶（8尺）①；籍贯在今浙江1人，即董袭（8尺）。此外还有地域不明者1人（9尺）和匈奴人金日䃅（8.2尺）。这组数据的前提是，统计样本以入史籍者为限，排除了未入史籍的人员，而后者在数量上远远超过了前者，确切说这个数据是对秦汉时期"精英"阶层高身材者的统计，因此它并不表示当时高身材的数量。不过，如果说它在一定程度上反映了秦汉时期高身材的地域分布，还是颇有说服力的②。若以今南北地区划界标准为据，传世文献所记籍贯在今北方地区（黄河流域及以北、黄淮之间）身高8尺以上者有41人，占总数的89%；籍贯在今长江流域的有4人，占总数的8.7%。而身高在9尺以上者除1例地域不明外，均在北方地区。在黄河流域地区，以黄河中下游地区的河南、山东最多，分别为13和11例。这与《淮南子·地形》

---

① 《三国志》卷五一《吴书·宗室传》概言孙韶本姓俞，吴人（中华书局1982年版，第1214页）。姑作苏南人。
② 韩王信、郦食其见《史记》各本传。项羽、车千秋、东方朔、金日䃅、王商、陈遵、朱云见《汉书》各本传。盖延、铫期、虞延、郭太、赵壹、傅燮、卢植、郑玄、刘表见《后汉书》各本传（中华书局1965年版）。何夔、卢植、管宁、程昱、赵云、许褚、诸葛亮、彭羕、谯周、孙韶、董袭见《三国志》各本传。孔襄见《史记》卷四七《孔子世家》。张苍父子见《史记》卷九六《张丞相列传》。昭帝见《汉书》卷七《昭帝纪》。巨无霸见《汉书》卷九九下《王莽传下》（荀悦《汉纪》卷三〇《平帝纪》作"一丈六尺"，合3.68米，远超人类身高极限，不取）。李守见《后汉书》卷一五《李通传》。郭凉见《后汉书》卷二二《杜茂传》。何熙见《三国志》卷一二《魏书·何夔传》裴松之注引华峤《汉后书》。司马儁见《三国志》卷一五《魏书·司马朗传》裴松之注引司马彪《序传》。孙韶见《三国志》卷四七《吴书·吴主传》裴松之注引《吴录》。地域不明者见《续汉书·五行志五》刘昭注引《风俗通》。

"东方"之地其人"长大"的说法大体相符。据调查，现代中国人的身高地域分布以环渤海地区最高①，汉代资料似乎也显示出这种迹象。

出土资料中的名簿和诏捕文书涉及一些人群的身高。笔者搜集的个例共计成年（以18岁以上计②）男性213人（表1），平均身高为167厘米。包括6.7尺（154厘米）1人、6.8尺（156厘米）1人、7尺（161厘米）11人、7.1尺（163厘米）7人、7.2尺（165.6厘米）101人、7.3尺（168厘米）28人、7.4尺（170.2厘米）12人、7.5尺（172.5厘米）45人、7.6尺（175厘米）3人、7.7尺（177厘米）2人、7.8尺（179.4厘米）2人、8尺（184厘米）1人。所占总数的比例依次是：6.7尺0.4%，6.8尺0.4%，7尺5%，7.1尺3%，7.2尺47%，7.3尺13%，7.4尺6%，7.5尺21%，7.6尺1.4%，7.7尺0.9%，7.8尺0.9%，8尺0.4%。最低者为154厘米，最高者为184厘米。依照表中所示的身高人数的分布趋势，165—168厘米最多，合计占总数的59%，这应是最常见的身高人群。172厘米以上和160厘米以下人数很少。在常见身高和少见身高之间还有一些其他身高人数。这个样本不多的统计数据提供了并不模糊的秦汉成年男性的身高状况：即7.2和7.3尺是中位数，7.4尺到7.6尺是身材偏高者，7.7尺以上则为较高身材；7尺和7.1尺为身材偏低者，而7尺以下则为身材矮小者。

表1的统计对象以居延戍边者为主，有籍贯记录的102例人员来自21个郡国，包括京兆（7例）、东郡（3例）、齐国（2例）、鲁国（2

---

① 唐锡麟、王志强、王冬妹:《中国汉族青年身高水平的地域分布》,《人类学学报》1994年第2期。
② 秦汉人记年岁为虚岁。秦汉人以15岁（实岁14岁）以上为成年，考虑到17岁时身体发育基本结束，因此本文以18岁（实岁17岁）以上为成年。

例)、魏郡（3例）、淮阳（3例）、济阴（3例）、赵国（1例）、上党（1例）、钜鹿（2例）、河东（5例）、河南（15例）、河内（2例）、颍川（3例）、汝南（1例）、南阳（4例）、张掖（37例）、安定（2例）、酒泉（1例）、蜀郡（1例）、江陵（3例）。其中，19个郡国的98个个例在黄河流域，因此这组数字主要反映的是黄河流域地区成年男性人口的身高。

表1　出土文字资料所见秦汉人身高

身高①	性别②	年龄	身份	籍贯	出土资料及简号③
2.5（57.5）	女	1年5月		江陵	《里（一）》550
5（125）		16	从者	长安	《肩（一）》73EJT9：94A
	女	12	隧长孙女	张掖	《肩（一）》73EJT10：201
		12			《肩（一）》73EJT10：271
	女	10	隧长女		《肩（二）》73EJT24：291
6（138）		16			《居合》7.17
		12	上造	武威	《居合》15.5
		15			《肩（一）》73EJT2：93
		16	大夫		《肩（一）》73EJT3：101
		16			《肩（二）》73EJT23：940
					《肩（三）》73EJT25：138
					《肩（三）》73EJT29：91

① 单位汉尺，括号内为折合今厘米数。
② 凡不注明性别者均为男性。
③ 《里（一）》（湖南文物考古研究所：《里耶秦简》[一]，文物出版社2010年版）；《睡·封》（睡虎地秦墓竹简整理小组：《睡虎地秦墓竹简·封诊式·贼死》，文物出版社1978年版）；《居合》（谢桂华等：《居延汉简释文合校》，文物出版社1987年版）《居新》（甘肃省文物考古研究所等：《居延新简》，文物出版社1990年版）；《居编》（简牍整理小组：《居延汉简新编》，"中研院"历史语言研究所专刊之99，文渊企业有限公司1988年版）；《肩（一）》（甘肃简牍博物馆等：《肩水金关汉简》[壹]，中西书局2011年版）；《肩（二）》（甘肃简牍博物馆等：《肩水金关汉简》[贰]，中西书局2012年版）；《肩（三）》（甘肃简牍博物馆等：《肩水金关汉简》[叁]，中西书局2013年版）。

续表

身高	性别	年龄	身份	籍贯	出土资料及简号
6.2（142）	女	16			《居合》54.19
6.3（145）		13		张掖	《肩（一）》73EJT10：130
6.5（150）		15以下 17			《睡·封》 《肩（一）》73EJT9：279 《肩（一）》73EJT9：289
6.6（152）	女	30		江陵	《里（一）》550
6.7（154）		22			《肩（二）》73EJT23：228
6.8（156）	女	25		江陵	《里（一）》537 《肩（三）》73EJT25：148
7（161）	女	45 35 25 25 50 27	公乘 大奴 大奴 大奴 施刑士 治渠河卒 不更 公乘	葆同 安定 河东 张掖 张掖 长安	《居合》37.3 《居合》119.27 《肩（一）》73EJT2：36 《肩（一）》73EJT4：83 《肩（一）》73EJT4：112 《肩（一）》73EJT6：40 《肩（一）》73EJT8：35 《肩（一）》73EJT9：27 《肩（一）》73EJT9：41 《肩（三）》73EJT25：9 《肩（三）》73EJT27：36 《肩（三）》73EJT29：33
7.1（163）		52 18 35 18 41	公乘 公乘	汝南	《睡·封》 《居合》11.19 《居合》15.22 《居合》334.41 《肩（一）》73EJT6：97 《肩（三）》73EJT27：3 《肩（三）》73EJT30：94A[①]

---

① 简云："年卅一二二岁长七尺一二寸。"

续表

身高	性别	年龄	身份	籍贯	出土资料及简号
7.2（165.6）		28	狱佐、士伍	成都	《里（一）》⑧988
		25	将车、上造		《居合》14.12
		60	上造		《居合》14.13
		40	大夫	魏郡	《居合》15.14
		47			《居合》37.22
		35	不更	张掖	《居合》37.23
		24	大夫	东郡	《居合》37.38
		36	隧长	张掖	《居合》37.57
		32	公乘	河南	《居合》43.7
		28	大夫		《居合》43.13
		28	公乘	河南	《居合》43.16
		51	隧长		《居合》49.9①
		40			《居合》126.19
		39			《居合》334.31
		30	公乘	张掖	《居合》334.33
		36	将车	张掖	《居合》340.36
		32			《居合》340.43
		20	不更		《居合》387.3
					《居编》121.14
		30	戍卒	南阳	《居新》E.P.C：34
		23	田卒、大夫	南阳	《肩（一）》73EJT2：3
		35	卒、公乘	南阳	《肩（一）》73EJT3：49
		36	卒		《肩（一）》73EJT3：51
				河南	《肩（一）》73EJT3：80
					《肩（一）》73EJT4：52
		34			《肩（一）》73EJT4：185
		33	大夫	葆同	《肩（一）》73EJT5：35
		23	大夫		《肩（一）》73EJT6：31
		28			《肩（一）》73EJT6：53
		30			《肩（一）》73EJT6：99
		45	上造		《肩（一）》73EJT6：135B
				颍川	《肩（一）》73EJT7：47

---

① 该简残泐。据公文格式推定其身份。

续表

身高	性别	年龄	身份	籍贯	出土资料及简号
7.2（165.6）		34	戍卒		（一）》73EJT8：33
				颍川	《肩（一）》73EJT8：42
		41	戍卒、公乘	张掖	《肩（一）》73EJT8：73
		26	公乘	安定	《肩（一）》73EJT8：104
		42	公乘	齐郡	《肩（一）》73EJT9：24
		50	大夫	陕久	《肩（一）》73EJT9：28
		52	公乘	河内	《肩（一）》73EJT9：67
		26	公乘	东郡	《肩（一）》73EJT9：82
		26	田卒、官大夫		《肩（一）》73EJT9：90
		20	大奴	河南	《肩（一）》73EJT9：122
		20		张掖	《肩（一）》73EJT9：137
		42	公乘	河南	《肩（一）》73EJT9：228
		30	公乘		《肩（一）》73EJT9：241
					《肩（一）》73EJT9：329
				南阳	《肩（一）》73EJT10：1
		40	戍卒、公乘	河南	《肩（一）》73EJT10：103
		23	公乘	淮阳	《肩（一）》73EJT10：104
		23	公乘	河南	《肩（一）》73EJT10：118A
		64	公乘	河南	《肩（一）》73EJT10：129
		30	公乘	河南	《肩（一）》73EJT10：148
		48	公乘	河南	《肩（一）》73EJT10：176
			公乘		《肩（一）》73EJT10：190
		24	公乘		《肩（一）》73 EJT10：198
					《肩（一）》73EJT10：255
					《肩（一）》73EJT10：261
					《肩（一）》73EJT10：438
		24	公乘		《肩（一）》73EJT10：490
		28	公乘	河东	《肩（二）》73EJT14：5
		24			《肩（二）》73EJT15：23
		31			《肩（二）》73EJT21：205A
		28	戍卒	淮阳	《肩（二）》73EJT21：329
		33	公乘		《肩（二）》73EJT21：343

续表

身高	性别	年龄	身份	籍贯	出土资料及简号
7.2（165.6）					《肩（二）》73EJT21：386
					《肩（二）》73EJT21：402
		25	公乘		《肩（二）》73EJT22：1
		28			《肩（二）》73EJT22：151
					《肩（二）》73EJT23：148
		24	戍卒、大夫	上党	《肩（二）》73EJT23：163
		25	游徼	张掖	《肩（二）》73EJT23：1049
		20	大夫	张掖	《肩（二）》73EJT24：48
		26	大夫	河南	《肩（二）》73EJT24：50
		42			《肩（二）》73EJT24：100
		18			《肩（二）》73EJT24：406
					《肩（二）》73EJT24：490
		26	公乘		《肩（三）》73EJT24：520
		45			《肩（三）》73EJT24：553
		30	大夫	河南	《肩（三）》73EJT25：5
		39	都尉守属		《肩（三）》73EJT25：50
		20	公大夫	张掖	《肩（三）》73EJT25：55
					《肩（三）》73EJT25：64
		42			《肩（三）》73EJT25：95
		57	公乘		《肩（三）》73EJT25：119
			田卒	济阴	《肩（三）》73EJT25：137
		28	田卒、大夫	济阴	《肩（三）》73EJT25：162
		23			《肩（三）》73EJT25：167
		20	大夫	张掖	《肩（三）》73EJT26：118
				长安	《肩（三）》73EJT26：193
		28	公乘	河南	《肩（三）》73EJT27：20
		28	不更		《肩（三）》73EJT27：30
					《肩（三）》73EJT27：92
					《肩（三）》73EJT27：111
					《肩（三）》73EJT28：90
		22		张掖	《肩（三）》73EJT29：4
					《肩（三）》73EJT29：28A
		50			《肩（三）》73EJT29：61
		40			《肩（三）》73EJT30：106
		48	田卒、大夫	魏郡	《肩（三）》73EJT30：117
		28			《肩（三）》73EJT30：183
		26	公乘	河南	《肩（三）》73EJT30：266

续表

身高	性别	年龄	身份	籍贯	出土资料及简号
7.3（168）		63		赵国	《里（一）》⑧ 894
		30			《居合》11.4
				河东	《居合》37.42
		19	亭长		《居合》62.34
		23			《居合》77.53
				张掖	《居合》136.2
		26	书佐		《居合》280.3
		35	大夫	河内	《居合》334.28
		45			《居合》336.13
		32	簪褭	张掖	《肩（一）》73EJT6：167
		40	亭长、大夫	魏郡	《肩（一）》73EJT7：9
		23	簪褭	齐郡	《肩（一）》73EJT9：3
		35	公大夫	京兆	《肩（一）》73EJT9：98
		23	公乘	京兆	《肩（一）》73EJT9：128
		25	公乘	张掖	《肩（一）》73EJT9：238
		35	治渠卒	河东	《肩（一）》73EJT10：112
		40			《肩（一）》73EJT10：191
					《肩（一）》73EJT10：199
					《肩（一）》73EJT10：385
		34	戍卒	钜鹿	《肩（二）》73EJT21：99
					《肩（二）》73EJT22：48
			不更		《肩（二）》73EJT23：28
		29	公乘		《肩（二）》73EJT23：659
		22	公乘		《肩（二）》73EJT24：309
					《肩（二）》73EJT24：420
		40	从者、公乘	济阴	《肩（三）》73EJT25：11
					《肩（三）》73EJT25：180
		26		张掖	《肩（三）》73EJT30：132
			公大夫		
7.4（170.2）		23	书佐	张掖	《居合》192.25
					《居合》218.50
		30	戍卒、公乘	颍川	《肩（一）》73EJT3：95
		24	乡佐、公乘	东郡	《肩（一）》73EJT6：28
		40	治渠卒、公乘	河东	《肩（一）》73EJT7：2
		28			《肩（一）》73EJT9：106
					《肩（一）》73EJT10：463

续表

身高	性别	年龄	身份	籍贯	出土资料及简号
7.4（170.2）		20		张掖	《肩（二）》73EJT21：262
					《肩（二）》73EJT21：446
		29	戍卒	钜鹿	《肩（二）》73EJT22：24
		60		张掖	《肩（二）》73EJT24：48
					《肩（二）》73EJT24：285
7.5（172.5）		32	大夫	张掖	《居合》13.7
		42	大夫	张掖	《居合》37.32
		34	给事佐	张掖	《居合》43.2
		20			《居合》75.5①
		30	隧长、簪褭	张掖	《居合》89.24
		32	隧长		《居合》133.17
		47	隧长、公大夫	张掖	《居合》179.4
		25			《居合》323.3
					《居合》407.15
		38	隧长或候长		《居新》E.P.T3：3②
		36	候长	张掖	《居新》E.P.T50：14
				张掖	《居新》E.P.T52：137
		32	隧长	张掖	《居新》E.P.T59：104
		33			《居新》E.P.T59：563
		30	亭长		《肩（一）》73EJT4：53
		38			《肩（一）》73EJT4：111
		30	游徼	张掖	《肩（一）》73EJT9：1
		28	督盗贼、公乘	张掖	《肩（一）》73EJT9：18
		46	公乘	京兆	《肩（一）》73EJT10：181
		38			《肩（一）》73EJT10：387
		25	属国胡骑		《肩（二）》73EJT14：2
		28	肩水都尉属令		《肩（二）》73EJT14：3
		30		温	《肩（二）》73EJT21：219
		36			《肩（二）》73EJT23：795
		23			《肩（二）》73EJT23：857A
		70		河内	《肩（二）》73EJT23：867
		35			《肩（二）》73EJT23：926
		26	大奴		《肩（二）》73EJT23：968

① 原简号似有误，据简号顺序改。
② 简文残缺，据简行文格式推定。

续表

身高	性别	年龄	身份	籍贯	出土资料及简号
7.5（172.5）		25	令史	张掖	《肩（二）》73EJT23：971
		35	大夫	张掖	《肩（二）》73EJT23：973
		23			《肩（二）》73EJT23：982
		30	公乘	张掖	《肩（二）》73EJT23：1027
		30	官员①		《肩（二）》73EJT24：51
		23			《肩（二）》73EJT24：154
		45	从史		《肩（二）》73EJT24：316
		21		张掖	《肩（三）》73EJT25：43
		30	公乘		《肩（三）》73EJT25：109
		37	大夫	张掖	《肩（三）》73EJT26：46
		60	大夫	酒泉	《肩（三）》73EJT26：120
		45		鲁国	《肩（三）》73EJT27：19
					《肩（三）》73EJT28：94
			公乘		《肩（三）》73EJT28：129
		23			《肩（三）》73EJT29：83
		32	亭长		《肩（三）》73EJT29：104
		38			《肩（三）》73EJT29：108
7.6（175）		47	候长、公乘		《居合》562.2
		37		敦煌	《敦煌》1383
		46		鲁国	《肩（三）》73EJT27：9
7.7（177）		30			《居合》340.19
					《肩（二）》73EJT23：962
7.8（179.4）		50			《肩（二）》73EJT23：1063
8（184）		48	右尉、公乘	京兆	《肩（一）》73EJT6：94

（三）出土秦汉人骨身高统计

在古人类学资料中，相对集中的例子（一处墓地10例以上人骨鉴定）有8处，计男性450例，女性263例（均为成年人）。

---

① 73EJT24：154云："送诏狱囚郭谊田万。"则此人应为某官吏。

（1）陕西临潼湾李战国至秦墓地 34 例男性个体平均身高 167.9 厘米，27 例女性个体平均身高 160.85 厘米。最高和最矮的差值分别是 161.97—177.1 厘米（男性），153.73—171.14 厘米（女性）[1]。男性合汉尺 7.3 尺，女性合汉尺 6.9 尺。

（2）陕西临潼秦始皇陵营建者 117 例男性个体平均身高在 166.5—171.6 厘米之间（按不同方法测算）[2]。合汉尺 7.2—7.4 尺强。

（3）北京延庆汉墓人骨 22 例男性，平均身高 165.34 厘米，19 例女性平均身高 159.18 厘米[3]。男性合汉尺 7.17 尺，女性合汉尺 6.9 尺。

（4）山东临淄周—汉墓地人骨，汉代 62 例男性平均身高近 164 厘米，37 例女性平均身高 151 厘米（依 K. Pearson 公式）[4]。男性合汉尺 7.1 尺强，女性合汉尺 6.5 尺强。

（5）山西侯马虒祁战国末至汉代墓地人骨，22 例男性平均身高约 164.3 厘米，17 例女性 155.54 厘米。男性合 7.1 尺强，女性合 6.8 尺[5]。

（6）河南郑州汉墓有三种推算结果，即 25 例男性（以肱骨测算），平均身高 169.014 厘米；43 例男性（以胫骨测算），平均身高约 168 厘米；46 例男性（以胫骨测算），平均身高约 170 厘米。以上综合统计，约为 169 厘米。17 例女性（以肱骨测算），平均身高约 161.2 厘米；24

---

[1] 高小伟：《临潼湾李墓地 2009—2010 年出土战国至秦代人骨研究》，西北大学 2012 年硕士学位论文，第 16 页。
[2] 陕西省考古研究院、秦始皇兵马俑博物馆：《秦始皇帝陵园考古报告（2001~2003）》，文物出版社 2007 年版，第 357 页。
[3] 周亚威：《北京延庆西屯墓地人骨研究》，吉林大学 2014 年，博士学位论文，第 23—25 页。
[4] 韩康信、松下孝幸：《山东临淄周—汉代人骨体质特征研究及与西日本弥生时代人骨比较概报》，《考古》1997 年第 4 期。
[5] 王思焱：《侯马公路货运枢纽中心虒祁墓地人骨研究》，吉林大学 2014 年，硕士学位论文，第 8—9 页。

例女性（以股骨测算），平均身高约 161 厘米；30 例女性（以胫骨测算），平均身高 159.2 厘米。以上综合统计，约为 160.5 厘米①。大体上说男性约合汉尺 7.3 尺强，女性约合汉尺 6.9 尺。

（7）青海大通上孙家寨汉墓 19 例成年男性平均身高 168.7 厘米（M. Trotter 和 G. G. Glesser 公式），或 165.4 厘米（K. Pearson 公式）。21 例女性遗骸平均身高 150.9 厘米②。男性合尺 7.3 尺强，女性合汉尺 6.5 尺强。

（8）青海西宁陶家寨汉晋墓地 128 例成年男性平均身高 169.31 厘米（M. Trotter 和 G. G. Glesser 公式），或 169.02 厘米（邵象清公式），或 170.11 厘米（陈世贤黄种人身高公式）。113 例女性平均身高 152.16 厘米（K. Pearson 公式），或 156.86 厘米（陈世贤公式），或 158.27 厘米（张继宗中国汉族女性身高公式）③。男性合汉尺 7.3 尺强，或 7.4 尺。女性合汉尺 6.6 尺，或 6.8 尺，或约 6.9 尺。

零散例子（一处墓地 10 例以下遗骸鉴定，时代由秦入汉，地域自北向南）有 18 处，计男性 25 例，女性 28 例：

（1）河南灵宝东周秦人墓 1 例女性骨骸身高 164 厘米④。合汉尺 6.8 尺强。

（2）甘肃武威中路乡石嘴村汉墓 1 例女性骨骸高 165 厘米⑤。合汉

---

① 孙蕾：《郑州汉唐宋墓葬出土人骨研究——以荥阳薛村遗址和新乡多处遗址为例》表 3.1 "郑州汉代组居民男性身高推算"、表 3.2 "郑州汉代组居民女性身高推算"，吉林大学 2013 年，博士学位论文，第 20—23 页。
② 韩康信、谭婧泽、张帆：《中国西北地区古代居民种族研究》，复旦大学出版社 2005 年版，第 59 页。
③ 张敬雷：《青海省西宁市陶家寨汉晋时期墓地人骨研究》，吉林大学 2008 年博士学位论文，第 146—147 页。
④ 王明辉：《北阳平遗址出土人骨鉴定》，《考古》2001 年第 7 期。
⑤ 林剑鸣、吴永琪主编：《秦汉文化史大辞典》"武威木结构汉墓"条（徐卫民撰写），汉语大词典出版社 2002 年版，第 435 页。

尺 7.1 尺强。

（3）陕西华县东阳周—秦—汉墓地 8 例男性平均身高 168.7 厘米，7 例女性平均身高 160 厘米[①]。男性合汉尺 7.3 尺强，女性约合汉尺 7 尺。

（4）陕西神木大保当汉墓 3 例男性人骨的平均身高为 166.2 厘米，5 例女性平均身高 150.5 厘米[②]。男性合汉尺 7.2 尺强，女性合汉尺 6.5 尺强。

（5）陕西澄城汉墓 7 例男性平均身高 168.59 厘米（变异范围 150.76—184.26 厘米），3 例女性平均身高为 152.83 厘米（变异范围 148.42—159.53 厘米）[③]。男性合汉尺 7.3 尺强，女性合汉尺 6.6 尺强。

（6）山西太原尖草坪西汉墓（M1）1 例男性遗骨身高 210 厘米[④]。合汉尺 9.1 尺强。

（7）山西浑源西汉墓（M2）1 例男性骨骼 184 厘米[⑤]。合汉尺 8 尺。据随葬器物，发掘者推测墓主人生前系武职官吏。

（8）山西朔县汉墓（5M1）1 例男性遗骨骨灰长 175 厘米，女性女性遗骨骨灰长 165 厘米[⑥]。男性合汉尺 7.6 尺，女性合汉尺 7.1 尺强。据墓葬规模和形制，发掘者推测墓主人系当地的显宦大姓。

[①] 何嘉宁：《陕西华县东阳墓地 2001 年出土的周—秦—汉人骨鉴定及研究》，陕西省考古研究所、秦始皇兵马俑博物馆：《华县东阳》，科学出版社 2006 年版，第 439 页。
[②] 韩康信、张君：《陕西神木大保当汉墓人骨鉴定报告》，陕西省考古研究所等：《神木大保当——汉代城址与墓葬考古报告》，科学出版社 2001 年版。
[③] 韩巍：《陕西澄城良辅墓地汉代人骨研究》，吉林大学 2007 年，硕士学位论文，第 55 页。
[④] 山西省博物馆：《太原市尖草坪汉墓》，《考古》1985 年第 6 期。
[⑤] 山西省文物工作委员会、雁北行政公署文化局、大同市博物馆：《山西浑源毕村西汉木椁墓》，《文物》1980 年第 6 期。
[⑥] 山西平朔考古队：《山西朔县西汉木椁墓发掘简报》，《考古》1988 年第 5 期。

（9）北京老山汉墓女性遗骸估测159.8厘米①，合汉尺6.9尺。墓主人系诸侯王夫人。

（10）河北满城1号汉墓中山靖王刘胜金缕玉衣长188厘米，2号汉墓刘胜妻窦绾金缕玉衣长172厘米，玉片厚0.5厘米②，以此推算刘胜和窦绾身高分别在187厘米和171厘米以上，分别合汉尺8.1尺和7.4尺。

（11）河北涿鹿黄帝城1例东汉男尸遗骨长175厘米③。合汉尺7.6尺。

（12）河北沙河汉代女性遗骨长170厘米④。合汉尺7.4尺。据随葬器物和墓葬形制，墓主人属社会上层。

（13）江苏连云港汉墓女性女尸身高158厘米⑤。发掘者推测墓主人系地方官吏之妻。

（14）湖北江陵凤凰山168号汉墓男尸身高167.8厘米⑥。合汉尺7.3尺。墓主人系武职官吏。

（15）湖南长沙马王堆1号汉墓女尸身高154厘米⑦。合汉尺6.7尺。墓主人系轪侯夫人。

（16）湖南长沙杨家湾M006号汉墓女性遗骸高164厘米⑧。合汉尺

---

① 朱泓等：《老山汉墓出土人骨的研究报告》，《文物》2004年第8期。
② 中国社会科学院考古研究所、河北省文物管理处：《满城汉墓发掘报告》，文物出版社1980年版，第36、244页及附录1"'金缕玉衣'的清理和复原"。
③ 王培生：《河北涿鹿县黄帝城发现一座东汉墓》，《文物春秋》2008年第4期。
④ 河北文物研究所等：《河北沙河兴固汉墓》，《文物》1992年第9期。
⑤ 武可荣等：《江苏连云港海州西汉墓发掘简报》，《文物》2012年第3期。
⑥ 吴汝康、张振标：《人类学研究》，湖北省西汉古尸研究小组编：《江陵凤凰山一六八号墓西汉古尸研究》，第270页。
⑦ 湖南医学院主编：《长沙马王堆一号汉墓古尸研究》，文物出版社1980年版，第27页。
⑧ 湖南省文物管理委员会：《长沙杨家湾M006号汉墓清理简报》，《文物参考资料》1954年第12期。

7.1 尺。据发掘报告，随葬物品有 8 类、32 种、215 件，应为当地富裕人家。

（17）重庆万州汉墓 1 例男性骨骸长 145 厘米、1 例女性骨骸长 138 厘米[①]。男性合汉尺 6.3 尺，女性合汉尺 6 尺。

（18）广西贵县罗泊湾汉墓 3 例女性平均身高 152.5 厘米[②]。合汉尺 6.6 尺强。三人均系婢女。

以上共计男性 475 例，女性 291 例。下面，对上述数据做进一步讨论。

第一，出土文字资料所显示的秦汉成年男性常见身高在 7.2—7.3 尺之间。人骨或遗骸资料则有两个集中数据，即（1）平均身高 7.3 尺强或接近 7.3 尺，包括临潼湾李组、临潼始皇陵组、郑州组、大通上孙家寨组和西宁陶家寨组（以上为相对集中例），以及陕西华县东阳、陕西神木大保当和陕西澄城（以上为散见例），计 361 例，约占总数的 76%。（2）平均身高 7.1 尺，即山东临淄、北京延庆和山西侯马汉墓人骨，计 106 例，约占总数的 22%。由于（1）的样本数量是（2）的 3 倍以上，似可说（1）可能更接近秦汉男性的实际常见身高。更可注意的是，（1）的数据与出土文字资料所显示的秦汉男性常见身高，以及《黄帝终始传》所说的"不短不长"的"七尺三寸"的男性身高同样是一致的。

然而，如何理解汉代人同时也将"七尺五寸"视为"中人之体"？毕竟 7.2—7.3 尺与 7.5 尺之间有 4—7 厘米的差异，对于平均身高而言，

[①] 河南省文物考古研究所、重庆市文化局、重庆市万州区文物管理所：《重庆市万州铺垭遗址发掘报告》，《华夏考古》2008 年第 2 期。

[②] 彭书琳等：《贵县罗泊湾西汉殉葬人骨》，广西壮族自治区博物馆编：《广西贵县罗泊湾汉墓》，文物出版社 1988 年版，第 120 页。

这不是一个小的区别。我们不清楚《灵枢经》以"七尺五寸"为常人身高标准的依据,它是否是以某个较小地区,或是以来自不同地区但数量不多的人群作为测量基数?由于缺乏资料,尚不能做出结论。就我们现在所见汉代其他人体身高资料,7.5尺要高于这个时代成年男性的中常身高。它在后世继续使用,成为一种模式化的描述,例如唐代1尺相当于今制31厘米。唐代医书仍以"七尺五寸"作为中人身高,据此则唐代男性的中常身高为230厘米,这显然更加不准确了①。

第二,传世文献所见男性身高2米以上者共计6人,身材最高者为230厘米,古人类学资料所见男性身材最高者为210厘米。《后汉书·李通传》说李守身长九尺,"容貌绝异",王莽末,欲逃归乡里,友人曰:"君状貌非凡,将以此安之?"可知对汉人而言,身高2米实为罕见的巨人。又据表1,7.8尺以上者仅3例,仅占成年男性总数的1.4%。青海西宁陶家寨汉墓125例男性人骨,身高180厘米以上或接近180厘米者按不同测量方法有2例(M. Trotter and G. G. Glesser 公式)、2例(邵象清公式)和14例(陈世贤公式)②,分别约占测量样本总数的1.6%、1.6%和11.2%。郑州汉墓人骨,分别有25例(以肱骨推测)、46例

---

① 或许是看到了这种与现实中人的身高相扞格状况,后人提出了一些解释。一种意见是《灵枢经》"七尺五寸"仅是理论上的假定,不具备现实意义(李经纬编:《简明中医辞典》,人民卫生出版社1979年版,第616页)。一种意见是《灵枢经》使用的尺度是周尺,故七尺五寸近150厘米(何爱华:《对〈灵枢·骨度篇有关表面解剖学记载的考证〉一文的商榷》,《浙江中医杂志》1958年第2期)。一种意见是《灵枢经》使用的尺度是天文学中的量天尺,这种比例尺能将任何人的身高分为七十五等分即七尺五寸(陈志远:《洗雪两千年沉冤——〈灵枢·骨度〉初探》,《南京中医学院学报》1987年第3期)。限于篇幅,关于《灵枢经》的人体数据,笔者将另文讨论。

② 根据张敬雷《青海省西宁市陶家寨汉晋时期墓地人骨研究》表7.1 "陶家寨墓地古代居民身高的推测(男性)"(第142—144页)提供的数据统计。

（以股骨推测）和43例（以胫骨推测），其中只有股骨有1例180厘米者[①]，占测量样本的2%。在其他有测量数据的各组中，临潼湾李34例男性（最高者177厘米）、华县东阳7例男性（最高者172厘米）、北京延庆22例男性（最高者近178厘米）、山西侯马22例男性（最高者172厘米）、大通上孙家寨19例成年男性（最高者175厘米）无一例身高180厘米或以上者。值得注意的是，身高接近180厘米或180厘米以上者在出土简牍资料中的比例为1.4%，在古人类学资料中1.6%—2%也更为常见，这些数据所依据的统计样本600多例，这是否就是当时高身材者在人口中所占的比例？尽管目前尚无法断言，但身高180厘米在秦汉时期亦很少见大约是可以相信的事实。秦始皇陵1号坑1087件军吏、军士陶俑，身高在175—200厘米之间，而180厘米以上者数量相当多[②]。这种平均身高大幅度超高的情形或许与士兵的特定身份有关；且其中是否有夸张因素的存在，目前也不能排除。至少，我们不能以此作为秦人常见的身高。

第三，秦汉时期女性身高资料少于男性。在传世文献中，缺乏对成年女性身高的一般性估计，实例寥寥。在出土简牍有关成年人群身高的216例中，仅有3例是女性，即6.6尺（152厘米）、6.3尺（156厘米）和7尺（161厘米）各1例（表1）。考古人类学资料反映的较为集中的女性身高数据在150—152厘米左右，包括（1）150.5厘米（陕西神木，5例）；（2）150.9厘米（青海大通上孙家寨，21例）；（3）151厘

[①] 根据孙蕾《郑州汉唐宋墓葬出土人骨研究——以荥阳薛村遗址和新乡多处遗址为例》表3.1"郑州汉代组居民男性身高推算"（第20—22页）提供的数据统计。
[②] 陕西省考古研究所、始皇陵秦俑坑考古发掘队：《秦始皇陵兵马俑坑一号坑发掘报告（1974~1984）》，文物出版社1988年版，第46、51—58页。

米（山东临淄，37 例）；（4）152.16 厘米（青海西宁陶家寨汉晋墓地，113 例）；（5）152.5 厘米（广西贵县罗泊湾，3 例）；（6）152.83 厘米（陕西澄城，3 例）；（7）155.54 厘米（山西侯马，17 例）；（8）159.18 厘米（北京延庆，19 例）。其他的数据有 138 厘米（重庆万州，汉代，1 例），154 厘米（湖南长沙马王堆，汉代，1 例），158 厘米（江苏连云港，汉代，1 例），约 160—161 厘米（北京老山，汉代，1 例；陕西华县，汉代，7 例；陕西临潼，战国至秦，27 例；河南郑州，汉代，30 例），164 厘米（河南灵宝和湖南长沙，东周、秦和汉，2 例），165 厘米（甘肃武威和山西朔县，汉代，2 例），170—171 厘米（河北沙河、河北满城、四川梓潼，汉代，3 例）。以上共有 291 例，其中 150—152 厘米者 182 例，约占总数的 63%。这似乎表明，这个高度可能是当时黄河流域地区女性的中常身高。此外，还有另一个推测的思路，这就是在正常情形下，同一地区和同一种群男女之间的平均身高差异。国外研究显示，在这种情形下，成年男性的平均身高比成年女性要高出 7%[①]，如按此推算，则秦汉时期黄河流域成年女性的常见身高约在 156 厘米左右。国内研究显示，同地区男女两性身高总均值之间的差距约为 10.6 厘米[②]，

[①] 莫里斯：《男人和女人的自然史》，蒋超等译，华龄出版社 2002 年版，第 7 页。值得一提的是，出土的汉代雕像中男性和女性身高也有明显区别，其中有的比例接近现代的测量数据。如马王堆 1 号汉墓出土木俑，男俑高 79—84.5 厘米，女侍俑高 69—78 厘米（湖南省博物馆、中国科学院考古研究所：《长沙马王堆一号汉墓》上集，文物出版社 1973 年版，第 97 页）男俑比女俑高出 7%—9%。石家庄汉代石雕人像男子高 1.74 米，女子高 1.6 米（石家庄市文保所：《石家庄发现汉代石雕裸体人像》，《文物》1988 年第 5 期），男子比女子高出 8% 左右。
[②] 张振标：《现代中国人身高的变异》，《人类学学报》1988 年第 2 期；山西平朔考古队：《山西朔县西汉木椁墓发掘简报》，《考古》1988 年第 5 期。又，山西朔县汉墓 1 例男性遗骨骨灰长 175 厘米，女性遗骨骨灰长 165 厘米。二者差距为 10 厘米。

如按此推算，则常见黄河流域成年女性的平均身高约在158厘米左右。目前还不能确认这三个数据中何者最贴近历史实际，但由于后两个数据是在假设基础上的推想，且秦汉高身量女性标准为160厘米（详后），似不应与平均身高如此接近，因此我倾向于以实际例证为基础的第一个数据，即黄河流域成年女性的中等身高在150—152厘米左右。

第四，顾颉刚认为春秋时人"无以瘦弱为女子之美者"[①]。童书业进而指出此时黄河流域"美人"的标准是"身材长得长大"[②]。男性以8尺为长大，女性则以7尺为长大。身高7尺以上可能是战国时入宫女子的一项身体指标，齐国"田常乃选齐国中女子长七尺以上为后宫，后宫以百数"[③]，可以为证。江陵马山战国楚墓女性遗骨长160厘米[④]，长沙战国墓（54·长·杨M6）女性遗骸长164厘米[⑤]，前者接近7尺，后者超过了7尺。这两座墓系贵族墓葬，若所葬者为贵族妻妾，正反映了当时人的这一女性身体观念。东汉时入选后宫女子的标准之一是"长壮妖絜有法相"[⑥]。根据和帝邓皇后高7.2尺、灵帝何皇后高7.1尺，所谓符合"法相"的身高下限大概就是汉尺7尺左右（约161厘米）。这个高度超过

---

① 顾颉刚：《泣吁循轨室笔记》，顾潮、顾洪整理：《顾颉刚读书笔记》，联经出版事业公司1990年版，第733页。
② 童书业：《美的转变》，原刊《知识与趣味》第1卷第6期（1939年12月），收入童教英整理：《童书业史籍考证论集》，中华书局2005年版。
③ 《史记》卷四六《田敬仲完世家》，第1885页。又，《诗·卫风·硕人》述卫庄公娶齐庄公女儿庄姜为妻，以"硕人其颀""硕人敖敖"形容庄姜外形，则是看重高身量女子由来已久。
④ 潘其风、韩康信：《江陵马山一号楚墓人骨的人类学研究》，湖北省荆州地区博物馆：《江陵马山一号楚墓》，文物出版社1985年版。
⑤ 湖南省文物管理委员会：《长沙出土的三座大型木椁墓》，《考古学报》1957年第1期；湖南省博物馆、湖南省文物考古研究所、长沙市博物馆、长沙市文物考古研究所：《长沙楚墓》，文物出版社2000年版，第57页。
⑥ 《风俗通义》佚文，见王利器：《风俗通义校释》，中华书局1981年版，第600页。

秦汉女性中等身高近 10 厘米，自然令人有鹤立鸡群之感。现有汉代贵族夫人遗骸有 3 例，即长沙马王堆轪侯夫人（154 厘米）、满城中山靖王夫人（171 厘米）、北京老山诸侯王夫人（近 160 厘米），她们的身高均在中等以上，其中的老山和满城例子分别接近 7 尺或在 7 尺以上。

西宁陶家寨组 113 例女性，身高近 161 厘米及 161 厘米以上者按不同测量方式，分别有 0 例（K. Pearson 公式）、25 例（陈世贤公式）和 31 例（张继宗公式）①。测量者认为张继宗方式的实际值偏高②，若取陈世贤方式，则 7 尺及以上身高者占总数的 22%。郑州组分别有 17 例（以肱骨推测）、30 例（以股骨推测）和 24 例（以胫骨推测）女性，身高 7 尺及以上者分别是 12 例（71%）、13 例（43%）和 8 例（33%）③。华县东阳组 7 例女性身高 7 尺及以上者 2 例（29%）④。这三组数据中，7 尺及以上女性比例颇高，但与西宁组地域相近的青海大通上孙家寨汉墓人骨 24 例女性则无一例 7 尺（最高为 153 厘米）。原因何在尚无法判定，但可以肯定的是，对于汉代女性而言，7 尺以上身高在人群中是少数。

第五，表 1 有未成年人 14 例（女性 4 例，男性 10 例）⑤。其中，婴幼儿 1 例（女性，1 岁 5 个月），身高 57.5 厘米；10 岁女性 1 例，身高 125 厘米；12 岁男性 2 例，平均身高 132 厘米；12 岁女性 1 例，身高

---

① 根据张敬雷《青海省西宁市陶家寨汉晋时期墓地人骨研究》表 7.2 "陶家寨墓地古代居民身高的推测（女性）"（第 144—146 页）提供的数据统计。
② 张敬雷：《青海省西宁市陶家寨汉晋时期墓地人骨研究》，第 147 页。
③ 根据孙蕾《郑州汉唐宋墓葬出土人骨研究——以荥阳薛村遗址和新乡多处遗址为例》表 3.2 "郑州汉代组居民女性身高推算"（第 22—23 页）提供的数据统计。
④ 何嘉宁：《陕西华县东阳墓地 2001 年出土的周—秦—汉人骨鉴定及研究》表 3 "华县东阳人骨身高估计"。
⑤ 古人以虚岁纪年，本文相应数据均按现代人纪年进行了转换。

125厘米；13岁男性1例，身高145厘米；15岁男性2例，平均身高144厘米；16岁男性4例，平均身高135厘米；16岁女性1例，身高142厘米；17岁男性1例，身高150厘米。这组样本虽然很小，却也有助于我们管窥当时未成年人的身高状况。所显示的迹象是：第一，秦汉人在青春期时期身高有显著增长。如15岁男性身高较12岁提高12厘米，每年增长6厘米（有1例13岁男性身高较12岁提高13厘米，比15岁男性还高，这应是特例）。第二，1例16岁女性的身高超过了同龄男性的平均身高，这或是特例，但也可能表明当时青春期早期女性因发育较早，其身高增长速度超过男性，这种青春期身高急剧增长和女性因发育较早身高增长早于男性的态势均与现代社会相似。第三，20世纪五六十年代，国内曾对一些地区进行了新生儿至青年期身体发育的调查，我们将之与相应的秦汉人身高进行对照，可以看出在散见的秦汉时期个例中，新生儿的身高较低，10岁女性高于现代哈尔滨组、低于杭州组均值，12岁男性、12岁女性低于现代哈尔滨组、低于杭州组均值，13岁男性高于现代杭州组、低于哈尔滨组均值，15、16、17岁男性和16岁女性均低于现代哈尔滨组、低于杭州组均值，其中12、16岁女性和15、16、17岁男性均低于现代哈尔滨和杭州组的均值12厘米以上。但如果据此认为秦汉时期未成年人的身高大大低于现代（20世纪五六十年代）的中国人，似乎有些轻率。首先，我们看到的秦汉资料是散见的个例，就样本数量而言不能构成有效的普遍性身高证明，表2所见13岁汉代男子的身高超过了15岁男子，而15岁男子的身高也超过了16岁男子，这些显然都是某个个体的身高状况，并不反映这个年龄段汉代人身高的普遍情形。其次，前文论述秦汉时期黄河流域男性成年人的中常身高约为168厘米，女性在150—152厘米之间，这个数据与 20 世纪五六十年代的中国成年人身高相仿①。如果秦汉未成年人的身高普遍低于这个年龄段的现代中国人，则很难解释成年身高状况的相近。我们看到表 2 中秦汉人身高诸例一方面多低于现代人均值，另一方面又多高于现代人的最小值，其中的 10、12 岁女性例和 12、13、15 岁男性例高于现代人最小值 10 厘米以上。这些有限的例子至少透露出这样的信息，即这些汉代未成年人的身高高于或远高于现代人的最低身高。

表 2　秦汉未成年人与现代中国人身高对比（单位：厘米）

秦汉	哈尔滨（1956）②	杭州（1962）③	数差
57.5（秦，女性，1 岁 5 个月）	最小 58.4，均值 70.52（女性，1 岁 6 个月）		-12.12（-0.9）
125（汉，女性，10 岁）	最小 108.1，均值 124.9（女性，10 岁）	最小 112，均值 126.27（女性，10 岁）	+0.1（+16.9） -1.27（+13）
132（汉，男性，12 岁）	最小 115.8，均值 135.88（男性，12 岁）	最小 120，均值 136.77（男性，12 岁）	-3.88（+16.12） -4.77（+12）
125（汉，女性，12 岁）	最小 122.1，均值 142.24（女性，12 岁）	最小 114，均值 137.75（女性，12 岁）	-17.24（+2.9） -12.75（+11）
145（汉，男性，13 岁）	最小 131.5，均值 147.52（男性，13 岁）	最小 126，均值 142.04（男性，13 岁）	-2.52（+13.5） +2.96（+19）

① 关于 20 世纪 50 年代以后中国成年人身高状况，参见杨晓光、李艳萍等：《中国 2002 年居民身高和体重水平及近十年变化趋势分析》，《中华流行病学杂志》2005 年第 7 期。
② 受调查对象 12000 余人。资料来源：唐锡麟、甘卉芳等：《哈尔滨市新生儿至青年期的身体发育调查》，《哈医学报》1957 年第 5 期。
③ 受调查对象 5913 人。资料来源：王伯扬：《浙江儿童身体发育的一些规律》，《心理学报》1963 年第 4 期。

续表

秦汉	哈尔滨（1956）	杭州（1962）	数差
144（汉，男性，15岁）	最小 136.7，均值 159.58（男性，15岁）	最小 125.5，均值 155.11（男性，15岁）	−15.58（+7.3） −11.11（+18.5）
135（汉，男性，16岁）	最小 141，均值 163.19（男性，16岁）	最小 136.5，均值 161.38（男性，16岁）	−27.19（−6） −25.19（−1.5）
142（汉，女性，16岁）	最小 141.6，均值 155.17（女性，16岁）	最小 138，均值 154.27（女性，16岁）	−13.17（+0.4） −12.27（+4）
150（汉，男性，17岁）	最小 144，均值 166（男性，17岁）	最小 148.5，均值 164.15（男性，17岁）	−16（+6） −14.15（+1.5）

注：数差栏比较顺序按哈尔滨组、杭州组排列，括号内为最小数据。

二、地域之别与身份之别

上述所有数据主要以黄河流域居民为统计样本，较少涉及长江流域，未见珠江流域。前述，传世文献所记籍贯在今北方地区（黄河流域和黄淮之间）身高8尺以上者有35人，占总数的81%；籍贯在今长江流域的有4人，占总数的9%。出土资料中有籍贯记录的102例人员来自21个郡国。其中，19个郡国的98个个例在黄河流域，占总数的96%。体质人类学资料有男性554例，女性344例，其中，只有2例男性和3例女性来自长江流域地区。黄河流域地区的男性和女性遗骸分别占统计样本的99.6%和99.1%。由此导致，关于秦汉时期长江流域成年居民身高的记录十分零散。据表1，在出土文字资料中只有3例记录，即男性1例（成都，7.2尺，165.6厘米），女性2例（江陵，6.2尺，142厘米；江陵，6.3尺，145厘米）。在古人类学资料中只有8个个例，即男性 2 例（湖北江陵凤凰山，7.3 尺，167.8 厘米；重庆万州，6.3 尺，145 厘米），女性 6 例（湖南长沙马王堆，6.7 尺，154 厘米；湖南长沙杨家湾，7.1 尺，164 厘米；重庆万州，6 尺，138 厘米；广西贵县罗泊湾，3 例，平均 6.6 尺，152.5 厘米）。综合以上各项资料，3 例长江流域地区成年男性居民的平均身高为 159.4 厘米，8 例女性的平均身高为 150 厘米。由于支撑这两个数字的资料着实单薄，因此还需要从其他角度对长江流域居民身高状况加以推测。

《汉书·严助传》淮南王刘安上书称"越人繇力薄材"。《三国志·魏书·齐王芳纪》注引习凿齿《汉晋春秋》所记北人谓吴楚居民"脆弱"。"繇力薄材"和"脆弱"都是指身体方面特征，其中包括了较为瘦小或矮小的因素。淮南王刘安长期生活在与江南邻近的淮河流域，东晋襄阳人习凿齿主要活动于长江下游，可知西汉以降至晋中原人对南方居民身体形态的一般看法，这个看法理应是当时人观察的结果。前文提到《论衡》言及汉代常人身高以"七尺"出现次数最多，这个数字与我们对黄河流域地区成年男性居民中常身高的推测相去较远，属于汉代黄河流域居民所认定的较矮身高。王充是会稽上虞（今浙江上虞）人，《论衡》一书屡言"七尺"为常人身高之数，一个可能是作者对其所见家乡和其他邻近地区居民常见身高的印象和描述。同书凡言"七八尺"为常人身高之数，或者是作者来到洛阳后对黄河流域和长江流域居民常见身高的印象和描述，——其间可能也或多或少暗含了王充对两个地区居民身高的比较。换言之，如果我们将《论衡》关于汉代成年男性常见身高的歧说，理解为是对南方（"七尺"）和北方（"七八尺"）的描述，这一矛盾的缝隙便可得到弥合。自然，这个推测还需要更多资料的实证。总之，综合衡度现有资料，秦汉黄河流域成年男性的常见身高大约

166—168厘米之间,长江流域成年男性常见身高可能在161厘米左右。若按同一时代、地区、族群成年男性的平均身高比成年女性要高出7%的一般规律计,则秦汉长江流域地区女性的常见身高约为150厘米。

陕西临潼湾李组与北京延庆西屯组的情形有些与众不同。湾李27例女性平均身高160.85厘米(最小和最大差值分别是153.73—171.14厘米),西屯19例女性平均身高159.18厘米(最小和最大差值分别是149.7—169.6厘米)。这个数据远高于秦汉时期黄河流域成年女性的均高值。相应的是,湾李组和西屯组男性居民的均高分别为167.9厘米和165.34厘米,前者在秦汉时期黄河流域成年男性正常范围之内,而后者则略低于当时成年男性身高的均值。换言之,这两个地区的例子显示出,在同一性别中,当地女性居民的身高较高,男性居民的身高则处于中等或中等偏下位置。由于样本数量偏少以及其他相关资料的不足,目前尚不能解释这一情形。

青海西宁陶家寨汉晋墓地人群与甘青地区的卡约文化居民之间存在着密切的关联,表现出了很强的土著特征,属于古代羌人[1]。陶家寨墓地128例成年男性平均身高为169.31—170.11厘米,113例女性平均身高152.16—158.27厘米。这个数据高于秦汉时期长江流域人群,与黄河流域其他地区居民相比较,也是较高的。另有一些数据涉及黄河流域不同地区居民的平均身高状况,因数量较少,且有某些疑问之处[2],待资料成熟时续论。

---

[1] 张敬雷:《青海省西宁市陶家寨汉晋时期墓地人骨研究》,第164页。
[2] 如属于黄河中上游区域的陕西关中地区女性平均身高集中在160厘米,实例有160厘米(华县东阳,7例)和160.85厘米(临潼湾李,27例)。这两组数字是否具有代表性,令人生疑。

一般来说，同一种群居民身高可因营养不同而出现差异。如希腊迈锡尼文明墓葬（前1500年）遗骸中，王室成员比平民的骨架平均高2—3英寸（约5—7厘米）①。1979—1980年对中国居民调查表明，城市19—22岁男性较乡村男性平均高2.2厘米，女性平均高1.73厘米②。在现代西方社会，身高被认为是可信的等级标志，美国高等级地位者很少会是粗短的小个子，在英国更是如此③。现代中国城市居民和社会地位较高的阶层的平均身高要略高于农村居民和社会地位较低的阶层。对此现象的一个假设是城市居民营养水平普遍好于农村，而20世纪80年代以来，随着农村生活水平的提高，农村居民的身高呈现出较快增长趋势，也印证了这个解释④。秦汉时期是否也存在类似现象？《周礼·地官司徒·乡大夫》云："国中自七尺以及六十，野自六尺以及六十有五，皆征之。"国人从征以7尺始，以60岁终；野人从征以6尺始，以65岁终。显然，这并非是描述国人身高较野人为高，而是说国人从征年龄要晚于野人⑤。但根据表1资料，奴的平均身高是7.17尺（165厘米），卒的平均身高是7.23尺（166.3厘米），亭长、隧长、候长、乡佐、属史、属令、从史、给事佐、狱佐、尉等的平均身高是7.43尺（171厘米）。

---

① 戴蒙德：《人类历史上的最大失误》，高星译，《农业考古》1993年第1期。
② 国家教育委员会、国家体育运动委员会、卫生部、国家民族事务委员会"中国学生体质与健康研究组"：《中国学生体质与健康研究》，人民教育出版社1987年版，第1202—1203、1234—1235页。
③ 福塞尔：《格调——社会等级与生活品位》，梁丽真等译，广西人民出版社2002年版，第83页。
④ 河北医学院卫生学教研组：《石家庄市区和郊区身体发育调查》，《中华医学杂志》1982年第1期；孙关龙：《试论中国人身高的地域差异》，《地理科学》1988年第3期。
⑤ 《后汉书》卷四七《班超传》李贤注云："《周礼》国中六十免役，野即六十有五，晚于国中五年。国中七尺从役，野六尺，即是野又早于国中五年。七尺谓二十，六尺即十五也。此言十五受兵，谓据野外为言，六十还之，据国中为说也。"（第1585页）所言是。

这个数据或许有助于我们想象不同阶层的汉代人在身高方面存在的差异。

陈平身材长大,"人或谓陈平曰:'贫何食而肥若是?'其嫂嫉平之不视家生产,曰:'亦食糠覈耳。'"① 可知秦汉人将高大肥胖与饮食联系在一起。经济因素和营养水平是否是决定秦汉人身高群体差异的唯一因素,似不尽然。秦汉社会是一个重视体貌的社会。在当事人的体貌观念中,高身材获得了肯定和褒扬,两性均然②。一般来说,家境好或地位高的家庭,较易找到身体条件出色的异性,《后汉书·冯勤传》所述冯勤曾祖父冯扬,"宣帝时为弘农太守。有八子,皆为二千石,赵魏间荣之,号曰'万石君'焉。兄弟形皆伟壮,唯勤祖父偃,长不满七尺,常自耻短陋,恐子孙之似也,乃为子伉娶长妻",即为显例。汉代皇族身高的零星资料提供了另一个观察样本。刘邦身高史书缺载③,按照汉代著史惯例,其身高应是中等身高。但刘邦的后人却屡见身材高大者。如武帝之弟中山靖王刘胜身高 187 厘米,武帝子昭帝身高近 189 厘米,武帝另一子昌邑王刘贺为人"长大"。据《汉书·外戚传上》,昭帝"壮大",武帝"常言'类我'",则武帝身材也很高大。武帝和刘胜、昭帝和刘贺均同父异母,其体型相似,可能与前文提到的汉代皇室有意识选择高身材女子入宫有直接关联。据《后汉书·光武帝纪上》,刘秀身高 7.3 尺,其子东平宪王刘苍却"体貌长大"④,按照前文对"长大"的解释,其身

---

① 司马迁:《史记》卷五六《陈丞相世家》,第 2051 页。
② 参见彭卫:《汉代体貌观念及其政治文化意义》,《汉代社会风尚研究》,三秦出版社 1997 年版。
③ 《史记》卷八《高祖本纪》张守节《正义》引《河图》说刘邦身高七尺八寸(第 343 页),这是后世谶纬家的附会。
④ 李兴和点校:《袁宏〈后汉记〉集校》卷九《孝明皇帝纪》,云南大学出版社 2008 年版,第 116 页。

高应在 8 尺以上，子超其父身高 16 厘米。这一身高遗传应来自其母①。因此不独营养条件，在遗传上高地位群体也比低地位群体具有优势。因此，我们有理由设想：家境较为富裕或社会地位较高的群体，一般来说其平均身高可能要高于家境较为贫寒或社会地位较低的群体。

《汉书·高帝纪上》记高帝十一年《求贤诏》有"年老癃病，勿遣"语，将此类人群排除在"贤人"之外。颜师古注："癃，疲病也。"《汉书·高帝纪上》高帝五年二月条颜师古注引如淳语云："高不满六尺二寸以下为罢癃。"六尺二寸即 143 厘米，被汉人视为侏儒，说这是一种"病"也不为过，故诏文称为"癃病"。汉代皇帝诏令具有法律意义，这个要求可能就是汉代国家选拔官吏的一项制度规定。张春树分析居延汉简相关简文，认为负责边地基层指挥工作的下级官吏是必须具备某些体格条件，某一身高尺寸可能是这些条件之一②。包括笔者在内的一些后来研究者伸张了这个观点③。汉代人的身高与爵位和其他社会身份是否存在某种联系？下面作进一步讨论。

关于身高者的社会地位除传世文献外较为集中的资料主要是河西地区所出汉简。在男性成员 216 人中，有爵位记录的有 82 人，有其他社会身份记录的有 55 人（两项有重合），分别占统计资料的 39% 和 25%。其中，7 尺身高者，分别有不更（1 例）和公乘（2 例）④，以及大奴（2

---

① 刘苍之母即光武阴皇后。《后汉书》卷一〇上《皇后纪上》："初，光武适新野，闻后美，心悦之。"（第 405 页）史乘言其"美"，或包括了身材高挑。
② 张春树：《居延汉简中所见的汉代人的身型与肤色 —— 汉简集论之三》，《汉代边疆史论集》，食货出版社 1977 年版，第 196 页。
③ 彭卫：《汉代的体貌观念及其政治文化意义》，《汉代社会风尚研究》，第 121 页；赵宠亮：《行役戍备 —— 河西汉塞吏卒的屯戍生活》，科学出版社 2012 年版，第 42 页。
④ 括号内为人数。

例)、治渠河卒（1例）和施刑士（1例）。7.1尺身高者有公乘（2例）。7.2尺身高者分别有上造（3例）、不更（3例）、大夫（14例）、公大夫（1例）、官大夫（1例）和公乘（27例），以及隧长（2例）、游徼（1例）、都尉守属（1例）、狱佐（1例）、将车（2例）、戍卒（6例）、田卒（5例）、卒（2例）、士伍（1例）和大奴（1例）。7.3尺身高者，分别有簪褭（2例）、不更（1例）、大夫（2例）、公大夫（1例）和公乘（5例），以及亭长（2例）、书佐（1例）、治渠卒（1例）、戍卒（1例）和从者（1例）。7.4尺身高者，分别有公乘（3例），以及书佐（1例）和戍卒（2例）。7.5尺身高者，分别有簪褭（1例）、大夫（5例）、公大夫（1例）和公乘（5例），以及候长（1例）、隧长（5例）、亭长（2例）、游徼（1例）、督盗贼（1例）、令史（1例）、给事佐（1例）、从史（1例）、都尉属令（1例）、官员（1例）、胡骑（1例）和大奴（1例）。7.6尺身高者有公乘（1例），以及候长（1例）。8尺身高者有公乘（1例），以及右尉（1例）。这些资料显示：

第一，在7尺到8尺的八类身高中，爵位从第二等爵上造到第八等爵公乘。其中，公乘见于所有身高。其他爵位由低而高分别是上造（7.2尺）、簪褭（7.3尺、7.5尺）、不更（7尺、7.2尺、7.3尺）、大夫（7.2尺、7.3尺、7.5尺）、官大夫（7.2尺）、公大夫（7.2尺、7.3尺、7.5尺）。最高爵公乘以7.2尺最多，而低爵簪褭也出现在7.5尺中。可知身高与爵位之间没有特定的联系。

第二，爵位之外，其他身份者多以劳作和宦位显示。其中，卒（包括田卒、戍卒、治渠河卒和"卒"）最多，计17人，其身高分布在7、7.2、7.3和7.4尺中。在基层官员中，隧长和游徼分布在7.2和7.5尺中，见于7.2尺的官员还有都尉守属、狱佐，见于7.3尺的官员还有亭长、书佐,见于7.5尺的官员还有候长、亭长、督盗贼、令史、给事佐、从史、都尉属令等。其中,7.5尺身高类型的身份普遍较高,但这并不能确定这个身高与候长、隧长、亭长等基层官员的选拔有关联,因为在7.2尺和7.3尺中,同样也有隧长、亭长和游徼。这表明,7.5尺的身高不是选拔边塞或内地隧长等基层官员的必要条件,因而也不是一种制度规定。

第三,一般来说秦汉时期成年以年龄为标准,即15岁(虚岁)以上为成年(大男女),以下为未成年(小男女)。由于在汉简中发现了有15岁以上小女和14岁以下大女以及受爵的个例,有研究者认为,身高和残疾等身体因素也是决定傅籍成年的条件[①]。受爵和成年是不同的概念,秦汉时期没有爵位的成年人不在少数,这应是我们理解身高与是否达到成年关系的基本前提。前引秦律规定,身高6.5尺(约150厘米)和6.2尺(143厘米)分别是男性和女性成年与未成年人的标志。这个规定是否也适用于汉代尚无直接证据。在汉简资料中,年过15岁男性身高低于6.5尺仍被赐爵的有两例(表1之6尺栏);年过15岁男性身高低于6.5尺仍被作为成年人使用有的1例,即《肩(一)》73EJT9:94A:"从者京兆尹长安大原里贾相十六岁长五尺黑色。"因此以目前资料而言,秦汉时期尤其是汉代,确定成年人的基本标准是年龄,身高可能是某种特殊背景下的补充,但在执行中并不严格。

汉代制度,18岁始可从政。《汉书·儒林传》"太常择民年十八以上,仪状端正者,补博士弟子",《汉书·霍去病传》霍去病"年十八为侍中",《后汉书·苏章传附兄曾孙不韦传》苏不韦"年十八,征诣公

---

① 刘敏:《秦汉时期的"赐民爵"及"小爵"》,《史学月刊》2009年第11期。

车"等均可为证。18 岁较 15 岁长三年。秦汉时期还另有一个成年年龄标准,即 20 岁始冠。这个年龄距关于"始冠"的含义《说苑》有下述一段论述:

> 冠者,所以别成人也。修德束躬以自申饬,所以检其邪心,守其正意也。……故君子成人,必冠带以行事,弃幼少嬉戏惰慢之心,而衎衎于进德修业之志。①

始冠之后要抛弃"幼少嬉戏惰慢之心",孜孜于"进德修业",从而标志着成人过程的完成。由 15 岁而 18 岁而 20 岁,汉代人将成人化视为一个过程,对这个过程的认识可能与当时人的人体发育知识有关。《素问·上古天真论篇》论曰:女子"二七而天癸至,任脉通,太冲脉盛,月事以时下,故有子。三七肾气平均,故真牙生而长极";男子"二八肾气盛,天癸至,精气溢泻,阴阳和,故能有子。三八肾气平均,筋骨劲强,故真牙生而长极"。女子"二七"(14 岁)和男子"二八"(16 岁)在生理上虽具备了生育能力,但只是成人的开始。在"三七"(21 岁)和"三八"(24 岁),生理上的成人过程才告完成。《素问·征四失论篇》还表达了对"年少,智未及"的担忧。因此,汉代人不仅将成人化视为一个过程,而且区别了身体发育和心智发育在时间上的差异。将 18 岁而不是 15 岁作为从政的初始年龄,正是这种认识的结果。换言之,在某些情形下,有的年龄不满 15 岁的人,可能因身材高大而被作为成人使用,但却不会让他从政仕宦。以往我们强调了秦汉时期成人年龄

---

① 刘向:《说苑·修文》,文渊阁《四库全书》本。

的单一性（即以 15 岁为成年），忽略了秦汉人关于成人化过程的理解，忽略了秦汉人关于体格发育和心智发育差异的认识，这些都有必要重新认识。

由传世文献可知，秦汉人给予身材高大的男性以积极评价，但其社会表现主要集中在文化心理方面[1]。身高因素确实影响了某些人的仕途和命运，但这并非是从政仕宦或从事社会活动的必要条件。《公羊传·宣公十五年》"什一行而颂声作矣"，汉何休注："选其耆老有高德者，名曰父老；其有辩护伉健者，为里正。"[2] 可见管理乡里事务者在本地有一定影响和威望，且管理、组织能力较强。这些均与个人的身高无关。汉代文献记录了诸多身材"短小"之人从宦故事[3]，正是这种情形的表现。秦汉王朝是中国古代中央集权官僚政体的早期形态，在这个形态中，包括身高和容貌等在内的自然因素让位于有助官僚体系运转的政治和社会因素，这与其说是官僚政体较为成熟的一种表现，毋宁是这种制度运作的必然结果。

第四，《六韬·犬韬》之《武车士》和《武骑士》两篇分别说选拔车士和骑士的身高都在七尺五寸以上。一般认为《六韬》成书于战国后期。表 1 中有 1 例属国胡骑，其身高恰为 7.5 尺。一般来说，军事人员尤其是军队中特殊兵种对身体条件当会有一定要求，例如河北永录长平

---

[1] 参见彭卫：《汉代的体貌观念及其政治文化意义》，《汉代社会风尚研究》，第 120—122 页。
[2] 何休注，孔颖达疏：《春秋公羊传注疏》，阮元校刻：《十三经注疏》，第 2287 页。
[3] 《汉书》卷六六《蔡义传》说蔡义虽矮小，然由门候累迁至丞相（第 2899 页）。《汉书》卷八九《循吏·龚遂传》说龚遂虽"短小"，却以"明经为官"（第 3639、3637 页）。《汉书》卷九〇《酷吏·严延年传》说严延年"短小精悍"，官至太守（第 3669 页）。《太平御览》卷三七八引谢承《后汉书》云："汝南周滂字次彦。世祖时常山，问可治兵者谁，滂舅以滂对。世祖见滂短小，以为不能将帅。滂对有词理，拜颍川府丞。"

之战遗址所见30多个男性遗骸平均身高170厘米（7.4尺）[1]，汉代骑士选拔是否也以7.5尺以上作为身高标准，还有待于更多的资料。

三、时代：高低变异

《论衡·齐世》云："语称上世之人，侗长佼好，坚强老寿，百岁左右；下世之人，短小陋丑，夭折早死。何则？上世和气纯渥，婚姻以时，人民禀善气而生，生又不伤，骨节坚定，故长大老寿，状貌美好。下世反此，故短小夭折，形面丑恶。"王充引述当时人的说法，自然不是学理上的说明，而是汉代崇古思潮中关于人体形态"古""今"有别的表述。实际情形如何？

同一种群不同历史时期的身高状况大体稳定和发生变化两种类型。根据考古资料提供的数据，华夏居民身材从化石人类到新石器时期明显增高，且呈现北高南低和东高西低状况。从表3可见，新石器时期黄河中下游一些地区成年男性平均身高在170厘米上下，其中，山东大汶口和西夏侯组、河南舞阳贾湖组成年男性骨骸的平均身高分别为172.26、171.3和171.2厘米，为已知成年男性平均身高最高的人群。成年男性平均身高168厘米或以上人群还有河南荥阳妯娌组，陕西华县、宝鸡和神木组，湖北房县组。平均身高较低的有内蒙古赤峰组（163厘米）、青海民和组（160厘米）、河南青台组（157厘米）、浙江河姆渡组

---

[1] 山西省考古研究所、晋城市文化局、高平市博物馆：《长平之战遗址永录1号尸骨坑发掘简报》，《文物》1996年第6期。

（162厘米）、福建昙石山组（162厘米）、广东河宕组（162厘米）和四川成都组（161厘米）。以统计样本数量为考量要素，赤峰大甸子、山东大汶口、山东西夏侯、陕西宝鸡等组都有上百或数百例个体，故具有相当程度的代表性。以此推测，新石器时代中国境内（不包括新疆、西藏和东北地区）的总体情况可能是：男性居民平均身高最高的地区是黄河下游，大致在170厘米左右；黄河中游次之，大致在167—169厘米之间；黄河上游又次之，大致在160—166厘米之间；长江流域、珠江流域最低，大致为161或162厘米。女性平均身高在150—153厘米之间，其中最高的河南荥阳妯娌达159厘米。尽管北方某些地区（内蒙古赤峰组、青海民和组、河南青台组）男性居民平均身高也较低，但北高南低、东高西低的基本格局还是清晰的，而这一格局在商周和秦汉时代依然存在。

由表3、表4和前文引录的考古人类学资料可知，商周和秦汉时期古人身高与新石器时代相比表现出如下情状：

第一，在相近地区对比组中，新石器时代人群与商周和秦汉时代人群的平均身高相近，或是前者略高于后者，或是后者略高于前者，波动幅度不大。其例如河南郑州青台新石器时代男性平均身高157厘米，女性平均身高152厘米，河南郑州西北郊洼刘两周时期男性平均身高158厘米，女性平均身高153厘米；陕西华阴横阵新石器时期男性平均身高168.8厘米，陕西华县东阳周秦汉时期男性平均身高168.7厘米；陕西临潼姜寨新石器时代男性平均身高170.29厘米（1期）和168.81厘米（2期），陕西临潼新丰镇战国时期男性平均身高169.9厘米；陕西宝鸡新石器时代男性平均身高168.8厘米，陕西凤翔南指挥西村周代男性平均身高168.3厘米；内蒙古和林格尔新店子男性平均身高165.76厘米，女性平均身高 155.13 厘米，内蒙古和林格尔土城子战国时期男性平均身高 163—169 厘米，女性平均身高 150—156 厘米。

第二，在相近地区对比组中，新石器时代人群的平均身高高于商周时期人群。其例如陕西西安半坡新石器时代男性平均身高 169.45 厘米，陕西西安老牛坡商代男性平均身高 158.5—166 厘米，陕西西安少陵原西周时期男性平均身高 163—165 厘米，后一个时期较前一个时期人群的平均身高低 3—4 厘米。山东泰安大汶口和山东曲阜西夏侯新石器时代男性平均身高分别为 172.26 厘米和 171.3 厘米，而山东临淄周—汉时期男子平均身高近 164 厘米，后一个时期人群的平均身高较前一个时期低 7—8 厘米。

第三，在较大的空间上，现有资料呈现的基本态势是，新石器时代黄河中上游地区成年男性的平均身高多在 168 厘米以上，其中的新石器时代，山东大汶口、西夏侯和河南舞阳贾湖组男性平均身高在 170 厘米以上。而商周时代成年男性的平均身高则多在 166 厘米以下，例外只有山西永录遗址男性遗骸的平均身高为 170 厘米。由于这批遗骸是秦赵长平之战的战死者，其平均身高不宜作为一般成年男性的数据。这两个时期的波动幅度在 2 厘米以上。长江流域地区也有类似的情形。由于现有资料显示的秦汉时期成年男性的中常身高在 166—168 厘米，因此，较之商周时期秦汉人的中常身高可能有所增加。

表3　新石器时代中国境内部分居民遗骸身高估测

地点	平均身高（厘米）	资料来源
内蒙古赤峰大甸子	男性：163.28，女性：154.4 个体总数 500 多例	中国社会科学院考古研究所：《大甸子——夏家店下层文化遗址与墓地发掘报告》，科学出版社 1998 年版，第 260 页

续表

地点	平均身高（厘米）	资料来源
内蒙古和林格尔新店子	男性：165.76 女性：155.13	张全超：《内蒙古和林格尔新店子墓地人骨研究》，科学出版社2010年版
山东泰安大汶口	男性（8）：172.26	颜誾：《大汶口新石器时代人骨的研究报告》，《考古学报》1972年第1期
山东曲阜西夏侯	男性（7）：171.3	颜誾：《西夏侯新石器时代人骨的研究报告》，《考古学报》1973年第2期
江苏高邮龙虬庄	男性（37）：164.22—167.44 女性（30）：149.88—151.53	龙虬庄遗址考古队：《龙虬庄——江淮东部新石器时代遗址发掘报告》，科学出版社1999年版，第430页
河南舞阳贾湖	男性：171.2	河南省文物考古研究所：《舞阳贾湖》，科学出版社1999年版，第867页
河南长葛石固	男性：167 女性：153.5	陈德珍等：《河南长葛石固早期新石器时代人骨的研究（续）》，《人类学学报》第4卷第4期
河南郑州青台	男性（42）：157 女性（29）：152	杜百廉、张松林等：《河南青台原始社会遗址人骨的研究》，《郑州文物考古与研究（一）》，科学出版社2003年版
河南荥阳妯娌	男性（41）：168 女性（12）：159	杜百廉等：《郑州西北郊洼刘两周遗址出土人骨的观测（一）性别、年龄、身高和四肢诸长骨的测量》，《河南医学研究》第13卷第1期
河南灵宝晓坞	男性：169.58—171.34 女性：158.78—166.6	陈靓等：《晓坞遗址仰韶文化墓葬出土人骨的鉴定与初步研究》，《考古》2011年第12期
河南陕县庙底沟	男性：168.8	韩康信：《陕县庙底沟二期文化墓葬人骨的研究》，《考古学报》1979年第3期
陕西华阴横阵	男性：167.9	考古研究所体质人类学组：《陕西华阴横阵的仰韶文化人骨》，《考古》1977年第4期
陕西西安半坡	男性（8）：169.45	颜誾等：《西安半坡人骨的研究》，《考古》1960年第9期
陕西临潼姜寨	1期，男性（5）：170.29 2期，男性（3）：168.81	半坡博物馆等：《姜寨》，文物出版社1988年版，第484、502页
陕西宝鸡	男性：168.8	颜誾等：《宝鸡新石器时代人骨的研究报告》，《古脊椎动物与古人类》第2卷第1期
陕西神木新华	男性：168.5	陕西省考古研究所等：《神木新华》，科学出版社2005年版，第334页

续表

地点	平均身高(厘米)	资料来源
甘肃临潭磨沟	男性(52):166.07 女性(51):155.85	赵永生:《甘肃临潭磨沟墓地人骨研究》,吉林大学,2013年博士学位论文
青海民和核桃庄	男性:160	王明辉等:《民和核桃庄史前文化墓地人骨研究》,青海省文物研究所、青海省文物管理处、西北大学文博学院:《民和核桃庄》,科学出版社2004年版
青海大通上孙家寨(卡约)	男性:166.9	韩康信、谭婧泽、张帆:《中国西北地区古代居民种族研究》,复旦大学出版社2005年版,第63页
四川成都	男性:161	张君等:《成都市十街坊遗址新石器时代晚期人骨的观察》,《考古》2006年第7期
湖北房县七里河	男性(15):169 女性(8):164	吴海涛等:《湖北房县七里河遗址新石器时代人骨研究报告》,湖北省文物考古研究所:《房县七里河》,文物出版社2008年版
浙江余姚河姆渡	男性(2):162	浙江省文物考古研究所:《河姆渡——新石器时代遗址考古发掘报告》,文物出版社2003年版
福建闽侯昙石山	男性:163.5	韩康信等:《闽侯昙石山遗址的人骨》,《考古学报》1976年第1期
广东佛山河宕	男性:162	韩康信等:《广东佛山河宕新石器时代晚期墓葬人骨》,《人类学学报》1982年第1期
广西柳江	男性:156.69	彭书琳:《百色坎屯新石器时代墓葬人骨》,《广西考古文集》第3辑,文物出版社2007年版
广西甑皮岩	男性(2):162.52 女性(2):158.11	同上
广西百色	男性(2):169.4 女性(3):157.3	同上

注:括号内为估测个体数。

表4 商周时期中国境内部分居民遗骸身高估测

地点和时代	平均身高(厘米)	资料来源
内蒙古凉城,东周	男性(11):167	何嘉宁:《内蒙古凉城县饮牛沟墓地1997年发掘出土人骨研究》,《考古》2001年第11期

续表

地点和时代	平均身高（厘米）	资料来源
内蒙古和林格尔土城子，战国	男性（177）：163—169 女性（62）：150—156	顾玉才：《和林格尔土城子战国居民人口学及相关问题研究》，北京大学考古文博学院编：《考古学研究》（七），科学出版社 2008 年版
山西浮山桥北，商代晚期至春秋晚期	男性（8）：162.77 女性（4）：146.08[①]	贾莹：《山西浮山桥北及乡宁内阳垣先秦时期人骨研究》，吉林大学 2006 年，硕士学位论文，第 144 页
山西绛县横水，西周	东向人群男性 164.77，女性 155.93；西向人群男性 164.91，女性 156.88	王伟：《山西绛县横水西周墓地人骨研究》，吉林大学 2012 年，硕士学位论文，第 85、89 页
山西侯马乔村，战国中期	男性（55）：166.67 女性（20）：161.56	潘其风：《侯马乔村墓地出土人骨的人类学研究》，山西省考古研究所：《侯马乔村墓地（1959～1996）》，科学出版社 2004 年版
山西侯马乔村，战国晚期	男性（18）：166.59 女性（12）：159.67	同上
山西永录，战国	男性（33）：170	山西省考古研究所等：《长平之战遗址永录 1 号尸骨坑发掘简报》，《文物》1996 年第 6 期
河南郑州西北郊洼刘，两周	男性（456）：158 女性（269）：153	杜百廉等：《郑州西北郊洼刘两周遗址出土人骨的观测》，《河南医学研究》2004 年第 1 期
陕西西安老牛坡，商	男性（4）：158.5—166 女性（4）：148.3—154.25	张怀瑶、杨玉田：《1986 年春老牛坡商代墓葬部分人骨的鉴定》，刘士莪：《老牛坡》，陕西人民出版社 2001 年版
陕西长武碾子坡，先周晚期	男性（19）：165.23	潘其风：《碾子坡遗址墓地出土人骨的研究》，中国社会科学院考古研究所：《南邠州·碾子坡》，世界图书出版公司 2007 年版
陕西长武碾子坡，西周	男性（11）：164.03	同上

[①] 对本组遗骸身高估算有三个结果，即男性平均身高 162.77 厘米（黄种人身高计算公式）或 156.42 厘米（股骨最大长公式①）或 164.59 厘米（股骨最大长公式②）；女性平均身高为 146.08 厘米（黄种人身高计算公式）或 144.23 厘米（股骨最大长公式①）或 155.86 厘米（股骨最大长公式②）。表格取第一种估算结果。

续表

地点和时代	平均身高（厘米）	资料来源
陕西西安少陵原，西周	男性（22）：163—165 女性（22）：152—158	陈靓：《少陵原西周墓地人骨鉴定报告》，陕西省考古研究院：《少陵原西周墓地》，科学出版社2009年版
陕西凤翔南指挥西村，周	男性（6）：168.3	韩伟等：《凤翔南指挥西村周墓人骨的测量与观察》，《考古与文物》1985年第3期
陕西华县东阳，周	男性（20）：168.7 女性（20）：160	何嘉宁：《陕西华县东阳墓地2001年出土周—秦—汉人骨鉴定及研究》，陕西省考古研究所等：《华县东阳》，科学出版社2006年版
陕西韩城，两周	男性（3）：162.7 女性（2）：153.7	陕西省考古研究院等：《梁带村芮国墓地》，文物出版社2010年版，第245页
陕西临潼，战国	男性（7）：169.9 女性（4）：163.35	邓普迎：《陕西临潼新丰镇秦文化人骨研究》，西北大学，2010年硕士学位论文，第31—32页
湖北长阳，青铜时代	男性（12）：162.3 女性（8）：156.1	张振标、王善才：《湖北长阳青铜时代人骨的研究》，《人类学学报》第11卷第3期
湖北随县，春秋	男性（1）：162 女性（16）：149.2	莫楚屏等：《曾侯乙墓人骨研究》，湖北省博物馆：《曾侯乙墓》，文物出版社1989年版
湖南长沙，战国	男性（1）：158	湖南省文物管理委员会：《长沙出土的三座大型木椁墓》，《考古学报》1957年第1期

注：括号内为估测个体数。

这三个表现呈现出"不变"与"变"两种情状。由于缺乏足够的资料，很难作出确切的判断。谨慎地看待这些表现，似乎可以说，由新石器时代到商周时期，许多地区人群的身高有不同程度的降低；而在有的地区，人群的身高则未出现改变。并且就已有的资料而言，商周人群身高降低的空间范围更大一些。身材高度的变化主要与两种因素有关。其一，外来人群的融入，其二，营养水平的升降。国内学者在解释中国古代居民身高变化时都考虑过这两个因素。如山西侯马乔村战国中期男性身高略高于同一地区战国后期男性,这种现象被解释为"可能是居民成分有所变化的反映"①。河南沿黄河南侧的妯娌、洼刘遗址中,洼刘人群身材较低,这可能与洼刘人距黄河较远,地瘠民贫有关②。我们知道,新石器时代以来,黄河流域居民没有发生足以导致身体形态变化的不同人群的混融,合理的解释只能来自食物摄入方面。域外人类学者注意到,狩猎采集经济转变为农耕经济后,因营养状况下降,人们的身高也随之降低。如生活在今希腊和土耳其从事狩猎采集先民的平均身高为男性5英尺9英寸(接近176厘米),女性5英尺5英寸(160厘米)。农业生活出现后,该地区人群身高降低为男性平均5英尺3.3英寸(160.8厘米),女性平均5英尺(152.4厘米)③。下降幅度为15厘米(男性)和7厘米(女性)。笔者曾论及中国古人肉类食物摄入情形,其中的一个判断是,与农耕文化全面占据主导地位的后代相比,中国新石器时代黄河流域居民的肉食在食物结构中所占比例可能相对略大一些,西周以后则逐渐降低。由于家庭畜牧业的巩固和官营及皇室畜牧业的发展,汉代人均消费的肉量可能又有所回升,汉代普通百姓的食肉机会以及随之而来的数量,较之前代有一定程度的增长④。如果新石器时代—商周—秦汉三个时期,人们的中常身高呈现出较高→降低→回升的趋向,农耕经济的大面积推广和稳固化,由此导致的动物蛋白摄入的降低,以及

---

① 潘其风:《侯马乔村墓地出土人骨的人类学研究》,山西省考古研究所:《侯马乔村墓地(1959～1996)》,科学出版社2004年版。
② 张松林、姜楠、刘彦锋:《对郑州市洼刘遗址西周时期人骨的观测》,张松林主编:《郑州文物考古与研究(一)》上册,科学出版社2003年版。
③ 戴蒙德:《人类历史上的最大失误》,高星译,《农业考古》1993年第1期。
④ 彭卫:《汉代人的肉食》,《中国社会科学院历史研究所学刊》第7辑,商务印书馆2011年版。

到了秦汉时期发生的家庭畜牧业的成熟,或许是造成这种情形的重要原因。

有研究者对郑州汉唐宋时期墓地出土人骨进行身高测量,结论是汉代男性36例,平均身高169厘米,女性25例,平均身高约160.5厘米。唐代男性14例,平均身高166.5厘米,女性10例,平均身高157.1厘米。宋代男性20例,平均身高164.3厘米,女性20例,平均身高156.2厘米[①]。由汉至唐宋,同一地区居民身高呈现出逐渐下降的趋势。北京延庆西屯墓地时跨包括汉代和北朝时期。如前所述,汉代组男性均高165.34厘米,女性均高159.18厘米。北朝组有16例个体,男性(7例)均高163.79厘米,女性(9例)均高162.97厘米。西屯组所显示的情形更为复杂,即北朝男性均高低于汉代,而女性均高则高于汉代。一般来说,人群身高变化与营养水平和异族人口融合关系最为密切,汉代至近代中国人身高的变化也必然受到这两个因素的影响。其间的具体过程如何展现,要依赖于更多的新出资料,而目前对此问题进行研究的时机尚不成熟。

四、结语

(一)根据已有的文献和古人类学资料,秦汉人的身高延续了新石器时代以来的基本态势,呈现出北高南低的基本状况。其中,黄河流域

[①] 孙蕾:《郑州汉唐宋墓葬出土人骨研究——以荥阳薛村遗址和新乡多处遗址为例》,第22—27页。

和以北地区成年男性的中等身高大约为 166—168 厘米,成年女性的中等身高大约为 150—152 厘米。长江流域和以南地区成年男性的中等身高大约为 161 厘米,成年女性的中等身高大约为 150 厘米。据传世文献,秦汉时期身材最高的成年男性为 1 丈(230 厘米以上)[①];据古人类学资料,身材最高的成年男性为 210 厘米,女性为 171 厘米;身材最矮的成年男性为 145 厘米,女性为 138 厘米。

(二)秦汉人的身高可能因社会地位和经济状况的不同而有差异,社会地位较高或家境较为富裕的群体,一般来说其平均身高可能要高于家境较为贫寒或社会地位较低的群体。

(三)在对成年人确认中,年龄是最重要的也是最基本的因素,身高的影响是微弱的。秦汉人对成人年龄的认识不是单一的,而是一种过程化的理解,相应于承担国家徭役,15 岁为成人的标准;相应于从政,18 岁为成人的标准;而 20 岁的"始冠",则标志着成人化的完成。其间显示了秦汉人关于人的体格发育和心智发育差异的认知。

(四)身高可能是某些职业或身份者如军事人员、宫女的一项要求。然而,尽管秦汉社会重视人的体貌,身材较高者可以借此为自己在仕途上增重,但身高与爵位获得以及官吏选拔并不存在制度上的特定联系。

(五)由新石器时代到秦汉时期,中国先民的身高可能出现了某些变化。商周时期人群的中常身高较之新石器时代的居民可能降低了 2 厘

---

① 汉初名臣张苍之父身高不足五尺(《史记·张丞相列传》),准之今制不足 115 厘米。秦汉时有一些从事倡优职业的侏儒,东方朔谓其"长三尺余"(《汉书·东方朔传》),若以三尺一寸计,则身高约合 71 厘米。《论衡·齐世》说东汉人张仲师身高二尺二寸,则仅有 50 厘米强,是已知汉代人身高最低者。现代医学认为侏儒症成年患者身高不超过 130 厘米,其身高最低极限约为 58 厘米(上海第一医学院、中山医学院主编:《内科学》下册,人民卫生出版社 1980 年版,第 633 页)。显然,张苍之父等人均是侏儒症患者。

米以上，有的地区降低的幅度更大。秦汉时期居民的中常身高则有所回升。这种情形可能与产业结构以及由此导致的食物获取内容的改变有关。有资料显示，唐宋时期同一地区居民的平均身高较之汉代持续下降，这个现象需要进一步研究。

（原载《文史哲》2015 年第 6 期）

《史记》"闾左"发覆

孟彦弘

《史记·陈涉世家》:"二世元年七月,发闾左適戍渔阳九百人,屯大泽乡。陈胜、吴广皆次当行,为屯长。"[1] "闾左",除王子今将"左"解作"佐",视闾佐为"里"的佐事吏目之外[2],旧注多指居住于闾或里门左侧之人。至于这些人的身份,有人认为是贫弱百姓或地位略近刑徒、奴婢的依附农民或贱民,有人认为是流徙他乡的亡命之徒或寄居他乡的流民、浮浪人,或普通百姓[3]。

---

[1] 《史记》卷四八《陈涉世家》,中华书局2013年版,第2366页。
[2] 王子今:《"闾左"为"里佐"说》,《西北大学学报》1985年第1期。作者近又撰文,利用里耶秦简加以申说,见其《里耶秦简与"闾左"为"里佐"说》,《湖南大学学报》2014年第4期。
[3] 详参辛德勇:《闾左臆解》(初刊于1996年),又载《历史的空间与空间的历史》,北京师范大学出版社2005年版,第57—64页。王育成《闾左贱人说初论——兼说陈胜故里在宿州》(《历史博物馆馆刊》1998年第2期)主要针对辛文进行商榷,认为闾左是贱民。最近的成果,如臧知非《"闾左"新证——以秦汉基层社会结构为中心》(《史学集刊》2012年第3期),认为闾左是居于里门左侧的浮浪人;张信通《秦代的"闾左"考辨》(《贵州师范学院学报》2013年第11期),认为闾左是普通民众,是平民。何晋则在十年前发表《"闾左"考释》(《国学研究》第十三卷,北京大学出版社2004年版,系统梳理文献、平议诸说,力证郭嵩焘"闾左"系平民之说,并指出"左"非方位,乃表示地位卑微。这些文章均对研究史有综述,可参看。

笔者以为，"闾左"乃"闾五"之讹。闾即里、闾里①，泛指地方基层组织或居住之地；闾五，指闾或里之士伍。睡虎地出土秦简有封诊式，共廿五节，除治狱、讯狱外，其他廿三节均为案件的调查、审核、讯问等程序的文书程式。其中涉及人的身份，正有"士五"。有作"士五、居某里"，如：

> 有鞫　敢告某县主：男子某有鞫，辞曰："士五（伍），居某里。"

有作"某里士五"或"同里士五"，如：

> 封守　乡某爰书：以某县丞某书，封有鞫者某里士五（伍）甲家室、妻、子、臣妾、衣器、畜产。……●几讯典某某、甲伍公士某某……
>
> 盗自告　□□□爰书：某里公士甲自告曰："以五月晦与同里士五（伍）丙盗某里士五（伍）丁千钱……"

有作"里人士五"，如：

> 经死　爰书：某里典甲曰："里人士五（伍）丙经死其室。"②

所谓"里人士五"，正是闾之士五。因为是文书程式或格式，所以用

---

① "闾"，似不应拘泥作里门解。王念孙《读书杂志》卷八之二"荀子·穷闾漏屋"条，即作辨析，称"闾亦巷也"（中华书局1991年影印金陵书局本，第663页）。
② 《睡虎地秦墓竹简》，文物出版社1978年版，第247、249、251、267页。

"某里"来表示。里耶秦简则有具体的里名,如"启陵津船人高里士五(伍)启封当践十二月更"①。高里,即里的名称。

士五(伍)乃秦代的一种法定身份。《史记·秦本纪》"五十年十月,武安君白起有罪,为士伍",如淳曰"尝有爵而以罪夺爵,皆称士伍"②。此事又见《史记·白起王翦列传》,"免武安君为士伍"③。《秦本纪》叙述白起等事迹,名字前多加爵称,如"十三年,……左更白起攻新城。五大夫礼出亡奔魏。……十四年,左更白起攻韩、魏于伊阙,……十五年,大良造白起攻魏,……十六年,左更错取轵及邓"④。这与上引《睡虎地秦墓竹简·封诊式》正可对证。如"争牛 爰书:某里公士甲、士五(伍)乙诣牛一"(第254页),"黥妾 爰书:某里公士甲缚诣大女子丙,告曰:'某里五大夫乙家吏……'"(第260页)。公士、五大夫乃秦代爵称。卫宏《汉旧仪》卷下:"秦制二十爵。男子赐爵一级以上,有罪以减,年五十六而免。无爵为士伍,年六十乃免者。"⑤士五(伍)是与有爵者相对而称的身份,是指从傅籍到免老这一时期的无爵的普通百姓⑥。汉初之士伍一仍秦制,是与有爵者相对称的身份,《汉书》卷一六《高惠高后文功臣表》名字前即多系爵称或士伍。《史记·淮南衡山列传》,胶西王议淮南王刘安反状,称"而论国吏二百

---

① 陈伟:《里耶秦简牍校释》简8-650背一,武汉大学出版社2012年版,第一卷,第191页。
② 《史记》卷五《秦本纪》,第273、267页。
③ 《史记》卷七三《白起王翦列传》,第2837页。
④ 《史记》卷五《秦本纪》,第265页。
⑤ 《汉官六种》,中华书局1990年版,第53页。
⑥ 详见刘海年:《秦汉"士伍"的身份与阶级地位》(初刊于1978年),载《战国秦代法制管窥》,法律出版社2006年版,第313—321页。此后关于士伍的研究论著,材料引用或许更为周全,但结论基本不出此文范围。最新的解说,可参任仲赫:《秦汉律中的耐刑——以士伍身份的形成机制为中心》,《简帛研究》(2008),广西师范大学出版社2010年版。

石以上及比者，宗室近幸臣不在法中者，不能相教，当皆免官削爵为士伍，免之，毋得宦为吏"①。《汉书·景帝纪》景帝元年秋七月，诏议吏受所监临饮食、财物的处罚，廷尉与丞相议，其中说到"吏迁徙免罢，受其故官属所将监治送财物，夺爵为士伍，免之"；李奇曰"有爵者夺之，使为士伍，有位者免官也"②。《汉书·丙吉传》"元帝时，长安士伍尊上书"云云③。《汉书·陈汤传》成帝时陈汤下狱当死，谷永上书讼，"天子出汤，夺爵为士伍"④。至于《汉书·淮南王传》所及"削爵为士伍，毋得官为吏"⑤，则源自《史记》。汉人对"士伍"并不陌生，故卫宏所释最为准确。距汉不远的李奇，注《汉书·景帝纪》尚允当，但如淳注《淮南王传》"大夫但、士伍开章等七十人"，称"律，有罪失官爵，称士伍也"⑥，则欠妥。士伍是与有爵者相对举；原有爵而失爵则为士伍，这固然不错，但士伍未必都是原有爵而因罪被褫夺者，也有本来就是士伍的。但他们仍然明白，士伍是种身份。随着汉代爵的泛滥，士五（伍）之称也渐少⑦，至唐人颜师古注《汉书》，则望文生义，如注《景帝纪》，认为李奇所注为非，"谓之士伍者，言从士卒之伍也"⑧，已完全不知道士伍乃身份了。

里耶秦简中也确实出现了士五（伍）被適戍（谪戍）的记录，如

---

① 《史记》卷一一八《淮南衡山列传》，第3759页。
② 《汉书》卷五《景帝纪》，中华书局1983年版，第140—141页。
③ 《汉书》卷七四《丙吉传》，第3148页。
④ 《汉书》卷七〇《陈汤传》，第3021页。
⑤ 《汉书》卷四四《淮南王传》，第2152页。
⑥ 《汉书》卷四四《淮南王传》，第2142页。
⑦ 吴简中尚有注记，参凌文超：《走马楼吴简所见"士伍"辨析》，《吴简研究》第三辑，中华书局2011年版，第153—166页。
⑧ 《汉书》卷五《景帝纪》，第141页。

"贷適戍士五(伍)高里庆忌"。至于谪戍的原因,也有一例是因为娶商人子为妻而被適戍:"城父繁阳士五(伍)枯取(娶)贾人子为妻,戍四岁。"① 《史记·陈涉世家》中的"適戍渔阳九百"的士五(伍),也未必是来自同一个地方,很可能是附近一批因各种原因而被谪戍者,集中起来,一起被发往渔阳。

由于对"闾左"未得确解,所以在汉初人眼中,这件事被当作秦暴政的一个事例。如晁错讲到"守边备塞,劝农力本,当世急务"时,就以秦北攻胡貉、南攻杨粤,置戍卒为例,说:

夫胡貉之地,积阴之处也……杨粤之地少阴多阳……秦之戍卒不能其水土,戍者死于边,输者偾于道。秦民见行,如往弃市,因以谪发之,名曰"谪戍"。先发吏有谪及赘婿、贾人,后以尝有市籍者,又后以大父母、父母尝有市籍者,后入闾,取其左。发之不顺,行者深怨,有背畔之心。②

后来也常用"入闾,取其左"这样的无道暴行,来渲染秦之当亡。如《史记·淮南衡山列传》,谋臣伍被为淮南王分析形势,有"往者秦为无道,残贼天下。兴万乘之驾,作阿房之宫,收太半之赋,发闾左之戍,父不宁子,兄不便弟,政苛刑峻,天下熬然若焦"③。《汉书·食货志上》也有类似的话:"至于始皇,遂并天下,内兴功作,外攘夷狄,收

---

① 陈伟:《里耶秦简牍校释》简 8-899、简 8-466,第一卷,第 245、161 页。
② 《汉书》卷四九《晁错传》,第 2284 页。
③ 《史记》卷一一八《淮南衡山列传》,第 3754—3755 页。

泰半之赋,发闾左之戍。"① 据何晋梳理,"发闾左之戍"的这条材料,见于《淮南子·兵略训》,《史记》的《淮南衡山列传》《陈涉世家》,《汉书》的《蒯伍江息夫传》《陈胜项籍传》《食货志》。他认为其间的递袭关系是《淮南子》→《史记》→《汉书》;究根溯源,"核心文本"来自《淮南子·兵略训》②。在讲"兵之胜败,本在于政,政胜其民,下附其上,则兵强矣。民胜其政,下畔其上,则兵弱矣"时,举了正反三个例子,即楚国的由盛而衰、秦的二世而亡和武王伐纣。其中言及秦二世而亡时,称:

> 二世皇帝,势为天子,富有天下,人迹所至,舟楫所通,莫不为郡县。然纵耳目之欲,穷侈靡之变,不顾百姓之饥寒穷匮也,兴万乘之驾,而作阿房之宫,发闾左之戍,收太半之赋。百姓之随逮肆刑,挽辂首路死者,一旦不知千万之数。天下敖然若焦热,倾然若苦烈,上下不相宁,吏民不相憀。戍卒陈胜兴于大泽,攘臂袒右,称为大楚,而天下响应。③

我们仔细推敲其文义,可知这并不是客观地叙述史事及其过程,而是利用大家耳熟能详之事,来发表自己的议论,并不追求史实的严谨。《史记·淮南衡山列传》中,这段话出自伍被之口,是为打消淮南王援陈胜、吴广为例来起事的企图。司马迁用作史实来叙述的,出现于

---

① 《汉书》卷二四上《食货志上》,第1126页。
② 何晋:《"闾左"考释》,《国学研究》第13卷,第329—333页(特别是第332页表1及第333页图示)。按,来源相同的不同书的记载,应视作同一种记载,不能用以互证是非。
③ 张双棣:《淮南子校释》(增订本),北京大学出版社2013年版,第1598页。

《史记·陈涉世家》，仅"发闾左"三字而已。窃以为，这一方面因为"闾左"作为闾里士五的简称，使用得并不普遍，至少汉人虽明了士五（伍）的含义，却已不知"闾五"乃"闾（里）士五（伍）"的简称。同时，这与汉初对秦之暴政的渲染和批判不无关系。晁错的上奏、伍被的谏说淮南王，都是这个舆论氛围的反映。毕竟，"抹黑"前朝，正是为了证明本朝的替天行道、应运而生，几为常态。听者、言者即使知道对前朝的批评多有夸张，也绝不会加以追究。因此，不仅不质疑"闾左"之不可通，反理直气壮，引作渲染嬴秦暴政的依据。至于《汉书》相关部分，多袭《史记》，自可不论。其实，闾五（伍），也并非绝无踪迹。如《后汉书·荀彧传》，李贤等注引《史记》，称"齐景公以田穰苴为将军，扞燕。苴曰：'臣素卑贱，擢之闾伍之中，加之大夫之上，士卒未附，百姓不信，权轻，愿得君之宠臣，国之所尊，以监军，乃可。'"①

"五"或"伍"之得名，是五人为伍的组织方式，先秦已用以指基层组织②。后来，闾伍渐成基层社会组织的泛称，而作为"闾（里）士五（伍）"的简称，则随着士五（伍）的退出舞台，益不为人所知了。

总之，"闾五"讹为"闾左"，大概很早就发生了，至少司马迁在写作时即已弄错。后来的注释家乃至现代的研究者，更是一味弥缝、疏解《史记》，致成千年待发之覆。

（原载《文史哲》2016年第6期）

---

① 《后汉书》卷七〇《郑孔荀列传》，中华书局1982年版，第2290—2291页。
② 参见李零：《中国古代居民组织的两大类型及其不同来源》（初刊于1987年），载《李零自选集》，广西师范大学出版社1998年版，第148—168页。

后　记

《文史哲丛刊》主要收选改革开放四十年来发表在《文史哲》杂志上的精品佳作（个别专集兼收20世纪五六十年代以来的文章），按专题的形式结集出版。2010—2015年先期推出第一辑，包括《国家与社会：构建怎样的公域秩序？》、《知识论与后形而上学：西方哲学新趋向》、《儒学：历史、思想与信仰》、《道玄佛：历史、思想与信仰》、《早期中国的政治与文明》、《门阀、庄园与政治：中古社会变迁研究》、《"疑古"与"走出疑古"》、《考据与思辨：文史治学经验谈》、《文学：批评与审美》、《中国古代文学：作家·作品·文学现象》、《文学与社会：明清小说名著探微》、《文学：走向现代的履印》、《左翼文学研究》十三个专集。

丛刊出版后，受到广大读者的欢迎和喜爱，多数专集一版再版，在学界产生了较大的影响。为满足读者诸君的阅读和研究需要，我们又着手编选了第二辑，包括《现状、走向与大势：当代学术纵览》、《轴心时代的中国思想：先秦诸子研究》、《传统与现代：重估儒学价值》、《道玄佛：历史、思想与信仰（续编）》、《制度、文化与地方社会：中国古代史新探》、《结构与道路：秦至清社会形态研究》、《农耕社会与市场：中国古代经济史研究》、《近代的曙光：明清时代的社会经济》、

《步履维艰：中国近代化的起步》、《史海钩沉：中国古史新考》、《文府索隐：中国古代文学新考》、《文史交融：中国古代文学创作论》、《风雅流韵：中国辞赋艺术发微》、《情·味·境：本土视野下的中国古代文论》、《权力的限度：西方宪制史研究》、《公平与正义：永恒的伦理秩序》十六个专集，力求把《文史哲》数十年发表的最优秀的文章以专题的形式奉献给广大读者，为大家阅读和研究提供便利。

需要说明的是，在六十多年的办刊过程中，期刊编辑规范几经演变，敝刊的编辑格式、体例也几经变化，加之汉语文字规范亦经历了一个曲折的历程，从而给丛刊编辑工作带来了一定的困难。为使全书体例统一，我们在编辑过程中，对个别文字作了必要的规范和改动，对文献注释等亦作了相对的统一。其余则一仍其旧，基本上保持了原文的本来面貌。

由于我们水平有限，本丛刊无论是文章的遴选，抑或具体的编校，都难免存在这样那样的不足，讹误舛错在所难免，敬祈方家读者不吝赐教。

还应特别说明的是，在当前市场经济大潮下，学术著作尤其是论文集的出版，因其经济效益微薄，面临一定的困难。但商务印书馆以社会效益为重，欣然接受出版《文史哲丛刊》，这种强烈的社会责任感、高远的学术眼光和无私精神，实在令人钦佩。丁波先生还就丛刊的总体设计提出了许多宝贵的建议，诸位责编先生冒着严冬酷暑认真地编校书稿。在此，我们表示衷心的感谢！

文史哲编辑部
2018年6月